# 记账、查账、调账实务操作指南

惠增强 ◎著

人民邮电出版社

北京

**图书在版编目（CIP）数据**

记账、查账、调账实务操作指南 / 惠增强著. -- 北京 : 人民邮电出版社，2023.12
ISBN 978-7-115-62784-1

Ⅰ．①记… Ⅱ．①惠… Ⅲ．①会计方法－指南 Ⅳ．①F231-62

中国国家版本馆CIP数据核字(2023)第193870号

## 内 容 提 要

记账、查账、调账是会计人员的主要工作内容，这三项工作既相互独立又相互联系，既需要较高的政策法规水平又需要丰富的实践经验。本书严格按照《企业会计准则》编写而成，详细介绍了会计人员记账、查账、调账过程中的相关业务知识；同时编者将多年积累的工作经验以案例的形式呈现在本书中，具有较强的指导性和实践性，希望本书能够成为广大会计工作者记账、查账、调账的操作规范与工作指南。

◆ 著　　　惠增强
责任编辑　李士振
责任印制　周昇亮

◆ 人民邮电出版社出版发行　　北京市丰台区成寿寺路 11 号
邮编　100164　　电子邮件　315@ptpress.com.cn
网址　https://www.ptpress.com.cn
北京七彩京通数码快印有限公司印刷

◆ 开本：700×1000　1/16
印张：30　　　　　　　　2023 年 12 月第 1 版
字数：598 千字　　　　　2025 年 9 月北京第 3 次印刷

定价：99.80 元

读者服务热线：(010)81055296　印装质量热线：(010)81055316
反盗版热线：(010)81055315

# 前言
## PREFACE

账簿，从表面上看，是记录会计信息的账册；实质上，是"大辞典"，是包含了企业各类会计信息的"大辞典"。账簿是企业财务管理的基础。

**本书主要内容**

本书为记账、查账、调账实务操作指南，所以账簿是本书内容的基础。

所谓记账，就是针对会计主体所发生的经济事项，依据公认的会计准则，运用会计语言，对经济事项进行描述，并将相关的信息记录到相应载体上的行为，包括原始凭证的搜集整理、经济事项的分析、会计分录的编制、会计账簿的登记等环节。记账强调"坚持准则"，只有这样才能保证会计工作的质量，才能为查账打下坚实的基础。

所谓查账，就是企业的财务人员、内部审计人员或外部审计人员、税务稽核人员等查账主体，以公认的会计准则为依据，运用各种技术手段，通过对企业账证及有关资料的检查，查核企业会计资料所反映的经济活动是否真实、合法，有无经济违法行为，发现会计记录中的各种技术性错误和违规性操作的过程。查账强调"重视事实"，在既定事实下，一切不符合公认会计准则的会计处理，都属于查账工作中需要查找，并予以校正的内容。

所谓调账，就是在发现已有的会计记录不能客观、公正地反映企业当前财务状况和经营成果时，编写新的会计分录，使得当前的会计信息能客观公正地反映会计主体当前的财务状况和经营成果。调账强调"再现客观公正"，其基本目的是通过重新编写一些会计分录，对原来错误的会计记录进行调整，使得现有的会计信息重新客观公正地反映会计主体当前的财务状况。

记账、查账、调账是会计业务的有机整体，三者相互依赖，又相互制约。

**本书特色**

与其他同类书籍相比较，本书具有以下优点。

1. 系统全面，一脉贯通

记账、查账、调账是一脉贯通的整体，是企业会计信息系统的重要组成部分。只有具备完善的工作流程与执行机制，企业会计信息系统才能保证不出错，或及时发现错误并纠正。本书将记账、查账、调账工作看作一个完整的整体，帮助读者全面提高业务能力，在工作实务中能够独当一面。

2. 案例丰富，实战性强

本书案例丰富，且案例全部来自工作中的真实业务，每个案例都有详细的操作步骤和对应的原始凭证涉及的会计分录，将记账、查账、调账工作以直观、通俗易懂的形式展现给读者，读者能通过案例熟悉工作流程，理解操作要领，提高业务水平。

3. 通俗易懂，知行结合

本书是根据现行《企业会计准则》编写的，从基础知识到具体业务的处理都有详细的讲解，内容通俗易懂。本书不仅在介绍记账、查账、调账的过程中讲解了理论知识，还在实际操作中讲解了相关操作步骤与注意事项，帮助读者巩固知识点。

4. 注重时效，贴近准则

近年来会计工作变化较大，会计电算化部分替代手工记账。本书反映了会计学科发展中出现的新观点、新思路、新方法，吸收了会计学科的新成果和研究动态，具有较强的实用性、操作性和前瞻性。

本书系统全面，以案例分析实务问题，让财务工作者融会贯通地掌握记账、查账、调账的基本原理、方法和实务操作规范。同时，本书用简洁的语言让会计学习趣味化，可作为财会类专业学生学习的参考书。

限于编者学识有限，不足之处还望广大读者多提宝贵意见。

编者

2023 年 10 月

# 目录
CONTENTS

# 第1篇  记账

# 第 2 篇　查账

# 第 3 篇　调账

　　会计是以货币为主要计量单位，以凭证为主要依据，借助专门的技术方法，对一定单位的资金运动进行全面、综合、连续、系统的核算与监督，向有关方面提供会计信息，旨在提高经济效益的一种经济管理活动。核算与反映是会计的基本职能，要完成会计核算需要一定的会计程序，从经济业务的发生到得到经济单位的财务报告，可以分为以下六个步骤。

　　第一，根据经济业务的发生和完成的真实情况编制必要的会计分录。

　　第二，根据每笔会计分录所确定的应借、应贷金额，登记有关总分类账户和明细分类账户。

　　第三，根据会计等式的平衡关系来检查、验证会计分录和记账工作有无错误，以确定账簿记录的正确性。

　　第四，根据权责发生制和配比原则的要求，按照收入、费用的归属期，对账簿记录进行必要的调整，从而正确地计算当期损益和反映企业会计期末的财务状况。

　　第五，根据一定时期内全部入账的经济业务的内容，将各种账簿记录结算清楚，即结算出本期发生额和期末余额，以便为编制会计报表提供准确的资料。

　　第六，根据分类账簿中有关账户的发生额和各账户的期末余额，编制资产负债表、利润表、现金流量表及其附表等以及财务状况说明书，从而使投资者、经营者、债权人及政府的财政、税务、审计等部门可以及时地了解报表单位的会计信息，以满足相关部门做出经济决策的需要。

　　归功于现代记账软件的发展，账簿登记、试算平衡以及结账等工作都大大简化。因此，会计核算的重点在于根据会计准则编制分录、进行账项调整。

# 第1章
# 记账的规则与方法

对于比较复杂的会计记账，会计人员必须采用合适的方法并根据一定的规则进行，以确保记账的准确性。本章着重讲述复式记账法中的借贷记账法的具体操作方法及相关规则，主要讲解三个问题：记哪里、记多少和怎么记。

## 1.1 复式记账法

### 1.1.1 单式记账法与复式记账法

记账法经历了一个从简单到复杂的过程。早期一般仅采用单式记账法，即对发生的经济业务只在一个账户中进行登记的方法。单式记账法是一种比较简单而又不完整的记账方法，既不能反映资金变化的原因，又因各账户之间的记录没有直接的联系，不能全面地、系统地反映经济业务的来龙去脉，不能提供完整的、客观的会计信息，也不便于检查账户记录，因此，单式记账法已被现代会计所淘汰。

复式记账法是在经济活动日益复杂的过程中逐渐发展起来的一种比较科学的记账法。它是指一项经济业务发生后，要在两个或两个以上相互联系的账户中以相等的金额进行全面、连续、系统登记的记账方法。例如，以现金2 000元购入生产材料，在复式记账法下，在"库存现金"账户中登记减少2 000元，同时在"原材料"账户中登记增加2 000元。这就说明 "库存现金"减少2 000元的原因是购买了2 000元的"原材料"。这样，可以实现相互呼应，全面、系统地反映经济业务的发生过程及结果，满足会计信息的需要。因此，复式记账法已成为现代企业会计普遍采用的记账方法。

### 1.1.2 复式记账法的特点

复式记账法是在大量的会计实践和发展的基础上产生的，与单式记账法相比更具有合理性、科学性和可操作性。具体而言，复式记账法的成功在于它具有以下两个方面的突出特点。

（1）在两个或两个以上相互联系的账户中记录同一项经济业务，可以反映资金运动的来龙去脉，而且可以将某一会计期间发生的全部经济业务作为一个有机的整体在整个账户体系中进行反映，也可以通过账户记录全面地、系统地反映资金运动的过程及其结果。

（2）以相等的金额记入相应的账户，以便于检查账簿记录的正确性。复式记账法使账户的记录以及账户之间的关系不再孤立，每项经济业务以相等的金额进行记录，可以利用账户之间的相互关系对账户记录的内容及结果进行试算平衡，从而检查出账簿记录的正确性。

### 1.1.3　借贷记账法

复式记账法按其采用的记账符号、记账规则等的不同又具体分为借贷记账法、收付记账法和增减记账法，其中的借贷记账法经过数百年的实践已被世界各国或地区普遍接受，是复式记账法中通行的一种方法。为了统一记账方法，促进与其他国家间的经济往来，规范会计核算工作和方法，我国从 1993 年 7 月 1 日起实施的《企业会计准则》中就明确规定，会计记账采用借贷记账法。目前，我国企业、行政及事业单位的会计核算工作都已普遍采用借贷记账法。

借贷记账法是以会计等式为理论基础，以"借""贷"二字作为记账符号，记录经济业务的一种复式记账方法。借贷记账法的理论基础就是"资产 = 负债 + 所有者权益"这一静态会计等式。在这一理论基础之上，无论发生何种资金运动，在进行会计核算时，利用借贷记账法在会计账户中登记的结果必然满足这一平衡关系，由此提供的会计信息具有系统性、连续性和完整性。

## 1.2　借贷记账法的具体规定

### 1.2.1　借贷记账法的记账符号与账户结构

借贷记账法以"借""贷"二字作为记账符号，表示不同经济业务的增减变动情况，其具体的含义则取决于账户的属性。"借""贷"二字的含义最初是从借贷资本家的角度来解释的，即表示债权（应收款）和债务（应付款）的增减变动，具有借主（债权）、贷主（债务）的含义；而随着商品经济的发展，在账簿中不仅要登记往来结算的债权、债务，还要登记财产物资、经营损益的增减变化，这样，"借""贷"二字就逐渐失去了其原来的含义而转为一种单纯的记账符号。至于"借""贷"二字的具体含义，下面将结合借贷记账法的账户结构加以介绍。

在借贷记账法下，账户的左方称为借方，右方称为贷方。所有账户的借方和贷方都要按相反的方向记录资金增减变动情况，即一方登记增加额，另一方登记减少额。账户的期初、期末余额一般应与增加额同一方向。至于账户的哪一方记增加额，哪一方记减少额，则取决于账户所要反映的经济内容，即账户的经济性质。

对各类不同属性账户具体结构及记录内容进行分析，可以归纳出借贷记账法"借""贷"二字表示的含义，具体如下。

（1）表示已登记在账户"借方"和"贷方"的数字是增加或减少的。"借方"记录资产、成本和费用的增加，负债、所有者权益的减少及收入的结转；"贷方"记录资产的减少，成本和费用的结转，负债、所有者权益及收入的增加。

（2）表示应记入账户的方向。"借方"表示记入账户的借方；"贷方"表示记入账户的贷方。

（3）根据余额出现在借方或贷方判断账户属性。一般而言，余额出现在借方的账户属于资产类、成本类、费用（结转后无余额）类账户，余额出现在贷方的账户属于负债类、所有者权益类、收入（结转后无余额）类账户。

在借贷记账法下，账户的基本结构如表1-1所示。

**表1-1　账户的基本结构**

| 借方 | 贷方 | 余额 |
| --- | --- | --- |
| 资产增加 | 资产减少 | 借方 |
| 负债减少 | 负债增加 | 贷方 |
| 所有者权益减少 | 所有者权益增加 | 贷方 |
| 成本增加 | 成本结转 | 借方或无 |
| 收入结转 | 收入增加 | 无 |
| 费用增加 | 费用结转 | 无 |

## （一）资产类账户的结构

在资产类账户中，借方登记资产的增加额，贷方登记资产的减少额，期末余额一般为借方余额，表示期末资产的实有数额。每一会计期间借方记录的金额合计称为借方本期发生额，贷方记录的金额合计称为贷方本期发生额。资产类账户的期末余额可根据下列公式计算。

借方期末余额＝借方期初余额＋借方本期发生额－贷方本期发生额

资产类账户结构如表1-2所示。

## （二）成本类、费用类账户的结构

在成本类、费用类账户中，借方登记成本费用的增加额，贷方登记成本费用的减少额或结转额，期末一般没有余额。成本类账户如有余额在借方，则表示在产品的成本。成本类、费用类账户结构如表1-3所示。

表 1-2　资产类账户结构

| 借方 | 贷方 |
|---|---|
| 期初余额　×××　 | 　 |
| 增加额　　×××　 | 减少额　××× |
| 　　　　　×××　 | 　　　　×××　 |
| 　 | 　 |
| 本期发生额　××× | 本期发生额　××× |
| 期末余额　××× | 　 |

表 1-3　成本类、费用类账户结构

| 借方 | 贷方 |
|---|---|
| 增加额　×××　 | 减少额　××× |
| 　　　　×××　 | 　　　　×××　 |
| 　　　　×××　 | 　　　　×××　 |
| 　　　　×××　 | 　 |
| 本期发生额　××× | 本期发生额　××× |

## （三）负债类账户的结构

在负债类账户中，贷方登记负债的增加额，借方登记负债的减少额，期末余额一般为贷方余额，表示期末负债的实有数额。负债类账户的期末余额可根据下列公式计算。

贷方期末余额 = 贷方期初余额 + 贷方本期发生额 – 借方本期发生额

负债类账户结构如表 1-4 所示。

## （四）所有者权益类账户的结构

在所有者权益类账户中，贷方登记所有者权益的增加额，借方登记所有者权益的减少额，期末余额一般为贷方余额，表示期末所有者权益的实有数额。所有者权益类账户的期末余额可根据下列公式计算。

贷方期末余额 = 贷方期初余额 + 贷方本期发生额 – 借方本期发生额

所有者权益类账户结构如表 1-5 所示。

表 1-4　负债类账户结构

| 借方 | 贷方 |
|---|---|
| 　 | 期初余额　××× |
| 减少额　××× | 增加额　××× |
| 　　　　××× | 　　　　××× |
| 　　　　××× | 　　　　××× |
| 本期发生额　××× | 本期发生额　××× |
| 　 | 期末余额　××× |

表 1-5　所有者权益类账户结构

| 借方 | 贷方 |
|---|---|
| 　 | 期初余额　××× |
| 减少额　××× | 增加额　××× |
| 　 | 　　　　××× |
| 　 | 　 |
| 本期发生额　××× | 本期发生额　××× |
| 　 | 期末余额　××× |

### （五）收入类账户的结构

在收入类账户中，贷方登记收入的增加额，借方登记收入的减少额或结转额，期末一般无余额。收入类账户结构如表 1-6 所示。

表 1-6　收入类账户结构

| 借方 | | 贷方 | |
| --- | --- | --- | --- |
| 减少额 | ×××　 | 增加额 | ××× |
| | ×××　 | | ××× |
| | ×××　 | | ××× |
| | ×××　 | | ××× |
| 本期发生额 ××× | | 本期发生额 | ××× |

## 1.2.2　借贷记账法的记账规则

借贷记账法的记账规则可概括为"有借必有贷，借贷必相等"，要求以相反的方向、相等的金额对发生的经济业务同时在两个或两个以上相互联系的账户中进行登记，具体如下。

（1）对于任何一项经济业务，必须同时在两个或两个以上相互联系的账户中以相反的方向进行登记。如在一个账户中记入借方（或贷方），则在另一个或几个相联系的账户中记入贷方（或借方）。

（2）以相等的金额同时记入借方账户或贷方账户。对同一项经济业务，在不同但相互对应的账户上记录，其金额必然是相等的。借贷记账法的理论基础是"资产＝负债＋所有者权益"。据此，当经济业务的发生引起各项目变动时，会计等式两端要素之间能够保持平衡关系。

经济业务是多种多样的，其发生可能只引起一项要素内部各项目的变动，也可能影响到会计恒等式两端要素的变动。归纳起来，经济业务的发生类型主要有四种，均能使借贷记账法"有借必有贷，借贷必相等"的记账规则得以满足，如表 1-7 所示。

表 1–7　经济业务的类型

| 类型 | 举例 |
|---|---|
| 一项经济业务的发生使会计等式两端不同属性的账户同时增加 | 投资者投入现金 80 000 元。这项业务的发生,使"库存现金"这一流动资产项目和"实收资本"这一所有者权益项目同时增加 80 000 元。资产类项目增加记借方,所有者权益类项目增加记贷方 |
| 一项经济业务的发生使会计等式两端不同属性的账户同时减少 | 用银行存款 50 000 元归还短期借款。这项业务的发生,使"银行存款"这一流动资产项目和"短期借款"这一流动负债项目同时减少 50 000 元。负债类项目减少记借方,资产类项目减少记贷方 |
| 一项经济业务的发生使会计等式左端资产类账户内部之间增加和减少 | 用银行存款 2 000 元购买原材料。这项业务的发生,使"银行存款"和"原材料"两个流动资产项目一减一增,金额是 2 000 元。资产类项目增加记借方,资产类项目减少记贷方 |
| 一项经济业务的发生使会计等式右端权益类(包括负债和所有者权益)账户增加和减少 | 向银行借入短期借款 20 000 元直接偿还应付账款。这项业务的发生,使"短期借款"和"应付账款"两个流动负债项目一增一减,金额是 20 000 元。负债类项目减少记借方,负债类项目增加记贷方 |

以上经济业务类型和记账情况可用图 1–1 更清晰地表示出来(注:连线的线端有箭头表示增加,无箭头表示减少,下同)。

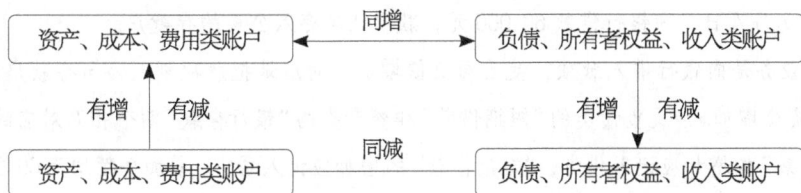

图 1–1　各种经济业务的账务处理示意

## 1.2.3　会计分录

会计分录简称分录,是充分适应借贷记账法记账规则要求的一种科学有效的会计记录形式。它按借贷记账法记账规则的要求,分别列示出记录经济业务应借、应贷账户名称及其金额。

根据借贷记账法的记账规则,对于发生的同一经济业务应同时在两个或两个以上相互联系的账户中进行登记。有关账户之间的应借、应贷的相互关系称为账户的对应关系。发生对应关系的账户,叫作对应账户。会计分录按其对应账户的多少又分为简单会计分录和复合会计分录,前者只涉及两个账户,其对应关系为一借一贷,后者则同时涉及两个以上账户,一借多贷、多借一贷或多借多贷。复合会计分录可以分解为多个简单会计分录。在会计实务中有时需要编制多借多贷的会计分录,但不能把不同的经济业务机械地合并在一块,而编制多借多贷的会计分录。无论是哪种复合会计分录，其记入借方账户的合计数与记入贷方账户的合计数总是相等的。复合会计分录虽然复杂一些，但可以简化记账手续，而且可以较为集中地反映经济业务。

会计分录的编制，一般分为以下三个步骤。

第一步：确定账户名称，即分析确定经济业务涉及的账户类别、特点及其名称。

第二步：确定借贷方向，即分析确定每个对应账户应记录的借贷方向。

第三步：确定记录金额，即分析计算记入每个对应账户的金额。

【例1-1】会计分录的编制

ABC公司2×22年7月发生下列经济业务。

① 7月1日，收到投资者的投资320 000元，存入银行。

投资者投入320 000元，则所有者权益增加，相应地把这笔款项存入银行，使ABC公司资产增加320 000元。核算所有者投资的账户是"实收资本"，存入银行的货币资金账户为"银行存款"。"实收资本"的增加应记贷方，对应的"银行存款"增加应记入借方，二者增加的金额均为320 000元。编制的会计分录如下。

借：银行存款 320 000

　　贷：实收资本 320 000

② 7月4日，向银行借款60 000元，款项已转存入公司的存款户。

该业务是向银行借入款项，使公司负债增加，对应地把款项划入公司存款户，使公司货币资金增加。涉及负债类的"短期借款"和资产类的"银行存款"两个相互对应的账户，"银行存款"的增加应记入借方，"短期借款"的增加应记入贷方，增加金额均为60 000元。编制的会计分录如下。

借：银行存款 60 000

　　贷：短期借款 60 000

③ 7月7日，以现金支付以前所欠的货款2 000元。

该项业务以公司的资产偿还债务，引起货币资金减少、负债减少，涉及的账户是资产类中的"库存现金"和负债类中的"应付账款"。"库存现金"的减少应记入贷方，"应付账款"的减少应记入借方。编制的会计分录如下。

借：应付账款 2 000

　　贷：库存现金 2 000

④ 7月10日，以银行存款偿还到期的短期借款60 000元。

该业务的发生同时引起资产减少和负债减少，对应资产类中的"银行存款"和负债类中的"短期借款"账户。"短期借款"的减少应记入借方，"银行存款"的减少应记入贷方，减少金额均为60 000元。编制的会计分录如下。

借：短期借款　　　　　　　　　　　　　　　　　60 000

　　贷：银行存款　　　　　　　　　　　　　　　　　60 000

⑤ 7 月 15 日，向某企业购买原材料一批验收入库，价款为 40 000 元，以银行存款付讫。

该业务的发生引起资产内部结构发生增减变化，原材料和货币资金均属公司资产，其对应的具体账户分别为"原材料"和"银行存款"。"原材料"的增加应记入借方，"银行存款"的减少应记入贷方，记入的金额均为 40 000 元。编制的会计分录如下。

借：原材料　　　　　　　　　　　　　　　　　　40 000

　　贷：银行存款　　　　　　　　　　　　　　　　　40 000

⑥ 7 月 18 日，以现金 2 000 元支付行政管理部门零星开支。

支付行政管理部门零星开支，使费用增加，支付的现金又引起资产的减少，所涉及的账户分别是费用类中的"管理费用"和资产类中的"库存现金"。"管理费用"的增加应记入借方，"库存现金"的减少应记入贷方，记入的金额均为 2 000 元。编制的会计分录如下。

借：管理费用　　　　　　　　　　　　　　　　　2 000

　　贷：库存现金　　　　　　　　　　　　　　　　　2 000

⑦ 7 月 19 日，从银行提取现金 10 000 元，以备使用。

从银行提取现金，引起资产内部结构的变化，涉及资产类中的"库存现金"和"银行存款"两个账户。提取现金使公司库存现金增加，相应的银行存款余额减少。"库存现金"的增加应记入借方，"银行存款"的减少应记入贷方，记入金额均为 10 000 元。编制的会计分录如下。

借：库存现金　　　　　　　　　　　　　　　　　10 000

　　贷：银行存款　　　　　　　　　　　　　　　　　10 000

⑧ 7 月 23 日，向银行借入款项 20 000 元，用以直接偿还以前的货款。

借入资金引起负债的增加，同时偿还另一笔债务又使负债减少，应同时在"短期借款"和"应付账款"账户中进行登记。"短期借款"的增加记入贷方，"应付账款"的减少应记入借方，记入的金额均为 20 000 元。编制的会计分录如下。

借：应付账款　　　　　　　　　　　　　　　　　20 000

　　贷：短期借款　　　　　　　　　　　　　　　　　20 000

⑨ 7 月 26 日，销售产品一批 50 000 元，货款尚未收到，不考虑增值税。

此项业务是销售产品，引起收入增加，从而使企业的资产增加。这里的资产表现为债权的增加，涉及的账户是收入类的"主营业务收入"和资产类的"应收账款"。"主营业务收入"的增加应记入贷方，"应收账款"的增加应记入借方，记入的金额均为

50 000 元。编制的会计分录如下。

| 借：应收账款 | 50 000 |
| 贷：主营业务收入 | 50 000 |

以上九笔经济业务均只有单一的账户对应关系，其会计分录均为只有一个借方科目和一个贷方科目的简单会计分录。

⑩ 7 月 30 日，购入原材料一批 60 000 元，用银行存款 50 000 元支付货款，余款暂欠。

该业务中，一方面购入原材料使存货增加，另一方面支付货款使货币资金减少，同时，部分货款未付使负债增加，涉及的账户有资产类中的"原材料""银行存款"和负债类中的"应付账款"。"原材料"的增加应记入借方，"银行存款"的减少应记入贷方，而"应付账款"的增加应记入贷方。该业务中有两种对应关系，即"原材料"和"银行存款"以及"原材料"和"应付账款"。而记入借方账户和贷方账户的金额是相等的，均为 60 000 元，会计处理既可以做成简单会计分录，也可做成复合会计分录。

简单会计分录如下。

| 借：原材料 | 50 000 |
| 贷：银行存款 | 50 000 |
| 借：原材料 | 10 000 |
| 贷：应付账款 | 10 000 |

复合会计分录如下。

| 借：原材料 | 60 000 |
| 贷：银行存款 | 50 000 |
| 应付账款 | 10 000 |

在实务中，为了集中反映经济业务的全貌，简化记账工作，此类业务一般编制复合会计分录。

## 1.2.4 借贷记账法的试算平衡

借贷记账法的试算平衡是会计工作中经常使用的一种查错方法。它根据静态会计等式"资产＝负债＋所有者权益"这一平衡关系，检查某一会计期内对每一项经济业务的会计处理及全部账户记录内容是否正确、完整。按检查对象的不同，试算平衡可分为会计分录试算平衡及发生额和余额试算平衡。

试算平衡的基本依据在于根据借贷记账法的记账规则，某一会计期间的全部账户本期借、贷方发生额及其余额合计数应分别相等，从而保证静态会计等式的平衡。如果此等式失去平衡，则表明某一环节出现了错误。

试算平衡借助平衡公式来进行，在会计核算实务中使用的试算平衡公式有三个，具体如下。

（1）会计分录试算平衡公式。

借方账户金额合计 = 贷方账户金额合计　　①

（2）发生额试算平衡公式。

全部账户本期借方发生额合计数 = 全部账户本期贷方发生额合计数　　②

（3）余额试算平衡公式。

全部账户期末借方余额合计数 = 全部账户期末贷方余额合计数　　③

试算平衡公式的运用事实上也是严格按借贷记账法的记账规则来进行的。公式①应用在日常的账务处理中，公式②和公式③通常应用在会计期末的账务处理中。

本期发生额及期末余额的试算平衡采用试算平衡表的方式进行，常用的试算平衡表有三种：总分类账本期发生额试算平衡表；总分类账期末余额试算平衡表；总分类账本期发生额及期末余额试算平衡表。第三种试算平衡表是前两种试算平衡表的综合。下面以第三种试算平衡表为例说明试算平衡表的编制方法。

将【例 1-1】中的十项经济业务所编制的会计分录登记为有关账户并计算出本期发生额及余额，其编制顺序为：结出各账户本期借方发生额、贷方发生额和期末余额；将每一账户期初、期末余额和借、贷方发生额记入试算平衡表的对应行次，分别累加后得出合计数。如借、贷方合计数相等，则说明账务处理结果基本正确；如果不相等，则账务处理肯定有错。但试算平衡并非表示账务处理和记录绝对正确，因为有些错误是不能通过试算平衡发现的，如借、贷方向错误，对应账户同时多记或少记相等金额，以及漏记某项经济业务，等等。

## 1.2.5　总分类账户与明细分类账户的平行登记

总分类账户和明细分类账户所记录的经济业务的内容是相同的，其差别仅在于其提供的核算资料的详细程度不同。因此，二者的关系是：总分类账户对其所属的明细分类账户进行综合和控制，而明细分类账户对其所属的总分类账户核算内容进行必要补充。根据二者的这一关系，在会计核算中，为了便于进行账户记录的核对，保证核算资料的完整性和正确性，总分类账户与其所属的明细分类账户必须采用平行登记的方法进行登记。

所谓总分类账户与明细分类账户的平行登记，就是指对发生的每项经济业务，既要记入有关的总分类账户，设有明细分类账户的，同时还要记入有关的明细分类账户；登记总分类账户和明细分类账户的原始依据必须相同，借、贷记账方向必须一致；记入总分类账户的金额必须与记入有关明细分类账户的金额之和相等。总分类账户和明细分类账户平行登记之后可产生的数量关系如下。

　　总分类账户本期发生额 = 总分类账户所属各明细分类账户本期发生额合计数

　　总分类账户期末余额 = 总分类账户所属各明细分类账户期末余额合计数

　　在会计核算过程中，利用上述数量关系来检查总分类账户和明细分类账户，可以保证账户记录的完整性和正确性。

第 2 章

# 会计账簿的登录

在形式上，会计账簿只是若干账页的组合；在实质上，会计账簿是会计信息形成的重要环节，是编制会计报表的重要依据。登录会计账簿是体现会计核算职能的中心环节。为了保证会计信息的质量，登录会计账簿必须按照严格的程序和要求办理。本章将介绍如何登记会计账簿，如何进行对账和结账，以及如何发现和改正账簿登记中出现的错误。

## 2.1　会计账簿的设置

《中华人民共和国会计法》（以下简称《会计法》）规定，各单位必须依法设置会计账簿，并保证其真实、完整。《会计基础工作规范》规定，各单位应当按照国家统一会计制度的规定和会计业务的需要设置会计账簿。这是会计账簿设置的总原则。

### 2.1.1　会计账簿的基本构成

会计账簿包括总账、明细账、日记账和其他辅助性账簿。要使各种散乱、繁杂的经济业务的信息或数据成为有用的会计信息，需要通过不同种类的会计账簿对一个单位的全部经济业务信息或数据进行连续的、相互衔接的分类、整理和加工。登记这些账簿构成了会计信息形成过程中的不同环节，为整个过程能达到预定的目标提供了实现的手段。

在实际工作中，账簿的格式是多种多样的，不同格式的账簿所包括的具体内容也不尽相同，但各种账簿都应具备以下基本要素。

（1）封面。封面主要标明账簿的名称，如总账、明细账、现金日记账、银行存款日记账等。

（2）扉页。扉页主要包括账簿启用和经管人员一览表（活页账、卡片账在装订成册后，填列账簿启用和经管人员一览表），其主要内容是：单位名称；账簿名称；起止页数；启用日期；单位领导人；会计主管人员；经管人员；移交人和移交日期；接管人和接管日期。

（3）账页。账页是账簿的主体，在每张账页上，应载明：账户名称（即会计科目或明细科目）；记账日期；记账凭证的种类和号数；摘要；金额；总页次和分页次。

## 2.1.2　总账的设置

总分类账简称总账，是按照会计制度中规定的一级会计科目开设的，分类汇总反映各种资产、负债和所有者权益，以及费用、成本和收入总括情况的账簿。总账在全面、总括地反映全部经济业务的同时，又能为编制会计报表提供依据，因而，任何会计主体都要设置总账。

总账一般采用订本账，在一本或几本账簿中将全部总分类账户按会计科目的编号顺序分设，因此，对每个账户应事先按业务量的大小预留若干账页。

总账一般只进行货币量度的核算，因此，总账多使用三栏式，即在账页中设置借方、贷方和余额三个金额栏，其格式如表 2-1 所示。

表 2-1　总账的格式

总账

会计科目

| 年 | | 凭证 | | 摘要 | 对应科目 | 借方 | 贷方 | 借或贷 | 余额 |
|---|---|---|---|---|---|---|---|---|---|
| 月 | 日 | 字 | 号 | | | | | | |
| | | | | | | | | | |

总账中的"对应科目"栏，可以设置也可以不设置。"借或贷"栏是指账户的余额是在借方还是在贷方。由于采用的会计核算程序不同，总账的登记方法和登记程序也不一样。它可以直接根据记账凭证，按经济业务发生的时间顺序逐笔登记，也可以根据科目汇总表登记，还可以根据汇总记账凭证按期或分次汇总登记。

## 2.1.3　日记账的设置

### （一）普通日记账

普通日记账是用来序时地反映和逐笔记录全部经济业务的账簿。普通日记账也称分录簿，会计人员按照每天发生的经济业务的先后顺序，确定应借应贷的会计科目，编制会计分录，逐笔记入普通日记账的相应栏目，并将其作为记入分类账的依据，其格式如表 2-2 所示。

表 2-2　普通日记账的格式

| 年 | | 凭证 | | 摘要 | 会计科目 | 金额 | | 账页 | 过账符号 |
|---|---|---|---|---|---|---|---|---|---|
| 月 | 日 | 字 | 号 | | | 借方 | 贷方 | | |
| | | | | | | | | | |

普通日记账虽然把反映繁杂经济业务的每一张记账凭证的内容集中在一起，可以让企业全面了解一个时期内的经济业务的全貌，但不便于分工记录，也不能把各种经济业务进行分类反映，且根据普通日记账逐笔登记总账的工作量很大，所以，许多单位并不设置普通日记账，而是直接根据记账凭证登记分类账，以减少重复工作。

**（二）特种日记账**

特种日记账是将大量重复发生的同类经济业务，集中在一本日记账中进行登记的账簿。常见的特种日记账是现金日记账和银行存款日记账，其账页格式又分为三栏式和多栏式。

现金日记账是出纳人员根据现金收款凭证、现金付款凭证和银行存款付款凭证（记录从银行提取现金业务），按经济业务发生时间的先后顺序进行登记的账簿。

银行日记账是出纳人员根据银行存款收款凭证、银行存款付款凭证和现金付款凭证（记录现金存入银行的业务），按经济业务发生时间的先后顺序进行登记的账簿。

1. 三栏式日记账

三栏式日记账是指账页的金额栏设借、贷、余三栏，用来逐日逐笔登记现金或银行存款的增减变动情况的序时账，其格式分别如表 2-3 和表 2-4 所示。

表 2-3　现金日记账的格式

| 年 | | 凭证 | | 摘要 | 对方科目 | 借方 | 贷方 | 余额 |
|---|---|---|---|---|---|---|---|---|
| 月 | 日 | 字 | 号 | | | | | |
| | | | | | | | | |

表 2-4　银行存款日记账的格式

| 年 | | 凭证 | | 摘要 | 现金支票号数 | 转账支票号数 | 对方科目 | 借方 | 贷方 | 余额 |
|---|---|---|---|---|---|---|---|---|---|---|
| 月 | 日 | 字 | 号 | | | | | | | |
| | | | | | | | | | | |

日期栏：登记记账凭证的日期，应与现金或银行存款实际收付日期一致。

凭证栏：登记入账的收付款凭证的种类和编号。

摘要栏：简要说明登记入账的经济业务的内容。

现金支票号数和转账支票号数栏：如果所记录的经济业务是以支票付款结算的，应填写相应的支票号数，以便与银行对账。

对方科目栏：登记现金或银行存款收入的来源科目、支出的用途科目。

借方、贷方、余额栏：现金日记账与银行存款日记账是由出纳人员根据审核无误的收、付款凭证（现金日记账根据现金收、付款凭证和与现金有关的银行存款付款凭证登记，银行存款日记账根据银行存款收、付款凭证和与银行存款有关的现金付款凭证登记）逐日逐笔登记的。每日的现金或银行存款收付业务登记完毕后，应当各自结算出当日收入、支出合计数，并结出余额，做到"日清"；每月末计算现金或银行存款各自的收入、支出合计数，并结出余额，做到"月结"。

现金日记账的每日结存余额，应与库存现金的实有数核对相符；银行存款日记账的每日结存余额，应定期与银行对账单核对相符，每月至少要核对一次，并通过编制银行存款余额调节表检查银行存款记录的正确性。如果一个单位按规定在银行开设了不同的银行存款账户，则应分别设置银行存款日记账。现金日记账和银行存款日记账，还应定期与会计人员登记的现金总账和银行存款总账核对相符。

### 2. 多栏式日记账

多栏式日记账是在三栏式日记账的基础上发展起来的，即在日记账账页中，按对应科目设置若干专栏，逐日逐笔登记现金或银行存款收付业务的序时账。

多栏式日记账的借方和贷方都是多栏设置的，可以将其列入一个账簿中，但这样账簿的账页就会太长，实际工作中不便于操作。所以分别设置两本日记账，即现金（或银行存款）收入日记账和现金（或银行存款）支出日记账，其格式分别如表 2-5 和表 2-6 所示。

表 2-5  现金（或银行存款）收入日记账（多栏式）的格式

| 年 | | 凭证 | | 摘要 | 贷方科目 | | | | | 支出合计 | 余额 |
|---|---|---|---|---|---|---|---|---|---|---|---|
| 月 | 日 | 字 | 号 | | 银行存款 | …… | 其他应付款 | …… | 收入合计 | | |
| | | | | | | | | | | | |

表 2-6  现金（或银行存款）支出日记账（多栏式）的格式

| 年 | | 凭证 | | 摘要 | 借方科目 | | | | 支出合计 | 余额 |
|---|---|---|---|---|---|---|---|---|---|---|
| 月 | 日 | 字 | 号 | | 银行存款 | …… | 其他应收款 | …… | | |
| | | | | | | | | | | |

多栏式现金日记账的填制方法同三栏式现金日记账的一样，区别是现金收入和现金支出分别反映在两本账上，即：根据现金付款凭证登记现金支出日记账，将逐日结出的现金支出总数登记在支出合计栏内，同时将现金日记账上支出合计数转记到现金收入日记账上；根据现金收入凭证登记现金收入日记账，将逐日结出的现金收入总数登记在收入合计栏内；同时按"上期结存＋本期收入－本期支

出＝本期结存"的计算公式，结出当天的结存余额，并进行核对，以保证现金账存数与现金实存数相符。

多栏式银行存款收入日记账与银行存款支出日记账的格式和登记方法，同多栏式现金日记账的基本相似，这里不重复介绍。

多栏式日记账设有若干专栏，使每笔经济业务的借贷关系非常明确，可以反映某一类经济业务的来龙去脉；同时月末还可根据合计数一次记入总账，减少了登记总账的工作量。但因其设置了若干专栏，账页的篇幅可能过长，主要适用于规模较大、财会人员较多的企业。

## 2.1.4　明细账的设置

明细分类账简称明细账，是根据经营管理的实际需要，按照某些一级会计科目所属的二级科目或明细科目，分类、连续地记录和反映有关资产、负债和所有者权益，以及收入、费用和成本的增减变动等详细情况的账簿。

设置和运用明细账，能够详细地反映资金循环和收支的具体情况，有利于加强资金的管理和使用，并可为编制会计报表提供必要的资料。所以，各会计主体在设置总账的基础上，还要根据经营管理的需要，设置若干必要的明细账，以形成既能提供经济活动的总括情况，又能提供具体详细情况的账簿体系。

明细账的通用格式有三种：三栏式明细账、数量金额式明细账和多栏式明细账。

### （一）三栏式明细账

三栏式明细账的账页格式与三栏式总账的账页格式相同，只设置借方、贷方和余额三个金额栏。它主要适用于只要求提供价值指标的账户，如短期借款、应收账款、实收资本等账户，其账页格式如表 2-7 所示。

表 2-7　应收账款明细账的格式

应收账款明细账

购货单位名称：　　　　　　　　　　　　　　　　　　　　　　　第　　页

| 年 | | 凭证 | | 摘要 | 借方 | 贷方 | 借或贷 | 余额 |
|---|---|---|---|---|---|---|---|---|
| 月 | 日 | 字 | 号 | | | | | |
| | | | | | | | | |

### （二）数量金额式明细账

数量金额式明细账的账页格式在收入、发出、结存三栏下，再分别设数量、单价和金额栏。它主要适用于既要求提供价值指标，又要求提供数量指标的账户，如原材料、库存商品等账户，其格式如表 2-8 所示。

**表 2-8　原材料明细账的格式**

原材料明细账

第　　页

类别：　　　　　　　　　　计量单位：　　　　　　　　仓库：

最高储量：　　　　　　　　最低储量：　　　　　　　　储备定额：

品名：　　　　　　　　　　规格：　　　　　　　　　　计划单价：

| 年 | | 凭证 | | 摘要 | 收入 | | | 发出 | | | 结存 | | |
|---|---|---|---|---|---|---|---|---|---|---|---|---|---|
| 月 | 日 | 字 | 号 | | 数量 | 单价 | 金额 | 数量 | 单价 | 金额 | 数量 | 单价 | 金额 |
| | | | | | | | | | | | | | |

## （三）多栏式明细账

多栏式明细账根据经营管理的需要和经济业务的特点，在一张账页的借方栏或贷方栏下设置若干专栏，集中记录某一总账科目所属的各明细科目的内容。它主要适用于损益类等账户，如生产成本、主营业务成本、销售费用、管理费用、营业外支出、主营业务收入、营业外收入等账户，其格式分别如表2-9和表2-10所示。

**表 2-9　生产成本明细账的格式**

生产成本明细账

品种及规格：　　　　　　　　　　计量单位：　　　　　　　　第　　页

| 年 | | 凭证 | | 摘要 | 借方 | | | | 余额 |
|---|---|---|---|---|---|---|---|---|---|
| 月 | 日 | 字 | 号 | | 直接材料 | 直接人工 | 制造费用 | 合计 | |
| | | | | | | | | | |

**表 2-10　主营业务收入明细账的格式**

主营业务收入明细账

| 年 | | 凭证 | | 摘要 | 借方 | 贷方 | | | | 余额 |
|---|---|---|---|---|---|---|---|---|---|---|
| 月 | 日 | 字 | 号 | | | 产品销售 | 加工收入 | …… | 合计 | |
| | | | | | | | | | | |

此外，为了适应固定资产、低值易耗品等明细核算的特殊要求，其明细账一般采用卡片格式，其具体格式可以自行设计。

明细账应根据会计主体业务量的大小、业务性质及管理要求选择不同的登记方法，可以直接根据原始凭证或原始凭证汇总表、记账凭证逐日逐笔登记或定期汇总登记。在月末，应将总账的余额与其所属的明细账的余额之和核对相符。如果经济业务内容单纯、发生次数较少，可以不对其涉及的有些科目设置明细账。

## 2.1.5 会计账簿的启用

为了保证会计账簿记录的合法性和资料的完整性，明确记账责任，会计人员在启用账簿时，要填写账簿启用表，其格式如表 2-11 所示。《会计基础工作规范》规定，启用会计账簿时，应当在账簿封面上写明单位名称和账簿名称。在账簿扉页上应当附启用表，内容包括启用日期、账簿页数、记账人员和会计机构负责人、会计主管人员姓名，并加盖名章和单位公章。记账人员或者会计机构负责、会计主管人员调动工作时，应当注明交接日期、接办人员或者监交人员姓名，并由交接双方人员签名或者盖章。

启用订本式账簿，应当从第一页到最后一页按顺序编定页数，不得跳页、缺号。使用活页式账页，应当按账户顺序编号，并需定期装订成册。装订后再按实际使用的账页顺序编定页码。另加目录，记明每个账户的名称和页次。

从以上的规定可以看出，账簿启用表的填写要求如下。

（1）填写启用日期和启用账簿的起止页数。若启用的是订本式账簿，则起止页数已经印好不需再填；若启用活页式账簿，则起止页数可等到装订成册时再填。

（2）填写记账人员姓名和会计主管人员姓名并加盖印章，以示慎重和负责。

（3）加盖单位财务公章，以示严肃。

（4）当记账人员或会计主管人员工作变动时，应办好账簿移交手续，并在启用表上明确记录交接日期及接办人、监交人的姓名，并加盖公章。

表 2-11 账簿启用表的格式

账簿启用表

| 单位名称 | | | 全宗号 | |
|---|---|---|---|---|
| 账簿名称 | | | 目录号 | |
| 账簿页数 | 自第　　页起至第　　页止<br>共　　页 | | 案宗号<br>盒　号 | |
| 使用日期 | 自　年　月　日<br>至　年　月　日 | | 保管期限 | |
| 单位领导人签章 | | 会计主管人员签章 | | |

| 经管人员职别 | 姓 名 | 接管日期 | 签 章 | 移交日期 | 签 章 |
|---|---|---|---|---|---|
| | | 年　月　日 | | 年　月　日 | |
| | | 年　月　日 | | 年　月　日 | |

## 2.2 会计账簿的登记

### 2.2.1 登记会计账簿的要求

为了保证账簿记录、成本计算和会计报表不出现差错，登记账簿必须根据审核无误的记账凭证进行。登记账簿的基本要求如下。

（1）内容准确完整。登记会计账簿时，应当将会计凭证日期、编号、业务内容摘要、金额和其他有关资料逐项记入账内，做到数字准确、摘要清楚、登记及时、字迹工整。对于每一项会计事项，一方面要记入有关的总账，另一方面要记入该总账所属的明细账。账簿记录中的日期，应该填写记账凭证上的日期；以自制的原始凭证（如收料单、领料单等）作为记账依据的，账簿记录中的日期应按有关自制凭证上的日期填列。此外，负责登记账簿的会计人员，在登记账簿前，应对已经专门复核人员审查过的记账凭证再复核一遍，这是岗位责任制和内部牵制制度的要求。如果记账人员对记账凭证中的某些问题弄不明白，可以向填制记账凭证的人员或其他人员请教；如果认为记账凭证的处理有错误，可暂停登记，并及时向会计主管人员反映，由其做出更改或照登的决定。在任何情况下，凡不兼任填制记账凭证工作的记账人员都不得自行更改记账凭证。

（2）登记账簿要及时。登记账簿的间隔时间没有统一的规定，这要根据本单位所采用的具体会计核算形式而定。一般情况下，总账可以三五天登记一次，明细账的登记时间间隔要短于总账的登记时间间隔，日记账和债权债务明细账一般一天就要登记一次。现金、银行存款日记账，应根据收、付款记账凭证，随时按照业务发生的顺序逐笔登记，每日终了应结出余额。经管现金和银行存款日记账的专门人员，必须每日掌握银行存款和现金的实有数，谨防开出空头支票和影响经营活动的正常用款。

（3）注明记账符号。账簿登记完毕后，相关人员要在记账凭证上签名或者盖章，并注明已经登账的符号，表示已经记账。在记账凭证上应设有专门的栏目注明记账的符号，以免重记或漏记。

（4）书写留空。账簿中书写的文字和数字上面要留有适当空格，一般应占格距的1/2，不要写满格。这样，一旦发生登记错误，就能比较容易地对其进行更正，同时也方便查账工作。

（5）正常记账使用蓝黑墨水笔。登记账簿要用蓝黑墨水笔或者碳素墨水笔书写，不得使用圆珠笔（银行的复写账簿除外）或者铅笔书写。在会计上，数字的颜色是重要的语素之一，它同数字和文字一起传达出会计信息。书写墨水的颜色用错了，其导致的概念混乱程度不亚于数字和文字的错误导致的概念混乱程度。

（6）特殊记账使用红色墨水。依据《会计基础工作规范》的规定，下列情形可以用红色墨水记账：①按照红字冲账的记账凭证，冲销错误记录；②在不设借、贷等栏的多栏式账页中，登记减少数；③在三栏式账户的余额栏前，如未印明余额方向，在余额栏内登记负数余额；④根据国家统一会计制度的规定可以用红字登记的其他会计记录。

（7）顺序连续登记。各种账簿应按页次顺序连续登记，不得跳行、隔页。如果发生跳行、隔页现象，应当将空行、空页画线注销，或者注明"此行空白""此页空白"等字样，并由记账人员签名或者盖章。这对在账簿登记中可能出现的漏洞，是十分必要的防范措施。

（8）结出余额。凡需要结出余额的账户，在结出余额后，应当在"借或贷"等栏内写明"借"或者"贷"等字样；没有余额的账户，应当在"借或贷"等栏内写"平"字，并在余额栏内用"○"表示（"○"一般应当放在"元"位）。现金日记账和银行存款日记账必须逐日结出余额。

（9）过次承前。每一账页登记完毕结转下页时，应当结出本页合计数及余额，写在本页最后一行，并在摘要栏内注明"过次页"字样；也可以将本页合计数及金额只写在下页第一行有关栏内，并在摘要栏内注明"承前页"字样。《会计基础工作规范》还对"过次页"的本页合计数的结计方法，根据不同需要做了如下规定。

第一，对需要结计本月发生额的账户，结计"过次页"的本页合计数应当为自本月初起至本页末止的发生额合计数。这便于根据"过次页"的合计数，随时了解本月初到本页末止的发生额，也便于月末结账时，加计"本月合计"数。

第二，对需要结计本年累计发生额的账户，结计"过次页"的本页合计数应当为自年初起至本页末止的累计数。这便于根据"过次页"的合计数，随时了解本年初到本页末止的累计发生额，也便于年终结账时，加计"本年累计"数。

第三，对既不需要结计本月发生额也不需要结计本年累计发生额的账户，可以只将每页末的余额结转次页。例如，某些材料明细账户，就没有必要将每页的发生额结转次页。

（10）定期打印。《会计基础工作规范》要求：实行会计电算化的单位，总账和明细账应当定期打印；发生收款和付款业务的，在输入收款凭证和付款凭证的当天必须打印出现金日记账和银行存款日记账，并与库存现金核对无误。

## 2.2.2　总账的登记

登记总账，可以直接根据各种记账凭证逐笔进行，也可以把各种记账凭证先行汇总，在编制成汇总记账凭证或"科目汇总表"后再据以进行。

采用记账凭证核算形式的单位，可以直接根据记账凭证定期（3天、5天或10天）登记。在这种核算形式下，企业应当尽可能地根据原始凭证编制原始凭证汇总表，根据原始凭证汇总表和原始凭证填制记账凭证，根据记账凭证登记总账；采用科目汇总表核算形式的单位，可以根据定期汇总编制的科目汇总表随时登记总账。采用汇总记账凭证核算形式的单位，可以根据汇总收款凭证、汇总付款凭证和汇总转账凭证的合计数，月终时一次登记总账。各单位具体采用哪一种会计核算形式，每隔几天登记一次总账，可以由本单位根据实际情况自行确定。

## （一）记账凭证核算形式

记账凭证核算形式是指对发生的经济业务，都要根据原始凭证或原始凭证汇总表编制记账凭证，然后根据记账凭证直接登记总账的一种核算形式。它是最基本的核算形式，是其他各种核算形式产生和演变的基础，其显著特征是：在会计核算工作中直接根据记账凭证逐笔登记总账。

采用记账凭证核算形式时，企业需要设置三类记账凭证，即收款凭证、付款凭证和转账凭证，以便据以登记总账；需要设置的账簿主要包括特种日记账（现金日记账和银行存款日记账）和分类账（总账和明细账），其中特种日记账和总账一般采用三栏式，并按照各个总账科目（一级科目）开设账页，明细账则可视业务特点和管理需要采用三栏式、数量金额式或多栏式。会计处理的一般程序包括七个基本步骤，如图2-1所示（图中的序号分别与基本步骤的序号对应，后同）。

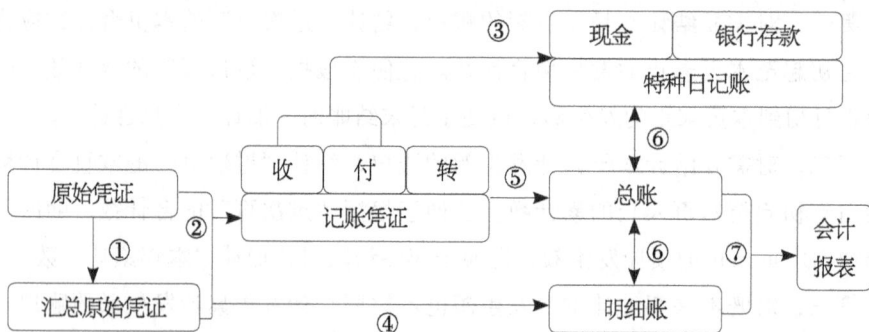

图2-1　记账凭证核算形式的基本步骤

各基本步骤的说明如下。

①根据原始凭证编制汇总原始凭证。

②根据审核无误的原始凭证或者汇总原始凭证，编制记账凭证（包括收款凭证、付款凭证和转账凭证三类）。

③根据收款凭证、付款凭证逐日逐笔登记特种日记账（包括现金日记账、银行存款日记账）。

④根据原始凭证、汇总原始凭证和记账凭证编制有关的明细账。

⑤根据记账凭证逐笔登记总账。

⑥月末，将特种日记账的余额以及各种明细账的余额合计数，分别比对总账中的有关账户的余额，以保证金额相符。

⑦月末，根据经核对无误的总账和有关明细账的记录，编制会计报表。

### （二）科目汇总表核算形式

科目汇总表核算形式亦称记账凭证汇总表核算形式，它是根据记账凭证定期编制科目汇总表，然后据以登记总账的一种核算形式。这种核算形式在记账凭证核算形式的基础上进行了简化，其显著特点是设置科目汇总表并据以登记总账。科目汇总表是一种表格，事先将本单位会计核算所使用的会计科目印成一排，月末（或定期）将收款凭证、付款凭证和转账凭证中各个科目的借方发生额加总填入科目汇总表该科目的借方，将各个科目的贷方发生额加总填入科目汇总表该科目的贷方，最后进行纵向加总并试算平衡。试算平衡以后，即可将科目汇总表作为登记总账的依据。

科目汇总表的核算适用于生产经营规模较大、经济业务较多的单位。采用科目汇总表核算形式时，企业需要设置的各种账簿与汇总记账凭证核算形式的账簿基本相同，其基本步骤如图 2-2 所示。

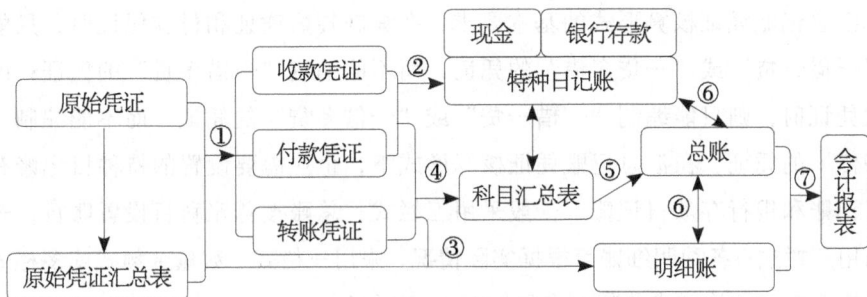

**图 2-2　科目汇总表核算形式的基本步骤**

各基本步骤的说明如下。

①根据原始凭证或原始凭证汇总表编制收款凭证、付款凭证或转账凭证。

②根据收款凭证、付款凭证登记现金日记账、银行存款日记账。

③根据原始凭证或原始凭证汇总表、收款凭证、付款凭证、转账凭证逐笔登记各种明细账。

④根据收款凭证、付款凭证、转账凭证编制科目汇总表。

⑤根据科目汇总表登记总账。

⑥月终，将现金日记账、银行存款日记账的余额以及各种明细账的余额合计数分别与相应的总账余额核对相符。

⑦月终，根据总账、各种明细账的有关资料编制会计报表。

### （三）汇总记账凭证核算形式

汇总记账凭证核算形式是根据原始凭证或原始凭证汇总表编制记账凭证，再根据记账凭证编制汇总记账凭证，然后根据汇总记账凭证登记总账的一种核算形式。汇总记账凭证核算形式是记账凭证核算形式的发展，其主要特点是先定期将全部记账凭证按照种类不同分别归类编制汇总记账凭证，期末再根据汇总记账凭证登记总账。

采用汇总记账凭证核算形式，企业除需设置记账凭证（收款凭证、付款凭证、转账凭证）之外，还应设置汇总记账凭证（包括汇总收款凭证、汇总付款凭证和汇总转账凭证），并将其作为登记总账的直接依据。汇总收款凭证是按"库存现金"和"银行存款"科目的借方分别设置的一种汇总记账凭证，用来汇总一定时期内现金和银行存款的收款业务。汇总付款凭证是按"库存现金"和"银行存款"科目的贷方分别设置的一种汇总记账凭证，用来汇总一定时期内现金和银行存款的付款业务。汇总转账凭证是按照除"库存现金""银行存款"以外的每一贷方科目分别设置，而按相应的借方科目进行归类汇总的一种汇总记账凭证，用来汇总一定时期内的全部转账业务。

汇总记账凭证核算形式的基本要求：在编制转账凭证和付款凭证时，只能编制"一借一贷"或"一贷多借"的凭证，而不能编制"一借多贷"的凭证；编制收款凭证时，则只能编制"一借一贷"或"一借多贷"的凭证，而不能编制"一贷多借"的凭证。在汇总记账凭证核算形式下，企业需要设置的特种日记账有现金日记账和银行存款日记账，一般采用三栏式；总账按总账科目设置账页，一般也采用三栏式；各种明细账可根据实际情况，采用三栏式、数量金额式或多栏式。汇总记账凭证核算形式的基本步骤如图 2-3 所示。

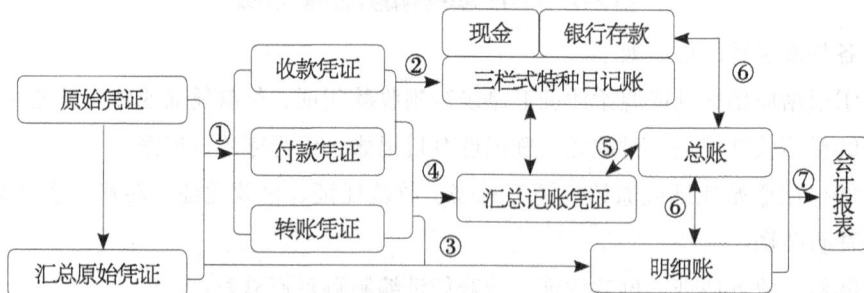

图 2-3 汇总记账凭证核算形式的基本步骤

各基本步骤的说明如下。

①根据经审核的原始凭证或汇总原始凭证，编制记账凭证（收款凭证、付款凭证、转账凭证三类）。

②根据收款凭证和付款凭证，登记特种日记账（现金日记账、银行存款日记

账）。

③根据原始凭证、汇总原始凭证和记账凭证，登记有关的明细账。

④根据一定时期内的全部记账凭证，分别汇总编制汇总记账凭证。

⑤根据定期汇总编制的汇总记账凭证，登记总账。

⑥月末，将特种日记账的余额以及各种明细账的余额合计数，分别与总账中相应账户的余额核对相符。

⑦月末，根据经核对无误的总账和有关的明细账记录，编制会计报表。

### 2.2.3　明细账的登记

各种明细账要根据原始凭证、原始凭证汇总表和记账凭证每天登记，也可以定期（3 天或 5 天）登记。债权债务明细账和财产物资明细账应当每天登记，以便随时与对方单位结算，核对库存余额。

### 2.2.4　日记账的登记

日记账应当根据办理完毕的收、付款凭证，随时按顺序逐笔登记，最少每天登记一次。

**1. 现金日记账的登记方法**

现金日记账通常由出纳人员根据审核后的现金收、付款凭证，逐日逐笔顺序登记；同时，由其他会计人员根据收、付款凭证，汇总登记总账。对于从银行提取现金的业务，由于只填制银行存款付款凭证，不填制现金收款凭证，因而现金的收入数，应根据银行存款付款凭证进行登记。每日收付款项逐笔登记完毕后，应分别计算现金收入和支出的合计数及账面的结余额，并将现金日记账的账面余额与库存现金实存数相核对，借以检查每日现金收入、支出和结存情况。

**2. 银行存款日记账的登记方法**

银行存款日记账应按各种存款分别设置，通常由出纳人员根据审核后的银行存款收、付款凭证，逐日逐笔顺序登记。对于现金存入银行的业务，应根据现金付款凭证进行登记。每日终了，应分别计算银行存款收入、付出的合计数和本日余额，以便于检查监督各项收支款项，并定期同银行对账单逐笔进行核对。

在根据多栏式现金日记账和银行存款日记账登记总账的情况下，账务处理可有如下两种做法。

（1）由出纳人员根据审核后的收、付款凭证逐日逐笔登记现金和银行存款的收入日记账和支出日记账，每日应将支出日记账中当日支出合计数，转记入收入日记账中支出合计栏中，以结算当日账面余额。会计人员应对多栏式现金日记账和银行存款日记账的记录加强检查监督，并负责于月末根据多栏式现金日记账和银行存款日记账各专栏的合计数，分别登记有关总账。

（2）另外设置现金和银行存款出纳登记簿，由出纳人员根据审核后的收、付款凭证逐日逐笔登记，以便逐笔掌握库存现金收付情况和同银行核对收付款项。出纳人员将收、付款凭证交由会计人员据以逐日汇总登记多栏式现金日记账和银行存款日记账，并于月末根据多栏式日记账登记总账。出纳登记簿与多栏式现金日记账和银行存款日记账要相互核对。

上述第一种做法可以简化核算工作，第二种做法可以加强内部牵制。总之，采用多栏式现金日记账和银行存款日记账可以减少收、付款凭证的汇总编制手续，简化总账登记工作，而且可以清晰地反映账户的对应关系，有助于相关人员了解现金和银行存款收付款项的来龙去脉。

## 2.3 对账和结账

### 2.3.1 对账

为了保证账簿所提供的会计资料正确、真实、可靠，会计人员在登记账簿时，一定要有责任心，切不可马虎。记完账后，还应定期做好对账工作，做到账证相符、账账相符、账实相符。

**（一）账证核对**

记完账后，会计人员要将账簿记录与会计凭证进行核对，核对账簿记录与原始凭证、记账凭证的时间、凭证字号、内容、金额等是否一致，记账方向是否相符，做到账证相符。

会计期末，如果发现账证不符，会计人员还有必要重新进行账证核对。这时的账证核对通过试算平衡发现记账错误之后，再按一定的线索进行。

**（二）账账核对**

各个会计账簿是一个有机的整体，既有分工，又有衔接，其总的目的就是全面、系统、综合地反映企业的经济活动与财务收支情况。各种账簿之间的这种衔接依存关系就是常说的勾稽关系。利用这种关系，会计人员可以通过账簿的相互核对，发现记账工作中的错漏。一旦发现错误，会计人员就应立即更正，做到账账相符。账簿之间的核对包括以下内容。

（1）总账之间的核对。按照"资产＝负债＋所有者权益"这一会计等式和"有借必有贷，借贷必相等"的记账规则，总账中各账户的期初余额、本期发生额和期末余额之间存在对应的平衡关系，各账户的期末借方余额合计数和贷方余额合计数也存在平衡关系。通过上述等式和平衡关系，会计人员可以检查总账记录是否正确、完整。这项核对工作通常采用编制总分类账户本期发生额和余额对照表（简称"试算平衡表"）来完成。

（2）总账与所属明细账核对。总账各账户的期末余额应与其所属的各明细账的期末余额之和核对相符。

（3）总账与序时账核对。我国企业必须设置现金日记账和银行存款日记账，现金日记账必须每天与库存现金核对相符，银行存款日记账也必须定期与银行进行核对。在此基础上，还应检查现金总账和银行存款总账的期末余额，与现金日记账和银行存款日记账的期末余额是否相符。

（4）明细账之间的核对。例如，会计部门有关实物资产的明细账与财产物资保管部门或使用部门的明细账定期核对，以检查其余额是否相符。一般由财产物资保管部门或使用部门定期编制收发结存汇总表报会计部门核对。

### （三）账实核对

账实核对是指各项财产物资、债权债务等账面余额与实有数额之间的核对。账实核对的内容主要如下。

（1）现金日记账的账面余额与库存现金数额是否相符。

（2）银行存款日记账的账面余额与银行对账单的余额是否相符。

（3）各项财产物资明细账的账面余额与财产物资的实有数额是否相符。

（4）有关债权债务明细账的账面余额与对方单位的账面记录是否相符等。

## 2.3.2 结账

结账是在把一定时期内发生的全部经济业务登记入账的基础上，计算并记录本期发生额和期末余额的过程。在一定时期结束时（如月末、季末或年末），为了编制会计报表，需要进行结账。结账的内容通常包括两个方面：一是结清各种损益类账户，并据以计算确定本期利润；二是结清各资产、负债和所有者权益类账户，分别结出本期发生额合计和余额。

### （一）结账的程序

结账的程序如下。

（1）将本期发生的经济业务全部登记入账，并保证其正确性。

（2）根据权责发生制的要求，调整有关账项，合理确定本期应记的收入和应记的费用。具体包括以下两类。

①应记收入和应记费用的调整。应记收入是指那些已在本期实现、因款项未收而未登记入账的收入。企业发生的应记收入，主要是本期已经发生且符合收入确认标准，但尚未收到相应款项的商品或劳务的收入。对于这类调整事项，应确认为本期收入，借记"应收账款"等科目，贷记"主营业务收入"等科目；待以

后收妥款项时,借记"库存现金""银行存款"等科目,贷记"应收账款"等科目。

应记费用是指那些已在本期发生、因款项未付而未登记入账的费用,如企业租用房屋但尚未支付的租金、应付未付的借款利息等。由于这些费用已经发生,所以应当在本期确认为费用,借记"管理费用""财务费用"等科目,贷记"其他应付款"等科目;待以后支付款项时,借记"其他应付款"等科目,贷记"库存现金""银行存款"等科目。

②收入分摊和成本分摊的调整。收入分摊是指企业已经收取有关款项,但未完成或未全部完成销售商品或提供劳务,需在期末按本期已完成的比例,分摊确认本期已实现收入的金额,并调整以前预收款项时形成的负债。如企业销售商品预收定金、提供劳务预收佣金。在收到预收款项时,应借记"银行存款"等科目,贷记"预收账款"等科目;在以后提供商品或劳务、确认本期收入时,进行期末账项调整,借记"预收账款"等科目,贷记"主营业务收入"等科目。

成本分摊是指企业的支出已经发生、能使若干个会计期间受益,为正确计算各个会计期间的盈亏,将这些支出在其受益的会计期间进行分配。如企业已经支出,但应由本期和以后各期负担的待摊费用;购建固定资产和无形资产的支出;等等。企业在发生这类支出时,应借记"长期待摊费用""固定资产""无形资产"等科目,贷记"银行存款"等科目;在会计期末进行账项调整时,借记"销售费用""管理费用""制造费用"等科目,贷记"长期待摊费用""累计折旧""无形资产"等科目。

(3)将损益类科目余额转入"本年利润"科目,结平所有损益类科目。

(4)结算出资产、负债和所有者权益类科目的本期发生额和余额,并结转下期。

## (二)结账的方法

结账的方法如下。

(1)对不需按月结计本期发生额的账户,如各项应收、应付款明细账和各项财产物资明细账等,每次记账以后,都要随时结出其余额,每月最后一笔余额即为月末余额。也就是说,月末余额就是本月最后一笔经济业务记录的同一行内余额。月末结账时,只需要在最后一笔经济业务记录之下通栏画单红线,不需要再结计一次余额。

(2)现金日记账、银行存款日记账和需要按月结计发生额的收入、费用等明细账,每月结账时,要在最后一笔经济业务记录下面通栏画单红线,结出本月发生额和余额,并在摘要栏内注明"本月合计"字样。

(3)需要结计本年累计发生额的某些明细账,每月结账时,应在"本月合计"行下结出自年初起至本月末止的累计发生额,登记在月份发生额下面,在摘要栏内注明"本年累计"字样，并在下面通栏画单红线。12 月末的"本年累计"就是全年累计发生额，全年累计发生额下通栏画双红线。

（4）总账平时只需结出月末余额。年终结账时，为了总括地反映全年资金运动的全貌、核对账目，要将所有总账结出全年发生额和年末余额，在摘要栏内注明"本年合计"字样，并在合计数下通栏画双红线。

年度终了结账时，有余额的账户，要将其余额结转下年，并在摘要栏注明"结转下年"字样；在下一会计年度新建有关会计账户的第一行余额栏内填写上年结转的余额，并在摘要栏注明"上年结转"字样。也就是将有余额的账户的余额直接记入新账余额栏内，不需要编制记账凭证，也不必将余额再记入本年账户的借方或贷方，使本年有余额的账户的余额变为零。这是因为，既然年末是有余额的账户，其余额应当如实地在账户中加以反映；否则，容易混淆有余额的账户和没有余额的账户。

## 2.4　会计账簿登记错误的更正

### 2.4.1　会计记录错误的种类

会计记录错误种类主要表现在：记账凭证汇总表不平，总账不平，各明细账的余额之和不等于有关总账的余额，银行存款账户调整后的余额与银行对账单不符，等等。在实际工作中常见的会计记录错误有以下几种。

（1）会计原理、原则运用错误，指在会计凭证的填制、会计科目的设置、会计核算形式的选用、会计处理程序的设计等会计核算的各个环节出现不符合会计原理及原则、《企业会计准则》规定的错误。例如，对规定的会计科目不设，不应设立的却乱设，导致资产、负债、所有者权益不真实；对现行财务制度规定的开支范围、标准执行不严等。

（2）记账错误，主要表现为漏记、重记和错记三种。错记又表现为错记了会计科目、错记了记账方向、错用了记账墨水的颜色（应用蓝黑色墨水误用红色墨水，或应用红色墨水误用蓝黑色墨水）、错记了金额等。

### 2.4.2　会计记录错误的查找方法

在日常的会计核算中，发生会计记录错误的现象时有发生。应根据产生错误的具体情况，分析可能产生差错的原因，采取相应的查找方法，便于缩短查找错误的时间，减少工作量。

查找会计记录错误的方法有很多，现将常用的几种方法介绍如下。

### （一）顺查法（亦称正查法）

顺查法是按照账务处理的顺序，从凭证、账簿到会计报表进行查找的一种方法。即首先检查记账凭证是否正确，然后将记账凭证、原始凭证同有关账簿记录一笔一笔地进行核对，最后检查有关账户的发生额和余额。这种检查方法可以帮助会计人员发现重记、漏记、错记科目及金额等，其优点是不易遗漏，缺点是工作量大、时间长。所以在实际工作中，一般在采用其他方法查找不到错误的情况下采用这种方法。

### （二）逆查法（亦称反查法）

逆查法与顺查法相反，是按照与账务处理相反的顺序，即从会计报表、账簿到凭证的顺序进行查找的一种方法。即先检查各有关账户的余额是否正确，然后将有关账簿按照记录的顺序由后向前同有关记账凭证或原始凭证进行逐笔核对，最后检查有关记账凭证的填制是否正确。这种方法的优缺点与顺查法的相同，多用于后期产生差错的可能性较大的情形。

### （三）抽查法

抽查法是对整个账簿记录抽取其中某部分进行局部检查的一种方法。当出现差错时，会计人员可根据具体情况分段、重点查找，将某一部分账簿记录同有关的记账凭证或原始凭证进行核对，还可以根据差错的具体情况有针对性地查找。例如，如果差错在角位、分位，只要查找元以下尾数即可；如果差错在整数的千位、万位，只需查找千位、万位数即可。这种方法的优点是查找范围小，可以节省时间，减少工作量。

### （四）偶合法

偶合法是根据账簿记录差错中经常性的规律，推测与差错有关的记录而进行查找的一种方法。这种方法主要适用于漏记、重记、记反、错记的查找。

1.漏记的查找

（1）总账漏记。在试算平衡时，总账借贷双方发生额不平衡，出现差额；在总账与明细账核对时，发现某一总账所属明细账的借（或贷）方发生额合计数大于总账的借（或贷）方发生额，即出现一个差额，这一差额正好等于上一差额；同时，在总账与明细账中有与这个差额相等的发生额。这说明总账的借（或贷）方漏记，借方或贷方哪一方的数额小，漏记就在哪一方。

（2）明细账漏记。总账已经试算平衡，但在进行总账与明细账核对时，发现某一总账借（或贷）方发生额大于其所属各明细账借（或贷）方发生额之和。这说明明细账可能漏记，可对该明细账的有关凭证进行查对。

（3）凭证漏记。如果整张的记账凭证漏记，则没有明显的错误特征，只有通过顺查法或逆查法逐笔查找。

**2.重记的查找**

（1）总账重记。在试算平衡时，总账借贷双方发生额不平衡，出现差额；在总账与明细账核对时，发现某一总账所属明细账的借（或贷）方发生额合计数小于总账的借（或贷）方发生额，即出现一个差额，这一差额正好等于上一差额；同时，在总账与明细账中有与这个差额相等的发生额记录。这说明总账借（或贷）方重记。借方或贷方哪一方的数额大，重记就在哪一方。

（2）明细账重记。总账已经试算平衡，但在进行总账与明细账核对时，发现某一总账借（或贷）方发生额小于其所属明细账借（或贷）方发生额之和。这说明明细账可能重记，可对与该明细账有关的记账凭证进行查对。

（3）如果整张的记账凭证重记，则没有明显的错误特征，只能用顺查法或逆查法进行逐笔查找。

**3.记反的查找**

记反是指在记账时把发生额的方向弄错，将借方发生额记入贷方，或者将贷方发生额记入借方。

（1）总账记反。总账记反，则在试算平衡时发现借贷双方发生额不平衡，出现差额。这个差额是偶数，能被 2 整除，所得的商数在账簿上有记录。借方或贷方哪一方的数额大，就反记在哪一方。

（2）明细账记反。明细账记反，而总账记录正确，则总账发生额试算是正确的，可用总账与明细账核对的方法进行查找。

**4.错记的查找**

在实际工作中，错记是指把数字写错的情况，常见的情形如下。

（1）数字错位。数字错位指应记的位数前移或后移，即小记大或大记小，如把千位数记成了百位数（大变小），或把百位数记成了千位数（小变大）。例如，把 1 600 记成了 160（大变小），把 2.43 记成了 243（小变大）等。

如果是大变小，在试算平衡或者总账与明细账核对时，正确数字与错误数字的差额是一个正数。这个差额除以 9 后所得的商与账上错误的数额正好相等。查账时可以遵循：差额除以 9，所得的商恰是账上的数，则可能是数字错位，错误是大变小。

如果是小变大，在试算平衡或者总账与明细账核对时，正确数字与错误数字的差额是一个负数。这个差额除以 9 后所得的商再乘以 10，得到的绝对数与账上错误的数额恰好相等。查账时应遵循：差额负数除以 9，所得的商乘以 10 的数，在账上可以被查到，则可能是数字错位，错误是小变大。

（2）数字互换位置。数字互换位置是在登记账簿过程中数字交换位置的情况。对于数字互换位置错误的查找，会计人员可根据形成的差额，分别确定查找方法，查找时不仅要查找发生额，同时也要查找余额。一般情况下，数字互换位置而形成的差额有以下几种情况。

①邻数颠倒。邻数颠倒是指在登记账簿时把相邻的两个数字互换了位置，如把 43 错记成 34，或把 34 错记成 43。

如果前大后小颠倒为前小后大，则在试算平衡时，正确数与错误数的差额是一个正数，这个差额除以 9 后所得的商中的有效数字正好与相邻颠倒两数的差额相等，并且不大于 9。可以根据这个特征在差值相同的两个邻数范围内查找。如果前小后大颠倒为前大后小，在试算平衡或者总账与明细账核算时，正确数与错误数的差额是一个负数，其他特征同上。在上述情况下，应遵循：差额能被 9 整除且有效数字不超过 9，则可能是记账数颠倒了，应根据差值查找。

例如，应收账款的总账科目余额合计数应为 881.34，而明细账合计数为 944.34，两者不等。

查找步骤如下。

第一，求正确数与错误数的差额：881.34-944.34=-63。

第二，判断差额是否能被 9 整除。差值 63，正好能被 9 整除（63÷9=7）。

第三，求差值系数：-63/9=-7。

第四，在错误表中查找有无相邻两数相差为 7 的数字。差值系数为负值时，查前大后小；反之，查前小后大。经查，该表中第 4 行 81.08 中的 8-1=7 前大后小，可以判断为属于数字倒置的错误，即可能是 18.08 误写为了 81.08。

第五，将第 4 行按 18.08 更正，重新加总，其合计数则为 881.34 与总账一致。

②隔位数字倒置。如将 425 记成 524、701 记成 107 等，这种倒置所产生的差额的有效数字是三位以上，而且中间数字是 9，差额以 9 除所得的商是两位相同的数，如 22、33、44 等。商数中的一个数又正好是两个隔位倒置数字之差，如 802 误记成 208 元，差额是 594，以 9 除之则商数为 66，两个倒置数 8 与 2 的差也是 6。于是，可采用就近邻位数字倒置差错的查找方法去查找账簿记录中百位和个位两数之差为 6 的数字，即 600 与 006、701 与 107、802 与 208、903 与 309 四组数。这样便可查到隔位数字倒置差错。

采用上述方法时，要注意：一是正确选择作为对比标准的基数；二是保证对比指标口径的可比性；三是同时分析相对数和绝对数的变化，并计算其对总量的影响。

会计人员在日常填制会计凭证和登记账簿过程中，可能出现一些差错，切忌生搬硬套，要从具体的实际工作出发，灵活运用查找的方法，有时还要几种方法结合起来运用，反复核实，得出正确的结果。

## 2.4.3　会计记录错误的更正方法

在通过以上方法查找出错账时，为了防止非法改账，应按规定的方法进行更正。更正错账的方法主要有三种，具体如下。

（1）画线更正法，又称红线更正法。这种方法主要适用于：账簿记录中的文字或数字有错误，而其所依据的记账凭证没有错误。

画线更正法的具体操作方法是：将错误的文字或数字用一条红色横线予以注销，但必须使原有文字或数字清晰可认，以备查阅；然后，在画线文字或数字的上方用蓝字填写正确的文字或数字，并由更正人员在更正处签章，以明确责任。

采用这种方法更正错账时应注意：对于文字差错，只画去错误的文字，并相应地予以更正，而不必将全部文字画去；对于数字差错，应将错误的数额全部画去，而不能只画去错误数额中的个别数字。例如，将 1354 误记为 1345，应在 1345 上画一条红线而不能只画其中的 45，然后应在 1345 的上方填写正确的数字 1354。

（2）红字更正法，又称红字冲销法。它是用红字冲销原有记录后再予以更正的方法，主要适用于以下两种情况。

第一，记账凭证中的应借、应贷会计科目或记账方向有错误，而账簿记录与记账凭证是相吻合的。更正的方法是：首先用红字金额填制一张与原错误记账凭证内容完全一致的记账凭证，并据以用红字登记入账，以冲销原错误记录；然后，再用蓝字填制一张正确的记账凭证，并据以用蓝字登记入账。

【例 2-1】红字更正法的应用之一——抵销错账，重做新账

ABC 公司以现金的形式支付 2×22 年下半年的报刊费 1 000 元，会计人员在编制记账凭证时，将应记入"库存现金"科目的金额误记入"银行存款"科目，并按照错误的记账凭证登记入账，其错误记账凭证所反映的会计分录如下。

借：管理费用　　　　　　　　　　　　　　　　1 000
　　贷：银行存款　　　　　　　　　　　　　　　　1 000

在更正这种错账时，应用红字（在本书中，如无特殊的说明，用带框的数字表示红字记录）做一笔与原来的错误分录一样的分录将原来的错账抵销，具体如下。

借：管理费用　　　　　　　　　　　　　　　　1 000
　　贷：银行存款　　　　　　　　　　　　　　　　1 000

在错误的记账凭证以红字记账更正后，表明已全部冲销原有错误记录；然后用蓝字填制如下正确的分录，并据以登记入账。

借：管理费用　　　　　　　　　　　　　　　　1 000
　　贷：库存现金　　　　　　　　　　　　　　　　1 000

第二，记账凭证中应借、应贷会计科目和记账方向都正确，只是所记金额大

于应记金额并据以登记账簿。更正的方法是：将多记的金额用红字填制一张与原错误记账凭证的会计科目、记账方向相同的记账凭证，并据以用红字登记入账。

采用红字更正法更正金额多记错误记录时应注意：不得以蓝字金额填制与原错误记账凭证记账方向相反的记账凭证去冲销原错误记录或错误金额，因为蓝字记账凭证反方向记录的会计分录反映某类经济业务，而不能反映更正错账的内容。

【例2-2】红字更正法的应用之二——只抵销错账多记的金额

ABC公司用银行存款4 000元购买办公用计算机一台，在填制记账凭证时，误记金额为40 000元，但会计科目、借贷方向均无错误，在登录账簿时，按照错误的会计分录进行了记录。错误记账凭证所反映的会计分录如下。

借：固定资产 40 000

 贷：银行存款 40 000

在更正以上错账时，只需要用红字金额36 000元编制记账凭证，抵销多记的金额。具体更正的会计分录如下。

借：固定资产 36 000

 贷：银行存款 36 000

（3）补充登记法，也称蓝字补记法。这种方法主要适用于：记账凭证中应借、应贷会计科目和记账方向都正确，只是所记金额小于应记金额。

更正的方法是：将少记金额用蓝字填制一张与原错误记账凭证科目名称和方向一致的记账凭证，并用蓝字据以登记入账。

【例2-3】补充登记法的应用

ABC公司开出金额为40 000元的转账支票一张用于购买运货汽车一辆，在填制记账凭证时，误记金额为4 000元，但会计科目、借贷方向没有错误。错误的会计分录如下。

借：固定资产 4 000

 贷：银行存款 4 000

在更正时，应用蓝字编制如下记账凭证（会计分录）进行更正。

借：固定资产 36 000

 贷：银行存款 36 000

## 2.5 会计账簿的保管

会计账簿是各单位重要的经济资料，必须建立管理制度，妥善保管。

（1）各种账簿要分工明确，指定专人管理。账簿经管人员既要负责记账、对账、结账等工作，又要保证账簿安全。

（2）未经领导和会计负责人或者有关人员批准，非经管人员不能随意翻阅查看会计账簿。除需要与外单位核对外，会计账簿一般不能携带外出；对携带外出的账簿，一般应由经管人员或会计主管人员指定专人负责。

（3）会计账簿不能随意交予其他人员管理，以保证其安全和防止任意涂改等问题发生。

（4）年度终了更换并启用新账后，对更换下来的旧账要整理装订，造册归档。

归档前旧账的整理工作包括：检查和补齐应办的手续，如改错盖章、注销空行页、结转余额等；活页账应撤出未使用的空白账页，再编定页码，装订成册。

旧账装订时应注意：活页账一般按账户分类装订成册，一个账户装订成一册；某些账户账页较少，也可以合并装订成一册。装订时应检查账簿扉页的内容是否填写齐全。装订后应由经办人员及装订人员、会计主管人员在封口处签名或盖章。旧账装订完毕，应当编制目录和编写移交清单，并按期移交档案部门保管。

（5）实行会计电算化的单位，满足《会计档案管理办法》第八条有关规定的，可仅以电子形式保存会计账簿，无须定期打印会计账簿；确需打印的，打印的会计账簿必须连续编号，经审核无误后装订成册，并由记账人员和会计机构负责人、会计主管人员签字或者盖章。

（6）各种账簿同会计凭证和会计报表一样，都是重要的经济档案，必须按照《会计档案管理办法》规定的保存年限妥善保管，不得丢失和任意销毁。保管期满后，应当按照规定进行鉴定，经鉴定可以销毁的，方可按照审批程序报经批准后销毁。

# 第 3 章
# 资产业务的账务处理

在日常的记账实务中，资产类业务是常见的业务。资产是指企业过去的交易或事项形成的、由企业拥有或控制的、预期会给企业带来经济利益的资源。

资产按照不同的标准可以做不同的分类：按是否具有实物形态，资产可分为有形资产和无形资产；按来源的不同，资产可分为自有资产和租入资产等；按流动性的不同，资产可分为流动资产和非流动资产，其中，流动资产又可分为货币资金、金融资产、存货等，非流动资产又可分为长期股权投资、固定资产、无形资产及其他资产等。

本章主要介绍货币资金、应收及预付款项、金融资产、存货、长期股权投资、固定资产、无形资产和其他资产的核算。

## 3.1 货币资金的账务处理

货币资金是企业资产的重要组成部分，是企业资产中流动性较强的资产。任何企业要进行生产经营活动都必须拥有货币资金，持有货币资金是进行生产经营活动的基本条件。根据货币资金的存放地点及其用途的不同，货币资金分为库存现金、银行存款及其他货币资金。

### 3.1.1 库存现金的账务处理

库存现金的总分类核算应通过设置的"库存现金"账户进行，"库存现金"账户借方登记库存现金的增加数，贷方登记库存现金的减少数，期末余额在借方，反映期末库存现金的实有数。

如果企业收付的库存现金中有外币，则还应在"库存现金"账户下设置外币库存现金专户进行核算。

#### （一）库存现金收入的账务处理

库存现金收入是企业在其生产经营和非生产经营业务中取得的库存现金。库存现金收入的账务处理以库存现金收入原始凭证，如发票、行政事业性专用收据、内部收据等为依据。

【例 3-1】库存现金的账务处理

（1）ABC 公司收回 A 公司所欠货款的尾款，为现金 500 元，进行如下账务处理。

借：库存现金　　　　　　　　　　　　　　　　　　　　500

　　贷：应收账款——A 公司　　　　　　　　　　　　　　　500

（2）ABC 公司从银行提取现金 5 000 元，进行如下账务处理。

借：库存现金　　　　　　　　　　　　　　　　　　　5 000

　　贷：银行存款　　　　　　　　　　　　　　　　　　　5 000

（3）ABC 公司收回职工的借款 600 元，进行如下账务处理。

借：库存现金　　　　　　　　　　　　　　　　　　　　600

　　贷：其他应收款——×××　　　　　　　　　　　　　　600

（4）ABC 公司出售多余材料收入现金 2 000 元，进行如下账务处理。

借：库存现金　　　　　　　　　　　　　　　　　　　2 000

　　贷：其他业务收入　　　　　　　　　　　　　　　　　2 000

**（二）库存现金支出的账务处理**

库存现金支出是指企业在其生产经营和非生产经营业务中向外支付的库存现金。库存现金支出的账务处理以库存现金支出原始凭证（包括外来原始凭证和自制原始凭证）为依据。常见的库存现金支出原始凭证具体如下。

（1）借据，企业内部所属机构为购买零星办公用品或职工因公出差借款时使用。

（2）工资结算单，企业向职工支付工资时使用。

（3）报销单（支出凭证），企业内部有关人员为单位内部购买零星物品，接受外单位或个人劳务、服务而办理报销业务，以及单位职工向单位办理托补费、医疗费、统筹医药费的报销时使用。

（4）差旅费报销单，企业出差人员办理差旅费报销和出差补贴时使用。

（5）领款收据，企业职工向企业领取各种非工资性奖金、津贴、补贴、劳务费和其他各种库存现金款项，其他单位或个人向本企业领取各种劳务费、服务费时使用。

**【例 3-2】库存现金支出的账务处理**

（1）ABC 公司以库存现金 18 000 元发放 2×23 年 3 月的职工工资，进行如下账务处理。

借：应付职工薪酬　　　　　　　　　　　　　　　　18 000

　　贷：库存现金　　　　　　　　　　　　　　　　　　18 000

（2）ABC 公司用库存现金 850 元购买办公用品，进行如下账务处理。

借：管理费用　　　　　　　　　　　　　　　　　　　　850

　　贷：库存现金　　　　　　　　　　　　　　　　　　　　850

（3）ABC 公司职工张华出差预借差旅费 1 000 元，以库存现金支付，进行如下账务处理。

借：其他应收款——张华          1 000

  贷：库存现金             1 000

（4）ABC公司向银行送存库存现金5 000元，进行如下账务处理。

借：银行存款              5 000

  贷：库存现金             5 000

## （三）备用金的账务处理

定额备用金应通过"其他应收款——备用金"账户或单独设置"备用金"账户进行账务处理。

【例3-3】备用金的账务处理

（1）ABC公司对后勤部门实行定额备用金制度，定额1 000元。后勤部门第一次领取备用金时，进行如下账务处理。

借：其他应收款——备用金——后勤      1 000

  贷：库存现金             1 000

（2）月末，后勤部门的备用金保管人员凭有关单据向会计部门报销，报销金额为900元，会计部门经审核准予报销，并以库存现金补足定额，进行如下账务处理。

借：管理费用              900

  贷：库存现金             900

为进行库存现金的序时核算（类似于库存现金的明细核算），应设置现金日记账，由出纳人员按照业务发生的先后顺序逐日逐笔登记，每日终了时结出余额，并同库存现金数进行核对，月末与库存现金总账核对，做到"日清月结"，保证账款相符、账账相符。现金日记账应采用订本式账簿，一般采用三栏式账页。

## （四）库存现金清查的账务处理

库存现金清查中发现的待查明原因的库存现金短缺或溢余，应通过"待处理财产损溢"科目核算：库存现金短缺，借记"待处理财产损溢"科目，贷记"库存现金"科目；库存现金溢余，借记"库存现金"科目，贷记"待处理财产损溢"科目。待查明原因后做如下处理。

（1）库存现金短缺。应由责任人赔偿部分，借记"其他应收款——××"科目，贷记"待处理财产损溢"科目；无法查明原因部分，经批准后，借记"管理费用——现金短缺"科目，贷记"待处理财产损溢"科目。

（2）现金溢余。应支付给有关人员或单位的，借记"待处理财产损溢"科目，贷记"其他应付款——应付现金溢余——××个人或单位"科目；无法查明原因的，经批准后，借记"待处理财产损溢"科目，贷记"营业外收入——现金溢余"科目。

**【例 3-4】库存现金清查的账务处理**

（1）ABC 公司在对库存现金进行盘点时，发现现金短缺 11 元，进行如下账务处理。

借：待处理财产损溢　　　　　　　　　　　　　　　　11

　　贷：库存现金　　　　　　　　　　　　　　　　　　　　11

（2）后经查明原因，是出纳人员张某疏忽大意造成的，应由出纳人员张某赔偿，进行如下账务处理。

借：库存现金　　　　　　　　　　　　　　　　　　　11

　　贷：其他应收款——张某　　　　　　　　　　　　　　　11

## 3.1.2　银行存款的账务处理

银行存款是企业存入银行和其他金融机构的货币资金，是企业货币资产的重要组成部分。

银行存款的总分类核算应通过设置"银行存款"账户进行，"银行存款"账户借方登记银行存款的增加数，贷方登记银行存款的减少数，期末余额在借方，反映银行存款的实际结存数。有外币存款的企业，应在"银行存款"账户下分人民币和各种外币设置银行存款日记账进行明细核算。

**【例 3-5】收入银行存款的账务处理**

（1）ABC 公司将库存现金 1 800 元存入银行，进行如下账务处理。

借：银行存款　　　　　　　　　　　　　　　　　　1 800

　　贷：库存现金　　　　　　　　　　　　　　　　　　　1 800

（2）ABC 公司从银行取得短期借款 200 000 元，进行如下账务处理。

借：银行存款　　　　　　　　　　　　　　　　　200 000

　　贷：短期借款　　　　　　　　　　　　　　　　　200 000

（3）ABC 公司销售产品收到支票一张，存入银行，货款 50 000 元，增值税 6 500 元，进行如下账务处理。

借：银行存款　　　　　　　　　　　　　　　　　56 500

　　贷：主营业务收入　　　　　　　　　　　　　　　50 000

　　　　应交税费——应交增值税（销项税额）　　　　6 500

（4）ABC 公司收到 A 公司转账支票一张 60 000 元，用于偿还前欠货款，进行如下账务处理。

借：银行存款　　　　　　　　　　　　　　　　　60 000

　　贷：应收账款　　　　　　　　　　　　　　　　　60 000

（5）ABC 公司从子公司分得税后利润 240 000 元，进行如下账务处理。

借：银行存款 240 000

　　贷：投资收益 240 000

**【例3-6】**支出银行存款的账务处理

（1）ABC公司提取库存现金28 000元，进行如下账务处理。

借：库存现金 28 000

　　贷：银行存款 28 000

（2）ABC公司从外地采购材料，价款6 000元，增值税780元，均以银行存款支付，材料尚未入库，进行如下账务处理。

借：材料采购 6 000

　　应交税费——应交增值税（进项税额） 780

　　贷：银行存款 6 780

（3）ABC公司用银行存款缴纳增值税76 000元，进行如下账务处理。

借：应交税费——应交增值税（已交税金） 76 000

　　贷：银行存款 76 000

（4）ABC公司用银行存款偿还应付账款100 000元，进行如下账务处理。

借：应付账款 100 000

　　贷：银行存款 100 000

（5）ABC公司兑付到期商业承兑汇票一张，票面金额291 720元，进行如下账务处理。

借：应付票据 291 720

　　贷：银行存款 291 720

银行存款的序时核算就是银行存款的明细核算，企业应设置银行存款日记账，由出纳人员按照业务发生的先后顺序逐日逐笔登记，每日终了时结出余额，并定期（一般是每月月末）同银行对账单核对相符。银行存款日记账必须是订本账形式，一般采用三栏式账页。

## 3.1.3　其他货币资金的账务处理

其他货币资金包括企业的外埠存款、银行汇票存款、银行本票存款、存出投资款、信用证保证金、信用卡存款等。

为了核算其他货币资金的收支和结存情况，企业应设置"其他货币资金"账户，借方登记其他货币资金的增加数，贷方登记其他货币资金的减少数，余额在借方，表示其他货币资金的结存数额。

### （一）外埠存款的账务处理

外埠存款是指企业到外地进行临时或零星采购时，采用汇兑结算方式汇往采购地银行开立采购专户的款项。外埠存款不计利息，除采购员差旅费可以支取少量库存现金外，一律转账。采购专户只付不收，付完结束账户。

【例 3-7】外埠存款的账务处理

（1）ABC 公司到上海采购，开立采购物资专户，汇入资金 60 000 元，进行如下账务处理。

借：其他货币资金——外埠存款　　　　　　　　　　　60 000

　　贷：银行存款　　　　　　　　　　　　　　　　　　60 000

（2）在上海采购，支付材料价款 50 000 元，增值税 6 500 元，进行如下账务处理。

借：材料采购（或在途物资）　　　　　　　　　　　　50 000

　　应交税费——应交增值税（进项税额）　　　　　　　6 500

　　贷：其他货币资金——外埠存款　　　　　　　　　　56 500

（3）将多余的外埠存款转回公司本地的开户银行，进行如下账务处理。

借：银行存款　　　　　　　　　　　　　　　　　　　3 500

　　贷：其他货币资金——外埠存款　　　　　　　　　　3 500

## （二）银行汇票存款的账务处理

银行汇票存款是指企业为取得银行汇票，按照规定存入银行的款项。

企业从银行取得银行汇票后，借记"其他货币资金——银行汇票"科目，贷记"银行存款"科目。企业使用银行汇票支付款项后，借记"材料采购""应交税费——应交增值税（进项税额）"等科目，贷记"其他货币资金——银行汇票"等科目。

银行汇票使用完毕，应转销"其他货币资金——银行汇票"科目。如实际采购支出小于银行汇票面额，多余部分应借记"银行存款"科目，贷记"其他货币资金——银行汇票"科目。汇票因超过付款期限或其他原因未曾使用而退还款项时，应借记"银行存款"科目，贷记"其他货币资金——银行汇票"科目。

【例 3-8】银行汇票存款的账务处理

（1）ABC 公司取得银行汇票，金额为 12 000 元，进行如下账务处理。

借：其他货币资金——银行汇票　　　　　　　　　　　12 000

　　贷：银行存款　　　　　　　　　　　　　　　　　　12 000

（2）ABC 公司以银行汇票支付采购材料价款 10 000 元，增值税 1 300 元，进行如下账务处理。

借：材料采购（或在途物资）　　　　　　　　　　　　10 000

　　应交税费——应交增值税（进项税额）　　　　　　　1 300

　　贷：其他货币资金——银行汇票　　　　　　　　　　11 300

（3）ABC 公司将银行汇票余额 700 元转销，进行如下账务处理。

借：银行存款             700

  贷：其他货币资金——银行汇票       700

## （三）银行本票存款的账务处理

银行本票存款是指企业为取得银行本票，按照规定存入银行的款项。

企业取得银行本票时，借记"其他货币资金——银行本票"科目，贷记"银行存款"科目。企业用银行本票支付购货款等款项后，应根据发票账单等有关凭证，借记"材料采购""应交税费——应交增值税（进项税额）"等科目，贷记"其他货币资金——银行本票"科目。

如企业因银行本票超过付款期等原因未曾使用而要求银行退款时，应填制进账单一式两联，连同本票一并交给银行，然后根据银行收回本票时盖章退回的一联进账单，借记"银行存款"科目，贷记"其他货币资金——银行本票"科目。

【例3-9】银行本票存款的账务处理

（1）ABC公司取得银行本票，金额为4 640元，进行如下账务处理。

借：其他货币资金——银行本票       4 640

  贷：银行存款           4 640

（2）ABC公司以银行本票支付材料采购款4 000元，增值税520元，进行如下账务处理。

借：材料采购（或在途物资）       4 000

  应交税费——应交增值税（进项税额）    520

  贷：其他货币资金——银行本票      4 520

（3）若ABC公司未使用该银行本票购买货物，要求银行退款，则进行如下账务处理。

借：银行存款（或库存现金）       4 640

  贷：其他货币资金——银行本票      4 640

## （四）存出投资款的账务处理

存出投资款是指企业已存入证券公司但尚未进行交易的资金。企业向证券公司划出资金时，应按实际划出的金额，借记"其他货币资金——存出投资款"科目，贷记"银行存款"科目；购买股票、债券等时，借记"交易性金融资产"等科目，贷记"其他货币资金——存出投资款"科目。

【例3-10】存出投资款的账务处理

（1）ABC公司将银行存款1 000 000元存入证券公司，以备购买有价证券，进行如下账务处理。

借：其他货币资金——存出投资款     1 000 000

  贷：银行存款          1 000 000

（2）ABC 公司用存出投资款 1 000 000 元购入股票，进行如下账务处理。

借：交易性金融资产——成本　　　　　　　　　　　　1 000 000

　　贷：其他货币资金——存出投资款　　　　　　　　　　1 000 000

### （五）信用证保证金的账务处理

信用证保证金是指采用信用证结算方式的企业为开具信用证而存入银行信用证保证金专户的款项。

企业向银行申请开出信用证用于支付供货单位购货款项时，根据开户银行盖章退回的"信用证委托书"回单，借记"其他货币资金——信用证保证金"科目，贷记"银行存款"科目。企业收到供货单位信用证结算凭证及所附发票账单，经核对无误后进行账务处理，借记"在途物资""应交税费——应交增值税（进项税额）"等科目，贷记"其他货币资金——信用证保证金"科目。

如果企业收到未用完的信用证保证金余款，则应借记"银行存款"科目，贷记"其他货币资金——信用证保证金"科目。

【例 3-11】信用证保证金的账务处理

（1）ABC 公司向银行申请开出信用证，金额为 56 500 元，用于支付供货单位购货款项，进行如下账务处理。

借：其他货币资金——信用证保证金　　　　　　　　　56 500

　　贷：银行存款　　　　　　　　　　　　　　　　　　56 500

（2）ABC 公司以信用证的方式，支付供货单位购货款项 50 000 元，增值税进项税额 6 500 元，进行如下账务处理。

借：材料采购（或在途物资）　　　　　　　　　　　　50 000

　　应交税费——应交增值税（进项税额）　　　　　　 6 500

　　贷：其他货币资金——信用证保证金　　　　　　　　56 500

（3）若 ABC 公司未使用该信用证购买货物，要求银行退款，则进行如下账务处理。

借：银行存款（或库存现金）　　　　　　　　　　　　56 500

　　贷：其他货币资金——信用证保证金　　　　　　　　56 500

### （六）信用卡存款的账务处理

信用卡存款是指企业为取得信用卡而存入银行信用卡专户的款项。企业申领信用卡，应按照有关规定填制申请表，并按银行要求交存备用金，银行开立信用卡存款账户，发给信用卡。

企业根据银行盖章退回的交存备用金的进账单，借记"其他货币资金——信用卡存款"科目，贷记"银行存款"科目。

企业收到开户银行转来的信用卡存款的付款凭证及所附发票账单，经核对无误后进行账务处理，借记相关科目，贷记"其他货币资金——信用卡存款"科目。

【例3-12】信用卡存款的账务处理

（1）ABC公司使用单位信用卡，购入办公用品一批，合计1 000元，进行如下账务处理。

借：管理费用　　　　　　　　　　　　　　　　　　　1 000

　　贷：其他货币资金——信用卡存款　　　　　　　　　　1 000

（2）公司将银行存款1 000元存入银行信用卡专户，偿还欠款，进行如下账务处理。

借：其他货币资金——信用卡存款　　　　　　　　　　1 000

　　贷：银行存款　　　　　　　　　　　　　　　　　　1 000

## 3.2　应收及预付款项的账务处理

### 3.2.1　应收账款

应收账款是指企业因销售产品、商品或提供劳务等，应向购货或接受劳务单位收取的款项。

企业在核算应收账款时，必须确定其入账价值，及时反映应收账款的形成、收回情况，合理地确认、计量坏账损失情况。

应收账款的入账价值包括：销售货物或提供劳务的价款、增值税，以及代购货方垫付的包装费、运杂费等。在确认应收账款的入账价值时，应当考虑有关的折扣和折让因素。

存在现金折扣时，根据我国《企业会计准则》的规定，企业的应收账款应按总价法确认。总价法是将未扣减现金折扣的实际售价（即总价）作为应收账款的入账价值，把实际发生的现金折扣视为销售企业为了尽快回笼资金而发生的理财费用（在现金折扣实际发生时计入财务费用）。

为了反映应收账款的增减变动及其结存情况，企业应设置"应收账款"和"坏账准备"科目。

#### （一）应收账款的账务处理

企业应当设置"应收账款"科目，用以核算企业因销售产品、商品或提供劳务等，应向购货或接受劳务单位收取的款项。该科目的借方登记应收账款的增加数，贷方登记应收账款的收回数及确认的坏账损失数，余额一般在借方，表示尚未收回的应收账款数。

企业销售产品、商品或提供劳务等发生应收款项时，借记"应收账款"科目，贷记"主营业务收入""应交税费——应交增值税（销项税额）"等科目；收回款项时，借记"银行存款"等科目，贷记"应收账款"科目。

企业代购货单位垫付包装费、运杂费等费用时，借记"应收账款"科目，贷记"银行存款"等科目；收回代垫费用时，借记"银行存款"科目，贷记"应收账款"科目。

【例 3-13】应收账款的账务处理

（1）ABC 公司采用托收承付结算方式向 A 公司销售产品一批，货款 100 000 元，增值税 13 000 元，以银行存款代垫运杂费 5 000 元，已办理托收手续，进行如下账务处理。

借：应收账款——A 公司　　　　　　　　　　　　　118 000

　　贷：主营业务收入　　　　　　　　　　　　　　　100 000

　　　　应交税费——应交增值税（销项税额）　　　　 13 000

　　　　银行存款　　　　　　　　　　　　　　　　　　5 000

（2）ABC 公司接到银行收款通知，应收 A 公司的全部款项 118 000 元已收到入账，进行如下账务处理。

借：银行存款　　　　　　　　　　　　　　　　　　118 000

　　贷：应收账款——A 公司　　　　　　　　　　　　118 000

## （二）坏账损失的账务处理

坏账是指企业无法收回或收回的可能性极小的应收账款。由于发生坏账而产生的损失，称为坏账损失。

企业应当设置"坏账准备"科目，用以核算企业提取的坏账准备。该科目贷方登记每期预提的坏账准备数额，借方登记实际发生的坏账损失数额，余额一般在贷方，表示已预提但尚未转销的坏账准备数额。企业确认坏账时，应遵循财务报告的目标和会计核算的基本原则，具体分析各应收账款的特性、金额的大小、信用期限、债务人的信誉和当时的经营情况等因素。一般来讲，企业的应收账款符合下列条件之一的，应确认为坏账。

（1）债务人死亡，以其遗产清偿后仍然无法收回。

（2）债务人破产，以其破产财产清偿后仍然无法收回。

（3）债务人较长时期内未履行其偿债义务，并有足够的证据表明无法收回或收回的可能性极小（如债务单位已撤销、破产、资不抵债、现金流量严重不足、发生严重的自然灾害等导致停产而在短时间内无法偿付债务等，以及三年以上的应收款项）。

企业应当定期或至少于年度终了对应收账款进行检查，对预计可能发生的坏账损失，计提坏账准备。按照企业会计准则的规定，计提坏账准备的方法主要有应收账款余额百分比法、账龄分析法和销货百分比法，具体如下。

（1）应收账款余额百分比法是以会计期末应收账款的账面余额为基数，乘以估计的坏账率，计算当期估计的坏账损失，并据此提取坏账准备的方法。

（2）账龄分析法是根据应收账款挂账时间的长短估计坏账损失，并提取坏账准备的方法。

（3）销货百分比法是根据赊销金额的一定百分比估计坏账损失，并提取坏账准备的方法。

根据企业会计准则的规定，采用上述哪种方法计提坏账准备由企业自定。企业应当制定计提坏账准备的政策，明确计提坏账准备的范围、提取方法、账龄的划分和提取比例，按照法律、行政法规的规定报有关各方备案，并备置于企业所在地。坏账准备提取方法一经确定，不得随意变更。如需变更，应当在会计报表附注中予以说明。

企业无论采用哪种方法提取坏账准备，当期应提取的坏账准备应按以下公式进行计算。

当期应提取的坏账准备＝当期按应收账款计算应计提的坏账准备金额－（或＋）本科目的贷方余额（或借方余额）

当期按应收账款计算应计提的坏账准备金额大于本科目的贷方余额，应按其差额提取坏账准备；如果当期按应收账款计算应计提的坏账准备金额小于本科目的贷方余额，应按其差额冲减已计提的坏账准备；当期按应收账款计算应计提的坏账准备的金额为零，应将本科目的余额全部冲回。

应当指出，对已确认为坏账的应收账款，并不意味着企业放弃了追索权，一旦重新收回，企业应及时入账。

提取坏账准备时，借记"信用减值损失"科目，贷记"坏账准备"科目；发生坏账损失时，借记"坏账准备"科目，贷记"应收账款"科目。已确认并转销的坏账又收回时，借记"应收账款"科目，贷记"坏账准备"科目，同时借记"银行存款"科目，贷记"应收账款"科目。

【例 3-14】坏账损失的账务处理

ABC 公司采用应收账款余额百分比法计提坏账准备。2×20 年至 2×22 年发生下列经济业务，坏账损失的账务处理如下。

（1）ABC 公司 2×20 年首次计提坏账准备。年末应收账款余额为 400 000 元，坏账准备的提取比例为 5%，2×20 年年末提取坏账准备的会计分录如下。

借：信用减值损失　　　　　　　　　　　　　　　　　　20 000

　　贷：坏账准备　　　　　　　　　　　　　　　　　　　　　20 000

（2）ABC 公司 2×21 年实际发生坏账损失 28 000 元。确认坏账损失时，进行如下账务处理。

　　借：坏账准备　　　　　　　　　　　　　　　　　　　28 000

　　　　贷：应收账款　　　　　　　　　　　　　　　　　　28 000

　　（3）ABC 公司 2×21 年末应收账款余额为 600 000 元，"坏账准备"科目应保持的贷方余额为 30 000 元（600 000×5%），"坏账准备"科目年末的实际余额为借方 8 000 元（28 000−20 000）。因此，2×21 年末应提坏账准备 38 000 元（8 000+30 000）。进行如下账务处理。

　　借：信用减值损失　　　　　　　　　　　　　　　　　　38 000

　　　　贷：坏账准备　　　　　　　　　　　　　　　　　　38 000

　　（4）ABC 公司 2×22 年 5 月 28 日收到 2×05 年已转销的坏账 15 000 元，已存入银行。2×22 年 8 月 23 日，又确认坏账损失 24 000 元，进行如下账务处理。

　　①收到已转销的坏账时。

　　借：应收账款　　　　　　　　　　　　　　　　　　　　15 000

　　　　贷：坏账准备　　　　　　　　　　　　　　　　　　15 000

　　借：银行存款　　　　　　　　　　　　　　　　　　　　15 000

　　　　贷：应收账款　　　　　　　　　　　　　　　　　　15 000

　　②新确认坏账损失时。

　　借：坏账准备　　　　　　　　　　　　　　　　　　　　24 000

　　　　贷：应收账款　　　　　　　　　　　　　　　　　　24 000

　　（5）ABC 公司 2×22 年末应收账款余额为 500 000 元，"坏账准备"科目应保持的贷方余额为 25 000 元（500 000×5%），现有贷方余额 21 000 元（30 000+15 000−24 000）。因此，2×22 年末应提坏账准备 4 000 元（25 000−21 000）。进行如下账务处理。

　　借：信用减值损失　　　　　　　　　　　　　　　　　　4 000

　　　　贷：坏账准备　　　　　　　　　　　　　　　　　　4 000

## 3.2.2　应收票据

　　《中华人民共和国票据法》规定，票据包括汇票、本票和支票。在我国会计实务中，支票、银行本票及银行汇票均为见票即付的票据，无须将其列为应收票据予以处理。因此，应收票据仅指企业因销售商品、提供劳务等而收到的商业汇票。

### （一）商业汇票的利息计算

　　商业汇票的利息是出票人使用货币资金的成本，它是按照使用货币的时间和规定的利率计算的。对付款人来讲，其承担的利息是费用；对收款人来讲，其收到的利息是收入。

　　商业汇票的利息计算公式如下。

商业汇票的利息＝商业汇票的票面金额 × 票面利率 × 票据期限

上式中，"票面利率"一般指年利率，"票据期限"指自签发日起至到期日止的时间间隔。商业汇票的期限，有按月表示和按日表示两种。

票据期限按月表示时，应以到期月份中与出票日相同的那一天为到期日。如4月1日签发的3个月票据，到期日应为7月1日。月末签发的票据，不论月份大小，以到期月份的月末那一天为到期日。与此同时，计算利息使用的利率要换成月利率（年利率÷12）。

票据期限按日表示时，应从出票日起按实际经历天数计算。出票日和到期日只能计算其中的一天，即"算头不算尾"或"算尾不算头"。例如，4月1日签发的90天票据，其到期日应为6月30日（4月30天，5月31天，6月29天）。同时，计算利息使用的利率，要换算成日利率（年利率÷360）。

### （二）应收票据的账务处理

为了核算应收票据的取得和收回情况，企业应设置"应收票据"科目。根据我国《企业会计准则》的规定，企业收到开出、承兑的商业汇票时，应按照商业汇票的票面金额入账，即应收票据按其面值计价。企业因销售商品、产品或提供劳务等收到开出、承兑的商业汇票时，应按商业汇票的票面金额，借记"应收票据"科目；按实现的营业收入，贷记"主营业务收入"科目；按增值税专用发票上注明的增值税，贷记"应交税费——应交增值税（销项税额）"科目。

#### 1. 不带息应收票据的账务处理

商业汇票到期，应按实际收到的金额，借记"银行存款"科目；按商业汇票的票面金额，贷记"应收票据"科目。商业承兑汇票到期，承兑人违约拒付或无力支付票款，企业收到银行退回的商业承兑汇票、委托收款凭证、未付票款通知书或拒绝付款证明等，将到期票据的票面金额转入"应收账款"科目。"应收票据"科目期末借方余额，反映企业持有的商业汇票的票面金额。

企业应当设置"应收票据备查簿"，逐笔登记商业汇票的种类、号数、出票日期、票面金额、票面利率、交易合同号，付款人、承兑人、背书人的姓名或单位名称，到期日、背书转让日、贴现日期、贴现率、贴现净额、未计提的利息，以及收款日期、收回金额、退票情况等资料，商业汇票到期结清票款或退票后，应当在备查簿内逐笔注销。

【例3-15】不带息应收票据的账务处理

ABC公司销售一批产品给A公司，货已发出，货款10 000元，增值税为1 300元。按合同约定3个月以后付款，A公司交给ABC公司一张3个月到期的商业承兑汇票，票面金额11 300元。账务处理如下。

（1）ABC 公司收到该票据时，进行如下账务处理。

借：应收票据　　　　　　　　　　　　　　　　　　　　 11 300

　　贷：主营业务收入　　　　　　　　　　　　　　　　　 10 000

　　　　应交税费——应交增值税（销项税额）　　　　　　　1 300

（2）3 个月后，该应收票据到期，ABC 公司收回款项 11 300 元，存入银行，进行如下账务处理。

借：银行存款　　　　　　　　　　　　　　　　　　　　 11 300

　　贷：应收票据　　　　　　　　　　　　　　　　　　　 11 300

（3）如果该票据到期，A 公司无力偿还票款，ABC 公司应将到期票据的票面金额转入"应收账款"科目，进行如下账务处理。

借：应收账款——A 公司　　　　　　　　　　　　　　　 11 300

　　贷：应收票据　　　　　　　　　　　　　　　　　　　 11 300

### 2. 带息应收票据的账务处理

企业收到的带息商业汇票，应于资产负债表日按商业汇票的票面金额和确定的利率计提票据利息，计提的利息一方面增加应收票据的账面余额，另一方面冲减财务费用。

带息的商业汇票到期收回款项时，企业应按收到的本息，借记"银行存款"科目；按账面余额，贷记"应收票据"科目；按其差额（未计提利息部分），贷记"财务费用"科目。

到期不能收回的带息商业汇票，转入"应收账款"科目核算后，期末不再计提利息，其所包含的利息，在有关备查簿中进行登记，待实际收到时再冲减收到当期的财务费用。

【例 3-16】带息应收票据的账务处理

ABC 公司 2×22 年 9 月 1 日销售一批产品给 A 公司，货已发出，增值税专用发票上注明的销售收入为 200 000 元，增值税为 26 000 元。收到 A 公司交来的商业承兑汇票一张，期限为 6 个月，票面利率为 6%。ABC 公司的账务处理如下。

（1）收到票据时，进行如下账务处理。

借：应收票据　　　　　　　　　　　　　　　　　　　　 226 000

　　贷：主营业务收入　　　　　　　　　　　　　　　　　 200 000

　　　　应交税费——应交增值税（销项税额）　　　　　　 26 000

（2）年度终了（2×22 年 12 月 31 日）计提票据利息时，进行如下账务处理。

票据利息 =226 000×6% ÷12×4=4 520（元）

借：应收票据　　　　　　　　　　　　　　　　　　　　　 4 520

        贷：财务费用                                          4 520

（3）票据到期收回款项时，进行如下账务处理。

收款金额 =226 000×（1+6% ÷12×6）=232 780（元）

2×23 年发生的票据利息 =226 000×6% ÷12×2=2 260（元）

    借：银行存款                                     232 780

        贷：应收票据                                230 520

            财务费用                               2 260

（4）如果票据到期 A 公司无力付款，ABC 公司应将带息应收票据的金额转入"应收账款"科目，进行如下账务处理。

    借：应收账款                                     230 520

        贷：应收票据                                230 520

其余的利息在备查簿中登记，待实际收到时再冲减收到当期的财务费用。

**【例 3-17】收到抵付应收账款的商业汇票的账务处理**

ABC 公司收到 A 公司寄来一张 2 个月期的商业承兑汇票，面值为 116 000 元，抵偿前欠的产品货款。ABC 公司应进行如下账务处理。

    借：应收票据                                    116 000

        贷：应收账款                                116 000

**3. 商业汇票背书转让的账务处理**

企业为取得所需物资而将持有的应收票据背书转让时，按应计入取得物资成本的金额，借记"材料采购""原材料""库存商品"等科目；按增值税专用发票上注明的增值税，借记"应交税费——应交增值税（进项税额）"科目；按商业汇票的票面金额，贷记"应收票据"科目；如有差额，借记或贷记"银行存款"等科目。

**【例 3-18】商业汇票背书转让的账务处理**

ABC 公司将持有的尚未到期的银行承兑汇票背书转让给某钢铁厂，用于购买钢材一批，取得的增值税专用发票上注明价款为 62 000 元，增值税为 8 060 元，并签发转账支票一张，补付货款与票据面值之间的差额 480 元，材料已到货并验收入库。ABC 公司应进行如下账务处理。

    借：材料采购                                    62 000

        应交税费——应交增值税（进项税额）           8 060

        贷：应收票据                                69 580

            银行存款                                 480

### 3.2.3　预付账款

#### （一）预付账款的概念

预付账款是指企业按照购货合同规定预先支付给供货方的款项。预付账款应当按照实际预付的金额入账。企业预付货款后，有权要求销货方按照购货合同规定发货。为加强对预付账款的管理，企业一般应单独设置会计科目对其进行核算。预付账款不多的企业也可以将预付的货款记入"应付账款"科目的借方，但在编制会计报表时，仍然要将"预付账款"和"应付账款"的金额分开列示。"预付账款"科目可按供货单位进行明细核算。本科目期末借方余额，反映企业预付的款项；期末如为贷方余额，则反映企业尚未补付的款项。

#### （二）预付账款的主要账务处理

企业因购货而预付的款项，借记"预付账款"科目，贷记"银行存款"等科目。收到所购物资，按应计入购入物资成本的金额，借记"材料采购""原材料""库存商品"等科目，按应支付的金额，贷记"预付账款"科目。补付的款项，借记"预付账款"科目，贷记"银行存款"等科目；退回多付的款项做相反的会计分录。涉及增值税进项税额的，还应进行相应的处理。

【例 3-19】预付账款的账务处理

ABC 公司向 A 公司购入材料一批，价款 150 000 元，增值税税率 13%，双方约定 ABC 公司需先向 A 公司支付 10% 的款项作为定金，剩余部分于收到货后支付。ABC 公司的账务处理如下。

（1）支付预付款项时的账务处理如下。

借：预付账款——A 公司　　　　　　　　　　　　　　16 950

　　贷：银行存款　　　　　　　　　　　　　　　　　　16 950

（2）20 天后，收到 A 公司的材料，验收无误后入库，并支付了剩余 90% 的货款。

借：原材料　　　　　　　　　　　　　　　　　　　150 000

　　应交税费——应交增值税（进项税额）　　　　　　19 500

　　贷：银行存款　　　　　　　　　　　　　　　　　152 550

　　　　预付账款　　　　　　　　　　　　　　　　　16 950

### 3.2.4　其他应收款

其他应收款是指除应收票据、应收账款、预付账款以外的其他各种应收、暂付款项，其主要内容如下。

（1）应收的各种赔款。如因职工失职给企业造成一定损失而向该职工收取的赔款，或因企业财产等遭受意外损失而向保险公司收取的赔款等。

（2）应收的各种罚款。

（3）存出保证金，如租入包装物后支付的押金等。

（4）备用金。

（5）应向职工收取的各种垫付的款项，如为职工垫付的水电费、应由职工负担的医药费、房租等。

为了反映其他应收款的增减变动及其结存情况，企业应设置"其他应收款"科目。该科目核算除应收票据、应收账款、预付账款以外的其他各种应收、暂付款项，其借方登记其他应收款的增加数，贷方登记其他应收款的收回数及确认的坏账损失数，余额一般在借方，表示尚未收回的其他应收款数额。

### （一）备用金的账务处理

备用金是指为了满足企业内部各部门和职工个人生产经营活动的需要，而暂付给有关部门和人员使用的备用库存现金。

为了反映和监督备用金的领用和使用情况，企业应在"其他应收款"科目下设置"备用金"二级科目，或设置"备用金"一级科目，借方登记备用金的领用数额，贷方登记备用金的使用数额，余额在借方，表示暂付周转使用的备用金数额。

根据备用金的管理制度，备用金分为定额备用金和非定额备用金两种情况。

（1）定额备用金是指根据使用部门和人员工作的实际需要，先核定备用金定额并依次拨付备用金，使用后再拨付库存现金，以补足其定额的制度。

【例3-20】定额备用金的账务处理

（1）ABC公司某生产车间核定的备用金定额为5 000元，以库存现金拨付，进行如下账务处理。

借：其他应收款——备用金　　　　　　　　　　　　　5 000
　　贷：库存现金　　　　　　　　　　　　　　　　　　　5 000

（2）上述生产车间报销日常管理支出3 800元，进行如下账务处理。

借：制造费用　　　　　　　　　　　　　　　　　　　3 800
　　贷：库存现金　　　　　　　　　　　　　　　　　　　3 800

（2）非定额备用金，也称一次性备用金，是指为了满足临时性需要暂付给有关部门和个人的库存现金，使用后实报实销。

【例3-21】非定额备用金的账务处理

（1）ABC公司行政管理部门张力外出预借差旅费1 000元，以库存现金付讫，进行如下账务处理。

借：其他应收款——备用金——张力　　　　　　　　　1 000
　　贷：库存现金　　　　　　　　　　　　　　　　　　　1 000

（2）ABC 公司行政管理部门张力出差归来，报销 980 元，剩余库存现金 20 元交回，进行如下账务处理。

借：管理费用　　　　　　　　　　　　　　　　　　980
　　库存现金　　　　　　　　　　　　　　　　　　20
　　贷：其他应收款——备用金——张力　　　　　　1 000

### （二）其他应收款坏账损失的账务处理

企业应当定期或者至少于每年年度终了，对其他应收款进行检查，预计其可能发生的坏账损失，并计提坏账准备。企业对不能收回的其他应收款应当查明原因，追究责任。对确实无法收回的其他应收款，企业应按照管理权限，经股东大会或董事会，或经理（厂长）会议或类似机构批准将其作为坏账损失，冲销提取的坏账准备。

经批准作为坏账损失的其他应收款，借记"坏账准备"科目，贷记"其他应收款"科目。

已确认并转销的坏账损失，如果以后又收回，按实际收回的金额，借记"其他应收款"科目，贷记"坏账准备"科目；同时，借记"银行存款"科目，贷记"其他应收款"科目。

## 3.2.5　合同资产

合同资产是指企业已向客户转让商品而有权收取对价的权利，且该权利取决于时间流逝之外的其他因素。

根据《企业会计准则第 14 号——收入》的规定，企业收入的确认和计量大致分为以下五步。

（1）识别与客户订立的合同。
（2）识别合同中的单项履约义务。
（3）确定交易价格。
（4）将交易价格分摊至各单项履约义务。
（5）履行各单项履约义务时确认收入。

将交易价格分摊至各单项履约义务后，如企业已完成单项履约义务，但尚需完成其他履约义务合同对价才能收取的情况下，可根据履约进度确认"合同资产"。

应当注意合同资产与应收账款的区别。应收账款是企业无条件收取合同对价的权利，该权利应当作为应收账款单独列示。二者的区别在于：应收账款代表的是无条件收取合同对价的权利，即企业仅仅随着时间的流逝即可收款；而合同资产并不是一项无条件的收款权，该权利除了取决于时间流逝之外，还取决于其他条件（如履行合同中的其他履约义务等），当其他条件满足时，企业才能收取相应的合同对价。因此，与合同资产和应收账款相关的风险是不同的，应收账款仅承担信用风险，而合同资产除承担信用风险之外，还可能承担其他风险，如履约风险等。

企业可以设置"合同资产"科目核算企业已向客户转让商品而有权收取对价的权利，且该权利取决于时间流逝之外的其他因素。该科目的借方登记合同资产的增加数，贷方登记企业可以无条件收取合同对价时，结转到应收账款的合同资产及确认的减值损失数，余额一般在借方。

【例3-22】2×22年3月1日，甲公司与客户签订合同，向其销售A、B两项商品，A商品的单独售价为4 500元，B商品的单独售价为13 500元，合同价款为16 000元。合同约定，A商品于合同开始日交付，B商品在一个月之后交付，只有当两项商品全部交付之后，甲公司才有权收取16 000元的合同对价。假定A商品和B商品分别构成单项履约义务，其控制权在交付时转移给客户。上述价格均不包含增值税，且假定不考虑相关税费影响。

本例中，分摊至A商品的合同价款为4 000元[4 500÷（4 500+13 500）×16 000]，分摊至B商品的合同价款为12 000元[（13 500÷（4 500+13 500）×16 000]。甲公司的账务处理如下。

（1）交付A商品时。

借：合同资产          4 000

  贷：主营业务收入        4 000

（2）交付B商品时。

借：应收账款         16 000

  贷：合同资产         4 000

    主营业务收入      12 000

企业应当以预期信用损失为基础，对合同资产进行减值会计处理并确认损失准备，合同资产的减值损失准备和损失确认参照应收账款的即可。

## 3.3 金融资产的账务处理

### 3.3.1 金融资产概述

金融资产是指企业持有的现金、其他方的权益工具以及符合下列条件之一的资产。

（1）从其他方收取现金或其他金融资产的合同权利。例如，企业的银行存款、应收账款、应收票据和贷款等均属于金融资产。再如，预付账款不是金融资产，因其产生的未来经济利益是商品或服务，不是收取现金或其他金融资产的权利。

（2）在潜在有利条件下，与其他方交换金融资产或金融负债的合同权利。例如，企业持有的看涨期权或看跌期权等。

（3）将来需要或可用企业自身权益工具进行结算的非衍生工具合同，且企业根据该合同将收到可变数量的自身权益工具。

（4）将来需要或可用企业自身权益工具进行结算的衍生工具合同，但以固定数量的自身权益工具交换固定金额的现金或其他金融资产的衍生工具合同除外。其中，企业自身权益工具不包括应当按照《企业会计准则第 37 号——金融工具列报》分类为权益工具的可回售工具或发行方仅在清算时才有义务向另一方按比例交付其净资产的金融工具，也不包括本身就要求在未来收取或交付企业自身权益工具的合同。

金融资产一般划分为以下三类。

（1）以摊余成本计量的金融资产。

（2）以公允价值计量且其变动计入其他综合收益的金融资产。

（3）以公允价值计量且其变动计入当期损益的金融资产。

企业应当结合自身业务特点和风险管理要求，对金融资产进行合理的分类。对金融资产的分类一经确定，不得随意变更。金融资产的分类及判别如表 3-1 所示。

表 3-1　金融资产的分类及判别

| 金融资产分类 | 判别 | | 会计科目 |
|---|---|---|---|
| 以摊余成本计量的金融资产 | 业务模式 | 以收取合同现金流量为目标 | "银行存款""贷款""应收账款""债权投资"等 |
| | 现金流量特征 | 该金融资产的合同条款规定，在特定日期产生的现金流量，仅为对本金和以未偿付本金金额为基础的利息的支付 | |
| 以公允价值计量且其变动计入其他综合收益的金融资产 | 业务模式 | 既以收取合同现金流量为目标，又以出售该金融资产为目标 | "其他债权投资"等 |
| | 现金流量特征 | 该金融资产的合同条款规定，在特定日期产生的现金流量，仅为对本金和以未偿付本金金额为基础的利息的支付 | |
| 以公允价值计量且其变动计入当期损益的金融资产 | 除了按照上述分类为以摊余成本计量的金融资产和以公允价值计量且其变动计入其他综合收益的金融资产之外的金融资产，企业应当将其分类为以公允价值计量且其变动计入当期损益的金融资产 | | "交易性金融资产" |

需要注意，权益工具投资的合同现金流量评估一般不符合基本借贷安排，因

此，只能被分类为以公允价值计量且其变动计入当期损益的金融资产。然而，在初始确认时，企业可以将非交易性权益工具投资指定为以公允价值计量且其变动计入其他综合收益的金融资产，并按规定确认股利收入。该指定一经做出，不得撤销。企业投资其他上市公司股票或者非上市公司股权的，都可能属于这种情形。

本节不涉及以下金融资产的会计处理：长期股权投资（即企业对外能够形成控制、共同控制和重大影响的股权投资）；货币资金（即库存现金、银行存款、其他货币资金）；应收款项（即应收账款、贷款、合同资产等）。

## 3.3.2　交易性金融资产

交易性金融资产主要是指企业为了近期内出售而持有的金融资产，例如，企业以赚取差价为目的从二级市场购入的股票、债券、基金等。交易性金融资产属于以公允价值计量且其变动计入当期损益的金融资产。企业持有的直接指定为以公允价值计量且其变动计入当期损益的金融资产，也在"交易性金融资产"科目核算。

### （一）交易性金融资产的科目设置

为了核算交易性金融资产的取得、收取现金股利或利息、处置等业务，企业应当设置"交易性金融资产""公允价值变动损益""投资收益"等科目。

1. "交易性金融资产"科目

本科目核算企业为交易目的所持有的债券投资、股票投资以及基金投资等交易性金融资产的公允价值。企业持有的直接指定为以公允价值计量且其变动计入当期损益的金融资产也在"交易性金融资产"科目核算。"交易性金融资产"科目的借方登记交易性金融资产的取得成本、资产负债表日其公允价值高于账面余额的差额等；贷方登记资产负债表日其公允价值低于账面余额的差额，以及企业出售交易性金融资产时结转的成本和公允价值变动损益。企业应当按照交易性金融资产的类别和品种，分别设置"成本""公允价值变动"等明细科目进行核算。

2. "公允价值变动损益"科目

本科目核算企业交易性金融资产等公允价值变动而形成的应计入当期损益的利得或损失，贷方登记资产负债表日企业持有的交易性金融资产等的公允价值高于账面余额的差额，借方登记资产负债表日企业持有的交易性金融资产等的公允价值低于账面余额的差额。

3. "投资收益"科目

本科目核算企业持有交易性金融资产等期间取得的投资收益以及处置交易性金融资产等实现的投资收益或投资损失，贷方登记企业出售交易性金融资产等实现的投资收益，借方登记企业出售交易性金融资产等发生的投资损失。

### （二）交易性金融资产的账务处理

#### 1. 交易性金融资产的取得

企业取得交易性金融资产时，应当按照该金融资产取得时的公允价值作为其初始确认金额，记入"交易性金融资产——成本"科目。取得交易性金融资产所支付价款中包含了已宣告但尚未发放的现金股利或已到付息期但尚未领取的债券利息的，应当单独将其确认为应收项目，记入"应收股利"或"应收利息"科目。

取得交易性金融资产所发生的相关交易费用，应当在发生时计入投资收益。交易费用是指可直接归属于购买、发行或处置金融工具新增的外部费用，包括支付给代理机构、咨询公司、券商等的手续费和佣金及其他必要支出。

【例 3-23】取得交易性金融资产的账务处理

2×23 年 1 月 20 日，ABC 公司委托某证券公司从上海证券交易所购入 A 上市公司股票 100 万股，并将其划分为交易性金融资产。该笔股票投资在购买日的公允价值为 1 000 万元。另支付相关交易费用金额 2.5 万元，不考虑相关税费。ABC 公司应做如下账务处理。

（1）2×23 年 1 月 20 日，购买 A 上市公司股票时。

借：交易性金融资产——成本　　　　　　　　　　　　　10 000 000

　　贷：其他货币资金——存出投资款　　　　　　　　　　　10 000 000

（2）支付相关交易费用时。

借：投资收益　　　　　　　　　　　　　　　　　　　　　25 000

　　贷：其他货币资金——存出投资款　　　　　　　　　　　　25 000

#### 2. 交易性金融资产的现金股利和利息

企业持有交易性金融资产期间，对于被投资单位宣告发放的现金股利或企业在资产负债表日按分期付息、一次还本债券投资的票面利率计算的利息收入，应当确认为应收项目，记入"应收股利"或"应收利息"科目，并计入投资收益。

【例 3-24】取得交易性金融资产现金股利和利息的账务处理

2×23 年 3 月 31 日，ABC 公司收到 A 上市公司向其发放的现金股利 60 万元，存入银行，不考虑相关税费。ABC 公司应做如下账务处理。

借：其他货币资金——存出投资款　　　　　　　　　　　600 000

　　贷：应收股利——A 上市公司股票　　　　　　　　　　　600 000

#### 3. 交易性金融资产的期末计量

资产负债表日，交易性金融资产应当按照公允价值计量，公允价值与账面余额之间的差额计入当期损益。企业应当在资产负债表日按照交易性金融资产公允价值与其账面余额的差额，借记或贷记"交易性金融资产——公允价值变动"科目，贷记或借记"公允价值变动损益"科目。

【例3-25】交易性金融资产的期末计量

2×22年5月8日，ABC公司购入B公司发行的公司债券。该笔债券于2×21年7月1日发行，面值为2 500万元，票面利率为4%，债券利息按年支付。ABC公司将其划分为交易性金融资产，支付价款2 600万元（其中包含已宣告但尚未发放的债券利息50万元），另支付交易费用30万元。2×22年6月5日，ABC公司收到该笔债券利息50万元。2×22年12月31日，该债券的公允价值为2 450万元。ABC公司应做如下账务处理。

（1）2×22年5月8日，购入B公司的公司债券时。

借：交易性金融资产——成本 25 500 000

应收利息 500 000

投资收益 300 000

贷：银行存款 26 300 000

（2）2×22年6月5日，收到购买价款中包含的已宣告但尚未发放的债券利息时。

借：银行存款 500 000

贷：应收利息 500 000

（3）2×22年12月31日，确认债券的公允价值变动损益时。

借：公允价值变动损益 1 000 000

贷：交易性金融资产——公允价值变动 1 000 000

## 4.交易性金融资产的处置

出售交易性金融资产时，应当将该金融资产出售时的公允价值与其初始入账金额之间的差额确认为投资收益，同时调整公允价值变动损益。

企业应按实际收到的金额，借记"银行存款"等科目；按该金融资产的账面余额，贷记"交易性金融资产"科目；按其差额，贷记或借记"投资收益"科目。同时，将原计入该金融资产的公允价值变动转出，借记或贷记"公允价值变动损益"科目，贷记或借记"投资收益"科目。

【例3-26】处置交易性金融资产的账务处理

接【例3-25】，假定2×23年1月15日，ABC公司出售了所持有的B公司的公司债券，售价为2 560万元，不考虑相关税费，则应做如下账务处理。

借：银行存款 25 600 000

交易性金融资产——公允价值变动 1 000 000

贷：交易性金融资产——成本 25 500 000

投资收益 1 100 000

同时，转出"公允价值变动损益"科目余额。

| | |
|---|---|
| 借：投资收益 | 1 000 000 |
| 贷：公允价值变动损益 | 1 000 000 |

### 3.3.3 债权投资

债权投资主要是指企业以收取合同现金流量为目标，且合同现金流量符合特定日期产生的现金流量，仅为对本金和以未偿付本金金额为基础的利息的支付的金融资产。债权投资与应收账款一样，都属于以摊余成本计量的金融资产。

**（一）债权投资的科目设置**

企业可以设置"债权投资"科目，以核算企业以收取合同现金流量为目标，且合同现金流量符合特定日期产生的现金流量，仅为对本金和以未偿付本金金额为基础的利息的支付的债权投资。该科目可按"成本""利息调整"设置明细科目。

**（二）债权投资的账务处理**

**1. 债权投资的初始计量**

企业初始确认债权投资，应当按照公允价值计量，相关交易费用应当计入初始确认金额。企业取得金融资产所支付的价款中包含的已宣告但尚未发放的债券利息，应当单独确认为应收项目进行处理。

初始确认时，还应当计算确定债权投资的实际利率。实际利率是指将金融资产或金融负债在预计存续期的估计未来现金流量，折现为该金融资产账面余额或该金融负债摊余成本所使用的利率。在确定实际利率时，应当在考虑金融资产或金融负债所有合同条款（如提前还款、展期、看涨期权或其他类似期权等）的基础上估计预期现金流量，但不应当考虑预期信用损失。

**2. 债权投资的后续计量**

初始确认后，债权投资应当以摊余成本进行后续计量。债权投资的摊余成本，应当按该金融资产的初始确认金额经下列调整后的结果确定。

（1）扣除已偿还的本金。

（2）加上或减去采用实际利率法将该初始确认金额与到期日金额之间的差额进行摊销形成的累计摊销。

（3）扣除累计计提的损失准备。

债权投资持有期间，应当采用实际利率法，按照摊余成本和实际利率确认利息收入，计入投资收益；用实际利息与票面利息的差额，调整债权投资的账面价值。

处置债权投资时，应当将所取得的价款与债权投资的账面价值的差额计入当期损益。

**【例 3-27】**债权投资的账务处理

2×18 年 1 月 1 日，甲公司支付价款 1 000 万元（含交易费用）从上海证券交易所购入 A 公司同日发行的 5 年期公司债券 12 500 份，债券票面价值总额为 1 250 万元，票面年利率为 4.72%，于年末支付本年度债券利息（即每年利息为 59 万元），本金在债券到期时一次性偿还。合同约定，该债券的发行方在遇到特定情况时可以将债券赎回，不需要为提前赎回支付额外款项。甲公司在购买该债券时，预计发行方不会提前赎回。甲公司根据其管理该债券的业务模式和该债券的合同现金流量特征，将该债券分类为以摊余成本计量的金融资产。

假定不考虑相关税费、减值损失等因素，计算该债券的实际利率 $r$。

$$59 \times (1+r)^{-1} + 59 \times (1+r)^{-2} + 59 \times (1+r)^{-3} + 59 \times (1+r)^{-4} + (59 + 1\,250) \times (1+r)^{-5} = 1\,000 \text{（万元）}$$

采用插值法，计算得出 $r=10\%$。

每年的利息收入如表 3-2 所示。

表 3-2　利息收入及摊余成本

单位：万元

| 日期 | 期初摊余成本<br>（A） | 实际利息收入<br>（B=A×10%） | 现金流入<br>（C） | 期末摊余成本<br>（D=A+B-C） |
|---|---|---|---|---|
| 2×18 年 | 1 000 | 100 | 59 | 1 041 |
| 2×19 年 | 1 041 | 104 | 59 | 1 086 |
| 2×20 年 | 1 086 | 109 | 59 | 1 136 |
| 2×21 年 | 1 136 | 114 | 59 | 1 191 |
| 2×22 年 | 1 191 | 118* | 1 309（1 250+59） | 0 |

注：*尾数调整，1 250+59-1 191=118（万元）。

甲公司的账务处理如下。

（1）2×18 年 1 月 1 日，购入 A 公司债券。

借：债权投资——成本　　　　　　　　　　　12 500 000
　　贷：银行存款　　　　　　　　　　　　　　10 000 000
　　　　债权投资——利息调整　　　　　　　　 2 500 000

（2）2×18 年 12 月 31 日，确认 A 公司债券实际利息收入、收到债券利息。

借：应收利息　　　　　　　　　　　　　　　　590 000
　　债权投资——利息调整　　　　　　　　　　410 000
　　贷：投资收益　　　　　　　　　　　　　　 1 000 000
借：银行存款　　　　　　　　　　　　　　　　590 000
　　贷：应收利息　　　　　　　　　　　　　　　590 000

（3）2×19 年 12 月 31 日，确认 A 公司债券实际利息收入、收到债券利息。

借：应收利息　　　　　　　　　　　　　　　　　　590 000

　　债权投资——利息调整　　　　　　　　　　　　450 000

　　　贷：投资收益　　　　　　　　　　　　　　　　　1 040 000

借：银行存款　　　　　　　　　　　　　　　　　　590 000

　　　贷：应收利息　　　　　　　　　　　　　　　　　　590 000

（4）2×20 年 12 月 31 日，确认 A 公司债券实际利息收入、收到债券利息。

借：应收利息　　　　　　　　　　　　　　　　　　590 000

　　债权投资——利息调整　　　　　　　　　　　　500 000

　　　贷：投资收益　　　　　　　　　　　　　　　　　1 090 000

借：银行存款　　　　　　　　　　　　　　　　　　590 000

　　　贷：应收利息　　　　　　　　　　　　　　　　　　590 000

（5）2×21 年 12 月 31 日，确认 A 公司债券实际利息收入、收到债券利息。

借：应收利息　　　　　　　　　　　　　　　　　　590 000

　　债权投资——利息调整　　　　　　　　　　　　550 000

　　　贷：投资收益　　　　　　　　　　　　　　　　　1 140 000

借：银行存款　　　　　　　　　　　　　　　　　　590 000

　　　贷：应收利息　　　　　　　　　　　　　　　　　　590 000

（6）2×22 年 12 月 31 日，确认 A 公司债券实际利息收入、收到债券利息和本金。

借：应收利息　　　　　　　　　　　　　　　　　　590 000

　　债权投资——利息调整　　　　　　　　　　　　590 000

　　　贷：投资收益　　　　　　　　　　　　　　　　　1 180 000

借：银行存款　　　　　　　　　　　　　　　　　　590 000

　　　贷：应收利息　　　　　　　　　　　　　　　　　　590 000

借：银行存款　　　　　　　　　　　　　　　　　12 500 000

　　　贷：债权投资——成本　　　　　　　　　　　　12 500 000

假定在 2×20 年 1 月 1 日，甲公司预计本金的一半（即 625 万元）将会在该年末收回，而其余的一半本金将于 2×22 年末付清。遇到这种情况时，甲公司应当调整 2×20 年初的摊余成本，计入当期损益；调整时采用最初确定的实际利率。据此，相关数据如表 3-3 所示。

**表 3-3　利息收入与摊余成本**

单位：万元

| 日期 | 期初摊余成本（A） | 实际利息收入（B=A×10%） | 现金流入（C） | 期末摊余成本（D=A+B−C） |
|---|---|---|---|---|
| 2×18 年 | 1 000 | 100 | 59 | 1 041 |
| 2×19 年 | 1 041 | 104 | 59 | 1 086 |

| 日期 | 期初摊余成本<br>（A） | 实际利息收入<br>（B=A×10%） | 现金流入<br>（C） | 期末摊余成本<br>（D=A+B−C） |
|---|---|---|---|---|
| 2×20年 | 1 139* | 114 | 684（625+59） | 569 |
| 2×21年 | 569 | 57 | 30** | 596 |
| 2×22年 | 596 | 59*** | 655（625+30） | 0 |

注：*、**、***为四舍五入后的结果。

据上述调整，甲公司的账务处理如下。

（1）2×20年1月1日，调整期初账面余额。

借：债权投资——利息调整　　　　　　　　　　　530 000

　　贷：投资收益　　　　　　　　　　　　　　　　　530 000

（2）2×20年12月31日，确认实际利息、收回本金等。

借：应收利息　　　　　　　　　　　　　　　　590 000

　　债权投资——利息调整　　　　　　　　　　550 000

　　贷：投资收益　　　　　　　　　　　　　　　1 140 000

借：银行存款　　　　　　　　　　　　　　　　590 000

　　贷：应收利息　　　　　　　　　　　　　　　　590 000

借：银行存款　　　　　　　　　　　　　　　6 250 000

　　贷：债权投资——成本　　　　　　　　　　　6 250 000

（3）2×21年12月31日，确认实际利息等。

借：应收利息　　　　　　　　　　　　　　　　300 000

　　债权投资——利息调整　　　　　　　　　　270 000

　　贷：投资收益　　　　　　　　　　　　　　　570 000

借：银行存款　　　　　　　　　　　　　　　　300 000

　　贷：应收利息　　　　　　　　　　　　　　　300 000

（4）2×22年12月31日，确认实际利息、收回本金等。

借：应收利息　　　　　　　　　　　　　　　　300 000

　　债权投资——利息调整　　　　　　　　　　290 000

　　贷：投资收益　　　　　　　　　　　　　　　590 000

借：银行存款　　　　　　　　　　　　　　　　300 000

　　贷：应收利息　　　　　　　　　　　　　　　300 000

借：银行存款　　　　　　　　　　　　　　6 250 000

　　贷：债权投资——成本　　　　　　　　　　　6 250 000

## 3.3.4　其他债权投资

企业应当设置"其他债权投资"科目，核算分类为以公允价值计量且其变动计入其他综合收益的金融资产。根据金融资产分类标准，其他债权投资的业务模式既以收取合同现金流量为目标，又以出售该金融资产为目标，其合同现金流量特征符合在特定日期产生的现金流量，仅为对本金和以未偿付本金金额为基础的利息支付。

### （一）其他债权投资的初始计量

企业取得其他债权投资时，应当按照该金融资产取得时的公允价值作为其初始确认金额，记入"其他债权投资——成本"科目。取得其他债权投资所支付价款中包含了已宣告但尚未发放的现金股利或已到付息期但尚未领取的债券利息的，应当单独确认为应收项目，记入"应收股利"或"应收利息"科目。

### （二）其他债权投资的后续计量

分类为以公允价值计量且其变动计入其他综合收益的金融资产所产生的所有利得或损失，除减值损失或利得和汇兑损益之外，均应当计入其他综合收益，直至该金融资产终止确认或被重分类。但是，采用实际利率法计算的该金融资产的利息应当计入当期损益。该金融资产计入各期损益的金额应当与视同其一直按摊余成本计量而计入各期损益的金额相等。

该金融资产终止确认时，之前计入其他综合收益的累计利得或损失应当从其他综合收益中转出，计入当期损益。

其他债权投资的会计处理如图 3-1 所示。

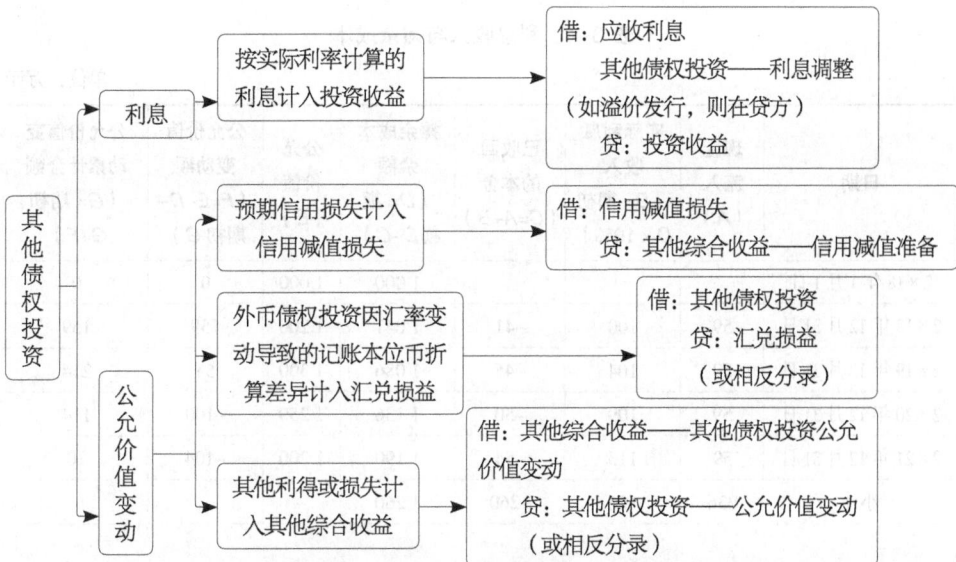

图 3-1　其他债权投资的会计处理

**【例3-28】** 其他债权投资的账务处理

2×18年1月1日，甲公司支付价款1 000万元（含交易费用）从上海证券交易所购入A公司同日发行的5年期公司债券12 500份，债券票面价值总额为1 250万元，票面年利率为4.72%，于年末支付本年度债券利息（即每年利息为59万元），本金在债券到期时一次性偿还。合同约定，该债券的发行方在遇到特定情况时可以将债券赎回，且不需要为提前赎回支付额外款项。甲公司在购买该债券时，预计发行方不会提前赎回。甲公司根据其管理该债券的业务模式和该债券的合同现金流量特征，将该债券分类为以公允价值计量且其变动计入其他综合收益的金融资产。

其他资料如下。

（1）2×18年12月31日，A公司债券的公允价值为1 200万元（不含利息）。

（2）2×19年12月31日，A公司债券的公允价值为1 300万元（不含利息）。

（3）2×20年12月31日，A公司债券的公允价值为1 250万元（不含利息）。

（4）2×21年12月31日，A公司债券的公允价值为1 200万元（不含利息）。

（5）2×22年1月20日，甲公司通过上海证券交易所出售了A公司债券12 500份，取得价款1 260万元。

假定不考虑相关税费、减值损失等因素，计算该债券的实际利率$r$。

$$59 \times (1+r)^{-1} + 59 \times (1+r)^{-2} + 59 \times (1+r)^{-3} + 59 \times (1+r)^{-4} + (59+1\ 250) \times (1+r)^{-5} = 1\ 000 （万元）$$

采用插值法，计算得出$r=10\%$。

利息收入与摊余成本的计算如表3-4所示。

**表3-4  利息收入与摊余成本**

单位：万元

| 日期 | 现金流入（$A$） | 实际利息收入（$B=$期初$D\times10\%$） | 已收回的本金（$C=A-B$） | 摊余成本余额（$D=$期初$D-C$） | 公允价值（$E$） | 公允价值变动额（$F=E-D-$期初$G$） | 公允价值变动累计金额（$G=$期初$G+F$） |
|---|---|---|---|---|---|---|---|
| 2×18年1月1日 | | | | 1 000 | 1 000 | 0 | 0 |
| 2×18年12月31日 | 59 | 100 | −41 | 1 041 | 1 200 | 159 | 159 |
| 2×19年12月31日 | 59 | 104 | −45 | 1 086 | 1 300 | 55 | 214 |
| 2×20年12月31日 | 59 | 109 | −50 | 1 136 | 1 250 | −100 | 114 |
| 2×21年12月31日 | 59 | 113 | −54 | 1 190 | 1 200 | −104 | 10 |
| 小计 | 236 | 426 | −260 | 1 260 | — | | |

| 日期 | 现金流入（A） | 实际利息收入（B= 期初 D×10%） | 已收回的本金（C=A-B） | 摊余成本余额（D= 期初 D-C） | 公允价值（E） | 公允价值变动额（F=E-D-期初 G） | 公允价值变动累计金额（G= 期初 G+F） |
|---|---|---|---|---|---|---|---|
| 2×22 年 1 月 20 日 | 1 260 | 70* | 1 260 | 0 | | | |
| 合计 | 1 496 | 496 | 1 000 | 0 | | | |

注：* 尾数调整，1 260+0-1 190=70（万元）

甲公司的有关账务处理如下。

（1）2×18 年 1 月 1 日，购入 A 公司债券。

借：其他债权投资——成本　　　　　　　　　　　　　　12 500 000

　　贷：银行存款　　　　　　　　　　　　　　　　　　10 000 000

　　　　其他债权投资——利息调整　　　　　　　　　　 2 500 000

（2）2×18 年 12 月 31 日，确认 A 公司债券实际利息收入、公允价值变动，收到债券到息。

借：应收利息　　　　　　　　　　　　　　　　　　　　　590 000

　　其他债权投资——利息调整　　　　　　　　　　　　　410 000

　　贷：投资收益　　　　　　　　　　　　　　　　　　 1 000 000

借：银行存款　　　　　　　　　　　　　　　　　　　　　590 000

　　贷：应收利息　　　　　　　　　　　　　　　　　　　 590 000

借：其他债权投资——公允价值变动　　　　　　　　　　 1 590 000

　　贷：其他综合收益——其他债权投资公允价值变动　　 1 590 000

（3）2×19 年 12 月 31 日，确认 A 公司债券实际利息收入、公允价值变动，收到债券利息。

借：应收利息　　　　　　　　　　　　　　　　　　　　　590 000

　　其他债权投资——利息调整　　　　　　　　　　　　　450 000

　　贷：投资收益　　　　　　　　　　　　　　　　　　 1 040 000

借：银行存款　　　　　　　　　　　　　　　　　　　　　590 000

　　贷：应收利息　　　　　　　　　　　　　　　　　　　 590 000

借：其他债权投资——公允价值变动　　　　　　　　　　　550 000

　　贷：其他综合收益——其他债权投资公允价值变动　　　 550 000

（4）2×20 年 12 月 31 日，确认 A 公司债券实际利息收入、公允价值变动，收到债券利息。

借：应收利息　　　　　　　　　　　　　　　　　　　　　590 000

| | |
|---|---:|
| 其他债权投资——利息调整 | 500 000 |
| 贷：投资收益 | 1 090 000 |
| 借：银行存款 | 590 000 |
| 贷：应收利息 | 590 000 |
| 借：其他综合收益——其他债权投资公允价值变动 | 1 000 000 |
| 贷：其他债权投资——公允价值变动 | 1 000 000 |

（5）2×21 年 12 月 31 日，确认 A 公司债券实际利息收入、公允价值变动，收到债券利息。

| | |
|---|---:|
| 借：应收利息 | 590 000 |
| 其他债权投资——利息调整 | 540 000 |
| 贷：投资收益 | 1 130 000 |
| 借：银行存款 | 590 000 |
| 贷：应收利息 | 590 000 |
| 借：其他综合收益——其他债权投资公允价值变动 | 1 040 000 |
| 贷：其他债权投资——公允价值变动 | 1 040 000 |

（6）2×22 年 1 月 20 日，确认出售 A 公司债券实现的损益。

| | |
|---|---:|
| 借：其他债权投资——利息调整 | 700 000 |
| 贷：投资收益 | 700 000 |
| 借：银行存款 | 12 600 000 |
| 投资收益 | 100 000 |
| 贷：其他债权投资——成本 | 12 500 000 |
| ——公允价值变动 | 100 000 |
| ——利息调整 | 100 000 |

A 公司债券的成本 =1 250（万元）

A 公司债券的利息调整余额 =-250+41+45+50+54+70=10（万元）

A 公司债券公允价值变动余额 =159+55-100-104=10（万元）

同时，应从其他综合收益中转出的公允价值累计金额为 10 万元。

| | |
|---|---:|
| 借：其他综合收益——其他债权投资公允价值变动 | 100 000 |
| 贷：投资收益 | 100 000 |

## 3.3.5 其他权益工具投资

由于权益工具投资的合同现金流量评估一般不符合基本借贷安排，所以只能将其分类为以公允价值计量且其变动计入当期损益的金融资产。然而，在初始确认时，企业可以将非交易性权益工具投资指定为以公允价值计量且其变动计入其他综合收益的金融资产,并按规定确认股利收入。该指定一经做出,不得撤销。企业投资其他上市公司股票或者非上市公司股权的,都可能属于这种情形。

企业可以设置"其他权益工具投资"科目核算指定为以公允价值计量且其变动计入其他综合收益的非交易性权益工具投资,其具体会计处理如图3-2所示。"其他权益工具投资"科目的借方登记其他权益工具投资的取得成本、资产负债表日其公允价值高于账面余额的差额等;贷方登记资产负债表日其公允价值低于账面余额的差额,以及其他权益工具投资的处置。本科目可以设置"成本""公允价值变动"等明细科目进行核算。

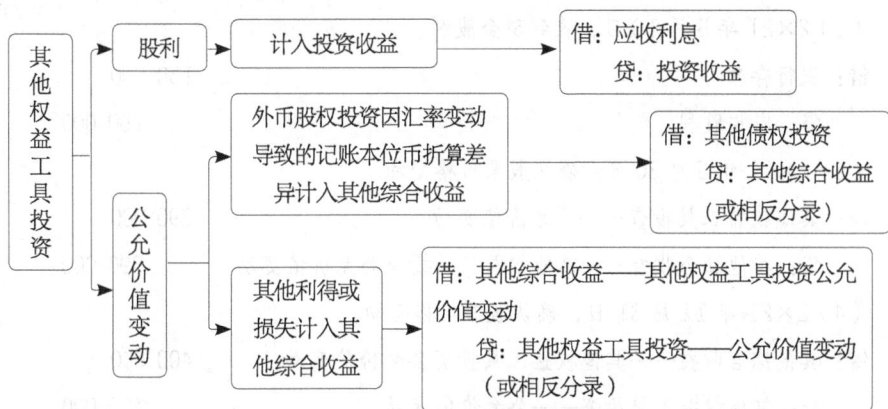

图3-2　其他权益工具投资的会计处理

初始确认时,企业可基于单项非交易性权益工具投资,将其指定为以公允价值计量且其变动计入其他综合收益的金融资产,其公允价值的后续变动计入其他综合收益,不需计提减值准备,即指定为以公允价值计量且其变动计入其他综合收益的非交易性权益工具投资,除了获得的股利(明确代表投资成本部分收回的股利除外)计入当期损益外,其他相关的利得和损失(包括汇兑损益)均应当计入其他综合收益,且后续不得转入当期损益。

当终止确认时,之前计入其他综合收益的累计利得或损失应当从其他综合收益中转出,计入留存收益。

【例3-29】2×21年5月6日,甲公司支付价款1 016万元(含交易费用1万元和已宣告但尚未发放现金股利15万元),购入乙公司发行的股票200万股,占乙公司有表决权股份的0.5%。甲公司将其指定为以公允价值计量且其变动计入其他综合收益的非交易性权益工具投资。

2×21年5月10日,甲公司收到乙公司发放的现金股利15万元。

2×21年6月30日,该股票市价为每股5.2元。

2×21年12月31日,甲公司仍持有该股票;当日,该股票市价为每股5元。

2×22年5月9日，乙公司宣告发放现金股利4 000万元。

2×22年5月13日，甲公司收到乙公司发放的现金股利。

2×22年5月20日，甲公司由于某特殊原因，以每股4.9元的价格将股票全部转让。假定不考虑其他因素，甲公司的账务处理如下。

（1）2×21年5月6日，购入股票。

借：应收股利 150 000

其他权益工具投资——成本 10 010 000

贷：银行存款 10 160 000

（2）2×21年5月10日，收到现金股利。

借：银行存款 150 000

贷：应收股利 150 000

（3）2×21年6月30日，确认股票价格变动。

借：其他权益工具投资——公允价值变动 390 000

贷：其他综合收益——其他权益工具投资公允价值变动 390 000

（4）2×21年12月31日，确认股票价格变动。

借：其他综合收益——其他权益工具投资公允价值变动 400 000

贷：其他权益工具投资——公允价值变动 400 000

（5）2×22年5月9日，确认应收现金股利。

借：应收股利 200 000

贷：投资收益 200 000

（6）2×22年5月13日，收到现金股利。

借：银行存款 200 000

贷：应收股利 200 000

（7）2×22年5月20日，转让股票。

借：银行存款 9 800 000

其他权益工具投资——公允价值变动 10 000

盈余公积——法定盈余公积 21 000

利润分配——未分配利润 189 000

贷：其他权益工具投资——成本 10 010 000

其他综合收益——其他权益工具投资公允价值变动 10 000

需要注意的是，企业在非同一控制下的企业合并中确认的或有对价构成金融资产的，该金融资产应当分类为以公允价值计量且其变动计入当期损益的金融资产，不得指定为以公允价值计量且其变动计入其他综合收益的金融资产。

### 3.3.6　金融资产减值

本小节仅涉及"分类为以摊余成本计量的金融资产和以公允价值计量且其变动计入其他综合收益的金融资产"的减值计提等内容。根据减值准备的适用范围要求，本小节仅涉及"债权投资"以及"其他债权投资"减值准备的计提等内容。

**（一）金融资产减值概述**

企业应当以预期信用损失为基础，对金融工具进行减值会计处理并确认损失准备。损失准备是指针对按照以摊余成本计量的金融资产、租赁应收款和合同资产的预期信用损失计提的准备，按照以公允价值计量且其变动计入其他综合收益的金融资产的累计减值金额以及针对贷款承诺和财务担保合同的预期信用损失计提的准备，以下类别的金额需进行减值会计处理。

（1）分类为以摊余成本计量的金融资产和以公允价值计量且其变动计入其他综合收益的金融资产（不包括指定为以公允价值计量且其变动计入其他综合收益的单项非交易性权益工具投资）。

（2）租赁应收款。

（3）合同资产。

（4）部分贷款承诺和财务担保合同。

预期信用损失是指以发生违约的风险为权重的金融工具信用损失的加权平均值。

信用损失是指企业按照原实际利率折现的、根据合同应收的所有合同现金流量与预期收取的所有现金流量之间的差额，即全部现金短缺的现值。其中，对于企业购买或源生的已发生信用减值的金融资产，应按照该金融资产经信用调整的实际利率折现。由于预期信用损失考虑付款的金额和时间分布，即使企业预计可以全额收款，但若收款时间晚于合同规定的到期期限，也会产生信用损失。

一般情况下，企业应当在每个资产负债表日评估相关金融工具的信用风险自初始确认后是否已显著增加，并按照下列情形分别计量其损失准备、确认预期信用损失及其变动情况。

（1）如果该金融工具的信用风险自初始确认后已显著增加，则企业应当按照相当于该金融工具整个存续期内预期信用损失的金额计量其损失准备。无论企业评估信用损失的基础是单项金融工具还是金融工具组合，由此形成的损失准备的增加或转回金额，应当作为减值损失或利得计入当期损益。

（2）如果该金融工具的信用风险自初始确认后并未显著增加，则企业应当按照相当于该金融工具未来 12 个月内预期信用损失的金额计量其损失准备，无论企业评估信用损失的基础是单项金融工具还是金融工具组合，由此形成的损失准备的增加或转回金额，应当作为减值损失或利得计入当期损益。

　　企业在评估金融工具的信用风险自初始确认后是否已显著增加时，应当考虑违约风险的相对变化，而非违约风险变动的绝对值。在同一后续资产负债表日，对于违约风险变动的绝对值相同的两项金融资产，初始确认时违约风险较低的金融工具比初始确认时违约风险较高的金融工具的信用风险变化更为显著。

　　无论企业采用何种方式评估信用风险是否显著增加，通常情况下，如果逾期超过30日，则表明金融工具的信用风险已经显著增加。除非企业在无须付出不必要的额外成本或努力的情况下即可获得合理且有依据的信息，证明即使逾期超过30日，信用风险自初始确认后仍未显著增加。如果企业在合同付款逾期超过30日前已确定信用风险显著增加，则应当按照整个存续期的预期信用损失确认损失准备。如果交易对手方未按合同规定时间支付约定的款项，则表明该金融资产发生逾期。

## （二）金融资产减值的账务处理

　　对于金融资产，信用损失应为企业应收取的合同现金流量与预期收取的现金流量之间的差额的现值，对于资产负债表日已发生信用减值但并非购买或源生已发生信用减值的金融资产，信用损失应为该金融资产账面余额与按原实际利率折现的估计未来现金流量的现值之间的差额。

　　对于购买或源生的已发生信用减值的金融资产，企业应当在资产负债表日仅将自初始确认后整个存续期内预期信用损失的累计变动确认为损失准备。在每个资产负债表日，企业应当将整个存续期内预期信用损失的变动金额作为减值损失或利得计入当期损益。即使该资产负债表日确定的整个存续期内预期信用损失的金额小于初始确认时估计现金流量所反映的预期信用损失的金额，企业也应当将预期信用损失的有利变动确认为减值利得。

　　企业在前一会计期间已经按照相当于金融工具整个存续期内预期信用损失的金额计量了损失准备，但在当期资产负债表日，该金融工具已不再属于自初始确认后信用风险显著增加的情形的，企业应当在当期资产负债表日按照相当于未来12个月内预期信用损失的金额计量该金融工具的损失准备，由此形成的损失准备的转回金额应当作为减值利得计入当期损益。

　　对于分类为以公允价值计量且其变动计入其他综合收益的金融资产，企业应当在其他综合收益中确认其损失准备，并将减值损失或利得计入当期损益，且不应减少该金融资产在资产负债表中列示的账面价值。

　　【例3-30】金融资产减值的账务处理

　　ABC公司于2×22年12月15日购入一项公允价值为10 000 000元的债务工具，分类为以公允价值计量且其变动计入其他综合收益的金融资产。该工具合同期限为10年，年利率为 5%，假定实际利率为 5%。初始确认时，ABC 公司已经确定其不属于购入或源生的已发生信用减值的金融资产。2×22 年 12 月 31 日由于市场利率变动，该工具的公允价值跌至 9 500 000 元。ABC 公司认为，该工具的信用风险自初始确认后并无显著增加，应按 12 个月内预期信用损失计量减值准备，减值准备金额为 300 000 元。为简化起见，本例不考虑利息。2×23 年 1 月 1 日，ABC 公司决定以当日的公允价值 9 500 000 元，出售该工具。ABC 公司应做如下账务处理。

（1）2×22 年 12 月 15 日，购入该工具。

借：其他债权投资——成本　　　　　　　　　　　　　　　　10 000 000

　　贷：银行存款　　　　　　　　　　　　　　　　　　　　　　10 000 000

（2）2×22 年 12 月 31 日，披露该工具的累计减值。

借：其他综合收益——其他债权投资公允价值变动　　　　　　500 000

　　贷：其他债权投资——公允价值变动　　　　　　　　　　　　500 000

借：信用减值损失　　　　　　　　　　　　　　　　　　　　300 000

　　贷：其他综合收益——信用减值准备　　　　　　　　　　　　300 000

（3）2×23 年 1 月 1 日，出售该债务工具。

借：银行存款　　　　　　　　　　　　　　　　　　　　　　9 500 000

　　其他债权投资——公允价值变动　　　　　　　　　　　　　500 000

　　贷：其他债权投资——成本　　　　　　　　　　　　　　　10 000 000

借：其他综合收益——信用减值准备　　　　　　　　　　　　300 000

　　贷：投资收益　　　　　　　　　　　　　　　　　　　　　　300 000

借：投资收益　　　　　　　　　　　　　　　　　　　　　　500 000

　　贷：其他综合收益——其他债权投资公允价值变动　　　　　　500 000

## 3.3.7　金融资产重分类

企业改变其管理金融资产的业务模式时，应当按照规定对所有受影响的相关金融资产进行重分类。金融资产（即非衍生债权资产）可以在以摊余成本计量、以公允价值计量且其变动计入其他综合收益和以公允价值计量且其变动计入当期损益之间进行重分类。重分类的会计处理方法如表 3-5 所示。

表 3-5　重分类的会计处理方法

| 原则 | 重分类会计处理 ||
|---|---|---|
| 企业对金融资产进行重分类，应当自重分类日起采用未来适用法进行相关会计处理，不得对以前已经确认的利得、损失（包括减值损失或利得）或利息进行追溯调整 | 以摊余成本计量的金融资产的重分类 | （1）企业将一项以摊余成本计量的金融资产重分类为以公允价值计量且其变动计入当期损益的金融资产的，应当按照该资产在重分类日的公允价值进行计量。原账面价值与公允价值之间的差额计入当期损益<br><br>（2）企业将一项以摊余成本计量的金融资产重分类为以公允价值计量且其变动计入其他综合收益的金融资产的，应当按照该金融资产在重分类日的公允价值进行计量。原账面价值与公允价值之间的差额计入其他综合收益。该金融资产重分类不影响其实际利率和预期信用损失的计量 |
| | 以公允价值计量且其变动计入其他综合收益的金融资产的重分类 | （1）企业将一项以公允价值计量且其变动计入其他综合收益的金融资产重分类为以摊余成本计量的金融资产的，应当将之前计入其他综合收益的累计利得或损失转出，调整该金融资产在重分类日的公允价值，并以调整后的金额作为新的账面价值，即视同该金融资产一直以摊余成本计量。该金融资产重分类不影响其实际利率和预期信用损失的计量<br><br>（2）企业将一项以公允价值计量且其变动计入其他综合收益的金融资产重分类为以公允价值计量且其变动计入当期损益的金融资产的，应当继续以公允价值计量该金融资产。同时，企业应当将之前计入其他综合收益的累计利得或损失从其他综合收益转入当期损益<br><br>【注】将非交易性权益工具投资指定为以公允价值计量且其变动计入其他综合收益的金融资产，并按规定确认股利收入。该指定一经做出，不得撤销；金融资产终止确认时，之前计入其他综合收益的累计利得或损失应当从其他综合收益中转出，计入留存收益 |
| | 以公允价值计量且其变动计入当期损益的金融资产的重分类 | （1）企业将一项以公允价值计量且其变动计入当期损益的金融资产重分类为以摊余成本计量的金融资产的，应当以其在重分类日的公允价值作为新的账面余额<br><br>（2）企业将一项以公允价值计量且其变动计入当期损益的金融资产重分类为以公允价值计量且其变动计入其他综合收益的金融资产的，应当继续以公允价值计量该金融资产 |

对以公允价值计量且其变动计入当期损益的金融资产进行重分类的，企业应当根据该金融资产在重分类日的公允价值确定其实际利率。同时，企业应当自重分类日起对该金融资产适用金融资产减值的相关规定，并将重分类日视为初始确认日。

【例 3-31 】金融资产重分类

2×21 年 10 月 15 日，甲银行以公允价值 500 000 元购入一项债券投资，并按规定将其分类为以摊余成本计量的金融资产，该债券的账面余额为 500 000 元。2×22 年 10 月 15 日，甲银行变更了其管理债券投资组合的业务模式，其变更符合重分类的要求，因此，甲银行于 2×23 年 1 月 1 日将该债券投资从以摊余成本计量重分类为以公允价值计量且其变动计入当期损益。2×23 年 1 月 1 日，该债券的公允价值为 490 000 元，已确认的减值准备为 6 000 元。假设不考虑该债券的利息收入。甲银行应做如下账务处理。

借：交易性金融资产　　　　　　　　　　　　　　　490 000
　　债权投资减值准备　　　　　　　　　　　　　　　6 000
　　公允价值变动损益　　　　　　　　　　　　　　　4 000
　　贷：债权投资　　　　　　　　　　　　　　　　　　　500 000

需要注意的是，在业务模式不变的情况下，企业将一项金融资产、一项金融负债或者一组金融工具指定为以公允价值计量且其变动计入当期损益的，一经做出不得撤销。类似的将非交易性权益工具投资指定为以公允价值计量且其变动计入其他综合收益的金融资产，并按规定确认股利收入。在业务模式不变的情况下，该指定一经做出，不得撤销。

## 3.4　存货的账务处理

存货属于企业的流动资产。根据《企业会计准则第 1 号——存货》的规定，存货是指企业在日常活动中持有以备出售的产成品或商品、处在生产过程中的在产品、在生产过程或提供劳务过程中耗用的材料和物料等。

### 3.4.1　存货的种类

具体来讲，存货包括各类原材料、在产品、半成品、库存商品以及周转材料（含包装物、低值易耗品）等。

**（一）原材料**

原材料指企业在生产过程中经加工改变其形态或性质并构成产品主要实体的各种原料及主要材料、辅助材料、外购半成品（外购件）、修理用备件（备品备件）、包装材料、燃料等。

**（二）在产品**

在产品指企业正在制造尚未完工的生产物，包括正在各个工序加工的产品，和已加工完毕但尚未检验或已检验但尚未办理入库手续的产品。

### （三）半成品

半成品指经过一定生产过程并已检验合格交付半成品仓库保管，但尚未制造完工成为库存商品，仍需进一步加工的中间产品。但不包括从一个生产车间转给另一个生产车间继续加工的自制半成品，以及不能单独计算成本的自制半成品。

### （四）商品

商品指可供销售的物品。工业企业的商品包括用本企业自备原材料生产的库存商品和对外销售的半成品等，商品流通企业的商品包括外购或委托加工完成验收入库用于销售的各种商品。

### （五）库存商品

库存商品指企业已经完成全部生产过程并验收入库，可以按照合同规定的条件送交订货单位，或者可以作为商品对外销售的产品。企业接受外来原材料加工制造的代制品和为外单位加工修理的代修品，制造和修理完成验收入库后，应将其视同企业的库存商品。

### （六）周转材料

周转材料是指企业能够多次使用、逐渐转移其价值但仍保持原有形态且不确认为固定资产的材料，如包装物和低值易耗品，应当采用一次转销法或者五五摊销法进行摊销；企业（建造承包商）的钢模板、木模板、脚手架和其他周转材料等，也可以采用一次转销法或者五五摊销法进行摊销。

## 3.4.2　存货的确认条件与范围

按照《企业会计准则第1号——存货》的规定，存货在同时满足以下两个条件时，才能加以确认。

（1）与该存货有关的经济利益很可能流入企业。

（2）该存货的成本能够可靠地计量。

某个项目要确认为存货，首先要符合存货的概念，在此前提下，应当符合上述存货确认的两个条件。

## 3.4.3　存货的计价方法

存货的价值在流动资产价值中占较大比重，因此对存货的正确计价直接关系到企业资产价值的确定和企业利润的确定；同时，还可以为使用者提供有关的存货信息，借以正确地预测企业未来的资金流转状况。

### （一）存货的初始计量

企业的存货，主要是通过外购和自制两个途径取得的。从理论上讲，企业无论从何种途径取得存货，凡与取得存货有关的支出，均应计入存货的历史成本或实际成本之中。

《企业会计准则第 1 号——存货》规定，存货应当按照成本进行初始计量。存货成本包括采购成本、加工成本和其他成本。其中，存货的采购成本，包括购买价款、相关税费、运输费、装卸费、保险费以及其他可归属于存货采购成本的费用。

**（二）实际成本法下的发出存货成本的确定**

准确地计量发出存货成本，对正确地计量产品的成本，计算企业当期的损益有着重要的意义。确定发出存货成本的方法主要包括实际成本法和计划成本法。

采用实际成本法进行存货日常核算，由于存货入库时间、产地、价格、运输费用及生产耗费的条件不同，同一种存货的每批成本往往不同。这样就产生在存货发出时应按什么单价记账的问题。

《企业会计准则第 1 号——存货》规定，企业应当采用先进先出法、加权平均法（包括移动加权平均法和月末一次加权平均法）或者个别计价法确定发出存货的实际成本。对于性质和用途相似的存货，应当采用相同的成本计算方法确定发出存货的成本。对于不能替代使用的存货、为特定项目专门购入或制造的存货，以及提供劳务的成本，通常采用个别计价法确定发出存货的成本。

1. **先进先出法**

先进先出法是以先购入的存货先发出这样一种存货实物流转假设为前提，对发出存货进行计价的一种方法。采用这种方法，先购入的存货成本在后购入的存货成本之前转出，据此确定发出存货和期末存货的成本。

2. **移动加权平均法**

移动加权平均法也称移动平均法，是指在每次进货以后，立即根据库存存货数量和总成本计算出新的平均单位成本，作为下次进货前发出存货的单位成本的一种计价方法。

移动加权平均法与月末一次加权平均法的计算原理基本相同，只是要求在每次（批）收入存货时重新计算一次加权平均单价，其计算公式如下。

移动加权平均单价 ＝（本批进货前库存存货成本 ＋ 本批进货成本）÷（本批进货前库存存货数量 ＋ 本批进货数量）

3. **月末一次加权平均法**

月末一次加权平均法是在计算存货的单价时，以期初存货数量和本期各批收入的数量作为权数的计价方法：平时购入存货时按数量、单价、金额登记，但每次不确定存货结存单价，而是在期末时一次计算存货本期的加权平均单价；本期耗用或出售的存货，平时只登记数量，不登记单价和金额，到期末时，再按此加权平均单价确定其金额。计算公式如下。

公式1：加权平均单价＝（期初结存存货金额＋本期收入存货金额）÷（期初结存存货数量＋本期收入存货数量）

公式2：本期耗用或出售存货成本＝本期耗用或出售存货数量×加权平均单价

公式3：期末结存存货金额＝期末结存存货数量×加权平均单价

### 4.个别计价法

个别计价法是假设存货的成本流转与实物流转相一致，按照各种存货，逐一辨认各批发出存货和期末存货所属的购进批别或生产批别，分别按其购入或生产时所确定的单位成本作为计算各批发出存货和期末存货成本的方法。

采用这种方法，计算发出存货的成本和期末存货的成本比较合理、准确，但这种方法的前提是需要对发出和结存存货的批次进行具体认定，以辨别其所属的收入批次，因此，其实务操作的工作量繁重，困难较大。个别计价法适用于容易识别、存货品种数量不多、单位成本较高的存货计价，如房产、船舶、飞机、重型设备、珠宝、名画等贵重物品。

### （三）计划成本法下的发出存货成本的确定

计划成本法是指存货的收入、发出和结存均采用计划成本进行日常核算，同时针对实际成本与计划成本的差额另行设置有关成本差异科目（如"材料成本差异"科目），期末计算发出存货和结存存货应分摊的成本差异，将发出存货和结存存货的成本由计划成本调整为实际成本的方法。

有关计算公式如下。

公式1：存货成本差异率＝（月初结存存货成本差异额＋本月收入存货成本差异额）÷（月初结存存货计划成本＋本月收入存货计划成本）×100％

根据存货成本差异率，就可以将发出存货的计划成本调整为实际成本，其计算公式如下。

公式2：本月发出存货应负担的成本差异＝发出存货计划成本×存货成本差异率

公式3：本月发出存货的实际成本＝发出存货的计划成本±本月发出存货应负担的成本差异

公式4：月末结存存货的实际成本＝结存存货的计划成本±本月结存存货应负担的成本差异

**【例3-32】** 计划成本法下的发出存货的成本的计算

ABC公司2×23年5月初结存材料的计划成本为50 000元，本月收入材料的计划成本为100 000元，本月发出材料的计划成本为80 000元，材料成本差异的月初数为1 000元（超支），本月收入材料成本差异为2 000元（超支）。材料成本差异率及发出材料应负担的成本差异计算如下。

材料成本差异率 =（1 000+2 000）÷（50 000+100 000）×100% =2%

本月发出材料应负担的成本差异 =80 000×2% =1 600（元）

本月发出材料的实际成本 =80 000+1 600=81 600（元）

月末结存材料的实际成本 =（50 000+100 000-80 000）×（1+2%）=71 400（元）

## 3.4.4　原材料相关业务的账务处理

原材料是生产经营过程中的劳动对象，是企业生产经营中不可缺少的物质。尽管材料在生产经营过程中所起的作用不同，但它们具有共同的特点：一次性地参加生产经营、经过一个生产周期就要全部消耗掉或改变其原有的实物形态；同时其价值也随着其实物的消耗，一次性地全部转移到产品价值中去，通过产品销售，其价值得到一次性补偿。

### （一）按实际成本计价进行的日常核算

按实际成本计价进行的日常核算，是指从材料的收发凭证到明细账和总账，均以实际成本来反映材料的收、发、结存情况。

为了总括地反映和监督材料的增减变动和结存情况，应设置"原材料""在途物资"等科目。

"原材料"科目核算企业库存的各种材料的成本；其借方发生额，反映收入各种材料的实际成本；贷方发生额，反映发出材料的实际成本；借方余额表示库存材料的实际成本。

"在途物资"科目核算企业采用实际成本（或进价）进行材料、商品等物资的日常核算、货款已付尚未验收入库的在途物资的采购成本。"在途物资"科目可按供货单位和物资品种进行明细核算；其借方发生额，反映已支付或已开出、承兑商业汇票的材料货款；贷方发生额，反映已验收入库的材料金额；"在途物资"科目月末借方余额，反映企业在途材料、商品等物资的采购成本。

**1. 收入材料的总分类核算**

从供应单位采购材料和验收入库的业务看，因为货款结算方式、采购地点、收料和付款时间不尽相同，所以其相应的账务处理也有所不同。

（1）发票账单与材料同时到达的钱货两清业务。企业采购材料，如果付款后随即收到材料，或者货款支付或已开出、承兑商业汇票与材料的验收入库基本上同时进行，则在业务发生后，企业即可按根据银行结算凭证、发票账单和收料单等确定的材料成本，借记"原材料"科目；根据取得的增值税专用发票上注明的税额，借记"应交税费——应交增值税（进项税额）"科目；按照实际支付的款项，贷记"银行存款""库存现金""其他货币资金""应付票据"等科目。

【例3-33】外购原材料的账务处理（1）

ABC公司是一般纳税人，2×23年3月10日，该公司购入原材料一批，取得的增值税专用发票上注明的原材料价款为12 600元，增值税为1 638元，发票等结算凭证已经收到，货款已通过银行转账支付，材料已验收入库。ABC公司应做如下会计分录。

借：原材料　　　　　　　　　　　　　　　　　　　12 600
　　应交税费——应交增值税（进项税额）　　　　　　 1 638
　　贷：银行存款　　　　　　　　　　　　　　　　　　　14 238

（2）付款在前，收料在后。该项业务多发生在企业从外地采购材料，结算凭证等单据已到，并已承付货款或开出、承兑商业汇票，但材料尚在运输途中时。在会计上，将此项业务作为在途物资处理，通过"在途物资"科目核算。

【例3-34】外购原材料的账务处理（2）

接【例3-33】，购入原材料的业务，假定发票等结算凭证已到，货款已经支付，但材料尚未运到。ABC公司应于收到发票等结算凭证时做如下会计分录。

借：在途物资　　　　　　　　　　　　　　　　　　　12 600
　　应交税费——应交增值税（进项税额）　　　　　　 1 638
　　贷：银行存款　　　　　　　　　　　　　　　　　　　14 238

上述材料到达并验收入库时，再做如下分录。

借：原材料　　　　　　　　　　　　　　　　　　　　12 600
　　贷：在途物资　　　　　　　　　　　　　　　　　　　12 600

（3）收料在前，付款在后。企业在材料采购过程中，发生材料已到，结算凭证未到或企业暂时无力支付的业务，如所收到的材料，确属企业订购的品种，可先行办理材料的验收入库手续，并分情况进行必要的账务处理。

第一，材料已到，供应单位发票收单也已到达，但由于企业的银行存款不足而暂未付款。在此情况下，企业占用了供应单位的资金，形成了应付而未付供应单位的款项，构成了企业的一项流动负债，应通过"应付账款"科目核算。

【例3-35】外购原材料的账务处理（3）

ABC公司从位于外地的凤凰铝材公司购入甲种材料2 000千克，买价8 000元，增值税专用发票上的增值税为1 040元，供应单位代垫运杂费400元。材料已到达并已验收入库，但货款尚未支付。ABC公司应根据有关发票账单及收料单等凭证做如下会计分录。

借：原材料——原料及主要材料　　　　　　　　　　　 8 000
　　　　　　——运杂费　　　　　　　　　　　　　　　　400
　　应交税费——应交增值税（进项税额）　　　　　　 1 040
　　贷：应付账款——凤凰铝材公司　　　　　　　　　　　 9 440

第二，材料已到，但供应单位发票账单未到，货款尚未支付。在此情况下，为做到材料账实相符，应先按双方合同价格或计划价格暂估入账，借记"原材料"科目，贷记"应付账款——暂估应付账款"科目。下月初用红字做同样的记账凭证，予以冲回，以便下月付款或开出、承兑商业汇票时，按正常程序，借记"原材料""应交税费——应交增值税（进项税额）"科目，贷记"银行存款"或"应付票据"等科目。

在实际工作中，如果材料已经验收入库，而发票账单尚未到达，一般情况下，发票账单在材料到达后的几天内即可到达。为简化核算手续，对这些业务在月份内可暂不进行总分类核算，只在材料明细账中登记收入数量，待发票账单到达后，按实际成本入账。但如果月终仍未收到发票账单，应暂估入账，下月初用红字将暂估价注销，待发票账单到达后再按实际成本入账。

【例 3-36】外购原材料的账务处理（4）

接【例 3-35】，购入原材料的业务，材料已经运到并验收入库，但发票等结算凭证尚未收到，货款尚未支付。月末，按照暂估价入账，假设其暂估价为 8 000 元，有关账务处理如下。

借：原材料　　　　　　　　　　　　　　　　8 000
　　贷：应付账款——暂估应付账款　　　　　　　　8 000
下月初用红字将上述分录原账冲回。

借：原材料　　　　　　　　　　　　　　　　8 000
　　贷：应付账款——暂估应付账款　　　　　　　　8 000

**2. 发出材料的总分类核算**

企业在生产过程中发出材料的业务非常频繁，平时根据领料凭证逐笔登记材料明细账，以详细反映各种材料的收、发和结存余额。总分类核算一般根据按实际成本计价的领、发料凭证，按领用部门和用途进行归类汇总，通过编制"发出材料汇总表"，于月末一次登记总账。这样就可大大简化记账工作。

**（二）按计划成本计价进行的日常核算**

按计划成本计价进行的日常核算，是指从材料的收发凭证到明细账和总账，都以计划成本来反映材料的收、发、结存情况。实际成本与计划成本之间的差异，单独通过专设的"材料成本差异"科目进行核算，最终于月末将领用材料的计划成本调整为实际成本。

**1. 材料的总分类核算**

材料按计划成本计价进行的总分类核算，仍应设置"原材料"科目，但均应按计划成本入账，即按计划成本核算企业库存的各种材料。由于材料的计划成本与实际成本之间必然会产生差异，为了正确计算材料的采购成本和考核采购业务成果，还需增设"材料采购"与"材料成本差异"两个资产类科目。

"材料采购"科目核算企业采用计划成本法进行材料日常核算时购入材料的采购成本。"材料采购"科目可按供应单位和材料品种进行明细核算。企业支付材料价款和运杂费等，按应计入材料采购成本的金额，借记"材料采购"科目；按实际支付或应支付的金额，贷记"银行存款""库存现金""其他货币资金""应付账款""应付票据""预付账款"等科目。涉及增值税进项税额的，还应进行相应的处理。

月末，企业应将仓库转来的外购收料凭证，分别针对下列不同情况进行处理。

（1）对于已经付款或已开出、承兑商业汇票的收料凭证，应按实际成本和计划成本分别汇总，按计划成本，借记"原材料""周转材料"等科目，贷记"材料采购"科目；按实际成本大于计划成本的差异，借记"材料成本差异"科目，贷记"材料采购"科目；按实际成本小于计划成本的差异，做相反的会计分录。

（2）对于尚未收到发票账单的收料凭证，企业应按计划成本暂估入账，借记"原材料""周转材料"等科目，贷记"应付账款——暂估应付账款"科目，下月初做相反分录予以冲回。下月收到发票账单的收料凭证，借记"材料采购"科目，贷记"银行存款""应付账款""应付票据"等科目。涉及增值税进项税额的，还应进行相应的处理。"材料采购"科目月末借方余额，反映企业在途材料的采购成本。

"材料成本差异"科目核算企业采用计划成本进行日常核算的材料计划成本与实际成本的差额。企业也可以在"原材料""周转材料"等科目下设置"材料成本差异"明细科目。"材料成本差异"科目可以分原材料、周转材料等按照类别或品种进行明细核算。对于入库材料发生的材料成本差异，实际成本大于计划成本的差异，借记"材料成本差异"科目，贷记"材料采购"科目；实际成本小于计划成本的差异，做相反的会计分录。入库材料的计划成本应当尽可能接近实际成本。除特殊情况外，计划成本在年度内不得随意变更。结转发出材料应负担的材料成本差异，按实际成本大于计划成本的差异，借记"生产成本""管理费用""销售费用""委托加工物资""其他业务成本"等科目，贷记"材料成本差异"科目；按实际成本小于计划成本的差异，做相反的会计分录。发出材料应负担的成本差异应当按月分摊，不得在季末或年末一次计算。发出材料应负担的成本差异，除委托外部加工发出材料可按月初成本差异率计算外，其余应使用当月的实际差异率计算；月初成本差异率与本月成本差异率相差不大的，也可按月初成本差异率计算。计算方法一经确定，不得随意变更。材料成本差异率的计算公式如下。

本月材料成本差异率＝（月初结存材料的成本差异＋本月验收入库材料的成本差异）÷（月初结存材料的计划成本＋本月验收入库材料的计划成本）×100%

月初材料成本差异率＝月初结存材料的成本差异÷月初结存材料的计划成本×100%

发出材料应负担的成本差异＝发出材料的计划成本 × 材料成本差异率

"材料成本差异"科目月末借方余额，反映企业库存材料等的实际成本大于计划成本的差异；贷方余额，反映企业库存材料等的实际成本小于计划成本的差异。

**2. 收入材料的总分类核算**

同实际成本计价核算一样，由于采购地点、结算方式和收料与付款时间的不同，收入材料的总分类核算同样存在以下几种不同情况。

（1）发票账单与材料同时到达的钱货两清业务。企业在办理货款结算，同时办理材料验收入库手续后，应根据银行结算凭证、发票账单等，按采购的实际成本，借记"材料采购"科目，贷记"银行存款""库存现金""其他货币资金""应付票据"等科目；同时根据收料单，按计划成本，借记有关材料科目，贷记"材料采购"科目。

**【例 3-37】** 计划成本法下收入原材料的账务处理（1）

2×23 年 7 月 5 日，ABC 公司从凤凰铝材公司购入甲种材料 6 000 千克，价款 12 600 元，取得的增值税专用发票上注明的增值税为 1 638 元，当即以银行存款付清货款，材料已按计划成本 12 900 元验收入库。ABC 公司应进行如下账务处理。

| | |
|---|---|
| 借：材料采购——原材料 | 12 600 |
| 　　应交税费——应交增值税（进项税额） | 1 638 |
| 　　贷：银行存款 | 14 238 |
| 借：原材料——原料及主要材料 | 12 900 |
| 　　贷：材料采购——原材料 | 12 600 |
| 　　　　材料成本差异 | 300 |

（2）付款在前，收料在后。当货款已经支付或已开出、承兑商业汇票，材料尚未到达，借记"材料采购"科目；待材料到达验收入库后，再据收料单按计划成本，贷记"材料采购"科目，借记有关材料科目。

**【例 3-38】** 计划成本法下收入原材料的账务处理（2）

2×23 年 7 月 13 日，ABC 公司从凤凰铝材公司采购甲种材料 4 000 千克，买价 8 600 元，增值税 1 118 元，采用商业汇票结算方式，签发银行承兑汇票一张，共计 9 718 元。ABC 公司向开户银行申请承兑，并以银行存款支付手续费 50 元，当日连同解讫通知一并交给供应单位，材料尚未运达。ABC 公司应据有关凭证做如下会计分录。

| | |
|---|---|
| 借：材料采购——原材料 | 8 600 |

| | | |
|---|---|---|
| 应交税费——应交增值税（进项税额） | | 1 118 |
| 贷：应付票据 | | 9 718 |
| 借：财务费用 | | 50 |
| 贷：银行存款 | | 50 |

上述甲种材料于18日到达，并已验收入库，其计划成本为9 200元。ABC公司据收料单做如下分录。

| | | |
|---|---|---|
| 借：原材料——原料及主要材料 | | 9 200 |
| 贷：材料采购——原材料 | | 8 600 |
| 材料成本差异 | | 600 |

【例3-39】计划成本法下收入原材料的账务处理（3）

2×23年7月20日，ABC公司从外地凤凰铝材公司采购乙种材料10 000千克，买价16 000元，增值税2 080元，采用托收承付结算方式，已承付全部货款，材料尚未到达。ABC公司应据有关结算凭证，做如下会计分录。

| | | |
|---|---|---|
| 借：材料采购——原材料 | | 16 000 |
| 应交税费——应交增值税（进项税额） | | 2 080 |
| 贷：银行存款 | | 18 080 |

月末上述材料仍未到达，反映为"材料采购"科目的借方余额，即在途材料的实际成本。

上述乙种材料于下月到达，并验收入库后，按计划成本15 000元记入"原材料"科目，ABC公司据收料单做如下分录。

| | | |
|---|---|---|
| 借：原材料——原料及主要材料 | | 15 000 |
| 材料成本差异 | | 1 000 |
| 贷：材料采购——原材料 | | 16 000 |

（3）收料在前，付款在后。此类业务仍分为两种情况：一种是结算凭证已到，但企业暂时无力支付或未开出、承兑商业汇票；另一种是发票账单等结算凭证未到，货款尚未支付。企业应分不同情况做出必要的账务处理。

第一，材料已到，并已验收入库，供应单位发票账单也已到达，但企业暂时存款不足而未付款或未开出、承兑商业汇票。在此情况下，属于企业占用了供应单位的资金，形成了企业的债务，应借记"材料采购"科目，贷记"应付账款"科目。

第二，材料已到，但供应单位发票账单未到，货款尚未支付。在此情况下，企业平时可不做账务处理。到月终发票账单仍未到达时，为使材料账实相符，企业应按计划成本暂估入账，到下月初用红字冲回，以便下月付款或开出、承兑商业汇票后，按正常程序通过"材料采购"科目核算。

【例 3-40】计划成本法下收入原材料的账务处理（4）

2×23 年 7 月 29 日，ABC 公司接到货场通知，从凤凰铝材公司按合同购入的 12 000 千克乙种材料已经到达，并于当日验收入库，但对方发票账单未到，故按计划成本 19 000 元暂估入账。ABC 公司应于月末根据收料单做如下会计分录。

借：原材料——原料及主要材料　　　　　　　　　　　　19 000

　　贷：应付账款——暂估应付账款　　　　　　　　　　　　19 000

下月初用红字填制相同的收料凭证并据以登账，将暂估价冲销。待收到发票账单后，据实按正常程序入账。

**3. 发出材料的总分类核算**

按计划成本计价的发出材料的总分类核算，一般是在月末根据各种发料和退料凭证，按照发出材料的类别和用途分别汇总，据以编制"发料凭证汇总表"并根据汇总表进行发出材料的总分类核算。

"发料凭证汇总表"中的计划成本应根据各种发料凭证和退料凭证直接分类汇总填列；成本差异应据前述公式计算填列；发出材料的计划成本加上成本差异即为发出材料的实际成本。

## 3.4.5　存货清查的账务处理

为了保护企业存货的安全完整，做到账实相符，企业应对存货进行定期的清查。对于发生的存货毁损，企业应当将其处置收入扣除账面价值和相关税费后的金额计入当期损益。存货的账面价值是存货成本扣减存货跌价准备后的金额。存货盘亏造成的损失，应当计入当期损益。

为了核算企业在财产清查中查明的各财产物资的盘盈、盘亏和毁损，企业应设置"待处理财产损溢"科目。从性质和结构看，该科目具有双重性质：其借方登记发生的各种财产物资的盘亏金额和批准转销的盘盈金额；贷方登记发生的各种财产物资的盘盈金额和批准转销的盘亏金额；期末借方余额为尚未处理的各种财产物资的净损失，期末贷方余额为尚未处理的各种财产物资的净溢余。

**（一）存货盘盈的账务处理**

由于盘盈的存货没有账面记录，所以盘盈的存货，应该予以补记：按照存货的计划成本或估计价值，借记有关存货科目，贷记"待处理财产损溢"科目；存货盘盈一般是收发计量或核算上的差错造成的，故应相应地冲减管理费用，借记"待处理财产损溢"科目，贷记"管理费用"科目。在按计划成本进行存货日常核算的情况下，盘盈存货按计划成本入账。

【例 3-41】存货盘盈的账务处理

ABC公司进行存货清查时，发现某产品盘盈100千克，计划单位成本为9.5元，共计950元。ABC公司应做如下账务处理。

借：库存商品         950

 贷：待处理财产损溢      950

经查，该项盘盈属于收发计量错误造成的，经批准将其冲减费用。ABC公司应做如下会计分录。

借：待处理财产损溢      950

 贷：管理费用        950

### （二）存货盘亏和毁损的账务处理

对于存货的盘亏和毁损，企业应先按其账面成本，借记"待处理财产损溢"科目，贷记有关存货科目。经审批后，按发生的原因和相应的处理决定，分别对其进行转销。

属于自然损耗造成的定额内损耗，应借记"管理费用"科目；属于过失人责任造成的损失，应扣除其残料价值，借记"原材料""其他应收款"科目；应向保险公司收取的赔偿金，借记"其他应收款——保险公司"科目；剩余净损失或未参加保险部分的损失，借记"营业外支出——非常损失"科目；若损失中有一般经营损失部分，借记"管理费用"科目。按盘亏和毁损数额，贷记"待处理财产损溢"科目。

【例3-42】存货盘亏和毁损的账务处理

ABC公司进行存货清查时，发现材料短缺5 000千克，其计划单位成本为3.6元，共计18 000元，材料成本差异率为2%。ABC公司应做如下账务处理。

借：待处理财产损溢      18 360

 贷：原材料        18 000

  材料成本差异——原材料   360

经查，该项材料短缺分别由多种原因造成，经批准，应分别对其进行转销。

（1）材料短缺中，属于过失人应承担的部分价值2 000元，应进行如下账务处理。

借：其他应收款——×××    2 000

 贷：待处理财产损溢     2 000

（2）材料短缺中，属于定额内合理耗损的部分价值325元，应计入费用，应进行如下账务处理。

借：管理费用        325

 贷：待处理财产损溢     325

（3）材料短缺中，属于非常损失的部分价值16 000元，其中，收回残料100元、保险公司给予赔款15 900元，剩余35元经批准转为营业外损失，应做如下分录。

借：原材料　　　　　　　　　　　　　　　　　　　　　　 100

其他应收款——保险公司　　　　　　　　　　　　　 15 900

营业外支出——非常损失　　　　　　　　　　　　　　　 35

贷：待处理财产损溢　　　　　　　　　　　　　　　 16 035

盘盈或盘亏的存货，如在期末结账前尚未经批准，企业应在对外提供财务报告时按上述规定进行处理，并在会计报表附注中做出说明；如果其后批准处理的金额与已处理的金额不一致，应按差额调整会计报表相关项目的年初数。

### 3.4.6　存货减值的账务处理

资产负债表日，存货应当按照成本与可变现净值孰低计量。其中，成本是指期末存货的实际成本，如企业在存货成本的日常核算中采用计划成本法、售价金额核算法等简化核算方法，则成本为经调整后的实际成本。可变现净值是指在日常活动中，存货的估计售价减去至完工时估计将要发生的成本、估计的销售费用以及估计的相关税费后的金额。可变现净值的特征表现为存货的预计未来净现金流量，而不是存货的售价或合同价。

当存货成本低于可变现净值时，存货按成本计价；当存货成本高于可变现净值时，存货按可变现净值计价，表明存货可能发生跌价损失，应在存货销售之前确认跌价损失，计入当期损益，并相应减少存货的账面价值。以前减记存货价值的影响因素已经消失的，减记的金额应当予以恢复，并在原已计提的存货跌价准备金额内转回，转回的金额计入当期损益。

【例 3-43】存货减值的账务处理

2×22 年 12 月 31 日，ABC 公司甲商品的账面余额为 100 000 元。由于市场价格下跌，预计可变现净值为 80 000 元，由此应计提的存货跌价准备为 20 000 元。假定甲商品以前未计提存货跌价准备，ABC 公司应做如下账务处理。

借：资产减值损失——计提的存货跌价准备　　　　　 20 000

贷：存货跌价准备　　　　　　　　　　　　　　　 20 000

【例 3-44】存货减值转回的账务处理

接【例 3-43】，2×23 年 6 月 30 日，甲商品的账面余额为 100 000 元，已计提存货跌价准备金额为 20 000 元。由于市场价格有所上升，甲商品的预计可变现净值为 95 000 元，应转回的存货跌价准备为 15 000 元。ABC 公司应做如下账务处理。

借：存货跌价准备　　　　　　　　　　　　　　　　　 15 000

贷：资产减值损失——计提的存货跌价准备　　　　 15 000

## 3.5　长期股权投资的账务处理

　　股权投资是指通过付出现金或非现金资产等取得被投资单位的股份或股权，享有一定比例的权益份额代表的资产。股权投资基于投资合同、协议等约定，会形成投资方的金融资产，而对于被投资单位，其所接受的来自投资方的出资会形成所有者权益。因此，按照《企业会计准则第 22 号——金融工具确认和计量》的界定，股权投资原则上属于金融工具。在大的范畴属于金融工具的情况下，根据投资方在投资后对被投资单位能够施加影响的程度，《企业会计准则》将股权投资区分为应当按照金融工具确认和计量准则进行核算和应当按照长期股权投资准则进行核算两种情况。其中，属于长期股权投资准则规范的股权投资，是根据投资方在获取投资以后，能够对被投资单位施加影响的程度，而不是持有投资的期限长短来划分的。会计意义上的长期股权投资包括投资方持有的对联营企业、合营企业以及子公司的投资。

### 3.5.1　长期股权投资的账务处理方法

　　长期股权投资的账务处理方法有两种：一是成本法；二是权益法。

**（一）采用成本法核算的长期股权投资**

　　投资方能够对被投资单位实施控制的长期股权投资，应当采用成本法核算，投资方持有的能够对被投资单位施加控制的股权投资是指对子公司的投资。

**（二）采用权益法核算的长期股权投资**

　　投资方对联营企业和合营企业的长期股权投资，应当采用权益法核算。

　　（1）对联营企业的投资，是指投资方能够对被投资单位施加重大影响的股权投资。重大影响是指投资方对被投资单位的财务和生产经营决策有参与决策的权力，但并不能控制或与其他方一起共同控制这些政策的制定。

　　（2）对合营企业的投资，是指投资方持有的对构成合营企业的合营安排的投资。投资方判断持有的对合营企业的投资，应当首先看是否构成合营安排，其次再看有关合营安排是否构成合营企业。合营安排是指一项由两个或两个以上的参与方共同控制的安排。合营安排的主要特征为：一是各参与方均受到该安排的约束；二是两个或两个以上的参与方对该安排实施共同控制。合营安排分为共同经营和合营企业。共同经营是指合营方享有该安排相关资产且承担该安排相关负债的合营安排。合营企业是指合营方仅对该安排的净资产享有权利的合营安排。

　　为了核算企业的长期股权投资，企业应当设置"长期股权投资""投资收益"等科目。长期股权投资采用权益法核算的，还应当分"成本""损益调整""其他权益变动"等明细科目进行明细核算。

## 3.5.2　长期股权投资的初始计量

### （一）对子公司的长期股权投资的取得

对子公司的长期股权投资构成企业合并。取得的对子公司的长期股权投资的初始成本也即合并成本，因被投资方与投资方是否属于同一控制方而有所不同。

1.同一控制下的子公司的长期股权投资

合并方以支付现金、转让非现金资产或承担债务方式作为合并对价的，应当在合并日按照被合并方所有者权益在最终控制方合并财务报表中的账面价值的份额作为长期股权投资的初始投资成本。长期股权投资初始投资成本与支付的现金、转让的非现金资产以及所承担债务账面价值之间的差额，应当调整资本公积；资本公积不足冲减的，调整留存收益。这时，按合并日取得被合并方所有者权益在最终控制方合并财务报表中账面价值的份额，借记"长期股权投资"科目；按应享有被投资单位已宣告但尚未发放的现金股利或利润，借记"应收股利"科目；按支付的合并对价的账面价值，贷记有关资产或负债科目；按差额，贷记或借记"资本公积——资本溢价或股本溢价"科目；资本公积（资本溢价或股本溢价）不足冲减的，借记"盈余公积""利润分配——未分配利润"科目。

合并方以发行权益性证券作为合并对价的，应当在合并日按照被合并方所有者权益在最终控制方合并财务报表中的账面价值的份额作为长期股权投资的初始投资成本。按照发行股份的面值总额作为股本，长期股权投资初始投资成本与所发行股份面值总额之间的差额，应当调整资本公积；资本公积不足冲减的，调整留存收益。这时，按取得被合并方所有者权益在最终控制方合并财务报表中的账面价值的份额，借记"长期股权投资"科目；按应享有被投资单位已宣告但尚未发放的现金股利或利润，借记"应收股利"科目；按发行权益性证券的面值，贷记"股本"科目；按照差额，贷记或借记"资本公积——资本溢价或股本溢价"科目；资本公积（资本溢价或股本溢价）不足冲减的，借记"盈余公积""利润分配——未分配利润"科目。

应当注意的是，在计算确定同一控制下企业合并形成对子公司长期股权投资成本时，应当合理确定被合并方所有者权益在最终控制方合并财务报表中的账面价值。

【例 3-45】同一控制下的子公司的长期股权投资

甲、乙公司为同属某集团股份有限公司控制的两家子公司，且均为增值税一般纳税人，销售商品适用的增值税税率均为 13%。2×23 年 4 月 1 日，甲公司以账面价值为 40 000 000 元、公允价值为 50 000 000 元的库存商品为对价，自其集团公司处取得对乙公司 80% 的控股权，相关手续已于当日办理完成。甲公司取得 80% 股权后能够对乙公司实施控制。合并当日，乙公司所有者权益在其最终控制方合并财务报表中的账面价值为80 000 000元。甲公司应做如下账务处理。

借：长期股权投资　　　　　　　　　　　　　　　64 000 000

　　贷：库存商品　　　　　　　　　　　　　　　40 000 000

　　　　应交税费——应交增值税（销项税额）　　6 500 000

　　　　资本公积——股本溢价　　　　　　　　　17 500 000

甲公司和乙公司同为A股份公司的子公司。2×23年4月1日，甲公司发行13 000万股普通股（每股面值1元）作为对价，自A股份公司处取得了对乙公司80%的控股权。甲公司购买乙公司股权时，乙公司所有者权益在其最终控制方合并财务报表中的账面价值为150 000 000元。甲公司在合并日"资本公积——股本溢价"科目的贷方余额为15 000 000元。甲公司应做如下账务处理。

借：长期股权投资　　　　　　　　　　　　　　120 000 000

　　资本公积——股本溢价　　　　　　　　　　　10 000 000

　　贷：股本　　　　　　　　　　　　　　　　130 000 000

### 2. 非同一控制下的子公司的长期股权投资

合并成本为购买方在购买日为取得对被购买方的控制权而付出的资产、发生或承担的负债以及发行的权益性证券的公允价值。在合并合同或协议中对可能影响合并成本的未来事项做出约定的，购买日如果估计未来事项很可能发生并且对合并成本的影响金额能够可靠计量的，购买方应当将其计入合并成本。购买方在购买日对作为企业合并对价付出的资产、发生或承担的负债应当按照公允价值计量，公允价值与其账面价值的差额，计入当期损益。

购买方对合并成本大于合并中取得的被购买方可辨认净资产公允价值份额的差额，应当确认为商誉。购买方对合并成本小于合并中取得的被购买方可辨认净资产公允价值份额的差额，应当计入当期损益。合并方或购买方为企业合并发生的审计、法律服务、评估咨询等中介费用以及其他相关管理费用，应当于发生时计入当期损益。

对于非同一控制下控股合并形成的长期股权投资，应在购买日按企业合并成本（不含应自被投资单位收取的现金股利或利润），借记"长期股权投资"科目；按享有被投资单位已宣告但尚未发放的现金股利或利润，借记"应收股利"科目；按支付合并对价的账面价值，贷记有关资产或负债科目；按其差额，贷记"营业外收入""投资收益"等科目，或借记"营业外支出""投资收益"等科目。按发生的直接相关费用，借记"管理费用"科目，贷记"银行存款"等科目。非同一控制下控股合并涉及以库存商品等作为合并对价的，应按库存商品的公允价值，贷记"主营业务收入"或"其他业务收入"科目，并同时结转相关的成本。

**【例 3-46】非同一控制下的子公司的长期股权投资**

2×23 年 1 月 1 日，ABC 公司（甲公司的子公司）以银行存款 45 000 000 元购入甲公司所持丙公司的 80% 股权。2×22 年 1 月 1 日至 2×22 年 12 月 31 日，丙公司按照购买日可辨认净资产的公允价值计算实现的净利润为 12 000 000 元，按照购买日可辨认净资产的账面价值计算实现的净利润为 15 000 000 元，无其他所有者权益变动。至 2×22 年 12 月 31 日，丙公司评估增值后的存货出售 60%。ABC 公司应做如下账务处理。

（1）2×23 年 1 月 1 日合并日。

丙公司的所有者权益相对于甲公司而言的账面价值

=50 000 000+12 000 000

=62 000 000（元）

（2）计算初始投资成本。

借：长期股权投资——丙公司（62 000 000×80%+2 000 000）51 600 000

　　贷：银行存款　　　　　　　　　　　　　　　　45 000 000

　　　　资本公积——资本溢价　　　　　　　　　　 6 600 000

## （二）对联营企业与合营企业的长期股权投资的取得

以支付现金取得的长期股权投资，应当按照实际支付的购买价款作为初始投资成本。初始投资成本包括与取得长期股权投资直接相关的费用、税金及其他必要支出。

以发行权益性证券取得的长期股权投资，应当按照发行权益性证券的公允价值作为初始投资成本。与发行权益性证券直接相关的费用、与权益性证券交易相关的交易费用，应当从权益中扣减。

企业发行或取得自身权益工具时发生的交易费用（如登记费，承销费，法律、会计、评估及其他专业服务费用，印刷成本和印花税等），可直接归属于权益性交易的，应当从权益中扣减。

**【例 3-47】取得长期股权投资的账务处理**

ABC 公司于 2×23 年 1 月 10 日购买 A 股份有限公司发行的股票 200 000 股并准备长期持有，从而拥有 A 股份有限公司 15% 的股份，对 A 股份有限公司具有重大影响。每股买入价为 6.2 元，其中包含 0.2 元已宣告但尚未发放的现金股利。另外，ABC 公司购买该股票时发生有关税费 5 000 元，款项已由银行存款支付。ABC 公司应做如下账务处理。

（1）计算初始投资成本。

股票成交金额　　　　　　　　　　　（200 000×6.2）1 240 000

减：已宣告分派的现金股利　　　　　　（200 000×0.2）40 000

加：相关税费　　　　　　　　　　　　　　　　　　 5 000

初始投资成本          1 205 000

（2）编制购入股票的会计分录。

借：长期股权投资        1 205 000

  贷：银行存款         1 205 000

## 3.5.3　长期股权投资的后续计量

### （一）采用成本法核算的长期股权投资的后续计量

采用成本法核算的长期股权投资应当按照初始投资成本计价。被投资单位宣告分派的现金股利或利润，应当确认为当期投资收益，借记"应收股利"科目，贷记"投资收益"科目。

追加或收回投资应当调整长期股权投资的成本，贷记或借记"银行存款"科目，借记或贷记"长期股权投资"科目。

成本法适用于企业持有的、能够对被投资单位实施控制的长期股权投资。

【例3-48】采用成本法核算的长期股权投资的后续计量

2×23年6月20日，ABC公司以15 000 000元购入乙公司80%的股权。ABC公司取得该部分股权后，有权利主导乙公司的相关活动并获得可变回报。2×23年9月30日，乙公司宣告分派现金股利，ABC公司按照其持有比例确定可分回200 000元。ABC公司应做如下账务处理。

借：长期股权投资       15 000 000

  贷：银行存款        15 000 000

借：应收股利         200 000

  贷：投资收益         200 000

### （二）采用权益法核算的长期股权投资的后续计量

1. 长期股权投资的初始投资成本与被投资单位可辨认净资产公允价值份额的差异

长期股权投资的初始投资成本大于投资时应享有被投资单位可辨认净资产公允价值份额的，不调整长期股权投资的初始投资成本；长期股权投资的初始投资成本小于投资时应享有被投资单位可辨认净资产公允价值份额的，其差额应当计入当期损益，同时调整长期股权投资的成本，借记"长期股权投资——成本"科目，贷记"营业外收入"科目。

投资企业对被投资单位具有共同控制或重大影响的长期股权投资，即对合营企业投资及联营企业投资，应当采用权益法核算。

适用范围的特殊情况：①风险投资机构、共同基金以及类似主体持有的、在初始确认时按照《企业会计准则第22号——金融工具确认和计量》的规定以公允价值计量且其变动计入当期损益的金融资产，无论以上主体是否对这部分投资具有重大影响，应按照《企业会计准则第 22 号——金融工具确认和计量》的规定进行确认和计量；②投资方对联营企业的权益性投资，其中一部分通过风险投资机构、共同基金、信托公司或包括投连险基金在内的类似主体间接持有的，无论以上主体是否对这部分投资具有重大影响，投资方都可以按照《企业会计准则第 22 号——金融工具确认和计量》的有关规定，对间接持有的该部分投资选择以公允价值计量且其变动计入当期损益，并对其余部分采用权益法核算。

**【例 3-49】采用权益法核算的长期股权投资的后续计量**

ABC 公司于 2×23 年 1 月 20 日购买东方股份有限公司发行的股票 5 000 000 股并准备长期持有，占东方股份有限公司股份的 30%，每股买入价为 6 元。购买该股票时，发生有关税费 500 000 元，款项已由银行存款支付。2×22 年 12 月 31 日，东方股份有限公司的所有者权益的账面价值（与其公允价值不存在差异）为 100 000 000 元。ABC 公司应做如下账务处理。

（1）计算初始投资成本。

股票成交金额　　　　　　（5 000 000×6）30 000 000

加：相关税费　　　　　　500 000

　　初始投资成本　　　　30 500 000

（2）编制购入股票的会计分录。

借：长期股权投资——成本　　　　　　　　　30 500 000

　　贷：银行存款　　　　　　　　　　　　　　　　　30 500 000

在本例中，长期股权投资的初始投资成本 30 500 000 元大于投资时应享有被投资单位可辨认净资产公允价值份额 30 000 000 元（100 000 000×30%），其差额 500 000 元不调整已确认的初始投资成本。但是，如果长期股权投资的初始投资成本小于投资时应享有被投资单位可辨认净资产公允价值份额，则应借记"长期股权投资——成本"科目，贷记"银行存款"等科目，并按其差额，贷记"营业外收入"科目。

**2. 被投资单位实现净损益**

投资方取得长期股权投资后，应当按照应享有或应分担的被投资单位实现的净损益和其他综合收益的份额，分别确认投资收益和其他综合收益，同时调整长期股权投资的账面价值，借记"长期股权投资——损益调整（或其他综合收益）"科目，贷记"投资收益"或"其他综合收益"科目。

投资方在确认应享有被投资单位净损益的份额时，应当以取得投资时被投资单位可辨认净资产的公允价值为基础，对被投资单位的净利润进行调整后确认。被投资单位采用的会计政策及会计期间与投资方不一致的，应当按照投资方的会计政策及会计期间对被投资单位的财务报表进行调整，并据以确认投资收益和其他综合收益等。投资方计算确认应享有或应分担被投资单位的净损益时，与联营企业、合营企业之间发生的未实现内部交易损益按照应享有的比例计算归属于投资方的部分，应当予以抵销，并在此基础上确认投资收益。

投资方确认被投资单位发生的净亏损，应当以长期股权投资的账面价值以及其他实质上构成对被投资单位净投资的长期权益减记至零为限，投资方负有承担额外损失义务的除外。被投资单位以后实现净利润的，投资方在其收益分享额弥补未确认的亏损分担额后，恢复确认收益分享额。

【例3-50】联营企业或合营企业实现净利润或发生净亏损的账务处理

2×22年，东方股份有限公司实现净利润10 000 000元。ABC公司按照持股比例确认投资收益3 000 000元。2×22年5月15日，东方股份有限公司宣告发放现金股利，每10股派3元。ABC公司可分派到1 500 000元。2×23年6月15日，ABC公司收到东方股份有限公司分派的现金股利。ABC公司应做如下账务处理。

（1）确认东方股份有限公司实现的投资收益时。

借：长期股权投资——损益调整　　　　　　　　　　　3 000 000

　　贷：投资收益　　　　　　　　　　　　　　　　　　　3 000 000

（2）东方股份有限公司宣告发放现金股利时。

借：应收股利　　　　　　　　　　　　　　　　　　　1 500 000

　　贷：长期股权投资——损益调整　　　　　　　　　　　1 500 000

（3）收到东方股份有限公司宣告发放的现金股利时。

借：银行存款　　　　　　　　　　　　　　　　　　　1 500 000

　　贷：应收股利　　　　　　　　　　　　　　　　　　　1 500 000

**3．被投资单位所有者权益的其他变动**

投资方对被投资单位除净损益、其他综合收益和利润分配以外的所有者权益的其他变动，应当调整长期股权投资的账面价值并计入所有者权益，借记或贷记"长期股权投资——其他权益变动"科目，贷记或借记"资本公积——其他资本公积"科目。

【例3-51】联营企业或合营企业所有者权益的其他变动的账务处理

2×22年，东方股份有限公司其他债权投资的公允价值增加了4 000 000元。ABC公司按照持股比例确认相应的资本公积1 200 000元。ABC公司应做如下账务处理。

借：长期股权投资——其他权益变动　　　　　　　　　1 200 000

　　贷：资本公积——其他资本公积　　　　　　　　　　　1 200 000

#### 4. 被投资单位分派利润或现金股利

投资方按照被投资单位宣告分派的利润或现金股利计算应享有的部分，相应减少长期股权投资的账面价值，借记"应收股利"科目，贷记"长期股权投资——损益调整"科目；实际发放时，借记"银行存款"科目，贷记"应收股利"科目。

【例 3-52】联营企业或合营企业宣告发放现金股利或利润的账务处理

ABC 公司于 2×23 年 5 月 15 日以银行存款购买 A 股份有限公司的股票作为长期股权投资，ABC 公司于 2×23 年 6 月 20 日收到 A 股份有限公司宣告发放 2×22 年度现金股利的通知，应分得现金股利 5 000 元。ABC 公司应做如下账务处理。

借：应收股利　　　　　　　　　　　　　　　　　　　5 000

　　贷：长期股权投资——损益调整　　　　　　　　　　　　　5 000

### （三）长期股权投资的处置

处置长期股权投资时，其账面价值与实际取得价款之间的差额，应当计入当期损益。在处置采用权益法核算的长期股权投资时，采用与被投资单位直接处置相关资产或负债相同的基础，按相应比例对原计入其他综合收益的部分进行会计处理，并应同时结转已计提的长期股权投资减值准备。

【例 3-53】长期股权投资的处置的账务处理

A 企业持有 B 企业 40% 的股权，2×22 年 12 月 20 日，A 企业决定出售 10% 的 B 企业股权。出售时，A 企业账面上对 B 企业长期股权投资的构成为：投资成本 2 200 万元，损益调整 400 万元，可转入损益的其他综合收益 200 万元，其他权益变动 100 万元。出售取得价款 785 万元。不考虑相关税费。

（1）A 企业确认处置损益的账务处理如下。

借：银行存款　　　　　　　　　　　　　　　　　　7 850 000

　　贷：长期股权投资——成本　　（22 000 000÷40%×10%）5 500 000

　　　　　　　　　　——损益调整　（4 000 000÷40%×10%）1 000 000

　　　　　　　　　　——其他综合收益（2 000 000÷40%×10%）500 000

　　　　　　　　　　——其他权益变动（1 000 000÷40%×10%）250 000

　　　　投资收益　　　　　　　　　　　　　　　　　　600 000

（2）除应将实际取得价款与出售长期股权投资的账面价值进行结转，确认出售损益以外，还应将原计入其他综合收益或资本公积的部分按比例转入当期损益。

借：资本公积——其他资本公积　　　　　　　　　　　250 000

　　其他综合收益　　　　　　　　　　　　　　　　　500 000

　　贷：投资收益　　　　　　　　　　　　　　　　　　750 000

#### （四）长期股权投资的转换

投资方因追加投资等原因能够对被投资单位施加重大影响或实施共同控制但不构成控制的，应当按照《企业会计准则第 22 号——金融工具确认和计量》确定的原持有的股权投资的公允价值加上新增投资成本之和，作为改按权益法核算的初始投资成本。原持有的股权投资分类为其他债权投资的，其公允价值与账面价值之间的差额，以及原计入其他综合收益的累计公允价值变动应当转入改按权益法核算的当期损益。

投资方因追加投资等原因能够对非同一控制下的被投资单位实施控制的，在编制个别财务报表时，应当按照原持有的股权投资账面价值加上新增投资成本之和，作为改按成本法核算的初始投资成本。购买日之前持有的股权投资因采用权益法核算而确认的其他综合收益，应当在处置该项投资时采用与被投资单位直接处置相关资产或负债相同的基础进行会计处理。购买日之前持有的股权投资按照《企业会计准则第 22 号——金融工具确认和计量》的有关规定进行会计处理的，原计入其他综合收益的累计公允价值变动应当在改按成本法核算时转入当期损益。在编制合并财务报表时，应当按照《企业会计准则第 33 号——合并财务报表》的有关规定进行会计处理。

投资方因处置部分股权投资等原因丧失了对被投资单位的共同控制或重大影响的，处置后的剩余股权应当改按《企业会计准则第 22 号——金融工具确认和计量》核算，其在丧失共同控制或重大影响之日的公允价值与账面价值之间的差额计入当期损益。原股权投资因采用权益法核算而确认的其他综合收益，应当在终止采用权益法核算时采用与被投资单位直接处置相关资产或负债相同的基础进行会计处理。

投资方因处置部分权益性投资等原因丧失了对被投资单位的控制的，在编制个别财务报表时，处置后的剩余股权能够对被投资单位实施共同控制或施加重大影响的，应当改按权益法核算，并对该剩余股权视同自取得时即采用权益法核算进行调整；处置后投资方不能对被投资单位实施共同控制或施加重大影响的，应当改按《企业会计准则第 22 号——金融工具确认和计量》的有关规定进行会计处理，其在丧失控制之日的公允价值与账面价值间的差额计入当期损益。在编制合并财务报表时，应当按照《企业会计准则第 33 号——合并财务报表》的有关规定进行会计处理。

长期股权投资转换的会计处理方法如表 3-6 所示。

表 3-6　长期股权投资转换的会计处理方法

| 业务类型 | | 核算方法 | 会计处理 |
|---|---|---|---|
| 追加投资 | 因追加投资导致原持有的被投资单位的股权不具有控制、共同控制或重大影响的金融资产，转变为能够对被投资单位实施共同控制或重大影响而转按权益法核算的长期股权投资 | 公允价值计量→权益法核算 | 借：长期股权投资（原股权的公允价值＋新增投资成本）<br>　　贷：银行存款（新增投资成本）<br>　　　　交易性金融资产/其他权益工具投资（原股权的账面价值）<br>　　　　投资收益（差额，也可能在借方）<br>借：其他综合收益（其他权益工具投资计入其他综合收益的累计公允价值变动）<br>　　贷：投资收益 |
| | 追加投资原因导致原持有的分类为以公允价值计量且其变动计入当期损益的金融资产，或非交易性权益工具投资分类为以公允价值计量且其变动计入其他综合收益的金融资产转变为能够对非同一控制下的被投资单位实施控制 | 公允价值计量→成本法核算 | 借：长期股权投资（原持有的股权投资账面价值＋新增投资成本）<br>　　贷：交易性金融资产/其他权益工具投资（原股权的账面价值）<br>　　　　银行存款（新增投资成本）<br>借：其他综合收益（其他权益工具投资计入其他综合收益的累计公允价值变动）<br>　　贷：投资收益 |
| | 对联营企业或合营企业的投资转变为能够对非同一控制下的被投资单位实施控制 | 权益法核算→成本法核算 | 借：长期股权投资（新增投资成本）<br>　　贷：交易性金融资产/其他权益工具投资（原股权的账面价值）<br>　　　　银行存款（新增投资成本）<br>借：其他综合收益（权益法核算下计入其他综合收益的部分）<br>　　贷：投资收益/留存收益 |
| 处置投资 | 因处置部分股权投资等原因丧失了对被投资单位的共同控制或重大影响 | 权益法核算→公允价值计量 | 1.处置部分<br>借：银行存款（取得价款）<br>　　贷：长期股权投资（账面价值×处置比例）<br>　　　　投资收益（差额，也可能在借方）<br>借：其他综合收益（权益法核算下计入其他综合收益的部分）<br>　　贷：投资收益/留存收益<br>2.剩余部分调整<br>借：交易性金融资产/其他权益工具投资（处置日公允价值）<br>　　贷：长期股权投资（账面价值）<br>　　　　投资收益 |

| 业务类型 | | 核算方法 | 会计处理 |
|---|---|---|---|
| 处置投资 | 因处置部分股权投资等原因丧失了对被投资单位的控制，处置后投资方能够对被投资单位实施共同控制或施加重大影响 | 成本法核算→权益法核算 | 1. 处置部分<br>借：银行存款 （取得价款）<br>　　贷：长期股权投资 （原投资账面价值×处置比例）<br>　　　　投资收益 （差额，也可能在借方）<br>2. 剩余股权调整<br>（1）（剩余持股比例×原投资时应享有被投资单位可辨认净资产公允价值的份额）>（剩余持股比例×长期股权投资成本），不做调整；反之，差额计入留存收益<br>（2）<br>借：长期股权投资<br>　　贷：盈余公积（原投资取得时点至转换核算方法期初之间的净损益×剩余持股比例×盈余公积计提比例）<br>　　　　未分配利润[原投资取得时点至转换核算方法期初之间的净损益×剩余持股比例×（1-盈余公积计提比例）]<br>　　　　其他综合收益/资本公积（原投资其他所有者权益变动×剩余持股比例） |
| | 因处置部分股权投资等原因丧失了对被投资单位的控制，剩余股权改按金融工具计量 | 成本法核算→公允价值计量 | 1. 处置部分<br>借：银行存款 （取得价款）<br>　　贷：长期股权投资 （账面价值×处置比例）<br>　　　　投资收益 （差额，也可能在借方）<br>2. 剩余部分调整<br>借：交易性金融资产/其他权益工具投资（处置日公允价值）<br>　　贷：长期股权投资（账面价值）<br>　　　　投资收益 |

【例3-54】采用公允价值计量的金融资产转变为权益法核算的长期股权投资

甲公司于2×22年2月取得乙公司10%股权，对乙公司不具有控制、共同控制和重大影响，甲公司将其分类为以公允计量且其变动计入其他综合收益的金融资产，投资成本为1 000万元。取得时，乙公司可辨认净资产公允价值总额为9 000万元（假定公允价值与账面价值相同）。

2×23年3月1日，甲公司又以1 800万元取得乙公司12%的股权。当日，乙公司可辨认净资产公允价值总额为13 000万元。取得该部分股权后，按照乙公司章程规定，甲公司能够派人参与乙公司的财务和生产经营决策，对该项长期股权投资转为采用权益法核算。假定甲公司在取得对乙公司10%的股权后，双方未发生任何内部交易。乙公司通过生产经营活动实现的净利润为1 050万元，未派发现金股利或利润，除所实现净利润外，未发生其他所有者权益变动事项。2×23 年 3 月 1 日，甲公司对乙公司投资原 10%股权的公允价值为 1 300 万元,原计入其他综合收益的累计公允价值变动收益为 150 万元。

本例中，2×23 年 3 月 1 日，甲公司对乙公司投资原 10%股权的公允价值为 1 400万元，账面价值为 1 200 万元，差额计入损益；同时，因追加投资改按权益法核算，原计入其他综合收益的累计公允价值变动收益 150 万元转入损益。

甲公司对乙公司股权增持后，持股比例改为 22%，初始投资成本为 3 200 万元（1 400+1 800），应享有乙公司可辨认净资产公允价值份额为 2 860 万元（13 000×22%），前者大于后者，不调整长期股权投资的账面价值。

2×23 年 3 月 1 日，甲公司的账务处理如下。

借：长期股权投资——成本　　　　　　　　　　32 000 000
　　贷：银行存款　　　　　　　　　　　　　　　18 000 000
　　　　投资收益　　　　　　　　　　　　　　　 2 000 000
　　　　其他权益工具投资——成本　　　　　　　10 000 000
　　　　　　　　　　　　——公允价值变动　　　 2 000 000
借：其他综合收益　　　　　　　　　　　　　　 1 500 000
　　贷：投资收益　　　　　　　　　　　　　　　 1 500 000

【例 3-55】采用权益法核算的长期股权投资转变为以公允价值计量且其变动计入其他综合收益的金融资产

甲公司持有乙公司 30%有表决权的股份，能够对乙公司施加重大影响，对该股权投资采用权益法核算。2×23 年 10 月，甲公司将该项投资中的 50%对外出售，取得价款 1 700 万元。相关股权划转手续于当日完成。出售后，甲公司持有乙公司 15%股权，无法再对乙公司施加重大影响，转为以公允价值计量且其变动计入其他综合收益的金融资产核算。股权出售日，剩余股权的公允价值为 1 700 万元。

出售该股权时,长期股权投资的账面价值为 3 000 万元,其中,投资成本为 2 400 万元,损益调整为 400 万元，因被投资单位以公允价值计量且其变动计入其他综合收益的金融资产的累计公允价值变动享有部分为 100 万元，除净损益、其他综合收益和利润分配外的其他所有者权益变动为 100 万元。不考虑相关税费等其他因素影响。甲公司的账务处理如下。

（1）确认有关股权投资的处置损益。

借：银行存款　　　　　　　　　　　　　　　　17 000 000
　　贷：长期股权投资——成本　　　　　　　　　12 000 000
　　　　　　　　　　　——损益调整　　　　　　 2 000 000
　　　　　　　　　　　——其他综合收益　　　　　 500 000

| | ——其他权益变动 | 500 000 |
| --- | --- | --- |
| | 投资收益 | 2 000 000 |

（2）由于终止采用权益法核算，将原确认的相关其他综合收益全部转入当期损益。

借：其他综合收益　　　　　　　　　　　　　　　　　1 000 000

　　贷：投资收益　　　　　　　　　　　　　　　　　　　　1 000 000

（3）由于终止采用权益法核算，将原计入资本公积的其他所有者权益变动全部转入当期损益。

借：资本公积——其他资本公积　　　　　　　　　　　1 000 000

　　贷：投资收益　　　　　　　　　　　　　　　　　　　　1 000 000

（4）剩余股权投资转为以公允价值计量且其变动计入其他综合收益的金融资产，当日公允价值为1 700万元，账面价值为1 500万元，两者差异计入当期投资收益。

借：其他权益工具投资　　　　　　　　　　　　　　　17 000 000

　　贷：长期股权投资——成本　　　　　　　　　　　　　12 000 000

　　　　　　　　　　——损益调整　　　　　　　　　　　2 000 000

　　　　　　　　　　——其他综合收益　　　　　　　　　　500 000

　　　　　　　　　　——其他权益变动　　　　　　　　　　500 000

　　　　投资收益　　　　　　　　　　　　　　　　　　　2 000 000

**【例3-56】**因处置股权投资丧失控制，转为对被投资单位有重大影响的长期股权投资

2×21年2月1日，甲公司支付1 000万元取得乙公司100%的股权。当时，乙公司可辨认净资产的公允价值为900万元，商誉100万元。

2×21年2月1日至2×22年12月31日，乙公司的净资产增加了160万元，其中，按购买日公允价值计算实现的净利润120万元，持有的以公允价值计量且其变动计入其他综合收益的金融资产的公允价值升值40万元。

2×23年1月8日，甲公司转让乙公司60%的股权，收取现金750万元存入银行，转让后甲公司对乙公司的持股比例为40%，能对其施加重大影响。2×23年1月8日，即甲公司丧失对乙公司的控制权日，剩余40%股权的公允价值为500万元。假定甲、乙公司提取盈余公积的比例均为10%。假定乙公司未分配现金股利，并不考虑其他因素，甲公司在其个别财务报表中的处理分别如下。

（1）确认部分股权处置收益。

借：银行存款　　　　　　　　　　　　　　　　　　　7 500 000

　　贷：长期股权投资　　　　　　　　　（10 000 000×60%）6 000 000

　　　　投资收益　　　　　　　　　　　　　　　　　　　1 500 000

（2）对剩余股权改按权益法核算。

按照剩余持股比例计算原投资时应享被投资单位可辨认净资产公允价值的份额=900×40%=360（万元）

剩余的长期股权投资成本＝1 000×40%=400（万元）

因 400>360，不调整长期股权投资的账面价值。

对剩余股权原取得时点至转换核算方法时点之间的所有者权益变动进行调整。

借：长期股权投资　　　　　　　　　　　　　　　　800 000

　　贷：盈余公积　　　　　　　　（1 200 000×40%×10%）64 000

　　　　未分配利润　　　　　　（1 200 000×40%×90%）576 000

　　　　其他综合收益　　　　　　　（400 000×40%）160 000

经上述调整后，在个别财务报表中，剩余股权的账面价值为 480 万元（1 000×40%+80）。

### 3.5.4　长期股权投资减值的账务处理

#### （一）长期股权投资减值金额的确定

企业对子公司、合营企业及联营企业的长期股权投资在资产负债表日存在可能发生减值的迹象时，其可收回金额低于账面价值的，应当将该长期股权投资的账面价值减记至可收回金额，减记的金额确认为减值损失，计入当期损益，同时计提相应的资产减值准备。

#### （二）长期股权投资减值的处理

企业计提长期股权投资减值准备，应当设置"长期股权投资减值准备"科目。企业按应减记的金额，借记"资产减值损失——计提的长期股权投资减值准备"科目，贷记"长期股权投资减值准备"科目。

长期股权投资减值损失一经确认，在以后会计期间不得转回。

## 3.6　固定资产的账务处理

固定资产是指同时具有下列特征的有形资产：①为生产商品、提供劳务、出租或经营管理而持有的；②使用寿命超过一个会计年度（使用寿命是指企业使用固定资产的预计期间，或者该固定资产所能生产产品或提供劳务的数量）。

固定资产同时满足下列条件的，才能予以确认：①与该固定资产有关的经济利益很可能流入企业；②该固定资产的成本能够可靠地计量。

## 3.6.1　固定资产的分类

企业的固定资产根据不同的管理需要和核算要求，可以进行不同的分类。如果按经济用途和使用情况综合分类，企业的固定资产可分为七大类，具体如下。

（1）生产经营用固定资产。

（2）非生产经营用固定资产。

（3）租出固定资产（在经营性租赁方式下出租的固定资产）。

（4）无须用固定资产。

（5）未使用固定资产。

（6）土地，指过去已经估价单独入账的土地。因征地而支付的补偿费，应计入与土地有关的房屋、建筑物的价值内，不单独作为土地价值入账。企业取得的土地使用权不能作为固定资产管理。

（7）融资租入固定资产（以融资租赁方式租入的固定资产，在租赁期内，应视同自有固定资产进行管理）。

## 3.6.2　固定资产的初始计量

固定资产应当按照成本进行初始计量。固定资产的初始计量指确定固定资产的取得成本。固定资产的成本是指企业购建某项固定资产达到可使用状态前所发生的一切合理、必要的支出，包括买价、进口关税等税金、包装运输和保险等相关费用，以及为使固定资产达到预定可使用状态前所必要的支出，如应承担的可资本化的借款利息、外币借款折算差额以及应分摊的其他间接费用等。

企业新购建固定资产的计价、确定计提折旧的依据等均采用历史成本计价方法。该计价方法的优点是具有客观性和可验证性，是固定资产的基本计价标准。在我国会计实务中，对固定资产均采用历史成本计价。

固定资产取得时的成本应当根据以下不同情况分别确定。

（1）外购固定资产的成本，包括购买价款、相关税费、使固定资产达到预定可使用状态前所发生的可归属于该项资产的运输费、装卸费、安装费和专业人员服务费等。以一笔款项购入多项没有单独标价的固定资产，应当按照各项固定资产公允价值的比例对总成本进行分配，分别确定各项固定资产的成本。

购买固定资产的价款超过正常信用条件延期支付，实质上具有融资性质的，固定资产的成本以购买价款的现值为基础确定。实际支付的价款与购买价款的现值之间的差额，除按照《企业会计准则第17号——借款费用》应予资本化的以外，应当在信用期间内计入当期损益。

（2）自行建造固定资产的成本，由建造该项资产达到预定可使用状态前所发生的必要支出构成。应计入固定资产成本的借款费用，按照《企业会计准则第 17 号——借款费用》的规定处理。

（3）投资者投入固定资产的成本，应当按照投资合同或协议约定的价值确定，但合同或协议约定价值不公允的除外。

确定固定资产成本时，应当考虑预计弃置费用因素。弃置费用通常是指根据国家法律和行政法规、国际公约等规定，企业承担的环境保护和生态恢复等义务，如核电站核设施等的弃置和恢复环境义务等所确定的支出。企业应当根据《企业会计准则第 13 号——或有事项》的规定，按照现值计算确定应计入固定资产成本的金额和相应的预计负债。不属于弃置义务的固定资产报废清理费，应当在发生时作为固定资产处置费用处理。

固定资产的入账成本，还应当包括企业为取得固定资产而缴纳的契税、耕地占用税、车辆购置税等相关税费。

### 3.6.3　取得固定资产的账务处理

#### （一）总分类核算常用的科目

固定资产的总分类核算要设置"固定资产""累计折旧""工程物资""在建工程""固定资产清理""专项储备"等科目。

1．"固定资产"科目

本科目核算企业全部固定资产的原价，借方登记增加的固定资产的原价，贷方登记减少的固定资产的原价，余额在借方，反映期末实有固定资产的原价。

2．"累计折旧"科目

本科目是"固定资产"的调整科目，核算企业提取的固定资产折旧，贷方登记计提的折旧额，借方登记因固定资产减少而转销的折旧额，余额在贷方，反映期末实有固定资产的累计折旧额。

3．"工程物资"科目

本科目核算企业固定资产工程所用物资的实际成本，借方登记购入工程物资的实际成本，贷方登记发出工程物资的实际成本，余额在借方，反映期末库存工程物资的实际成本。

4．"在建工程"科目

本科目核算企业固定资产新建工程、改扩建工程、大修理工程等所发生的实际支出和工程成本的结转，借方登记各项在建工程的实际支出，贷方登记结转的完工工程的实际成本，余额在借方，反映期末尚未完工工程的实际成本。

### 5. "固定资产清理"科目

本科目核算企业因出售、报废和毁损等原因转入清理的固定资产价值及清理过程中发生的清理费用和清理收入，借方登记转入清理的固定资产净值和发生的清理费用，贷方登记清理固定资产的变价收入、保险公司或过失人的赔偿款和结转的清理净损失，期末余额如果在借方，反映尚未结转的清理净损失，如果在贷方，反映尚未结转的清理净收入。

### 6. "专项储备"科目

本科目用于核算高危行业提取的安全生产费用，该费用相当于一种准备金性质的资金。"专项储备"科目期末余额在所有者权益项目下"其他综合收益"和"盈余公积"之间增设"专项储备"项目反映。

## （二）购入固定资产的账务处理

### 1. 购入不需要安装的固定资产

购入不需要安装的固定资产，按实际支付的价款，加上包装费、运杂费等支出，借记"固定资产"科目，贷记"银行存款"等科目。

【例 3-57】购入不需要安装的固定资产的账务处理

ABC 公司购入不需要安装的设备一台，价款 10 000 元，增值税 1 300 元，另支付运输费 300 元、包装费 500 元，款项以银行存款支付。

该固定资产的原价 =10 000+300+500=10 800（元）

ABC 公司应编制如下会计分录。

| | | |
|---|---|---|
| 借：固定资产 | | 10 800 |
| 应交税费——应交增值税（进项税额） | | 1 300 |
| 贷：银行存款 | | 12 100 |

### 2. 购入需要安装的固定资产

对于购入需要安装的固定资产，购入固定资产及发生的安装费等均应通过"在建工程"科目核算；待安装完毕交付使用时，再由"在建工程"科目转入"固定资产"科目。企业购入固定资产时，按实际支付的价款（包括买价、支付的税金、包装费、运输费等），借记"在建工程"科目，贷记"银行存款"等科目；发生的安装费用，借记"在建工程"科目，贷记"银行存款"等科目；安装完成交付使用时，按在建工程的累计成本，借记"固定资产"科目，贷记"在建工程"科目。

【例 3-58】购入需要安装的固定资产的账务处理

ABC 公司购入一台需要安装的设备，取得的增值税专用发票上注明的设备买价为 50 000 元，增值税为 6 500 元，支付的运输费为 1 200 元。设备由供货商安排，ABC 公司支付安装费 4 200 元。ABC 公司的账务处理如下。

（1）支付设备价款、税金、运输费。

借：在建工程　　　　　　　　　　　　　（50 000+1 200）51 200

　　应交税费——应交增值税（进项税额）　　　　　　　6 500

　　贷：银行存款　　　　　　　　　　　　　　　　　　57 700

（2）支付安装费。

借：在建工程　　　　　　　　　　　　　　　　　　　4 200

　　贷：银行存款　　　　　　　　　　　　　　　　　　4 200

（3）设备安装完毕交付使用。

固定资产价值 =51 200+4 200=55 400（元）

借：固定资产　　　　　　　　　　　　　　　　　　55 400

　　贷：在建工程　　　　　　　　　　　　　　　　　55 400

### （三）投资者投入固定资产的账务处理

企业对投资者投资转入的机器设备等固定资产，一方面反映本企业固定资产的增加，另一方面反映投资者投资额的增加。投入的固定资产按投资合同或协议确认的价值，借记"固定资产"科目，贷记"实收资本"或"股本"科目。

【例 3-59】投资者投入固定资产的账务处理（1）

ABC 公司收到 A 企业作为资本投入的不需要安装的机器设备 1 台。该设备按投资合同或协议确认的净值为 62 000 元，增值税为 8 060 元。ABC 公司应编制如下会计分录。

借：固定资产　　　　　　　　　　　　　　　　　　62 000

　　应交税费——应交增值税（进项税额）　　　　　　8 060

　　贷：实收资本—— A 企业　　　　　　　　　　　　70 060

【例 3-60】投资者投入固定资产的账务处理（2）

ABC 公司是一家煤矿企业，依据开采的原煤产量按月提取安全生产费，提取标准为每吨 10 元。假定每月原煤产量为 70 000 吨，2×23 年 7 月 8 日，经有关部门批准，该企业购入一批需要安装的用于改造和完善矿井运输的安全防护设备，价款为 2 000 000 元，增值税进项税额为 260 000 元，安装过程中支付人工费 300 000 元。7 月 28 日安装完成。2×23 年 7 月 30 日，ABC 公司另支付安全生产检查费 150 000 元，假定 2×23 年 6 月 30 日，ABC 公司"专项储备——安全生产费"科目余额为 50 000 000 元，不考虑其他相关税费。ABC 公司应做如下账务处理。

（1）企业按月提取安全生产费。

借：生产成本　　　　　　　　　　　　　　　　　　700 000

　　贷：专项储备——安全生产费　　　　　　　　　　700 000

（2）购置安全防护设备。

| | |
|---|---|
| 借：在建工程——×× 设备 | 2 000 000 |
| 　　应交税费——应交增值税（进项税额） | 260 000 |
| 　　贷：银行存款 | 2 260 000 |
| 借：在建工程——×× 设备 | 300 000 |
| 　　贷：应付职工薪酬 | 300 000 |
| 借：应付职工薪酬 | 300 000 |
| 　　贷：银行存款 / 库存现金 | 300 000 |
| 借：固定资产——×× 设备 | 2 300 000 |
| 　　贷：在建工程——×× 设备 | 2 300 000 |
| 借：专项储备——安全生产费 | 2 300 000（全额计提） |
| 　　贷：累计折旧 | 2 300 000 |

（3）支付安全生产检查费。

| | |
|---|---|
| 借：专项储备——安全生产费 | 150 000 |
| 　　贷：银行存款 | 150 000 |

## 3.6.4　固定资产折旧的账务处理

折旧是指在固定资产使用寿命内，按照确定的方法对应计折旧额进行的系统分摊。《企业会计准则》规定，企业应当根据固定资产的性质和使用情况，合理确定固定资产的使用寿命和预计净残值。

企业确定固定资产使用寿命时，应当考虑下列因素：①预计生产能力或实物产量；②预计有形损耗和无形损耗；③法律或者类似规定对资产使用的限制。

学习固定资产折旧的账务处理，还应掌握以下概念：①应计折旧额，是指应当计提折旧的固定资产的原价扣除其预计净残值后的金额（已计提减值准备的固定资产，还应当扣除已计提的固定资产减值准备累计金额）；②预计净残值，是指假定固定资产预计使用寿命已满并处于使用寿命终了时的预期状态，企业目前从该项资产处置中获得的扣除预计处置费用后的金额。

### （一）固定资产折旧范围

根据《企业会计准则》的规定，除以下情况外，企业应对所有固定资产计提折旧。

（1）已提足折旧仍继续使用的固定资产。

（2）按规定单独估价作为固定资产入账的土地。

需要注意的是，企业以融资租赁方式租入的固定资产和以经营租赁方式租出的固定资产，应当计提折旧；企业以融资租赁方式租出的固定资产和以经营租赁方式租入的固定资产，不应当计提折旧。

在实际工作中，企业一般应按月计提固定资产折旧。固定资产应当按月计提折旧，当月增加的固定资产，当月不计提折旧，从下月起计提折旧；当月减少的固定资产，当月仍计提折旧，从下月起不计提折旧。

固定资产提足折旧后，不论能否继续使用，均不再计提折旧；提前报废的固定资产，也不再补提折旧。提足折旧是指已经提足该项固定资产的应计折旧额。

已达到预定可使用状态但尚未办理竣工决算的固定资产，应当按照估计价值确定其成本，并计提折旧；待办理竣工决算后，再按实际成本调整原来的暂估价值，但不需要调整原已计提的折旧额。

### （二）固定资产折旧方法

固定资产折旧方法包括年限平均法、工作量法、双倍余额递减法、年数总和法等。折旧方法一经确定，不得随意变动。如需变更，应当在会计报表附注中予以说明。

#### 1. 年限平均法

年限平均法是指将固定资产的可折旧价值平均分摊于其可折旧年限内的一种方法。这种方法适用于在各个会计期间使用程度比较均衡的固定资产，其计算公式如下。

公式 1：年折旧额 =（固定资产原值 − 预计净残值）÷ 预计使用年限

公式 2：月折旧额 = 年折旧额 ÷12

【例 3–61】年限平均法的运用

ABC 公司一台生产用设备原值为 30 000 元，预计清理费为 1 200 元，预计净残值为 3 000 元，使用年限为 4 年。用年限平均法计算折旧额如下。

年折旧额 =[30 000 −（3 000 − 1 200）]÷4=（30 000 − 1 800）÷4=7 050（元）

月折旧额 =7 050÷12=587.5（元）

每月的会计分录如下。

借：制造费用　　　　　　　　　　　　　　　　　　587.5

　　贷：累计折旧　　　　　　　　　　　　　　　　　587.5

#### 2. 工作量法

工作量法又称作业量法，是根据固定资产在使用期间完成的总的工作量平均计算折旧的一种方法。工作量法和年限平均法都是平均计算折旧的方法，都属于直线法。其计算公式如下。

公式 1：单位工作量折旧额 =（固定资产原值 − 预计净残值）÷ 预计总工作量 =[ 固定资产原值 ×（1− 预计净残值率）]÷ 预计总工作量

公式2：月折旧额＝单位工作量折旧额 × 当月实际完成工作量

在会计实务中，工作量法广泛应用于三种情况：第一种，按工作小时计算折旧；第二种，按行驶里程计算折旧；第三种，按台班计算折旧。

【例3-62】工作量法的运用（1）

ABC公司购置一台专用机床，价值200 000元，预计总工作小时数为300 000小时，预计净残值为2 000元，购置的当年，这台机床便工作了2 400小时。

每小时折旧额＝（200 000－2 000）÷300 000=0.66（元/小时）

当年的折旧额=2 400×0.66=1 584（元）

年末计提折旧时的会计分录如下。

借：制造费用        1 584

 贷：累计折旧        1 584

【例3-63】工作量法的运用（2）

ABC公司有经理用的小汽车一辆，原值为150 000元，预计净残值率为5%，预计总行驶里程为600 000千米，当月行驶里程为3 000千米。该项固定资产的月折旧额的相关计算如下。

单位里程折旧额＝（150 000－150 000×5%）÷600 000=0.237 5（元/千米）

本月折旧额=3 000×0.237 5=712.5（元）

因为这辆车是企业管理者作为管理用的，所以每月计提折旧时的会计分录如下。

借：管理费用        712.5

 贷：累计折旧        712.5

**3.双倍余额递减法**

双倍余额递减法是加速折旧法的一种，是按直线法折旧率的两倍，乘以固定资产在每个会计期间的期初账面净值计算折旧的方法。在该方法下，计算折旧率时，通常不考虑固定资产残值。计算公式如下。

公式1：年折旧率（双倍直线折旧率）=2÷预计使用年限 ×100%

公式2：年折旧额＝期初固定资产账面净值 × 双倍直线折旧率

由于采用双倍余额递减法在确定折旧率时不考虑固定资产净残值因素，所以在采用这种方法时，应注意以下两点。

（1）由于每年的折旧额是递减的，所以可能会出现某年按双倍余额递减法所提折旧额小于按直线法计提折旧额的情况。当这一情况在某一折旧年度出现时，应换为按直线法计提折旧。

（2）各年计提折旧后，固定资产账面净值不能小于预计净残值。避免固定资产账面净值小于预计净残值现象出现的方法是，在可能出现此现象的那一年转换为按直线法计提折旧，即将当年初的固定资产账面净值减去预计净残值，其差额在剩余的使用年限中平均摊销。但在实际工作中，企业一般采用简化的办法，在固定资产预计使用年限到期前两年转换成直线法。

**【例3-64】双倍余额递减法的运用**

ABC 公司购入一部自动化生产线，安装完毕后，固定资产原值为 200 000 元，预计使用年限为 5 年，预计净残值为 8 000 元。该生产线按双倍余额递减法计算的各年的折旧额如下。

双倍直线折旧率 $=2\div5\times100\%=40\%$

第 1 年应提折旧 $=200\,000\times40\%=80\,000$（元）

第 2 年应提折旧 $=(200\,000-80\,000)\times40\%=48\,000$（元）

第 3 年应提折旧 $=(200\,000-80\,000-48\,000)\times40\%=72\,000\times40\%=28\,800$（元）

第 4 年应提折旧 $=(200\,000-80\,000-48\,000-28\,800-8\,000)\div2=17\,600$（元）

第 5 年应提折旧 $=(200\,000-80\,000-48\,000-28\,800-8\,000)\div2=17\,600$（元）

可以看出折旧率 40% 是固定不变的，而每一期的期初账面余额是上一期的期末账面余额，每一期的折旧额是递减的，累计折旧总额在增加。

**4. 年数总和法**

年数总和法是以固定资产的原值减去预计净残值后的净额为基数，以一个逐年递减的分数为折旧率，计算各年固定资产折旧额的一种折旧方法。

年数总和法的各年折旧率，是以固定资产尚可使用年限为分子，以固定资产使用年限的逐年数字之和为分母的比率。假定固定资产使用年限为 $n$ 年，分母即为 $1+2+3+\cdots\cdots+n=n(n+1)\div2$。计算公式如下。

公式 1：年折旧率 = 尚可使用年限 ÷ 预计使用年限的逐年数字总和

公式 2：年折旧额 =（固定资产原值 - 预计净残值）× 年折旧率

公式 3：月折旧额 =（固定资产原值 - 预计净残值）× 月折旧率

**【例3-65】直线法、双倍余额递减法和年数总和法三种折旧方法的比较**

ABC 公司的一台小型机床，原值为 50 000 元，预计使用年限为 5 年，预计净残值为 2 000 元。分别用直线法、双倍余额递减法和年数总和法三种方法计提折旧，相关数值如表 3-7 表示。

**表 3-7 折旧计算表**

单位：元

| 年份 | 比较项目 | 直线法 | 双倍余额递减法 | 年数总和法 |
|---|---|---|---|---|
| 第1年 | 当年折旧基数 | 48 000 | 50 000 | 48 000 |
| | 年折旧率 | 1÷5=20% | 2÷5=40% | 5÷（1+2+3+4+5）=1÷3 |
| | 折旧额 | 9 600 | 20 000 | 16 000 |
| 第2年 | 当年折旧基数 | 48 000 | 30 000 | 48 000 |
| | 年折旧率 | 1÷5=20% | 2÷5=40% | 4÷（1+2+3+4+5）=4÷15 |
| | 折旧额 | 9 600 | 12 000 | 12 800 |
| 第3年 | 当年折旧基数 | 48 000 | 18 000 | 48 000 |
| | 年折旧率 | 1÷5=20% | 2÷5=40% | 3÷（1+2+3+4+5）=1÷5 |
| | 折旧额 | 9 600 | 7 200 | 9 600 |
| 第4年 | 当年折旧基数 | 48 000 | 10 800 | 48 000 |
| | 年折旧率 | 1÷5=20% | 0.5 | 2÷（1+2+3+4+5）=2÷15 |
| | 折旧额 | 9 600 | 5 400 | 6 400 |
| 第5年 | 当年折旧基数 | 48 000 | 10 800 | 48 000 |
| | 年折旧率 | 1÷5=20% | 0.5 | 1÷（1+2+3+4+5）=1÷15 |
| | 折旧额 | 9 600 | 5 400 | 3 200 |

（1）直线法下，每年折旧额都相等。其余两种方法中，双倍余额递减法是折旧率不变，余额递减的，相乘后得出递减的折旧额；而年数总和法用递减的折旧率乘以固定的基数，也得出递减的折旧额。

（2）双倍余额递减法，在使用的最后两年，用原值减去累计折旧再减去净残值后的余额，平均分摊，最后两年不涉及折旧率的问题。

（3）5年后，每种方法的账面都会剩净残值2 000元。

## 3.6.5 固定资产的处置

企业在生产经营过程中对不需用或不适用的固定资产，可对外出售，对那些由于技术进步等原因，或由于遭受自然灾害等非常损失发生毁损的固定资产应及时进行清理。因此，固定资产减少的方式主要有：出售、调出、报废、毁损、盘亏、投资转出或捐赠转出等。

固定资产满足下列条件之一的，应当予以终止确认：①该固定资产处于处置状态；②该固定资产预期通过使用或处置不能产生经济利益。

企业持有待售的固定资产，应当对其预计净残值进行调整。企业出售、转让、报废固定资产或发生固定资产毁损，应当将处置收入扣除账面价值和相关税费后的金额计入当期损益。固定资产的账面价值是固定资产成本扣减累计折旧和累计减值准备后的金额。固定资产盘亏造成的损失，应当计入当期损益。企业根据准则的规定，将发生的固定资产后续支出计入固定资产成本的，应当终止确认被替换部分的账面价值。

**（一）核算的基本程序**

企业因出售、报废、毁损等原因减少的固定资产，应在"固定资产清理"科目中核算。核算的基本程序如下。

（1）将出售、报废和毁损的固定资产转入清理。按清理固定资产的净值，借记"固定资产清理"科目；按已提的折旧，借记"累计折旧"科目；按固定资产原价，贷记"固定资产"科目。

（2）核算发生的清理费用。固定资产清理过程中发生的清理费用以及应缴纳的税金，按实际发生额借记"固定资产清理"科目，贷记"银行存款""应交税费"等科目。

（3）核算出售的收入和残料。企业收回出售固定资产的价款、报废固定资产的残料价值和变价收入等，应冲减清理支出，按实际收到的出售价款及残料变价收入等，借记"银行存款""原材料"等科目，贷记"固定资产清理"科目。

（4）计算应收取的保险或其他赔偿。企业计算或收到应由保险公司或过失人赔偿的，应冲减清理支出，借记"其他应收款"或"银行存款"科目，贷记"固定资产清理"科目。

（5）结转清理净损益。固定资产清理后的净收益，属于生产经营期间的，计入当期损益，借记"固定资产清理"科目，贷记"资产处置损益"科目；固定资产清理后的净损失，若属于自然灾害等原因造成的损失，借记"营业外支出——非常损失"科目，贷记"固定资产清理"科目；若属于生产经营期间正常的处理损失，借记"营业外支出——处置非流动资产损失"科目，贷记"固定资产清理"科目。

**（二）固定资产报废的账务处理**

固定资产报废有的属于正常报废，有的属于非正常报废。正常报废包括使用磨损报废和由于技术进步而发生的提前报废，非正常报废主要是指自然灾害和责任事故所致的报废。

固定资产正常报废与非正常报废的账务处理基本相同，举例如下。

【例 3-66】固定资产报废的账务处理（1）

ABC 公司有旧厂房一幢，原值 450 000 元，已提折旧 435 000 元，因使用期满，经批准报废。在清理过程中，以银行存款支付清理费用 12 700 元，拆除残料的一部分作价 15 000 元，由仓库收作维修材料，另一部分变卖收入 6 800 元存入银行，不考虑相关税费。ABC 公司的账务处理如下。

（1）固定资产转入清理。

借：固定资产清理                                          15 000

     累计折旧                                 435 000

      贷：固定资产                            450 000

（2）支付清理费用。

借：固定资产清理                                   12 700

      贷：银行存款                             12 700

（3）材料入库并收到变价收入。

借：原材料                                          15 000

     银行存款                                 6 800

      贷：固定资产清理                       21 800

（4）结转固定资产清理净损益。

借：营业外支出——非流动资产报废                5 900

      贷：固定资产清理                       5 900

【例 3-67】固定资产报废的账务处理（2）

ABC 公司有运输卡车一辆，原价 150 000 元，已计提折旧 50 000 元，在一次交通事故中报废，收回过失人赔偿款 80 000 元，卡车残料变卖收入 5 000 元。ABC 公司的账务处理如下。

（1）将报废卡车转销。

借：固定资产清理                                 100 000

     累计折旧                                  50 000

      贷：固定资产                         150 000

（2）收到过失人赔款及残料变卖收入。

借：银行存款                                   85 000

      贷：固定资产清理                     85 000

（3）结转固定资产净损益。

借：营业外支出——非常损失                    15 000

      贷：固定资产清理                     15 000

**（三）固定资产出售的账务处理**

企业因调整经营方针或因考虑技术进步等因素，可能将不需要的固定资产出售给其他企业。

【例 3-68】固定资产出售的账务处理

ABC 公司出售一座建筑物，原价 2 000 000 元，已使用 6 年，已计提折旧 300 000 元，支付清理费用 10 000 元，出售价格为 1 900 000 元，增值税税率为 5%。ABC 公司账务处理如下。

（1）固定资产转入清理。

借：固定资产清理　　　　　　　　　　　　　　　　1 700 000
　　累计折旧　　　　　　　　　　　　　　　　　　　300 000
　　　贷：固定资产　　　　　　　　　　　　　　　　　　2 000 000

（2）支付清理费用。

借：固定资产清理　　　　　　　　　　　　　　　　　 10 000
　　　贷：银行存款　　　　　　　　　　　　　　　　　　　10 000

（3）收到价款。

借：银行存款　　　　　　　　　　　　　　　　　　1 995 000
　　　贷：固定资产清理　　　　　　　　　　　　　　　　1 900 000
　　　　　应交税费——应交增值税（销项税额）（1 900 000×5%）95 000

（4）结转固定资产清理后的净损益。

借：固定资产清理　　　　　　　　　　　　　　　　　190 000
　　　贷：资产处置损益　　　　　　　　　　　　　　　　　190 000

## 3.6.6　固定资产的后续支出

固定资产的后续支出，是指企业的固定资产投入使用后，为了适应新技术发展的需要，或者为了维护或提高固定资产的使用效能，而对现有固定资产进行维护、改建、扩建或者改良等所发生的各项必要支出。

根据企业会计准则的规定，企业发生固定资产后续支出时，需要对支出的性质进行分析，确定这些支出应该资本化还是费用化，并分别采用不同的方法对其进行核算。固定资产的后续支出包括固定资产在使用过程中发生的更新改造支出、修理费用等。固定资产的更新改造等后续支出，满足企业会计准则所规定的确认条件（与该固定资产有关的经济利益很可能流入企业，该固定资产的成本能够可靠地计量）的，应当计入固定资产成本，如有被替换的部分，应扣除其账面价值；不满足确认条件的固定资产修理费用等，应当在发生时计入当期损益。

### （一）技术改造或改良支出

以下情况通常表明后续支出提高了固定资产原定的创利能力：企业通过对厂房进行改建、扩建而使其更加坚固耐用，延长了厂房等固定资产的使用寿命；企业通过对设备的改建，提高了其单位时间内产品的产出数量，提高了机器设备等固定资产的生产能力；企业通过对车床的改良，大大提高了其生产产品的精确度，实现了企业产品的更新换代；企业通过对生产线的改良，促使其大大降低了产品的成本，提高了企业产品的价格竞争力；等等。企业根据准则的规定，将发生的固定资产后续支出计入固定资产成本的，应当终止确认被替换部分的账面价值。

企业在发生应资本化的固定资产后续支出时，应先将该固定资产的账面原价、已计提的累计折旧和减值准备转销，将固定资产的账面价值转入"在建工程"科目；然后，将发生的各项后续支出通过"在建工程"科目核算；最后，当发生后续支出的固定资产完工并达到预定可使用状态时，应在后续支出资本化后的固定资产账面价值不超过其可收回金额的范围内，从"在建工程"科目转入"固定资产"科目。

【例 3-69】固定资产技术改造或改良支出的账务处理

2×22 年 9 月 1 日，ABC 公司所拥有的一条生产线的账面原价为 860 000 元，累计已提折旧为 500 000 元，账面价值为 360 000 元。由于生产的产品适销对路，现有生产线的生产能力已难以满足企业生产发展的需要，经过可行性研究，ABC 公司决定对现有生产线进行扩建，以提高其生产能力。扩建工程从 2×22 年 9 月 1 日起至 11 月 30 日止，历时 3 个月，共发生支出 400 000 元，全部以银行存款支付。该生产线扩建工程达到预定可使用状态后，预计其使用寿命将延长 5 年（为简化计算过程，假设扩建过程中无其他相关税费）。该生产线已交付使用。

本例中，由于扩建提高了生产线的生产能力并延长了其使用寿命，所以后续支出应予以资本化，即增加固定资产的账面价值。ABC 公司的账务处理如下。

（1）2×22 年 9 月 1 日生产线转入扩建时，进行如下账务处理。

| | |
|---|---|
| 借：在建工程 | 360 000 |
| 累计折旧 | 500 000 |
| 贷：固定资产 | 860 000 |

（2）2×22 年 9 月 1 日至 11 月 30 日，发生各项后续支出时，进行如下账务处理。

| | |
|---|---|
| 借：在建工程 | 400 000 |
| 贷：银行存款 | 400 000 |

（3）2×22 年 11 月 30 日，生产线达到预定可使用状态并交付使用时，进行如下账务处理。

借：固定资产　　　　　　　　　　　　　　　　　　　760 000

　　贷：在建工程　　　　　　　　　　　　　　　　　　　760 000

### （二）维护和修理支出

固定资产的大、中、小修理等维护性支出，通常在发生时直接计入当期损益。一般情况下，固定资产投入使用之后，固定资产磨损、各组成部分的耐用程度不同，可能导致固定资产局部损坏。为了维护固定资产的正常运转和使用，充分发挥其使用效能，企业就需要对固定资产进行必要的维护。

企业发生的固定资产维护支出只是确保固定资产处于正常工作状态，而并不导致固定资产性能的改变和固定资产未来经济利益的增加。因此，企业应在固定资产维护支出发生时，根据固定资产的使用地点和用途，一次性直接计入当期的有关费用，即借记"制造费用""销售费用""管理费用""其他业务成本"等科目，贷记"银行存款"等科目。

【例 3–70】固定资产维护和修理支出的账务处理

ABC 公司委托外单位对行政管理部门办公用的计算机进行维修，以银行存款支付维修费 5 000 元。本例中，由于对计算机的维修，仅仅是为了维护固定资产的正常使用而发生的，所以 ABC 公司应在该项固定资产后续支出发生时确认为当期费用，进行如下账务处理。

借：管理费用　　　　　　　　　　　　　　　　　　　5 000

　　贷：银行存款　　　　　　　　　　　　　　　　　　　5 000

## 3.7　无形资产的账务处理

### 3.7.1　无形资产的概念和特征

无形资产是指企业拥有或者控制的，没有实物形态的，可辨认非货币性资产。无形资产具有三个主要特征，具体如下。

### （一）不具有实物形态

无形资产是不具有实物形态的非货币性资产，它不像固定资产、存货等有形资产具有实物形态。

### （二）具有可辨认性

资产满足下列条件之一的，符合无形资产定义中的可辨认性标准。

（1）能够从企业中分离或者划分出来，并能单独或者与相关合同、资产或负债一起，用于出售、转移、授予许可、租赁或者交换。

（2）源自合同性权利或其他法定权利，无论这些权利是否可以从企业或其他权利和义务中转移或者分离。

需要注意的是，商誉无法与企业自身分离，不具有可辨认性，不在本节的内容规范。

**（三）属于非货币性长期资产**

无形资产属于非货币性资产且能够在多个会计期间为企业带来经济利益。无形资产的使用年限在一年以上，其价值将在各个受益期间逐渐摊销。

## 3.7.2 无形资产的确认

无形资产同时满足以下条件时才能予以确认。

（1）与该无形资产有关的经济利益很可能流入企业。

（2）该无形资产的成本能够可靠地计量。

## 3.7.3 无形资产的构成

无形资产主要包括专利权、商标权、土地使用权、非专利技术、著作权和特许权等。

**（一）专利权**

专利权是指国家专利主管机关依法授予发明创造专利申请人对其发明创造在法定期限内所享有的专有权利，包括发明专利权、实用新型专利权和外观设计专利权。它给予持有者独家使用或控制某项发明的特殊权利。

一般而言，只有从外单位购入的专利或者自行开发并按法律程序申请取得的专利，才能作为无形资产管理和核算。这种专利可以降低成本，或者提高产品质量，或者将其转让出去可获得转让收入。

企业从外单位购入的专利权，应按实际支付的价款作为专利权的成本。企业自行开发并按法律程序申请取得的专利权，应按照无形资产准则确定的金额作为成本。

**（二）商标权**

商标是用来辨认特定的商品或劳务的标记。商标权是指专门在某类指定的商品或产品上使用特定的名称或图案的权利。商标经过注册登记，就获得了法律上的保护。《中华人民共和国商标法》明确规定，经商标局核准注册的商标为注册商标，商标注册人享有商标专用权，受法律的保护。

企业自创商标并将其注册登记，所花费用一般不大，所以是否将其资本化并不重要。如果企业购买他人的商标，且一次性支出费用较大，则可以将其资本化，作为无形资产管理。这时，企业应将购入商标的价款、支付的手续费及有关费用作为商标的成本。

### （三）土地使用权

土地使用权是指国家准许某一企业或单位在一定期间内对国有土地享有开发、利用、经营的权利。企业取得土地使用权，应将取得时发生的支出资本化，作为土地使用权的成本，记入"无形资产"科目。

### （四）非专利技术

非专利技术即专有技术，或技术秘密、技术诀窍，是指先进的、未公开的、未申请的且可以带来经济效益的技术及诀窍。

企业的非专利技术，有些是自己开发研究的，有些是根据合同规定从外部购入的。如果非专利技术是企业自己开发研究的，则企业应将符合《企业会计准则第6号——无形资产》规定的开发支出资本化条件的金额确认为无形资产的金额。对于从外部购入的非专利技术，企业应将实际发生的支出予以资本化，作为无形资产入账。

### （五）著作权

著作权又称版权，是制作者对其创作的文学、科学和艺术作品依法享有的某种特殊权利。著作权包括两方面的权利，即精神权利（人身权利）和经济权利（财产权利）。前者指作品署名、发表作品、确认作者身份、保护作品的完整性、修改已经发表的作品等各项权利，包括发表权、署名权、修改权和保护作品完整权；后者指以出版、表演、广播、展览、录制唱片、摄制影片等方式使用作品，以及因授权他人使用作品而获得经济利益的权利。

### （六）特许权

特许权又称特许经营权、专营权，是指企业在某一地区经营或销售某种特定商品的权利，或是一家企业接受另一家企业使用其商标、商号、技术秘密等的权利。前者一般是指政府机关授权、准许企业使用或在一定地区享有经营某种业务的特权，如水、电、邮电通信等专营权，烟草专卖权等；后者指企业间依照签订的合同，有限期或无限期使用另一家企业的某些权利，如分店使用总店的名称等。

## 3.7.4　无形资产的相关账务处理

### （一）无形资产业务的常用科目

为了核算无形资产的取得、摊销和处置等情况，企业应当设置"无形资产""累计摊销"等科目。

"无形资产"科目核算企业持有的无形资产成本，借方登记取得无形资产的成本，贷方登记出售无形资产转出的无形资产账面余额，期末借方余额，反映企业无形资产的成本。本科目应按无形资产项目设置明细账，进行明细核算。

"累计摊销"科目属于"无形资产"的调整科目，核算企业对使用寿命有限的无形资产计提的累计摊销，贷方登记企业计提的无形资产摊销，借方登记处置无形资产转出的累计摊销，期末贷方余额，反映企业无形资产的累计摊销额。

此外，企业无形资产发生减值的，还应当设置"无形资产减值准备"科目进行核算。

**（二）取得无形资产的账务处理**

无形资产应当按照成本进行初始计量。企业取得无形资产的主要方式有外购、自行研究开发等。取得的方式不同，其账务处理也有所差别。

**1. 外购无形资产**

外购无形资产的成本包括购买价款、相关税费以及直接归属于使该项资产达到预定用途所发生的其他支出。

**【例 3-71】外购无形资产的账务处理**

ABC 公司购入一项非专利技术，支付的买价和有关费用合计 900 000 元，收到的增值税专用发票的税款金额为 54 000 元，以银行存款支付。ABC 公司应做如下账务处理。

借：无形资产——非专利技术　　　　　　　　　900 000
　　应交税费——应交增值税（进项税额）　　　54 000
　　贷：银行存款　　　　　　　　　　　　　　954 000

**2. 自行研究开发无形资产**

企业内部研究开发项目所发生的支出应区分研究阶段支出和开发阶段支出。企业自行开发无形资产发生的研发支出，不满足资本化条件的，借记"研发支出——费用化支出"科目；满足资本化条件的，借记"研发支出——资本化支出"科目；贷记"原材料""银行存款""应付职工薪酬"等科目。研究开发项目达到预定用途形成无形资产的，应按"研发支出——资本化支出"科目的余额，借记"无形资产"科目，贷记"研发支出——资本化支出"科目。期（月）末，应将"研发支出——费用化支出"科目归集的金额转入"管理费用"科目，借记"管理费用"科目，贷记"研发支出——费用化支出"科目。

**【例 3-72】自行研究开发无形资产的账务处理**

ABC 公司自行研究开发一项技术，截至 2×22 年 12 月 31 日，发生研发支出合计 2 000 000 元，以银行存款支付。经测试，该项研发活动完成了研究阶段，从 2×23 年 1 月 1 日开始进入开发阶段。

2×23 年，发生研发支出 300 000 元，以银行存款支付，假定符合《企业会计准则第 6 号——无形资产》规定的开发支出资本化的条件。2×23 年 6 月 30 日，该项研发活动结束，最终开发出一项非专利技术。ABC 公司应做如下账务处理。

（1）2×22 年发生的研发支出。

借：研发支出——费用化支出　　　　　　　　　　　　　2 000 000

　　贷：银行存款　　　　　　　　　　　　　　　　　　　　2 000 000

（2）至 2×22 年 12 月 31 日，发生的研发支出全部属于研究阶段的支出。

借：管理费用　　　　　　　　　　　　　　　　　　　　2 000 000

　　贷：研发支出——费用化支出　　　　　　　　　　　　　2 000 000

（3）2×23 年发生的研发支出。

借：研发支出——资本化支出　　　　　　　　　　　　　　300 000

　　贷：银行存款　　　　　　　　　　　　　　　　　　　　300 000

（4）2×23 年 6 月 30 日，该技术研发完成并形成无形资产。

借：无形资产　　　　　　　　　　　　　　　　　　　　　300 000

　　贷：研发支出——资本化支出　　　　　　　　　　　　　300 000

**3. 无形资产的摊销**

企业应当于取得无形资产时分析判断其使用寿命，对使用寿命有限的无形资产应进行摊销，对使用寿命不确定的无形资产不应摊销。使用寿命有限的无形资产，其残值应当视为零。对于使用寿命有限的无形资产应当自可供使用（即其达到预定用途）当月起开始摊销，处置当月不再摊销。

无形资产摊销方法包括直线法、生产总量法等。企业选择的无形资产的摊销方法，应当反映与该项无形资产有关的经济利益的预期实现方式。无法可靠确定预期实现方式的，应当采用直线法进行摊销。

企业应当按月对无形资产进行摊销。无形资产的摊销额一般应当计入当期损益：企业自用的无形资产，其摊销金额计入管理费用；出租的无形资产，其摊销金额计入其他业务成本。某项无形资产包含的经济利益通过所生产的产品被其他资产实现的，其摊销金额应当计入相关资产成本。

【例 3-73】无形资产摊销的账务处理（1）

ABC 公司购买了一项特许权，成本为 4 800 000 元，合同规定受益年限为 10 年，ABC 公司每月应摊销 40 000 元（4 800 000÷10÷12）。每月摊销时，ABC 公司应做如下账务处理。

借：管理费用　　　　　　　　　　　　　　　　　　　　　40 000

　　贷：累计摊销　　　　　　　　　　　　　　　　　　　　40 000

【例 3-74】无形资产摊销的账务处理（2）

2×23 年 1 月 1 日，ABC 公司将其自行开发完成的非专利技术出租给丁公司。该非专利技术成本为 3 600 000 元。双方约定的租赁期限为 10 年，ABC 公司每月应摊销 30 000 元（3 600 000÷10÷12）。每月摊销时，ABC 公司应做如下账务处理。

| | |
|---|---|
| 借：其他业务成本 | 30 000 |
| 贷：累计摊销 | 30 000 |

**4. 无形资产的处置**

企业处置无形资产时，应当将取得的价款扣除该无形资产账面价值以及出售相关税费后的差额计入资产处置损益。

**【例3-75】无形资产处置的账务处理**

ABC公司将其购买的一专利权转让给C公司，该专利权的成本为600 000元，已摊销220 000元，实际取得的转让价款为500 000元、增值税30 000元，款项已存入银行。ABC公司应做如下账务处理。

| | |
|---|---|
| 借：银行存款 | 530 000 |
| 累计摊销 | 220 000 |
| 贷：无形资产 | 600 000 |
| 应交税费——应交增值税（销项税额） | 30 000 |
| 资产处置损益 | 120 000 |

**5. 无形资产的减值**

无形资产在资产负债表日存在可能发生减值的迹象时，其可收回金额低于账面价值的，企业应当将该无形资产的账面价值减记至可收回金额，减记的金额确认为减值损失，计入当期损益，同时计提相应的资产减值准备，按应减记的金额，借记"资产减值损失——计提的无形资产减值准备"科目，贷记"无形资产减值准备"科目。无形资产减值损失一经确认，在以后会计期间不得转回。

**【例3-76】无形资产减值的账务处理**

2×22年12月31日，市场上某项技术生产的产品销售势头较好，已对ABC公司产品的销售产生重大不利影响。ABC公司外购的类似专利技术的账面价值为800 000元，剩余摊销年限为4年，经减值测试，该专利技术的可收回金额为750 000元。

由于该专利权在资产负债表日的账面价值为800 000元，可收回金额为750 000元，可收回金额低于其账面价值，应按其差额50 000元（800 000-750 000）计提减值准备。ABC公司应做如下账务处理。

| | |
|---|---|
| 借：资产减值损失——计提的无形资产减值准备 | 50 000 |
| 贷：无形资产减值准备 | 50 000 |

# 3.8 其他资产的账务处理

其他资产是指除货币资金、交易性金融资产、应收及预付款项、存货、长期股权投资、固定资产、无形资产等以外的资产，如长期待摊费用等。

长期待摊费用是指企业已经发生但应由本期和以后各期负担的分摊期限在一年以上的各项费用，如以经营租赁方式租入的固定资产发生的改良支出等。

**【例3-77】**长期待摊费用的账务处理

2×22年4月1日，ABC公司对其以经营租赁方式新租入的办公楼进行装修，发生以下有关支出：生产用材料500 000元；辅助生产车间为该装修工程提供的劳务支出180 000元；有关人员工资等职工薪酬430 000元。2×22年12月1日，该办公楼装修完工，达到预定可使用状态并交付使用，并按租赁期10年开始进行摊销。假定不考虑其他因素，ABC公司应做如下账务处理。

（1）装修领用原材料时。

借：长期待摊费用     500 000

　　贷：原材料     500 000

（2）辅助生产车间为装修工程提供劳务时。

借：长期待摊费用     180 000

　　贷：生产成本——辅助生产成本     180 000

（3）确认相关人员职工薪酬时。

借：长期待摊费用     430 000

　　贷：应付职工薪酬     430 000

（4）2×22年12月摊销装修支出时。

每月应摊销装修费用＝（500 000+430 000+180 000）÷10÷12=9 250（元）

借：管理费用     9 250

　　贷：长期待摊费用     9 250

# 第 4 章
# 负债业务的账务处理

负债是指企业过去的交易或者事项形成的、预期会导致经济利益流出企业的现时义务。按照负债的流动性，可以将其划分为非流动负债和流动负债。

非流动负债是指偿还期在 1 年或者超过 1 年的一个营业周期以上的负债，包括长期借款、应付债券、长期应付款项等。流动负债是指将在 1 年（含 1 年）或超过 1 年的一个营业周期内偿还的债务，包括短期借款、应付票据、应付账款、预收账款、应付职工薪酬、应付股利、应交税费、其他暂收应付款项、预提费用和 1 年内到期的长期借款等。

## 4.1 应付款项及预收账款的账务处理

### 4.1.1 应付账款

#### （一）应付账款的确认与计量

应付账款是指因购买材料、商品或接受劳务供应等而发生的债务。这种负债通常是由于交易双方在商品购销和提供劳务等活动中取得物资或接受劳务与支付价款在时间上不一致而产生的。

应付账款入账时间的确定，应以所购买物资的所有权转移或接受劳务已发生为标志。但在实际商品购销活动中，可以区别以下两种情况分别进行处理。

（1）在物资和发票账单同时到达的情况下，要区分两种情况处理：如果物资验收入库的同时支付货款，则不通过"应付账款"科目核算；如果物资验收入库后仍未付款，则按发票账单登记入账。按发票账单登记入账主要是为了确认所购入的物资是否在质量、数量和品种上都与合同上订明的条件相符。

（2）在物资和发票账单不是同时到达的情况下，也要区分两种情况处理：在发票账单已到，物资未到的情况下，应当直接根据发票账单支付物资价款和运杂费，记入有关物资的成本和"应付账款"科目（未能及时支付货款时），不需要按照应付债务估计入账；在物资已到，发票账单未到也无法确定实际成本的情况下，在月度终了，需要按照所购物资和应付债务估计入账，待下月初再用红字予以冲回。

应付账款一般按应付金额入账，而不按到期应付金额的现值入账。如果购入的资产在形成一笔应付账款时带有现金折扣,则应付账款入账金额按发票上记载的应付金额的总值(即不扣除现金折扣)确定。在这种方法下,应按发票上记载的全部应付金额,借记有关科目,贷记"应付账款"科目;现金折扣在实际获得时,冲减财务费用。应付账款一般在较短期限内支付,但有时应付账款由于债权单位撤销或其他原因而无法支付,无法支付的应付款项直接转入营业外收入。

### (二)应付账款的账务处理

为了总括地反映和监督企业因购买材料、商品和接受劳务供应等产生的债务及其偿还情况,企业应设置"应付账款"科目。该科目贷方登记企业购买材料、商品、接受劳务供应的应付而未付的款项,借方登记偿还的应付账款以及用商业汇票抵付的应付账款,期末贷方余额反映尚未偿还或抵付的应付账款。该科目应按债权人设置明细账。

企业购入材料、商品等时,若货款尚未支付,根据有关凭证(发票账单、随货同行发票上记载的实际价款或暂估价值),借记"材料采购""在途物资"等科目;按可抵扣的增值税,借记"应交税费——应交增值税(进项税额)"等科目;按应付的价款,贷记"应付账款"科目。企业接受供应单位提供劳务而发生的应付未付款项,根据供应单位的发票账单,借记"生产成本""管理费用"等科目,贷记"应付账款"科目。

企业开出承兑商业汇票抵付应付账款,借记"应付账款"科目,贷记"应付票据"科目。企业偿付应付款时,借记"应付账款"科目,贷记"银行存款"科目。对于将应付账款划转出去或者确实无法支付的应付账款,企业应按其账面余额,借记"应付账款"科目,贷记"营业外收入——其他"科目。

【例 4-1】应付账款的账务处理

ABC 公司向 A 公司购入材料一批,价款 50 000 元,增值税税率 13%,付款条件为 2/10、n/30(10 天内付款可享受 2% 的现金折扣;10 天以上、30 天以内付款不享受现金折扣)。材料已验收入库,货款暂欠。ABC 公司应做如下账务处理。

(1)材料验收入库时的会计分录如下。

借:原材料                                              50 000

    应交税费——应交增值税(进项税额)        6 500

    贷:应付账款——A 公司                    56 500

(2)若 10 天内付款,则享有现金折扣,相关会计分录如下。

借:应付账款——A 公司                       56 500

    贷:银行存款                              55 370

        财务费用                              1 130

## 4.1.2 应付票据

### （一）应付票据的概念

应付票据是由出票人出票，委托付款人在指定日期无条件支付确定的金额给收款人或者持票人的票据。应付票据也是委托付款人允诺在一定时期内支付一定款额的书面证明。应付票据与应付账款虽然都是交易引起的流动负债，但应付账款是尚未结清的债务，而应付票据是一种期票，是延期付款的证明，有承诺付款的票据作为凭据。应付票据分为带息和不带息两种。理论上，应付票据的记账可以以票据的面值或现值作为入账金额。在我国，由于应付票据不论是否带息，其期限都较短，实务中通常按票据面值记账。

### （二）应付票据的账务处理

为了反映企业购买材料、商品和接受劳务供应等而开出承兑商业汇票的情况，企业应设置"应付票据"科目。该科目贷方登记开出的商业汇票面值和应计利息，借方登记支付票据的款项，期末贷方余额反映企业开出的尚未到期的应付票据本息。相关账务处理如下。

（1）企业开出承兑商业汇票或以承兑商业汇票抵付货款、应付账款时，借记"材料采购""在途物资""库存商品""应付账款""应交税费——应交增值税（进项税额）"等科目，贷记"应付票据"科目。

（2）支付银行承兑汇票的手续费时，借记"财务费用"科目，贷记"银行存款"科目。收到银行支付到期票据的付款通知时，借记"应付票据"科目，贷记"银行存款"科目。

（3）企业开出的商业汇票，如为带息票据，应于期末计算应付利息，借记"财务费用"科目，贷记"应付票据"科目。票据到期支付本息时，按票据账面余额，借记"应付票据"科目；按未计提的利息，借记"财务费用"科目；按实际支付的金额，贷记"银行存款"科目。

（4）应付票据到期，如企业无力支付票款，按应付票据的账面余额，借记"应付票据"科目，贷记"应付账款"科目（如为银行承兑汇票，则贷记"短期借款"科目）。到期不能支付的带息应付票据，先计提应付利息，再转入"应付账款"科目；转入"应付账款"科目核算后，期末不再计提利息。

企业应当设置"应付票据备查簿"，详细登记每一应付票据的种类、号数、签发日期、到期日、票面金额、票面利率、合同交易号、收款人姓名或单位名称，以及付款日期和金额等内容。应付票据到期结清时，应当在备查簿内逐笔注销。

【例4-2】应付票据的账务处理

ABC公司（系一般纳税人企业）于2×23年2月1日购入一批价格为300 000元的

商品（尚未验收入库），收到增值税专用发票一张，注明增值税 39 000 元；同时出具了一张期限为 3 个月的带息商业汇票，年利率为 4%。根据上述资料，ABC 公司应做如下账务处理。

（1）2×23 年 2 月 1 日，购入商品时的会计分录如下。

| | | |
|---|---|---|
| 借：在途物资 | | 300 000 |
| 应交税费——应交增值税（进项税额） | | 39 000 |
| 贷：应付票据 | | 339 000 |

（2）2×23 年 3 月 31 日，计算 2 个月的应付利息 2 260 元（339 000×4% ×2÷12）的会计分录如下。

| | |
|---|---|
| 借：财务费用 | 2 260 |
| 贷：应付票据 | 2 260 |

（3）2×23 年 5 月 1 日到期付款时的会计分录如下。

| | |
|---|---|
| 借：应付票据 | 341 260 |
| 财务费用 | 1 130 |
| 贷：银行存款 | 342 390 |

（4）2×23 年 5 月 1 日到期无力付款时的会计分录如下。

| | |
|---|---|
| 借：财务费用 | 1 130 |
| 贷：应付票据 | 1 130 |

同时将该商业汇票的账面余额进行结转，如为商业承兑汇票，则会计分录如下。

| | |
|---|---|
| 借：应付票据 | 342 390 |
| 贷：应付账款 | 342 390 |

如为银行承兑汇票，则会计分录如下。

| | |
|---|---|
| 借：应付票据 | 342 390 |
| 贷：短期借款 | 342 390 |

应付票据结转后，不再计提应付利息。

## 4.1.3 其他应付款

### （一）其他应付款的概念

其他应付款是指与企业购销业务没有直接关系的应付、暂付款项，包括应付租入包装物的租金、经营租入固定资产的应付租金、出租或出借包装物收取的押金、应付及暂收其他单位的款项、应付职工统筹退休金等。

为此，企业应设置"其他应付款"科目进行核算。该科目的贷方登记发生的各种应付、暂收款项，借方登记偿还或转销的各种应付暂收款项，余额在贷方，表示应付未付款项。本科目应按应付、暂收款项的类别设置明细科目。

### （二）其他应付款的账务处理

企业发生各种应付、暂收款项时，借记"银行存款""管理费用"等科目，贷记"其他应付款"科目；支付或退回有关款项时，借记"其他应付款"科目，贷记"银行存款"等科目。

【例4-3】其他应付款的账务处理

ABC公司将一台设备出租给B企业，租期3个月，收取押金1 500元，存入银行。ABC公司做如下账务处理。

（1）收到押金时的账务处理如下。

借：银行存款　　　　　　　　　　　　　　　　　1 500
　　贷：其他应付款——B企业　　　　　　　　　　　　1 500

（2）3个月后，B企业退还该设备后，退还其押金的账务处理如下。

借：其他应付款——B企业　　　　　　　　　　　1 500
　　贷：银行存款　　　　　　　　　　　　　　　　　1 500

（3）假设3个月后，B企业对设备保管不善，按租约规定，扣押金的50%作为罚款，其余押金退还B企业，则ABC公司做如下账务处理。

借：其他应付款——B企业　　　　　　　　　　　1 500
　　贷：其他业务收入　　　　　　　　　　　　　　　750
　　　　银行存款　　　　　　　　　　　　　　　　　750

## 4.1.4　预收账款

### （一）预收账款的概念

预收账款是企业按照合同规定或交易双方之约定，向购买单位或接受劳务的单位在未发出商品或未提供劳务时预收的款项。

企业可以设置"预收账款"科目核算企业按照合同规定预收的款项。但预收账款不多的，也可以不设置本科目，将预收的款项直接记入"应收账款"科目。本科目可按购货单位进行明细核算。本科目期末贷方余额，反映企业预收的款项；期末如为借方余额，反映企业尚未转销的款项。

### （二）预收账款的账务处理

企业向购货单位预收的款项，借记"银行存款"等科目，贷记"预收账款"科目；销售实现时，按实现的收入，借记"预收账款"科目，贷记"主营业务收入"科目。涉及增值税销项税额的，还应进行相应的处理。

【例4-4】预收账款的账务处理

（1）M公司向甲公司销售产品一批，预收货款200 000元，增值税26 000元。M公司进行如下账务处理。

借：银行存款　　　　　　　　　　　　　　　　　　226 000
　　贷：预收账款——甲公司　　　　　　　　　　　　226 000

（2）1个月后，M公司向甲公司发货，甲公司已经收到并验收入库。为支付剩余款项，甲公司向M公司开具一张银行承兑汇票，金额为113 000元，其中增值税为13 000元。M公司账务处理如下。

借：应收票据——甲公司　　　　　　　　　　　　　113 000
　　预收账款——甲公司　　　　　　　　　　　　　　226 000
　　贷：主营业务收入　　　　　　　　　　　　　　　300 000
　　　　应交税费——应交增值税（销项税额）　　　　 39 000

## 4.2　应付职工薪酬的账务处理

职工薪酬是指企业为获得职工提供的服务而给予各种形式的报酬以及其他相关支出。换言之，职工薪酬就是企业在职工在职期间和离职后提供的全部货币性薪酬和非货币性福利，包括提供给职工本人的薪酬，以及提供给职工配偶、子女或其他被赡养人的福利等。

### 4.2.1　企业职工薪酬的确认与计量原则

**（一）劳动关系补偿的确认与计量**

企业在职工为其提供服务的会计期间，除解除劳动关系补偿（也称辞退福利）全计入当期费用以外，其他职工薪酬均应根据职工提供服务的受益对象，将应确认的职工薪酬（包括货币性薪酬和非货币性福利）计入相关资产成本或当期费用，同时确认为应付职工薪酬负债，具体处理方法如下。

（1）应由生产产品、提供劳务负担的职工薪酬，计入产品成本或劳务成本。

（2）应由在建工程、无形资产负担的职工薪酬，计入建造固定资产或无形资产成本。

（3）上述（1）和（2）之外的其他职工薪酬，计入当期损益。

**（二）企业为职工缴纳的社会保险的确认与计量**

企业为职工缴纳的医疗保险费、养老保险费、失业保险费、工伤保险费、生育保险费等社会保险费和住房公积金，应当在职工为其提供服务的会计期间，根据工资总额的一定比例计算，并按照上述（一）的办法处理。

在企业应付给职工的各种薪酬，例如，应向社会保险经办机构等缴纳的医疗保险费、养老保险费（包括根据企业年金计划向企业年金基金相关管理人缴纳的补充养老保险费）、失业保险费、工伤保险费、生育保险费等社会保险费，应向住房公积金管理机构缴存的住房公积金，以及工会经费和职工教育经费等，国家有规定计提基础和计提比例的，企业应当按照国家规定的标准计提；国家没有规定计提基础和计提比例的，如职工福利费等，企业应当根据历史经验数据和实际情况，合理预计当期的应付职工薪酬。当期实际发生金额大于预计金额，应当补提应付职工薪酬；当期实际发生金额小于预计金额，应当冲回多提的应付职工薪酬。在资产负债表日至财务报告批准报出日之间，如有确凿证据表明需要调整资产负债表日原确认的应付职工薪酬的，应当按照《企业会计准则第 29 号——资产负债表日后事项》的规定进行处理。

对于在职工提供服务的会计期末以后 1 年以上到期的应付职工薪酬，企业应当选择合理的折现率，以应付职工薪酬折现后的金额，计入相关资产成本或当期费用；应付职工薪酬金额与其折现后的金额相差不大的，也可以以未折现金额计入相关资产成本或当期费用。

**（三）非货币性福利的确认与计量**

企业职工的非货币性福利的具体会计处理方法如下。

（1）企业以其自产产品或外购商品作为非货币性福利发放给职工的，应当根据受益对象，按照该产品或商品的公允价值，计入相关资产成本或当期损益，同时确认应付职工薪酬。

（2）将企业拥有的住房等资产无偿提供给职工使用的，应当根据受益对象，将该住房每期应计提的折旧计入相关资产成本或费用，同时确认应付职工薪酬。租赁住房等资产供职工无偿使用的，应当根据受益对象，将每期应付的租金计入相关资产成本或费用，并确认应付职工薪酬。难以认定受益对象的非货币性福利，直接计入管理费用和应付职工薪酬。

## 4.2.2 应付职工薪酬的相关账务处理

企业应设置"应付职工薪酬"科目核算企业根据有关规定应付给职工的各种薪酬。该科目贷方登记本月实际发生的应付职工薪酬总额，即应付职工薪酬的分配数；借方登记本月实际支付的各种应付职工薪酬；期末贷方余额反映企业尚未支付的应付职工薪酬。该科目应当按照"工资""职工福利""社会保险费""住房公积金""工会经费""职工教育经费""非货币性福利""辞退福利""股份支付"等明细科目对应付职工薪酬项目进行明细核算。

**（一）企业支付职工薪酬时的处理**

企业按照有关规定向职工支付工资、奖金、津贴等，借记"应付职工薪酬"科目，贷记"银行存款""库存现金"等科目。

企业从应付职工薪酬中扣还的各种款项（代垫的家属医药费、个人所得税等），借记"应付职工薪酬"科目,贷记"其他应收款""应交税费——应交个人所得税"等科目。

企业向职工支付职工福利费,借记"应付职工薪酬"科目,贷记"银行存款""库存现金"等科目。

企业支付工会经费和职工教育经费用于工会运作和职工培训,借记"应付职工薪酬"科目,贷记"银行存款"等科目。

企业按照国家有关规定缴纳社会保险费和住房公积金,借记"应付职工薪酬"科目,贷记"银行存款"科目。

企业因解除与职工的劳动关系向职工给予的补偿,借记"应付职工薪酬"科目,贷记"银行存款""库存现金"等科目。

在行权日,企业以现金与职工结算股份支付,借记"应付职工薪酬"科目,贷记"银行存款""库存现金"等科目。

### (二)企业分配职工薪酬的账务处理

企业应当根据职工提供服务的受益对象,对发生的职工薪酬的分配进行账务处理。其中,生产部门人员的职工薪酬,借记"生产成本""制造费用""劳务成本"等科目,贷记"应付职工薪酬"科目。管理部门人员的职工薪酬,借记"管理费用"科目,贷记"应付职工薪酬"科目。销售部门人员的职工薪酬,借记"销售费用"科目,贷记"应付职工薪酬"科目。

应由在建工程、研发支出负担的职工薪酬,借记"在建工程""研发支出"科目,贷记"应付职工薪酬"科目。因解除与职工的劳动关系给予的补偿,借记"管理费用"科目,贷记"应付职工薪酬"科目。在等待期内每个资产负债表日,根据股份支付准则确定的金额,借记"管理费用"等科目,贷记"应付职工薪酬"科目。在可行权日之后,根据股份支付准则确定的金额,借记或贷记"公允价值变动损益"科目,贷记或借记"应付职工薪酬"科目。

外商投资企业按规定从净利润中提取的职工奖励及福利基金,也在"应付职工薪酬"科目中核算。外商投资企业按规定从净利润中提取的职工奖励及福利基金,借记"利润分配——提取的职工奖励及福利基金"科目,贷记"应付职工薪酬"科目。

企业从应付职工薪酬中扣还的各种款项(代垫的职工家属医药费、个人所得税等),借记"应付职工薪酬"科目,贷记"银行存款""库存现金""其他应收款""应交税费——应交个人所得税"等科目。

【例 4-5】企业分配职工薪酬的账务处理

ABC 公司本月应付职工薪酬总额为 205 000 元,其中,车间生产工人工资 150 000 元,车间管理人员工资 20 000 元,厂部行政管理人员工资 15 000 元,从事专项

工程人员工资 10 000 元，离退休人员工资 5 000 元，生产工人其他福利 5 000 元。ABC
公司月末应进行如下账务处理。

| | |
|---|---|
| 借：生产成本 | 155 000 |
| 制造费用 | 20 000 |
| 管理费用 | 20 000 |
| 在建工程 | 10 000 |
| 贷：应付职工薪酬 | 205 000 |

ABC 公司以银行存款实际发放职工薪酬时，应编制如下会计分录。

| | |
|---|---|
| 借：应付职工薪酬 | 205 000 |
| 贷：银行存款 | 205 000 |

【例 4-6】ABC 公司根据"工资费用分配汇总表"结算本月应付职工薪酬总额
693 000 元，其中企业代垫职工房租 20 000 元、代垫职工家属医药费 8 000 元、代扣个
人所得税 12 000 元，实发工资 653 000 元。ABC 公司应做如下账务处理。

（1）以银行存款实际发放职工薪酬时，应编制如下会计分录。

| | |
|---|---|
| 借：应付职工薪酬 | 653 000 |
| 贷：银行存款 | 653 000 |

（2）代垫款项时，应编制如下会计分录。

| | |
|---|---|
| 借：应付职工薪酬 | 40 000 |
| 贷：其他应收款——职工房租 | 20 000 |
| ——代垫医药费 | 8 000 |
| 应交税费——应交个人所得税 | 12 000 |

### （三）非货币性福利的账务处理

企业以其自产产品发给职工作为职工薪酬的，借记"管理费用""生产成本""制
造费用"等科目，贷记"应付职工薪酬"科目。企业以其自产产品发放给职工的，
借记"应付职工薪酬"科目，贷记"主营业务收入"科目，同时，还应结转产成
品的成本。涉及增值税销项税额的，还应进行相应的处理。

企业无偿向职工提供住房等资产使用的，按应计提的折旧额，借记"管理费用"
等科目，贷记"应付职工薪酬"科目；同时，借记"应付职工薪酬"科目，贷记"累
计折旧"科目。

企业租赁住房等资产供职工无偿使用的，按每期应支付的租金，借记"管理
费用"等科目，贷记"应付职工薪酬"科目。企业租赁住房等资产供职工无偿使
用所发生的租金，借记"应付职工薪酬"科目，贷记"银行存款"等科目。

【例 4-7】非货币性福利的账务处理

ABC 公司共有职工 200 名，2×23 年 2 月，ABC 公司以其生产的每台成本为 1 000 元的电视机作为福利发放给公司每名职工。该型号电视机的售价为每台 1 400 元，适用增值税税率为 13%。假定公司职工中 170 名为直接参加生产的人员，30 名为总部管理人员。ABC 公司对此项职工福利应做如下账务处理。

参加生产人员应分摊的成本 =1 400×170×（1+13%）=268 940（元）

管理人员应分摊的成本 =1 400×30×（1+13%）=47 460（元）

电视机的增值税销项税额 =170×1 400×13%+30×1 400×13%=30 940+5 460=36 400（元）

借：生产成本　　　　　　　　　　　　　　　　268 940

　　管理费用　　　　　　　　　　　　　　　　 47 460

　　　贷：应付职工薪酬　　　　　　　　　　　　　　316 400

借：应付职工薪酬　　　　　　　　　　　　　　316 400

　　　贷：主营业务收入　　　　　　　　　　　　　　280 000

　　　　　应交税费——应交增值税（销项税额）　　　 36 400

借：主营业务成本　　　　　　　　　　　　　　200 000

　　　贷：库存商品　　　　　　　　　　　　　　　　200 000

## 4.3　短期借款的账务处理

企业的借款通常按其流动性或偿还时间的长短，划分为短期借款和长期借款。短期借款是指企业向银行或其他金融机构借入的期限在 1 年（含 1 年）以下的各种借款。

短期借款一般是补充企业生产经营的流动资金，是企业的一项流动负债。借款到期时，企业除偿还本金外，还需按期支付利息，利息作为财务费用计入损益核算。如果利息分期（季、半年）支付或到期一次支付且数额较大，可采用预提的方法分期计入损益；如果利息按月支付，或者虽然分期（季、半年）支付或到期一次支付，但数额较小，可不用预提的方法，而在实际支付利息时直接计入当期损益。

### 4.3.1　科目的设置

短期借款的账务处理应通过设置"短期借款"科目进行，贷方登记借入的短期借款，借方登记归还的短期借款，期末余额在贷方，反映尚未归还的短期借款。该科目按债权人设置明细科目，并按借款的种类进行明细分类核算。

企业借入各种短期借款时，应借记"银行存款"科目，贷记"短期借款"科目；归还借款时，借记"短期借款"科目，贷记"银行存款"科目。

## 4.3.2　利息的处理

短期借款的利息，通过"财务费用""应付利息"等科目核算。短期借款利息一律计入财务费用，预提利息时，借记"财务费用"科目，贷记"应付利息"科目；支付已预提的利息时，借记"应付利息"科目，贷记"银行存款"科目；利息直接支付、不预提的，于付款时借记"财务费用"科目，贷记"银行存款"科目。

【例4-8】短期借款利息的账务处理（1）

高强股份有限公司于2×23年1月1日取得银行借款20 000元，期限半年，年利率5%。利息直接支付，不预提，其账务处理如下。

借：银行存款　　　　　　　　　　　　　　　　　　20 000

　　贷：短期借款　　　　　　　　　　　　　　　　　　20 000

高强股份有限公司于2×23年7月1日将借款还本付息，账务处理如下。

借：短期借款　　　　　　　　　　　　　　　　　　20 000

　　财务费用　　　　　　　（20 000×5%÷2）500

　　贷：银行存款　　　　　　　　　　　　　　　　　20 500

【例4-9】短期借款利息的账务处理（2）

ABC公司于2×23年1月1日取得银行借款100 000元，期限9个月，年利率6%，该借款到期后按期如数偿还，利息分月预提，按季支付。ABC公司的相关账务处理如下。

（1）1月1日取得借款时，进行如下账务处理。

借：银行存款　　　　　　　　　　　　　　　　　100 000

　　贷：短期借款　　　　　　　　　　　　　　　　　100 000

（2）1月末计提当月借款利息时，进行如下账务处理。

借：财务费用　　　　　　　　　　　　　　　　　　　500

　　贷：应付利息　　　　　　（100 000×6%÷12）500

（2月末预提当月利息的账务处理相同）

（3）3月末支付本季度借款利息时，进行如下账务处理。

借：应付利息　　　　　　　　　　　　　　　　　　1 000

　　财务费用　　　　　　　　　　　　　　　　　　　500

　　贷：银行存款　　　　　　　　　　　　　　　　　1 500

（第二、第三季度的账务处理同上）

（4）10月1日到期偿还本金时，进行如下账务处理。

借：短期借款　　　　　　　　　　　　　　　　100 000
　　贷：银行存款　　　　　　　　　　　　　　　　100 000

## 4.4　应交税费的账务处理

企业根据税法规定应缴纳的各种税费包括增值税、消费税、城市维护建设税、资源税、所得税、土地增值税、房产税、车船税、城镇土地使用税、教育费附加、印花税、耕地占用税等。

企业应通过"应交税费"科目，总括地反映各种税费的缴纳情况，并按照应交税费的项目进行明细核算。该科目贷方登记应缴纳的各种税费等，借方登记实际缴纳的税费；期末余额一般在贷方，反映企业尚未缴纳的税费，期末余额如在借方，则反映企业多缴或尚未抵扣的税费。企业缴纳的印花税、耕地占用税等不需要预计应交的税金，不通过"应交税费"科目核算。

### 4.4.1　应交增值税

#### （一）增值税概述

增值税是以商品和劳务在流转过程中产生的增值额作为征税对象而征收的一种流转税。按照我国增值税法的规定，增值税是对在我国境内销售货物或者加工、修理修配劳务（以下简称劳务）、销售服务、无形资产、不动产以及进口货物的单位和个人，就其销售货物、劳务、服务、无形资产、不动产（以下统称应税销售行为）的增值额和货物进口金额为计税依据而课征的一种流转税。按照纳税人的经营规模及会计核算的健全程度，增值税纳税人分为一般纳税人和小规模纳税人。一般纳税人应纳增值税，根据当期销项税额减去当期进项税额计算确定；小规模纳税人应纳增值税，按照销售额和规定的征收率计算确定。

按照《中华人民共和国增值税暂行条例》规定，企业购入货物或接受应税劳务支付的增值税（即进项税额），可从应税销售行为按规定收取的增值税（即销项税额）中抵扣。准予从销项税额中抵扣的进项税额通常包括：①从销售方取得的增值税专用发票上注明的增值税；②从海关取得的完税凭证上注明的增值税。

#### （二）增值税的核算

1. 科目设置

增值税一般纳税人应当在"应交税费"科目下设置"应交增值税""未交增值税""预交增值税""待抵扣进项税额""待转销项税额""简易计税""代扣代交增值税"等明细科目，相关说明如表4-1所示。

表 4-1 增值税的明细科目

| 明细科目 | 核算内容 |
|---|---|
| 应交增值税 | 本明细科目下可以设置"进项税额""销项税额抵减""已交税金""转出未交增值税""减免税款""出口抵减内销产品应纳税额""销项税额""出口退税""进项税额转出""转出多交增值税"等明细科目 |
| 未交增值税 | 核算一般纳税人月度终了从"应交增值税"或"预交增值税"明细科目转入当月应交未交、多交或预缴的增值税,以及当月缴纳以前期间未交的增值税 |
| 预交增值税 | 核算一般纳税人转让不动产、提供不动产经营租赁服务、提供建筑服务、采用预收款方式销售自行开发的房地产项目等,以及其他按现行增值税制度规定应预缴的增值税 |
| 待抵扣进项税额 | 核算一般纳税人已取得增值税扣税凭证并经税务机关认证,按照现行增值税制度规定准予以后期间从销项税额中抵扣的进项税额。包括:一般纳税人自 2016 年 5 月 1 日后取得并按固定资产核算的不动产或者 2016 年 5 月 1 日后取得的不动产在建工程,按现行增值税制度规定,准予以后期间从销项税额中抵扣的进项税额;实行纳税辅导期管理的一般纳税人取得的尚未交叉稽核比对的增值税扣税凭证上注明或计算的进项税额 |
| 待转销项税额 | 核算一般纳税人销售货物、加工修理修配劳务、服务、无形资产或不动产,已确认相关收入(或利得)但尚未发生增值税纳税义务而需要以后期间确认为销项税额的增值税 |
| 简易计税 | 核算一般纳税人采用简易计税方法发生的增值税计提、扣减、预缴、缴纳等业务 |
| 代扣代交增值税 | 核算纳税人购进在境内未设经营机构的境外单位或个人在境内的应税行为代扣代缴的增值税 |
| 待认证进项税额 | 核算一般纳税人由于未经税务机关认证而不得从当期销项税额中抵扣的进项税额。包括一般纳税人已取得增值税扣税凭证、按照现行增值税制度规定准予从销项税额中抵扣,但尚未经税务机关认证的进项税额;一般纳税人已申请稽核但尚未取得稽核相符结果的海关缴款书进项税额 |
| 转让金融商品应交增值税 | 核算增值税纳税人转让金融商品发生的增值税税额 |

小规模纳税人只需在"应交税费"科目下设置"应交增值税"明细科目即可,不需要设置上述专栏及除"代扣代交增值税"外的明细科目。

2. 取得资产或接受劳务等业务的账务处理

(1)采购等业务进项税额允许抵扣的账务处理。一般纳税人购进货物、加工修理修配劳务、服务、无形资产或不动产,按应计入相关成本费用或资产的金额,借记"在途物资"或"原材料""库存商品""生产成本""无形资产""固定资产""管理费用"等科目;按当月已认证的可抵扣增值税,借记"应交税费——应交增值税(进项税额)"科目;按当月未认证的可抵扣增值税,借记"应交税费——

待认证进项税额"科目；按应付或实际支付的金额，贷记"应付账款""应付票据""银行存款"等科目。发生退货的，如原增值税专用发票已做认证，应根据税务机关开具的红字增值税专用发票做相反的会计分录；如原增值税专用发票未做认证，则应将发票退回并做相反的会计分录。

**【例 4-10】采购物资和接受应税劳务时，应交增值税的账务处理（1）**

ABC 公司购入原材料一批，增值税专用发票上注明货款 60 000 元，增值税 7 800 元，货物尚未到达，货款和进项税款已用银行存款支付。ABC 公司采用计划成本法对原材料进行核算。ABC 公司的账务处理如下。

借：材料采购 60 000

　　应交税费——应交增值税（进项税额） 7 800

　　贷：银行存款 67 800

按照《中华人民共和国增值税暂行条例》的规定，企业购入免征增值税货物，一般不能够抵扣增值税销项税额。但是对于购入的免税农产品，可以按照买价和规定的扣除率计算进项税额，并准予从企业的销项税额中抵扣。企业购入免税农产品，按照买价和规定的扣除率计算进项税额，借记"应交税费——应交增值税（进项税额）"科目；买价扣除按规定计算的进项税额后的差额，借记"材料采购""原材料""库存商品"等科目；按照应付或实际支付的价款，贷记"应付账款""银行存款"等科目。

**【例 4-11】采购物资和接受应税劳务时，应交增值税的账务处理（2）**

ABC 公司购入免税农产品一批，价款 100 000 元，规定的扣除率为 10%，货物尚未到达，货款已用银行存款支付。ABC 公司的账务处理如下。

进项税额 = 购买价款 × 扣除率 =100 000×12%=12 000（元）

借：材料采购 88 000

　　应交税费——应交增值税（进项税额） 12 000

　　贷：银行存款 100 000

企业购进固定资产所支付的不可抵扣的增值税，应计入固定资产的成本；企业购进的货物用于非应税项目的，其所支付的增值税应计入购入货物的成本。

（2）采购等业务进项税额不得抵扣的账务处理。一般纳税人购进货物、加工修理修配劳务、服务、无形资产或不动产，用于简易计税方法计税项目、免征增值税项目、集体福利或个人消费等，取得增值税专用发票时，应借记相关成本费用或资产科目，借记"应交税费——待认证进项税额"科目，贷记"银行存款""应付账款"等科目；经税务机关认证后，应借记相关成本费用或资产科目，贷记"应交税费——应交增值税（进项税额转出）"科目。购进货物改变用途通常是指购进的货物在没有经过任何加工的情况下，对内改变用途的行为，如企业下属医务室等福利部门领用原材料等。

（3）购进不动产或不动产在建工程按规定进项税额分年抵扣的账务处理。一般纳税人自2019年4月1日后取得的并按固定资产核算的不动产，或者2016年4月1日后取得的不动产在建工程，其进项税额按现行增值税制度规定可以一次性抵扣。此前尚未抵扣完毕的进项税额，可自2019年4月税款所属期起从销项税额中抵扣，借记"应交税费——应交增值税（进项税额）"科目，贷记"应交税费——待抵扣进项税额"科目。

（4）小规模纳税人采购等业务的账务处理。小规模纳税人购买物资、服务、无形资产或不动产，取得增值税专用发票上注明的增值税应计入相关成本费用或资产，不通过"应交税费——应交增值税"科目核算。

【例4-12】小规模纳税人采购等业务的账务处理

ABC公司为增值税小规模纳税人，原材料按实际成本核算。该公司购入原材料一批，取得增值税专用发票上注明的价款为30 000元，增值税税额为3 900元，全部款项以银行存款支付，材料已验收入库。ABC公司的账务处理如下。

借：原材料　　　　　　　　　　　　　　　　　　　33 900

　　贷：银行存款　　　　　　　　　　　　　　　　　　33 900

（5）购买方作为扣缴义务人的账务处理。按照现行增值税制度规定，境外单位或个人在境内发生应税行为，在境内未设有经营机构的，以购买方为增值税扣缴义务人。境内一般纳税人购进服务、无形资产或不动产，按应计入相关成本费用或资产的金额，借记"生产成本""无形资产""固定资产""管理费用"等科目；按可抵扣的增值税，借记"应交税费——应交增值税（进项税额）"科目（小规模纳税人应借记相关成本费用或资产科目）；按应付或实际支付的金额，贷记"应付账款"等科目；按应代扣代缴的增值税，贷记"应交税费——代扣代交增值税"科目。实际缴纳代扣代缴增值税时，按代扣代缴的增值税，借记"应交税费——代扣代交增值税"科目，贷记"银行存款"科目。

3.销售资产或提供劳务等业务的账务处理

（1）销售业务的账务处理。企业销售货物、加工修理修配劳务、服务、无形资产或不动产，应当按应收或已收的金额，借记"应收账款""应收票据""银行存款"等科目；按取得的收入金额，贷记"主营业务收入""其他业务收入""固定资产清理""工程结算"等科目；按现行增值税制度规定计算的销项税额（或采用简易计税方法计算的应纳增值税），贷记"应交税费——应交增值税（销项税额）"或"应交税费——简易计税"科目（小规模纳税人应贷记"应交税费——

应交增值税"科目）。发生销售退回的，应根据按规定开具的红字增值税专用发票做相反的会计分录。

**【例 4-13】销售物资或者提供应税劳务的账务处理**

ABC 公司销售产品一批，价款 500 000 元，按规定应收取增值税 65 000 元，提货单和增值税专用发票已交给买方，款项尚未收到。ABC 公司的账务处理如下。

借：应收账款　　　　　　　　　　　　　　565 000

　　贷：主营业务收入　　　　　　　　　　　　　500 000

　　　　应交税费——应交增值税（销项税额）　　　65 000

（2）视同销售的账务处理。企业发生税法上视同销售的行为，应当按照企业会计准则相关规定进行相应的会计处理，并按照现行增值税制度规定计算的销项税额（或采用简易计税方法计算的应纳增值税），借记"应付职工薪酬""利润分配"等科目，贷记"应交税费——应交增值税（销项税额）"或"应交税费——简易计税"科目（小规模纳税人应记入"应交税费——应交增值税"科目）。

**【例 4-14】视同销售的账务处理**

ABC 公司将自己生产的产品用于自行建造职工俱乐部。该批产品的成本为200 000 元，计税价格为 300 000 元，增值税税率为 13%。ABC 公司的账务处理如下。

借：在建工程　　　　　　　　　　　　　　239 000

　　贷：库存商品　　　　　　　　　　　　　　200 000

　　　　应交税费——应交增值税（销项税额）　　　39 000

企业在建工程领用自己生产的产品的销项税额 =300 000×13%=39 000（元）

**4. 出口退税的账务处理**

企业为核算出口货物应收取的出口退税款，应设置"应收出口退税款"科目。该科目借方反映销售出口货物按规定向税务机关申报应退回的增值税、消费税等，贷方反映实际收到的出口货物应退回的增值税、消费税等，期末借方余额，反映尚未收到的应退税额。

（1）未实行"免、抵、退"办法的一般纳税人出口货物按规定退税的，根据按规定计算的应收出口退税额，借记"其他应收款——应收出口退税款"科目，贷记"应交税费——应交增值税（出口退税）"科目；收到出口退税时，借记"银行存款"科目，贷记"其他应收款——应收出口退税款"科目；退税额低于购进时取得的增值税专用发票上的增值税的差额，借记"主营业务成本"科目，贷记"应交税费——应交增值税（进项税额转出）"科目。

（2）实行"免、抵、退"办法的一般纳税人出口货物，在货物出口销售后结转产品销售成本时，根据按规定计算的退税额低于购进时取得的增值税专用发票上的增值税的差额，借记"主营业务成本"科目，贷记"应交税费——应交增值税（进项税额转出）"科目；根据按规定计算的当期出口货物的进项税额抵减内销产品的应纳税额，借记"应交税费——应交增值税（出口抵减内销产品应纳税额）"科目，贷记"应交税费——应交增值税（出口退税）"科目。在规定期限内，内销产品的应纳税额不足以抵减出口货物的进项税额，不足部分按有关税法规定给予退税的，应在实际收到退税款时，借记"银行存款"科目，贷记"应交税费——应交增值税（出口退税）"科目。

**5. 进项税额抵扣情况发生改变的账务处理**

因发生非正常损失或改变用途等，原已计入进项税额、待抵扣进项税额或待认证进项税额，但按现行增值税制度规定不得从销项税额中抵扣的，借记"待处理财产损溢""应付职工薪酬""固定资产""无形资产"等科目，贷记"应交税费——应交增值税（进项税额转出）""应交税费——待抵扣进项税额"或"应交税费——待认证进项税额"科目；原不得抵扣且未抵扣进项税额的固定资产、无形资产等，因改变用途等用于允许抵扣进项税额的应税项目的，应按允许抵扣的进项税额，借记"应交税费——应交增值税（进项税额）"科目，贷记"固定资产""无形资产"等科目。固定资产、无形资产等经上述调整后，应按调整后的账面价值在剩余尚可使用寿命内计提折旧或摊销。

**【例 4-15】增值税进项税额转出的账务处理（1）**

ABC 公司库存材料因意外火灾毁损一批，有关增值税专用发票确认的成本为 10 000 元，增值税为 1 300 元。ABC 公司的账务处理如下。

借：待处理财产损溢——待处理流动资产损溢　　　　　11 300

　　贷：原材料　　　　　　　　　　　　　　　　　10 000

　　　　应交税费——应交增值税（进项税额转出）　　1 300

**【例 4-16】增值税进项税额转出的账务处理（2）**

ABC 公司所属的职工医院维修领用原材料 5 000 元，其购入时支付的增值税为 650 元。ABC 公司的账务处理如下。

借：应付职工薪酬——职工福利　　　　　　　　　　5 650

　　贷：原材料　　　　　　　　　　　　　　　　　5 000

　　　　应交税费——应交增值税（进项税额转出）　　650

**6. 月末转出多交增值税和未交增值税的账务处理**

月度终了，企业应当将当月应交未交或多交的增值税自"应交增值税"明细科目转入"未交增值税"明细科目。对于当月应交未交的增值税，借记"应交税费——应交增值税（转出未交增值税）"科目，贷记"应交税费——未交增值税"科目；

对于当月多交的增值税,借记"应交税费——未交增值税"科目,贷记"应交税费——应交增值税(转出多交增值税)"科目。

**【例 4-17】转出未交增值税的账务处理**

ABC 公司为增值税一般纳税人,2×23 年 3 月,ABC 公司当月发生增值税销项税额合计为 525 200 元,增值税进项税额转出合计为 29 900 元,增值税进项税额合计为 195 050 元。ABC 公司的账务处理如下。

借:应交税费——应交增值税(转出未交增值税)　　　　　360 050

　　贷:应交税费——未交增值税　　　　　　　　　　　　　　360 050

2×23 年 4 月,ABC 公司缴纳 3 月未交的增值税 360 050 元。ABC 公司的账务处理如下。

借:应交税费——未交增值税　　　　　　　　　　　　　360 050

　　贷:银行存款　　　　　　　　　　　　　　　　　　　　360 050

**7. 缴纳增值税的账务处理**

(1)缴纳当月应交增值税的账务处理。企业缴纳当月应交的增值税,借记"应交税费——应交增值税(已交税金)"科目(小规模纳税人应借记"应交税费——应交增值税"科目),贷记"银行存款"科目。

(2)预缴增值税的账务处理。企业预缴增值税时,借记"应交税费——预交增值税"科目,贷记"银行存款"科目。月末,企业应将"预交增值税"明细科目余额转入"未交增值税"明细科目,借记"应交税费——未交增值税"科目,贷记"应交税费——预交增值税"科目。房地产开发企业等在预缴增值税后,应直至纳税义务发生时方可将"应交税费——预交增值税"科目余额结转至"应交税费——未交增值税"科目。

**【例 4-18】缴纳增值税的账务处理**

ABC 公司以银行存款缴纳本月增值税 100 000 元,其账务处理如下。

借:应交税费——应交增值税(已交税金)　　　　　　100 000

　　贷:银行存款　　　　　　　　　　　　　　　　　　　100 000

**8. 减免增值税的账务处理**

对于当期直接减免的增值税,借记"应交税金——应交增值税(减免税款)"科目,贷记损益类相关科目。按现行增值税制度规定,企业初次购买增值税税控系统专用设备支付的费用以及缴纳的技术维护费允许在增值税应纳税额中全额抵减的,按规定抵减的增值税应纳税额,借记"应交税费——应交增值税(减免税款)"科目(小规模纳税人应借记"应交税费——应交增值税"科目),贷记"管理费用"等科目。

【例4-19】小规模纳税人增值税的账务处理

某小规模纳税人销售产品一批，所开出的增值税普通发票中注明的货款（含税）为20 600元，增值税征收率为3%，款项已存入银行。该企业的账务处理如下。

不含税销售额＝含税销售额÷（1＋征收率）=20 600÷（1+3%）=20 000（元）

应纳增值税＝不含税销售额×征收率=20 000×3%=600（元）

借：银行存款          20 600

  贷：主营业务收入        20 000

    应交税费——应交增值税    600

该小规模纳税人月末以银行存款缴纳增值税600元，有关账务处理如下。

借：应交税费——应交增值税      600

  贷：银行存款         600

## 4.4.2　应交消费税

消费税是指在我国境内生产、委托加工和进口应税消费品的单位和个人，按其流转额缴纳的一种税。消费税有从价定率和从量定额两种征收方法。采取从价定率方法征收的消费税，以不含增值税的销售额为税基，按照税法规定的税率计算。企业的销售收入包含增值税的，应将其换算为不含增值税的销售额。采取从量定额计征的消费税，根据按税法确定的企业应税消费品的数量和单位应税消费品应缴纳的消费税计算确定。企业应在"应交税费"科目下设置"应交消费税"明细科目，核算应交消费税的发生和缴纳情况。该科目贷方登记应缴纳的消费税，借方登记已缴纳的消费税；期末贷方余额为尚未缴纳的消费税，借方余额为多缴纳的消费税。

### （一）销售应税消费品

企业销售应税消费品应缴纳的消费税，应借记"税金及附加"科目，贷记"应交税费——应交消费税"科目。

【例4-20】销售应税消费品时消费税的账务处理

ABC公司销售所生产的化妆品，价款2 000 000元（不含增值税），适用的消费税税率为15%。ABC公司的账务处理如下。

应交消费税=2 000 000×15%=300 000（元）

借：税金及附加         300 000

  贷：应交税费——应交消费税    300 000

### （二）自产自用应税消费品

企业将生产的应税消费品用于在建工程等非生产机构时，按规定应缴纳的消费税，借记"在建工程"等科目，贷记"应交税费——应交消费税"科目。

**【例 4-21】**自产自用应税消费品的账务处理（1）

ABC 公司在建工程领用自产柴油 50 000 元，应纳增值税 6 500 元，应纳消费税 6 000 元。ABC 公司的账务处理如下。

借：在建工程　　　　　　　　　　　　　　　　　62 500
　　贷：库存商品　　　　　　　　　　　　　　　　　50 000
　　　　应交税费——应交增值税（销项税额）　　　　6 500
　　　　　　　　——应交消费税　　　　　　　　　　6 000

本例中，ABC 公司将生产的应税消费品用于在建工程等非生产机构时，按规定应缴纳的消费税 6 000 元应记入"在建工程"科目。

**【例 4-22】**自产自用应税消费品的账务处理（2）

ABC 公司下设的职工食堂享受公司提供的补贴，本月领用自产产品一批。该批产品的账面价值 40 000 元，市场价格 60 000 元（不含增值税），适用的消费税税率为 10%，增值税税率为 13%。ABC 公司的账务处理如下。

借：应付职工薪酬——职工福利　　　　　　　　　67 800
　　贷：主营业务收入　　　　　　　　　　　　　　54 000
　　　　应交税费——应交增值税（销项税额）　　　　7 800
　　　　　　　　——应交消费税　　　　　　　　　　6 000
借：主营业务成本　　　　　　　　　　　　　　　40 000
　　贷：库存商品　　　　　　　　　　　　　　　　40 000
借：管理费用　　　　　　　　　　　　　　　　　67 800
　　贷：应付职工薪酬——职工福利　　　　　　　　67 800

### （三）委托加工应税消费品

企业如有应缴纳消费税的委托加工物资，一般应由受托方代收代缴消费税，受托方按照应交税款金额，借记"应收账款""银行存款"等科目，贷记"应交税费——应交消费税"科目。受托加工或翻新改制金银首饰按照规定由受托方缴纳消费税。

委托加工物资收回后，直接用于销售的，应将受托方代收代缴的消费税计入委托加工物资的成本，借记"委托加工物资"等科目，贷记"应付账款""银行存款"等科目；委托加工物资收回后用于连续生产应税消费品，按规定准予抵扣消费税的，应按已由受托方代收代缴的消费税，借记"应交税费——应交消费税"科目，贷记"应付账款""银行存款"等科目。

**【例 4-23】**委托加工应税消费品的账务处理

ABC 公司委托 A 企业代为加工一批应缴纳消费税的材料（非金银首饰）。ABC 公司的材料成本为 1 000 000 元，加工费为 200 000 元，由 A 企业代收代缴的消费税为 80 000 元（不考虑增值税）。材料已经加工完成，并由 ABC 公司收回验收入库，加工费尚未支付。ABC 公司采用实际成本法进行原材料的核算。

（1）如果 ABC 公司收回的委托加工物资用于继续生产应税消费品，则 ABC 公司的账务处理如下。

```
借：委托加工物资                                    1 000 000
    贷：原材料                                               1 000 000
借：委托加工物资                                      200 000
    应交税费——应交消费税                        80 000
    贷：应付账款                                               280 000
借：原材料                                           1 200 000
    贷：委托加工物资                                         1 200 000
```

（2）如果 ABC 公司收回的委托加工物资直接用于对外销售，则 ABC 公司的账务处理如下。

```
借：委托加工物资                                    1 000 000
    贷：原材料                                               1 000 000
借：委托加工物资                                      280 000
    贷：应付账款                                               280 000
借：原材料                                           1 280 000
    贷：委托加工物资                                         1 280 000
```

（3）A 企业对应收取的受托加工代收代缴消费税的账务处理如下。

```
借：应收账款                                            80 000
    贷：应交税费——应交消费税                            80 000
```

### （四）进口应税消费品

企业进口应税物资在进口环节应缴纳的消费税，计入该项物资的成本，借记"材料采购""固定资产"等科目，贷记"银行存款"等科目。

【例 4-24】进口应税消费品时，消费税的账务处理

ABC 公司从国外进口一批需要缴纳消费税的商品，商品价值 2 000 000 元，进口环节需要缴纳的消费税为 400 000 元（不考虑增值税），采购的商品已经验收入库，货款尚未支付，税款已经用银行存款支付。ABC 公司的账务处理如下。

```
借：库存商品                                        2 400 000
    贷：应付账款                                             2 000 000
        银行存款                                               400 000
```

本例中，企业进口应税物资在进口环节应缴纳的消费税 400 000 元，应计入该项物资的成本。

## 4.4.3　其他应交税费

其他应交税费是指除上述应交税费以外的应交税费，包括应交资源税、应交城市维护建设税、应交教育费附加、应交土地增值税、应交房产税、应交城镇土地使用税、应交车船税、应交个人所得税等。企业应当在"应交税费"科目下设置相应的明细科目进行核算，贷方登记应缴纳的有关税费，借方登记已缴纳的有关税费，期末贷方余额表示尚未缴纳的有关税费。

### （一）应交资源税

资源税是对在我国境内开采矿产品或者生产盐的单位和个人征收的税。资源税按照应税产品的课税数量和规定的单位税额计算。开采或生产应税产品对外销售的，以销售数量为课税数量；开采或生产应税产品自用的，以自用数量为课税数量。

对外销售应税产品应缴纳的资源税应记入"税金及附加"科目，借记"税金及附加"科目，贷记"应交税费——应交资源税"科目；自产自用应税产品应缴纳的资源税应记入"生产成本""制造费用"等科目，借记"生产成本""制造费用"等科目，贷记"应交税费——应交资源税"科目。

**【例 4-25】**应交资源税的账务处理

ABC 公司对外销售某种资源税应税矿产品 2 000 吨，每吨应交资源税 5 元。ABC 公司的账务处理如下。

ABC 公司对外销售应税产品应缴纳的资源税 =2 000×5=10 000（元）

借：税金及附加　　　　　　　　　　　　　　　　　10 000
　　贷：应交税费——应交资源税　　　　　　　　　　　　10 000

ABC 公司将自产的资源税应税矿产品 500 吨用于企业的产品生产，每吨应交资源税 5 元。ABC 公司的账务处理如下。

ABC 公司自产自用应税矿产品应缴纳的资源税 =500×5=2 500（元）

借：生产成本　　　　　　　　　　　　　　　　　　2 500
　　贷：应交税费——应交资源税　　　　　　　　　　　　2 500

### （二）应交城市维护建设税

城市维护建设税是以增值税、消费税为计税依据征收的一种税，其纳税人为缴纳增值税、消费税的单位和个人，税率因纳税人所在地的不同而不同，介于 1%~7%。公式如下。

应交城市维护建设税＝（应交增值税＋应交消费税）×适用税率

企业应交的城市维护建设税，借记"税金及附加"等科目，贷记"应交税费——应交城市维护建设税"科目。

**【例 4-26】** 应交城市维护建设税的账务处理

ABC 公司本期实际应缴纳增值税 559 000 元，消费税 241 000 元。ABC 公司适用的城市维护建设税税率为 7%。ABC 公司的账务处理如下。

（1）计算应交城市维护建设税。

应交城市维护建设税＝（559 000+241 000）×7%=56 000（元）

| | |
|---|---|
| 借：税金及附加 | 56 000 |
| 　　贷：应交税费——应交城市维护建设税 | 56 000 |

（2）用银行存款缴纳城市维护建设税。

| | |
|---|---|
| 借：应交税费——应交城市维护建设税 | 56 000 |
| 　　贷：银行存款 | 56 000 |

### （三）应交教育费附加

教育费附加是为了发展教育事业而向企业征收的附加费用，企业按应交增值税、消费税的一定比例计算缴纳。企业应交的教育费附加，借记"税金及附加"等科目，贷记"应交税费——应交教育费附加"科目。

**【例 4-27】** 应交教育费附加的账务处理

ABC 公司按税法规定计算，2×23 年度第一季度应交教育费附加 300 000 元。款项已经用银行存款支付。ABC 公司的账务处理如下。

| | |
|---|---|
| 借：税金及附加 | 300 000 |
| 　　贷：应交税费——应交教育费附加 | 300 000 |
| 借：应交税费——应交教育费附加 | 300 000 |
| 　　贷：银行存款 | 300 000 |

### （四）应交土地增值税

土地增值税是指在我国境内有偿转让土地使用权及地上建筑物和其他附着物产权的单位和个人，就其土地增值额缴纳的一种税。土地增值额是指转让收入减去规定扣除项目金额后的余额。转让收入包括货币收入、实物收入和其他收入。扣除项目主要包括取得土地使用权所支付的金额、开发土地的费用、新建及配套设施的成本、旧房及建筑物的评估价格等。

企业应交的土地增值税视不同情况记入不同科目。企业转让的土地使用权连同地上建筑物及其附着物一并在"固定资产"等科目核算的，转让时应交的土地增值税，借记"固定资产清理"科目，贷记"应交税费——应交土地增值税"科目。

土地使用权在"无形资产"科目核算的,按实际收到的金额,借记"银行存款"科目;按应交的土地增值税,贷记"应交税费——应交土地增值税"科目;同时,冲销土地使用权的账面价值,贷记"无形资产"科目;按其差额,借记"营业外支出"科目或贷记"营业外收入"科目。

【例 4-28】应交土地增值税的账务处理

ABC 公司对外转让一栋厂房,根据税法规定计算的应交土地增值税为 27 000 元。有关账务处理如下。

(1)计算应交土地增值税。

借:固定资产清理                                        27 000
    贷:应交税费——应交土地增值税                             27 000

(2)ABC 公司用银行存款缴纳应交土地增值税。

借:应交税费——应交土地增值税                           27 000
    贷:银行存款                                            27 000

## (五)应交房产税、城镇土地使用税、车船税

房产税是国家对在城市、县城、建制镇和工矿区征收的由产权所有人缴纳的一种税。房产税依照房产原值一次减除 10%~30% 后的余额计算缴纳。没有房产原值作为依据的,由房产所在地税务机关参考同类房产核定;房产出租的,以房产租金收入为房产税的计税依据。

城镇土地使用税是国家为了合理利用城镇土地,调节土地级差收入,提高土地使用效益,加强土地管理而开征的一种税,以纳税人实际占用的土地面积为计税依据,依照规定税额计算征收。

车船税由拥有并且使用车船的单位和个人缴纳。车船税按照适用税额计算缴纳。

印花税是对经济活动和经济交往中书立、领受具有法律效力的凭证的行为所征收的一种税。

企业应交的房产税、城镇土地使用税、车船税、印花税,记入"税金及附加"科目,借记"税金及附加"科目,贷记"应交税费——应交房产税(或应交城镇土地使用税、应交车船税)"科目。

【例 4-29】应交房产税、城镇土地使用税、车船税和矿产资源补偿费的账务处理

ABC 公司按税法规定本期应交房产税 160 000 元、车船税 38 000 元、城镇土地使用税 45 000 元。ABC 公司的账务处理如下。

(1)计算应交的上述税金。

借:税金及附加                                          243 000

| | |
|---|---:|
| 贷：应交税费——应交房产税 | 160 000 |
| ——应交城镇土地使用税 | 45 000 |
| ——应交车船税 | 38 000 |

（2）用银行存款缴纳上述税金。

| | |
|---|---:|
| 借：应交税费——应交房产税 | 160 000 |
| ——应交城镇土地使用税 | 45 000 |
| ——应交车船税 | 38 000 |
| 贷：银行存款 | 243 000 |

### （六）应交个人所得税

企业按规定计算的代扣代缴的职工个人所得税，借记"应付职工薪酬"科目，贷记"应交税费——应交个人所得税"科目；企业缴纳个人所得税时，借记"应交税费——应交个人所得税"科目，贷记"银行存款"等科目。

【例 4-30】应交个人所得税的账务处理

ABC 公司结算本月应付职工薪酬总额 200 000 元，代扣职工个人所得税共计 2 000 元，实发工资 198 000 元。ABC 公司与代扣个人所得税有关的会计分录如下。

| | |
|---|---:|
| 借：应付职工薪酬——工资 | 2 000 |
| 贷：应交税费——应交个人所得税 | 2 000 |

本例中，ABC 公司按规定计算的代扣代缴的职工个人所得税 2 000 元，应记入"应付职工薪酬"科目。

## 4.5 长期借款的账务处理

长期借款是企业向银行或其他金融机构借入的偿还期在 1 年以上（不含 1 年）的各种借款。长期借款一般用于固定资产的购建、改扩建工程、大修理工程以及流动资金的正常需要等方面，是企业的一项非流动负债。长期借款关系到企业未来的生产经营规模和经济效益，使用合理可以使企业扩大经营规模和范围，提高生产能力，增强获利能力；但如果决策失误，借款项目未能达到预期的目标，会使企业陷入困境，到期无力偿还本息。因此，企业必须强化管理，贷款时需办理如下手续：首先，企业向银行或其他金融机构提出借款申请，说明借款的种类、用途、金额、还款计划等；然后，银行或其他金融机构对借款人的资格进行审查，对投资项目的前景进行分析调查，决定贷款与否和贷款数额。如果银行或其他金融机构同意贷款，要与企业签订借款合同并发放贷款，企业必须按规定的用途使用借款，按期还本付息。

### 4.5.1　长期借款的科目设置

企业应设置"长期借款"科目，长期借款的借入、应计利息、汇兑损益和偿还本息等的账务处理都通过该科目进行。该科目贷方登记借入长期借款的本金、利息和汇兑损失，借方登记长期借款的汇兑收益和归还的本息，贷方余额反映尚未偿还的长期借款的本息。该科目按借款单位和种类设置明细科目，进行明细分类核算。

### 4.5.2　借款费用的处理

针对长期借款产生的借款费用，我国的企业会计准则规定了如下处理方法。

（1）为购建或者生产符合资本化条件的资产而借入专门借款的，应当将专门借款当期实际发生的利息费用，减去将尚未动用的借款资金存入银行取得的利息收入或者进行暂时性投资取得的投资收益后的金额，确定为专门借款利息费用的资本化金额，并应当在资本化期间内，将其计入符合资本化条件的资产成本。企业借款购建或者生产的资产中，符合借款费用资本化条件的，应当将符合资本化条件的借款费用予以资本化。

（2）为购建或者生产符合资本化条件的资产而占用了一般借款的，企业应当根据累计资产支出超过专门借款部分的资产支出加权平均数乘以所占用一般借款的资本化率，计算确定一般借款应予资本化的利息金额。资本化率应当根据一般借款加权平均利率计算确定。

（3）安排专门借款发生的辅助费用（手续费等）：专门借款发生的辅助费用，在所购建或者生产的符合资本化条件的资产达到预定可使用或者可销售状态之前，应当在发生时根据其发生额予以资本化，计入符合资本化条件的资产的成本；在所购建或者生产的符合资本化条件的资产达到预定可使用或者可销售状态之后，应当在发生时根据其发生额确认为费用，计入当期损益。上述资本化或计入当期损益的辅助费用的发生额，是指根据《企业会计准则第 22 号——金融工具确认和计量》的规定，按照实际利率法所确定的金融负债交易费用对每期利息费用的调整额。借款实际利率与合同利率差异较小的，也可以用合同利率计算确定利息费用。一般借款发生的辅助费用，也应当按照上述原则确定其发生额并进行处理。

（4）其他借款费用，应当在发生时根据其发生额确认为费用，计入当期损益。

### 4.5.3　账务处理

#### （一）取得长期借款

企业取得长期借款并存入银行时，借记"银行存款"科目，贷记"长期借款"

科目；如果用借款直接购置了固定资产或将借款用于在建工程项目，则应借记"固定资产"或"在建工程"科目，贷记"长期借款"科目。

### （二）计算长期借款利息

长期借款所发生的利息支出，应按权责发生制原则按期预提，计入在建工程的成本或计入当期损益，通过"在建工程"或"财务费用"科目进行核算。如果长期借款用于购建、改扩建固定资产，则利息的处理应以固定资产达到预定可使用状态为界限：在此之前发生的利息支出，应计入所购建、改扩建固定资产的价值中；在此之后发生的利息支出，应计入当期损益，即记入"财务费用"科目。如果长期借款是用于正常经营的，应将其发生的利息支出计入当期损益。

### （三）归还长期借款

归还长期借款的本金和利息时，借记"长期借款"科目，贷记"银行存款"科目。

【例 4-31】长期借款的账务处理

ABC 公司为增值税一般纳税人，于 2×22 年 11 月 30 日从银行借入资金 3 000 000 元，借款期限为 3 年，年利率为 4.8%（到期一次还本付息，不计复利）。ABC 公司的账务处理如下。

（1）取得长期借款时。

借：银行存款　　　　　　　　　　　　　　　　　　　　3 000 000

　　贷：长期借款——本金　　　　　　　　　　　　　　　　3 000 000

（2）ABC 公司于 2×22 年 12 月 31 日计提长期借款利息。

借：财务费用　　　　　　（3 000 000×4.8%÷12）12 000

　　贷：长期借款——应计利息　　　　　　　　　　　　　　12 000

（3）ABC 公司于 2×25 年 11 月 30 日，偿还该笔银行借款本息。

借：财务费用　　　　　　　　　　　　　　　　　　　　　12 000

　　长期借款——本金　　　　　　　　　　　　　　　　3 000 000

　　　　　　——应计利息　　　　　　　　　　　　　　　420 000

　　贷：银行存款　　　　　　　　　　　　　　　　　　　3 432 000

第 5 章
# 所有者权益业务的账务处理

所有者权益是企业生产经营的"家底"，来源于所有者投入的资本、直接计入所有者权益的利得和损失、留存收益等。直接计入所有者权益的利得和损失，是指不应计入当期损益、会导致所有者权益发生增减变动的、与所有者投入资本或者向所有者分配利润无关的利得或者损失。

所有者权益可分为实收资本（或股本）、资本公积、盈余公积和未分配利润等部分。其中，盈余公积和未分配利润统称为留存收益。本章主要介绍实收资本、资本公积、留存收益的概念和核算方法。

## 5.1 所有者权益概述

所有者权益是指企业投资者对企业净资产的所有权，包括企业投资者对企业的投入资本以及形成的资本公积、盈余公积和未分配利润等。在资产负债表中，作为所有者权益列示的金额，是指全部资产扣除全部负债后的余额。正因为如此，有人说所有者权益是个平衡数。股份有限公司的所有者权益又称为股东权益。

### 5.1.1 所有者权益的含义

《企业会计准则——基本准则》规定，所有者权益是指企业资产扣除负债后由所有者享有的剩余权益。公司的所有者权益又称为股东权益。所有者权益的来源包括所有者投入的资本、直接计入所有者权益的利得和损失、留存收益等。

### 5.1.2 所有者权益和负债的联系与区别

所有者权益和负债同属"权益"。"权益"是指对企业资产的求偿权，包括投资人的求偿权和债权人的求偿权两种。所有者权益和负债又有区别，主要表现在以下五个方面。

1. 性质不同

负债是债权人对企业资产的求偿权，是债权人的权益，债权人与企业只有债权债务关系，到期可以收回本息；而所有者权益则是企业所有者对企业净资产的求偿权，包括所有者对企业投入的资本以及对投入资本的运作所产生的盈余的要求权，没有明确的偿还期限。

2. 偿还责任不同

负债要求企业按规定的时间和利率支付利息，到期偿还本金；而所有者权益则与企业共存亡，在企业经营期内无须偿还，国有企业按照国家规定分配收益，股份制企业按照董事会的决定支付股利，其他企业按照企业最高层管理机构的决定分配利润。

3. 享受的权利不同

债权人通常只享受收回本金和按事先约定的利息率收回利息的权利，既没有参与企业经营管理的权利，也没有参与企业收益分配的权利；而企业的所有者通常既具有参与企业管理的权利，也具有参与收益分配的权利。企业的所有者不仅享有法定的自己管理企业的权利，而且还享有委托他人管理企业的权利。

4. 计量特性不同

负债通常可以单独直接地进行计量；而所有者权益除了投资者投资时以外，一般不能直接计量，而是通过对资产和负债的计量来对其进行间接计量。

5. 风险和收益的大小不同

负债具有明确的偿还期限、约定的收益率，而且一旦到期就可以收回本金与相应的利息，所以其风险较小；又因为债权人承担的风险小，所以债权人所获得的收益一般也要小些。而所有者的投入资本，一旦投入被投资企业，一般情况下，无论企业未来经营的状况如何，所有者都不能抽回投资，因而承担的风险较大，相应地也就有可能获得较高的收益，当然，也有可能要承担更大的损失。

## 5.2 实收资本的账务处理

我国有关法律规定，投资者设立企业首先必须投入资本。《中华人民共和国企业法人登记管理条例》规定，企业申请开业，必须具备国家规定的与其生产经营和服务规模相适应的资金。为了反映和监督投资者投入资本的增减变动情况，企业必须按照国家统一的会计制度的规定进行实收资本的核算，真实地反映所有者投入企业资本的状况，维护所有者各方在企业的权益。除股份有限公司以外，其他各类企业应通过"实收资本"科目核算实收资本，股份有限公司应通过"股本"科目核算实收资本。

企业收到所有者投入企业的资本后，应根据有关原始凭证（如投资清单、银行通知单等），按出资方式进行相应的账务处理。

## 5.2.1　接受现金资产投资

### （一）股份有限公司以外的企业接受现金资产投资

实收资本的构成比例即投资者的出资比例或股东的股份比例，是确定所有者在企业所有者权益中所占的份额和参与企业财务经营决策的基础，也是企业进行利润分配或股利分配的依据，同时还是企业清算时确定所有者对净资产的要求权的依据。

【例 5-1】股份有限公司以外的企业接受现金资产投资的账务处理

甲、乙、丙共同投资设立 A 有限责任公司，注册资本为 2 000 000 元，甲、乙、丙持股比例分别为 60%、25% 和 15%。按照章程规定，甲、乙、丙投入的资本分别为 1 200 000 元、500 000 元和 300 000 元。A 有限责任公司已如期收到各投资者一次缴足的款项。A 有限责任公司应进行的账务处理如下。

借：银行存款　　　　　　　　　　　　　　　2 000 000

　　贷：实收资本——甲　　　　　　　　　　1 200 000

　　　　　　　　　——乙　　　　　　　　　　500 000

　　　　　　　　　——丙　　　　　　　　　　300 000

### （二）股份有限公司接受现金资产投资

股份有限公司发行股票时，既可以按面值发行，也可以溢价发行（我国目前不准许折价发行）。股份有限公司在核定的股本总额及核定的股份总额的范围内发行股票时，应在实际收到现金资产时进行账务处理。

【例 5-2】股份有限公司接受现金资产投资的账务处理

科兴股份有限公司发行普通股 10 000 000 股，每股面值 1 元，每股发行价格 5 元。假定股票发行成功，股款 50 000 000 元已全部收到，不考虑发行过程中的税费等因素。根据上述资料，科兴股份有限公司应做如下账务处理。

应记入“资本公积”科目的金额 =50 000 000-10 000 000=40 000 000（元）

借：银行存款　　　　　　　　　　　　　　　50 000 000

　　贷：股本　　　　　　　　　　　　　　　10 000 000

　　　　资本公积——股本溢价　　　　　　　40 000 000

本例中，科兴股份有限公司发行股票实际收到的款项为 50 000 000 元，应借记“银行存款”科目；实际发行的股票面值为 10 000 000 元，应贷记“股本”科目；按其差额，贷记“资本公积——股本溢价”科目。

## 5.2.2　接受非现金资产投资

《中华人民共和国公司法》规定，股东可以用货币出资，也可以用实物、知识产权、土地使用权等可以用货币估价并可以依法转让的非货币财产作价出资；但是，法律、行政法规规定不得作为出资的财产除外。对作为出资的非货币财产应当评估作价，核实财产，不得高估或者低估作价。法律、行政法规对评估作价有规定的，从其规定。全体股东的货币出资金额不得低于有限责任公司注册资本的30%。不论以何种方式出资，投资者如在投资过程中违反投资合约，不按规定如期缴足出资额，企业可以依法追究投资者的违约责任。

企业接受非现金资产投资时，应按投资合同或协议约定价值确定非现金资产价值（但投资合同或协议约定价值不公允的除外）和在注册资本中应享有的份额。

### （一）接受投入固定资产

企业接受投资者作价投入的房屋、建筑物、机器设备等固定资产，应按投资合同或协议约定价值确定固定资产价值（但投资合同或协议约定价值不公允的除外）和在注册资本中应享有的份额。

【例5-3】接受投入固定资产的账务处理

雷顿有限责任公司于设立时收到A公司作为资本投入的不需要安装的机器设备一台，合同约定该机器设备的价值为2 000 000元，增值税进项税额为260 000元。合同约定的固定资产价值与公允价值相符，不考虑其他因素。雷顿有限责任公司应进行如下账务处理。

借：固定资产　　　　　　　　　　　　　　　　　　　2 000 000
　　应交税费——应交增值税（进项税额）　　　　　　　260 000
　　贷：实收资本——A公司　　　　　　　　　　　　　2 260 000

### （二）接受投入材料物资

企业接受投资者作价投入的材料物资，应按投资合同或协议约定价值确定材料物资价值（但投资合同或协议约定价值不公允的除外）和在注册资本中应享有的份额。

【例5-4】接受投入材料物资的账务处理

雷顿有限责任公司于设立时收到B公司作为资本投入的原材料一批。该批原材料投资合同或协议约定价值（不含可抵扣的增值税进项税额部分）为100 000元，增值税进项税额为13 000元。B公司已开具了增值税专用发票。

假设合同约定的价值与公允价值相符，该进项税额允许抵扣，不考虑其他因素，则雷顿有限责任公司应进行如下账务处理。

借：原材料　　　　　　　　　　　　　　　　　　　　100 000
　　应交税费——应交增值税（进项税额）　　　　　　　 13 000

$$\qquad\qquad$$

　　贷：实收资本——B公司　　　　　　　　　　　　113 000

　　本例中，原材料的合同约定价值与公允价值相符，因此，可按照 100 000 元的金额借记"原材料"科目；同时，该进项税额允许抵扣，因此，增值税专用发票上注明的增值税税额 13 000 元，应借记"应交税费——应交增值税（进项税额）"科目。雷顿有限责任公司接受的 B 公司投入的原材料按合同约定金额作为实收资本，因此，可按 113 000 这一金额贷记"实收资本"科目。

### （三）接受投入无形资产

　　企业收到以无形资产方式投入的资本，应按投资合同或协议约定价值确定无形资产价值（但投资合同或协议约定价值不公允的除外）和在注册资本中应享有的份额。

**【例5-5】接受投入无形资产的账务处理**

　　雷顿有限责任公司于设立时收到 A 公司作为资本投入的非专利技术一项，该非专利技术投资合同约定价值为 60 000 元，适用增值税税率为 6%；同时收到 B 公司作为资本投入的土地使用权一项，投资合同约定其价值为 80 000 元，适用增值税税率为 9%。假设雷顿有限责任公司接受该非专利技术和土地使用权符合国家注册资本管理的有关规定，可按合同约定以实收资本入账，合同约定的价值与公允价值相符，不考虑其他因素。雷顿有限责任公司应进行如下账务处理。

　　进项税额 =60 000×6%+80 000×9%=10 800（元）

　　借：无形资产——非专利技术　　　　　　　　　60 000
　　　　　　　　　——土地使用权　　　　　　　　80 000
　　　　应交税费——应交增值税（进项税额）　　　10 800
　　　　贷：实收资本——A公司　　　　　　　　　　　63 600
　　　　　　　　　　——B公司　　　　　　　　　　　87 200

## 5.2.3　实收资本（或股本）的增减变动

　　一般情况下，企业的实收资本应相对固定不变，但在某些特定情况下，实收资本也可能发生增减变化。《中华人民共和国企业法人登记管理条例》规定，除国家另有规定外，企业的注册资金应当与实收资本相一致，当实收资本比原注册资金增加或减少的幅度超过 20% 时，企业应持资金信用证明或者验资证明，向原登记主管机关申请变更登记。企业如擅自改变注册资金或抽逃资金，要受到工商行政管理部门的处罚。

### （一）实收资本（或股本）的增加

　　一般企业增加资本主要有三个途径：接受投资者追加投资、资本公积转增资本和盈余公积转增资本。

需要注意的是，由于资本公积和盈余公积均属于所有者权益，用其转增资本，对于独资企业比较简单，直接结转即可；而对于股份公司或有限责任公司，则应该按照原投资者出资比例相应增加各投资者的出资额。

【例5-6】实收资本（或股本）增加的账务处理

甲、乙、丙三人共同投资设立A有限责任公司，原注册资本为4 000 000元，甲、乙、丙分别出资500 000元、2 000 000元和1 500 000元。

（1）为扩大经营规模，经批准，A有限责任公司注册资本扩大为5 000 000元，甲、乙、丙按照原出资比例分别追加投资125 000元、500 000元和375 000元。A有限责任公司如期收到甲、乙、丙追加的现金投资。A有限责任公司的会计分录如下。

借：银行存款　　　　　　　　　　　　　　　　　1 000 000

　　贷：实收资本——甲　　　　　　　　　　　　　　　　125 000

　　　　　　　　——乙　　　　　　　　　　　　　　　　500 000

　　　　　　　　——丙　　　　　　　　　　　　　　　　375 000

本例中，甲、乙、丙按原出资比例追加实收资本，因此，A公司应分别按照125 000元、500 000元和375 000元的金额贷记"实收资本"科目中甲、乙、丙明细科目。

（2）因扩大经营规模需要，经批准，A公司按原出资比例将资本公积1 000 000元转增资本，会计分录如下。

借：资本公积　　　　　　　　　　　　　　　　　1 000 000

　　贷：实收资本——甲　　　　　　　　　　　　　　　　125 000

　　　　　　　　——乙　　　　　　　　　　　　　　　　500 000

　　　　　　　　——丙　　　　　　　　　　　　　　　　375 000

本例中，资本公积1 000 000元按原出资比例转增实收资本，因此，A公司应分别按照125 000元、500 000元和375 000元的金额贷记"实收资本"科目中甲、乙、丙明细科目。

（3）因扩大经营规模需要，经批准，A公司按原出资比例将盈余公积1 000 000元转增资本，会计分录如下。

借：盈余公积　　　　　　　　　　　　　　　　　1 000 000

　　贷：实收资本——甲　　　　　　　　　　　　　　　　125 000

　　　　　　　　——乙　　　　　　　　　　　　　　　　500 000

　　　　　　　　——丙　　　　　　　　　　　　　　　　375 000

本例中，盈余公积1 000 000元按原出资比例转增实收资本，因此，A公司应分别按照125 000元、500 000元和375 000元的金额贷记"实收资本"科目中甲、乙、丙明细科目。

**（二）实收资本（或股本）的减少**

企业实收资本减少的原因一般包括以下几种：资本过剩、企业发生重大亏损而减少实收资本、因企业发展需要而调节资本结构。

企业减少实收资本应按法定程序报经批准，股份有限公司采用收购本公司股票方式减资的，按以股票面值和注销股数计算的股票面值总额冲减股本，按注销库存股的账面余额与所冲减股本的差额冲减股本溢价，股本溢价不足冲减的，再冲减盈余公积直至未分配利润。如果购回股票支付的价款低于面值总额，则应将所注销库存股的账面余额与所冲减股本的差额作为增加股本溢价处理。

**【例 5-7】** 实收资本（或股本）减少的账务处理

A 公司 2×22 年 12 月 31 日的股本为 100 000 000 股，面值为 1 元，资本公积（股本溢价）为 30 000 000 元，盈余公积为 40 000 000 元。经股东大会批准，A 公司以现金回购本公司股票 20 000 000 股并注销。

（1）假定 A 公司按每股 2 元回购股票，不考虑其他因素，A 公司的账务处理如下。

① 回购本公司股票时。

库存股成本 =20 000 000×2=40 000 000（元）

借：库存股 　　　　　　　　　　　　　　　40 000 000

　　贷：银行存款 　　　　　　　　　　　　　　　40 000 000

② 注销本公司股票时。

应冲减的资本公积 =20 000 000×2-20 000 000×1=20 000 000（元）

借：股本 　　　　　　　　　　　　　　　　20 000 000

　　资本公积——股本溢价 　　　　　　　　20 000 000

　　贷：库存股 　　　　　　　　　　　　　　　40 000 000

（2）假定 A 公司按每股 3 元回购股票，其他条件不变，A 公司的账务处理如下。

① 回购本公司股票时。

库存股成本 =20 000 000×3=60 000 000（元）

借：库存股 　　　　　　　　　　　　　　　60 000 000

　　贷：银行存款 　　　　　　　　　　　　　　　60 000 000

② 注销本公司股票时。

应冲减的资本公积 =20 000 000×3-20 000 000×1=40 000 000（元）

借：股本 　　　　　　　　　　　　　　　　20 000 000

　　资本公积——股本溢价 　　　　　　　　30 000 000

　　盈余公积 　　　　　　　　　　　　　　10 000 000

　　贷：库存股 　　　　　　　　　　　　　　　60 000 000

由于应冲减的资本公积大于公司现有的资本公积，所以只能冲减资本公积 30 000 000 元，剩余的 10 000 000 元应冲减盈余公积。

（3）假定 A 公司按每股 0.9 元回购股票，其他条件不变，A 公司的账务处理如下。

①回购本公司股票时。

库存股成本 =20 000 000×0.9=18 000 000（元）

借：库存股   18 000 000

    贷：银行存款   18 000 000

②注销本公司股票时。

应增加的资本公积 =20 000 000×1-20 000 000×0.9=2 000 000（元）

借：股本   20 000 000

    贷：库存股   18 000 000

      资本公积——股本溢价   2 000 000

由于折价回购，股本与库存股成本的差额 2 000 000 元应作为增加资本公积处理。

# 5.3 资本公积

资本公积是企业收到的投资者超出其在企业注册资本（或股本）中所占份额的投资，以及直接计入所有者权益的利得和损失等。资本公积包括资本溢价（或股本溢价）和直接计入所有者权益的利得和损失等。

资本溢价（或股本溢价），是企业收到的投资者超出其在企业注册资本（或股本）中所占份额的投资。形成资本溢价（或股本溢价）的原因有溢价发行股票、投资者超额缴入资本等。

直接计入所有者权益的利得和损失是指不应计入当期损益、会导致所有者权益发生增减变动的、与所有者投入资本或者向所有者分配利润无关的利得或者损失。

资本公积的核算包括资本溢价（或股本溢价）的核算、其他资本公积的核算和资本公积转增资本的核算等内容。

## 5.3.1 资本溢价（或股本溢价）的核算

### （一）资本溢价

除股份有限公司外的其他类型的企业在创立时，投资者认缴的出资额与注册资本一致，一般不会产生资本溢价。但在企业重组或有新的投资者加入时，常常会出现资本溢价。因为在企业进行正常生产经营后，其资本利润率通常要高于企业初创阶段的资本利润率，另外，企业有内部积累，新投资者加入企业后，对这些积累也要分享，所以新加入的投资者往往要付出大于原投资者的出资额，才能取得与原投资者相同的出资比例。投资者多缴的部分就形成了资本溢价。

**【例5-8】** 产生资本溢价时的账务处理

A有限责任公司由两位投资者投资200 000元设立，每人各出资100 000元。一年后，为扩大经营规模，经批准，A有限责任公司注册资本增加到300 000元，并引入第三位投资者加入。按照投资协议，新投资者需缴入现金110 000元，同时享有该公司三分之一的股份。A有限责任公司已收到该现金投资。假定不考虑其他因素，则A有限责任公司的会计分录如下。

借：银行存款　　　　　　　　　　　　　　　　　110 000
　　贷：实收资本　　　　　　　　　　　　　　　　100 000
　　　　资本公积——资本溢价　　　　　　　　　　　10 000

本例中，A有限责任公司收到的第三位投资者的现金投资110 000元中，100 000元属于第三位投资者在注册资本中所享有的份额，应记入"实收资本"科目，10 000元属于资本溢价，应记入"资本公积——资本溢价"科目。

### （二）股本溢价

股份有限公司是以发行股票的方式筹集股本的，股票可按面值发行，也可溢价发行，我国目前不准折价发行。与其他类型的企业不同，股份有限公司在成立时可能会溢价发行股票，因而在成立之初，就可能会产生股本溢价。股本溢价的数额等于股份有限公司发行股票时实际收到的款项超过股票面值总额的部分。

在按面值发行股票的情况下，企业发行股票取得的收入，应全部作为股本处理；在溢价发行股票的情况下，企业发行股票取得的收入中，等于股票面值的部分作为股本处理，超出股票面值的溢价收入应作为股本溢价处理。

发行股票相关的手续费、佣金等交易费用，如果是溢价发行股票产生的，应从溢价中抵扣，冲减资本公积（股本溢价）；无溢价发行股票或溢价金额不足以抵扣的，应将不足抵扣的部分冲减盈余公积直至未分配利润。

**【例5-9】** 产生股本溢价时的账务处理

B股份有限公司首次公开发行了普通股50 000 000股，每股面值1元，每股发行价格为4元。B股份有限公司以银行存款支付发行手续费、咨询费等费用共计6 000 000元。假定发行收入已全部收到，发行费用已全部支付。若不考虑其他因素，则B股份有限公司的账务处理如下。

（1）收到发行收入时。

应增加的资本公积 = 50 000 000 × （4-1） = 150 000 000（元）

借：银行存款　　　　　　　　　　　　　　　　200 000 000

| | |
|---|---|
| 贷：股本 | 50 000 000 |
| 　　资本公积——股本溢价 | 150 000 000 |

本例中，B股份有限公司溢价发行普通股，发行收入中等于股票面值的部分50 000 000元应记入"股本"科目，发行收入超出股票面值的部分150 000 000元记入"资本公积——股本溢价"科目。

（2）支付发行费用时。

| | |
|---|---|
| 借：资本公积——股本溢价 | 6 000 000 |
| 　　贷：银行存款 | 6 000 000 |

本例中，B股份有限公司的股本溢价150 000 000元高于发行中发生的交易费用6 000 000元，因此，交易费用可从股本溢价中扣除，冲减资本公积。

## 5.3.2　其他资本公积的核算

其他资本公积是指除资本溢价（或股本溢价）项目以外所形成的资本公积，其中主要是直接计入所有者权益的利得和损失。本书以因被投资单位所有者权益的其他变动产生的利得或损失为例，介绍相关的其他资本公积的核算。

企业对某被投资单位的长期股权投资采用权益法核算，在持股比例不变的情况下，对因被投资单位除净损益和其他综合收益以外的所有者权益的其他变动，如果是利得，则应按持股比例计算其应享有被投资单位所有者权益的增加数额；如果是损失，则做相反的分录。在处置长期股权投资时，应转销与该笔投资相关的其他资本公积。

【例5-10】其他资本公积的账务处理

C有限责任公司于2×22年1月1日向F公司投资8 000 000元。拥有该公司20%的股份，并对F公司有重大影响，因而对F公司长期股权投资采用权益法核算。2×22年12月31日，F公司除净损益和其他综合收益之外的所有者权益增加了1 000 000元。假定除此以外，F公司的所有者权益没有变化，C有限责任公司的持股比例没有变化，F公司资产的账面价值与公允价值一致，不考虑其他因素。C有限责任公司的会计分录如下。

C有限责任公司增加的资本公积=1 000 000×20%=200 000（元）

| | |
|---|---|
| 借：长期股权投资——F公司 | 200 000 |
| 　　贷：资本公积——其他资本公积 | 200 000 |

本例中，C有限责任公司对F公司的长期股权投资采用权益法核算，持股比例未发生变化，F公司发生了除净损益和其他综合收益之外的所有者权益的其他变动，C有限责任公司应按其持股比例计算应享有的F公司权益的数额200 000元，增加其他资本公积。

### 5.3.3　资本公积转增资本的核算

经股东大会或类似机构决议，用资本公积转增资本时，应冲减资本公积，同时按照转增前的实收资本（或股本）的结构或比例，将转增的金额记入"实收资本"（或"股本"）科目下的各所有者的明细科目。

## 5.4　留存收益

留存收益包括盈余公积和未分配利润两个部分。

### 5.4.1　利润分配

利润分配是指企业根据国家有关规定和企业章程、投资者协议等，对企业当年可供分配的利润所进行的分配。可供分配的利润的计算公式如下。

可供分配的利润 = 当年实现的净利润 + 年初未分配利润（或 - 年初未弥补亏损）+ 其他转入利润

利润分配的顺序如下。

（1）提取法定盈余公积。

（2）提取任意盈余公积。

（3）向投资者分配利润。

未分配利润是经过弥补亏损、提取法定盈余公积、提取任意盈余公积和向投资者分配利润等利润分配之后剩余的利润，它是企业留待以后年度进行分配的历年结存的利润。相对于所有者权益的其他部分来说，企业对未分配利润的使用有较大的自主权。

企业应通过"利润分配"科目，核算企业利润的分配（或亏损的弥补）和历年分配（或弥补）后的未分配利润（或未弥补亏损）。该科目应设置"提取法定盈余公积""提取任意盈余公积""应付现金股利或利润""盈余公积补亏""未分配利润"等明细科目进行明细核算。企业的未分配利润通过"利润分配——未分配利润"明细科目进行核算。

年度终了，企业应将全年实现的净利润或发生的净亏损，自"本年利润"科目转入"利润分配——未分配利润"科目，并将"利润分配"科目所属其他明细科目的余额，转入"未分配利润"明细科目。结转后，"利润分配——未分配利润"科目如为贷方余额，表示累计未分配的利润数额；如为借方余额，则表示累计未弥补的亏损数额。

【例 5-11】利润分配的账务处理

D 股份有限公司年初未分配利润为 0，本年实现净利润 2 000 000 元，本年提取法定盈余公积 200 000 元，宣告发放现金股利 800 000 元。假定不考虑其他因素，D 股份有限公司的账务处理如下。

（1）结转本年利润。

借：本年利润                                                         2 000 000

    贷：利润分配——未分配利润                             2 000 000

如 D 股份有限公司当年发生亏损，则应借记"利润分配——未分配利润"科目，贷记"本年利润"科目。

（2）提取法定盈余公积、宣告发放现金股利。

借：利润分配——提取法定盈余公积                        200 000

            ——应付现金股利或利润                        800 000

    贷：盈余公积                                            200 000

        应付股利                                         800 000

同时，进行如下结转。

借：利润分配——未分配利润                               1 000 000

    贷：利润分配——提取法定盈余公积                   200 000

              ——应付现金股利或利润                  800 000

结转后，如果"利润分配——未分配利润"科目的余额在贷方，则表示累计未分配的利润；如果余额在借方，则表示累计未弥补的亏损。本例中，"利润分配——未分配利润"科目的余额在贷方，此贷方余额 1 000 000 元（本年利润 2 000 000 元 − 提取法定盈余公积 200 000 元 − 支付现金股利 800 000 元）即为 D 股份有限公司本年末的累计未分配利润。

## 5.4.2 盈余公积

盈余公积是指企业按规定从净利润中提取的企业积累资金。公司制企业的盈余公积包括法定盈余公积和任意盈余公积。

按照《中华人民共和国公司法》的有关规定，公司制企业应当按照净利润（减弥补以前年度亏损，下同）的 10% 提取法定盈余公积。非公司制企业法定盈余公积的提取比例可超过净利润的 10%。法定盈余公积累计额已达注册资本的 50% 时可以不再提取。需要注意的是，在计算提取法定盈余公积的基数时，不应包括企业年初未分配利润。

公司制企业可根据股东大会的决议提取任意盈余公积。非公司制企业经类似权力机构批准，也可提取任意盈余公积。法定盈余公积和任意盈余公积的区别在于计提的依据不同，前者以国家的法律法规为依据，后者由企业的权力机构自行决定。

企业提取的盈余公积经批准可用于弥补亏损、转增资本、发放现金股利或利润等。

【例 5-12】提取盈余公积的账务处理

E 股份有限公司本年实现净利润为 5 000 000 元，年初未分配利润为 0。经股东大会批准，E 股份有限公司按当年净利润的 10% 提取法定盈余公积。假定不考虑其他因素，E 股份有限公司的会计分录如下。

本年提取盈余公积金额 =5 000 000×10%=500 000（元）

借：利润分配——提取法定盈余公积          500 000

    贷：盈余公积——法定盈余公积          500 000

【例 5-13】盈余公积补亏的账务处理

经股东大会批准，F 股份有限公司用以前年度提取的盈余公积弥补当年亏损，当年弥补亏损的数额为 600 000 元。假定不考虑其他因素，F 股份有限公司的会计分录如下。

借：盈余公积          600 000

    贷：利润分配——盈余公积补亏          600 000

【例 5-14】盈余公积转增资本的账务处理

因扩大经营规模需要，经股东大会批准，G 股份有限公司将盈余公积 400 000 元转增股本。假定不考虑其他因素，G 股份有限公司的会计分录如下。

借：盈余公积          400 000

    贷：股本          400 000

【例 5-15】用盈余公积发放现金股利或利润的账务处理

H 股份有限公司 2×22 年 12 月 31 日普通股股本为 50 000 000 股，每股面值 1 元，可供投资者分配的利润为 5 000 000 元，盈余公积 20 000 000 元。2×23 年 3 月 20 日，股东大会批准了 2×22 年度利润分配方案，以 2×22 年 12 月 31 日为登记日，按每股 0.2 元发放现金股利。H 股份有限公司共需要分派 10 000 000 元现金股利，其中动用可供投资者分配的利润 5 000 000 元、盈余公积 5 000 000 元。假定不考虑其他因素，H 股份有限公司的会计分录如下。

（1）宣告分派现金股利时。

借：利润分配——应付现金股利或利润          5 000 000

    盈余公积          5 000 000

    贷：应付股利          10 000 000

（2）用银行存款支付现金股利时。

借：应付股利          10 000 000

　　　　贷：银行存款　　　　　　　　　　　　　　　　　10 000 000

　　本例中，H股份有限公司经股东大会批准，以未分配利润和盈余公积发放现金股利，属于以未分配利润发放现金股利的部分（5 000 000元）应记入"利润分配——应付现金股利或利润"科目，属于以盈余公积发放现金股利的部分（5 000 000元）应记入"盈余公积"科目。

# 第 6 章

# 收入、费用和利润业务的账务处理

　　企业运转的过程，可以被简单地概括为支出费用、获得收入、产生利润。在日常的账务处理中，企业由于经营运作的项目较多，要正确地核算每一项目真实的收入、成本以及利润，实际上并不容易。

## 6.1　收入的账务处理

### 6.1.1　收入概述

　　根据《企业会计准则第 14 号——收入》的规定，收入是指企业在日常活动中形成的、会导致所有者权益增加的、与所有者投入资本无关的经济利益的总流入。本小节不涉及企业对外出租资产收取的租金、进行债权投资收取的利息、进行股权投资取得的现金股利、保险合同取得的保费收入等。

　　企业的收入包括以下几个特点。

　　（1）收入是从企业的日常经营活动中产生的，而不是从偶发的交易或事项中产生的。其中，"日常活动"是指企业为完成其经营目标所从事的经常性活动以及与之相关的活动。例如，工业企业制造并销售产品、商品流通企业销售商品、保险公司签发保单、咨询公司提供咨询服务、软件企业为客户开发软件、安装公司提供安装服务、商业银行对外贷款、租赁公司出租资产等，均属于企业为完成其经营目标所从事的经常性活动，由此产生的经济利益的总流入构成收入。有些交易或事项也能为企业带来经济利益，但不属于企业的日常经营活动，其流入的经济利益是利得而不是收入，如出售固定资产所取得的收益等。

　　（2）收入是会导致所有者权益增加的、与所有者投入资本无关的经济利益的总流入。收入取得后可能表现为：①增加资产，如增加银行存款或应收账款等；②减少负债，如以商品或劳务抵偿债务等；③增加所有者权益。

　　如前所述，收入能增加资产或减少负债或两者兼而有之，因此，根据"资产＝负债＋所有者权益"的等式，企业所取得的收入一定能增加所有者权益（这里所说的收入能增加所有者权益，仅指收入本身的影响，而收入扣除相关成本与费用后，则可能增加所有者权益也可能减少所有者权益）。

　　（3）本企业的收入只包括本企业经济利益的流入，而不包括为第三方或客户代收的款项，如增值税、代收利息等。

## 6.1.2　收入的确认与计量

企业应当履行合同中的履约义务，即在客户取得相关商品控制权时确认收入。取得相关商品控制权，是指能够主导该商品的使用并从中获得几乎全部的经济利益的权利。

当企业与客户之间的合同同时满足下列条件时，企业应当在客户取得相关商品控制权时确认收入。

（1）合同各方已批准该合同并承诺将履行各自义务。

（2）该合同明确了合同各方与所转让商品或提供劳务（以下简称"转让商品"）相关的权利和义务。

（3）该合同有明确的与所转让商品相关的支付条款。

（4）该合同具有商业实质，即履行该合同将改变企业未来现金流量的风险、时间分布或金额。

（5）企业因向客户转让商品而有权取得的对价很可能收回。

对于在合同开始日即满足前款条件的合同，企业在后续期间无须对其进行重新评估，除非有迹象表明相关事实和情况发生重大变化。合同开始日通常是指合同生效日。

## 6.1.3　账户设置

为核算和监督企业销售业务情况，企业应设置如下科目。

（1）"主营业务收入"科目。该科目用于核算企业经营主要业务所取得的收入，贷方登记已确认实现的销售收入，借方登记销货退回和期末结转"本年利润"的本期销售收入。结转"本年利润"后，该科目应无余额。本科目应按主营业务的种类设置明细科目。

（2）"主营业务成本"科目。该科目用于核算企业经营主要业务而发生的实际成本，借方登记本期发生的销售成本，贷方登记期末结转"本年利润"的本期销售成本和销货退回，结转"本年利润"后，该科目应无余额。本科目应按主营业务的种类设置明细科目。

（3）"其他业务收入"科目。该科目用于核算企业其他业务所取得的收入，贷方登记已确认实现的其他业务收入，借方登记期末结转"本年利润"的本期其他业务收入。结转"本年利润"后，该科目应无余额。本科目应按其他业务的种类设置明细科目。

（4）"其他业务成本"科目。该科目用于核算企业其他业务所发生的成本，借方登记本期发生的其他业务成本，贷方登记期末结转"本年利润"的本期其他业务成本。结转"本年利润"后，该科目应无余额。本科目应按其他业务的种类设置明细科目。

## 6.1.4 销售商品收入的账务处理

### （一）销售收入的账务处理

在确认商品销售收入时，企业应按确定的收入金额，借记"应收账款""应收票据""银行存款"等科目；按应收取的增值税，贷记"应交税费——应交增值税（销项税额）"科目；按确定的收入金额，贷记"主营业务收入"科目。

【例 6-1】销售收入的账务处理

ABC 公司于 2×23 年 2 月 16 日销售一批商品，增值税专用发票上注明商品售价 100 000 元，增值税 13 000 元，款项尚未收到，但已符合收入的确认条件，确认为收入。该批商品的成本为 70 000 元。ABC 公司进行的账务处理如下。

（1）确认收入。

借：应收账款　　　　　　　　　　　　　　　　113 000
　　贷：主营业务收入　　　　　　　　　　　　　　　100 000
　　　　应交税费——应交增值税（销项税额）　　　　 13 000

（2）结转销售成本。

借：主营业务成本　　　　　　　　　　　　　　 70 000
　　贷：库存商品　　　　　　　　　　　　　　　　　 70 000

### （二）现金折扣的账务处理

现金折扣是企业采用赊销方式销售商品时，为鼓励购货方在一定的期限内尽快付款而给予的优惠条件，即购货方可从应付货款总额中扣除一定比例的金额。

【例 6-2】现金折扣的账务处理

ABC 公司在 2×23 年 3 月 1 日销售一批商品，增值税发票上注明商品售价 20 000 元，增值税 2 600 元。ABC 公司在合同中规定的现金折扣条件为：2/10、1/20、n/30（假定计算折扣时不考虑增值税）。ABC 公司相关的账务处理如下。

（1）3 月 1 日销售实现时，应按总售价确认收入。

借：应收账款　　　　　　　　　　　　　　　　22 600
　　贷：主营业务收入　　　　　　　　　　　　　　　20 000
　　　　应交税费——应交增值税（销项税额）　　　　2 600

（2）不同付款时间下，取得货款时的账务处理。

①买方 10 天以内付款。3 月 8 日买方付清货款，按售价 20 000 元的 2% 享受 400 元

的现金折扣，实际付款 22 200 元（22 600-400）。

| | | |
|---|---|---|
| 借：银行存款 | 22 200 | |
| 　　财务费用 | 400 | |
| 　　贷：应收账款 | | 22 600 |

②买方 10 天以后，20 天以内付款。3 月 19 日买方付清货款，应享受的现金折扣为 200 元，实际付款 22 400 元。

| | | |
|---|---|---|
| 借：银行存款 | 22 400 | |
| 　　财务费用 | 200 | |
| 　　贷：应收账款 | | 22 600 |

③买方在 20 天以后，30 天以内付款。买方在 3 月 30 日付款，则应按全额付款。

| | | |
|---|---|---|
| 借：银行存款 | 22 600 | |
| 　　贷：应收账款 | | 22 600 |

## （三）销售折让的账务处理

销售折让是指企业因售出产品质量不合格等原因而在售价上给予的减让。对于企业在销售收入确认之后发生的销售折让应在实际发生时，冲减发生当期的收入。发生销售折让时，如按规定允许扣减当期销项税额的，应同时用红字冲减"应交税费——应交增值税"科目的"销项税额"明细科目。

【例 6-3】销售折让的账务处理

ABC 公司销售一批商品，增值税发票上的商品售价为 300 000 元，增值税为 39 000 元。货到后，买方发现商品质量不合格，要求在价格上给予 3% 的折让，ABC 公司同意。ABC 公司的账务处理如下。

（1）销售实现时。

| | | |
|---|---|---|
| 借：应收账款 | 339 000 | |
| 　　贷：主营业务收入 | | 300 000 |
| 　　　　应交税费——应交增值税（销项税额） | | 39 000 |

（2）发生销售折让时。

| | | |
|---|---|---|
| 借：主营业务收入 | 9 000 | |
| 　　应交税费——应交增值税（销项税额） | 1 170 | |
| 　　贷：应收账款 | | 10 170 |

（3）实际收到款项时。

| | | |
|---|---|---|
| 借：银行存款 | 328 830 | |
| 　　贷：应收账款 | | 328 830 |

## （四）销售退回的账务处理

销售退回是指企业售出的商品，由于质量、品种不符合要求等原因而发生的退货。销售退回如果发生在企业确认收入之前，处理就比较简单，只需将已计入发出商品的成本转回"库存商品"科目；如果企业已经确认收入，又发生销售退回，不论是当年销售的，还是以前年度销售的（除属于资产负债表日后事项外），均应冲减退回当月的销售收入，同时冲减退回当月的销售成本。企业发生销售退回时，如按规定允许扣减当期销项税额，应同时用红字冲减"应交税费——应交增值税（销项税额）"科目。

【例 6-4】销售退回的账务处理

ABC 公司 2×22 年 12 月 26 日销售商品一批，售价 500 000 元，增值税 65 000 元，成本 330 000 元。2×23 年 2 月 8 日，该批商品因质量严重不合格被退回，货款已退回购货方。ABC 公司进行的账务处理如下。

借：主营业务收入　　　　　　　　　　　　　　　　　　500 000
　　应交税费——应交增值税（销项税额）　　　　　　　65 000
　　贷：银行存款　　　　　　　　　　　　　　　　　　565 000
同时结转"主营业务成本"。
借：库存商品　　　　　　　　　　　　　　　　　　　330 000
　　贷：主营业务成本　　　　　　　　　　　　　　　　330 000

企业采用递延方式分期收款、实质上具有融资性质的销售商品或提供劳务满足收入确认条件的，按应收合同或协议价款，借记"长期应收款"科目；按应收合同或协议价款的公允价值，贷记"主营业务收入"科目；按增值税专用发票上注明的增值税，贷记"应交税费——应交增值税（销项税额）"科目；按其差额，贷记"未实现融资收益"科目。

## 6.1.5 其他业务收入的账务处理

其他业务收入是企业除主营业务以外的其他销售或经营其他业务所取得的收入，如材料销售、技术转让、代购代销等取得的收入。其他业务收入的确认原则，与主营业务收入的确认原则相同。

企业取得的其他业务收入在"其他业务收入"科目中核算，并按其他业务的种类设置明细科目进行明细核算。其他业务收入是根据《企业会计准则第14号——收入》中确认的除主营业务以外的其他经营活动实现的收入，包括出租固定资产、出租无形资产、出租包装物和商品、销售材料等实现的收入。企业（租赁）出租固定资产取得的租赁收入，在"租赁收入"科目中核算，不在"其他业务收入"科目中核算。

在确认提供劳务实现的收入时，应按确定的收入金额，借记"应收账款""银行存款"等科目，贷记"主营业务收入"等科目。

企业发生的其他业务各项支出在"其他业务成本"科目中核算，并按其他业务的种类设置明细科目进行明细核算；该科目核算销售材料、提供非工业性劳务等而发生的相关的成本、费用以及相关税金及附加等。企业除主营业务活动以外的其他经营活动所发生的支出，包括销售材料的成本、出租固定资产的累计折旧、出租无形资产的累计摊销、出租包装物的成本或摊销额、采用成本模式计量的投资性房地产的累计折旧或累计摊销等。

【例6-5】其他业务收入的账务处理

ABC公司收到转让无形资产使用权所取得的收入为80 000元，增值税为4 800元，存入银行；当期该无形资产的摊销费为2 000元。ABC公司的账务处理如下。

（1）收到款项时。

| | | |
|---|---|---|
| 借：银行存款 | | 84 800 |
| 贷：其他业务收入 | | 80 000 |
| 应交税费——应交增值税（销项税额） | | 4 800 |

（2）月末摊销无形资产时。

| | | |
|---|---|---|
| 借：其他业务成本 | | 2 000 |
| 贷：累计摊销 | | 2 000 |

# 6.2 政府补助的账务处理

## 6.2.1 政府补助概述

### （一）政府补助的特征

（1）来源于政府的经济资源。对于企业收到的来源于其他方的补助，有确凿证据表明政府是补助的实际拨付者，其他方只起到代收代付作用的，该项补助也属于来源于政府的经济资源。

（2）无偿性。企业取得来源于政府的经济资源，不需要向政府交付商品或服务等对价。

### （二）政府补助的主要形式

政府补助表现为政府向企业转移的资产，该资产通常为货币性资产，也可能为非货币性资产。政府补助主要有以下四种形式。

#### 1.财政拨款

财政拨款是政府无偿拨付给企业的资金，通常在拨款时明确规定了资金用途。

例如，财政部门拨付给企业用于购建固定资产或进行技术改造的专项资金，鼓励企业安置职工就业而给予的奖励款项，拨付企业的粮食定额补贴，拨付企业开展研发活动的研发经费等，均属于财政拨款。

**2.财政贴息**

财政贴息是政府为支持特定领域或区域发展，根据国家宏观经济形势和政策目标，对承贷企业的银行贷款利息给予的补贴。

财政贴息主要有以下两种方式。

（1）财政将贴息资金直接拨付给受益企业。

（2）财政将贴息资金拨付给贷款银行，由贷款银行以政策性优惠利率向企业提供贷款，受益企业按照实际发生的利率计算和确认利息费用。

**3.税收返还**

税收返还是政府按照国家有关规定采取先征后返（退）、即征即退等办法向企业返还税款，属于以税收优惠形式对企业给予的一种政府补助。需要注意的是，增值税出口退税不属于政府补助。

除税收返还外，税收优惠还包括直接减征、免征、增加计税抵扣额、抵免部分税额等形式。这类税收优惠并未直接向企业无偿提供资产，不作为会计准则规范的政府补助。

**4.无偿划拨非货币性资产**

例如，行政划拨土地使用权、天然起源的天然林等均属于无偿划拨非货币性资产。

## 6.2.2　政府补助的会计处理

### （一）政府补助的确认条件

政府补助同时满足下列条件的，才能予以确认。

（1）企业能够满足政府补助所附条件。

（2）企业能够收到政府补助。

### （二）政府补助的账务处理

如果企业先取得与资产相关的政府补助，再确认所购建的长期资产，则在总额法下，应当在开始对相关资产计提折旧或进行摊销时按照合理、系统的方法将递延收益分期计入当期收益；在净额法下，应当在相关资产达到预定可使用状态或预定用途时将递延收益冲减资产账面价值。如果相关长期资产投入使用后，企业再取得与资产相关的政府补助，则在总额法下，应当在相关资产的剩余使用寿命内按照合理、系统的方法将递延收益分期计入当期收益；在净额法下，应当在取得补助时冲减相关资产的账面价值，并按照冲减后的账面价值和相关资产的剩余使用寿命计提折旧或进行摊销。相关资产在使用寿命结束前被出售、转让、报废或发生毁损的，应当将尚未分配的相关递延收益余额转入资产处置当期的损益。

与收益相关的政府补助，应当分情况按照以下规定进行会计处理：用于补偿企业以后期间的相关成本费用或损失的，确认为递延收益，并在确认相关成本费用或损失的期间，计入当期损益或冲减相关成本；用于补偿企业已发生的相关成本费用或损失的，直接计入当期损益或冲减相关成本。

对于同时包含与资产相关部分和与收益相关部分的政府补助，应当区分不同部分分别进行会计处理；难以区分的，应当将其整体归类为与收益相关的政府补助。

与企业日常活动相关的政府补助，应当按照经济业务实质，计入其他收益或冲减相关成本费用。与企业日常活动无关的政府补助，应当计入营业外收支。但会计准则没有对"日常活动"进行界定。通常情况下，若政府补助补偿的成本费用是营业利润之中的项目，或该补助与日常销售等经营行为（如增值税即征即退等）密切相关，则认为该政府补助与日常活动相关。

政府补助的会计处理方法如表6-1所示。

表6-1　政府补助的会计处理方法

| 项目 | | 与企业日常活动相关的政府补助 | 与企业日常活动无关的政府补助 |
|---|---|---|---|
| 与资产相关的政府补助 | 总额法 | 1.取得补助时<br>借：银行存款/应收账款<br>　　贷：递延收益<br>2.后期摊销时<br>借：递延收益<br>　　贷：其他收益 | 1.取得补助时<br>借：银行存款/应收账款<br>　　贷：递延收益<br>2.后期摊销<br>借：递延收益<br>　　贷：营业外收入 |
| | 净额法 | 1.取得补助时<br>借：银行存款/应收账款<br>　　贷：递延收益<br>2.相关资产达到预定可使用状态或用途时<br>借：递延收益<br>　　贷：相关长期资产 | |
| 与收益相关的政府补助 | 总额法 | 1.用于补偿以后期间的相关成本费用或损失<br>（1）取得补助时<br>借：银行存款/应收账款<br>　　贷：递延收益<br>（2）相关成本费用或损失确认时<br>借：递延收益<br>　　贷：其他收益<br>2.用于补偿已发生的相关成本费用或损失<br>借：银行存款/应收账款<br>　　贷：其他收益 | 1.用于补偿以后期间的相关成本费用或损失<br>（1）取得补助时<br>借：银行存款/应收账款<br>　　贷：递延收益<br>（2）相关成本费用或损失确认时<br>借：递延收益<br>　　贷：营业外收入<br>2.用于补偿已发生的相关成本费用或损失<br>借：银行存款/应收账款<br>　　贷：营业外收入 |

| 项目 | | 与企业日常活动相关的政府补助 | 与企业日常活动无关的政府补助 |
|---|---|---|---|
| 与收益相关的政府补助 | 净额法 | 1.用于补偿以后期间的相关成本费用或损失<br>（1）取得补助时<br>借：银行存款／应收账款<br>　　贷：递延收益<br>（2）相关成本费用或损失确认时<br>借：递延收益<br>　　贷：相关成本费用或损失<br>2.用于补偿已发生的相关成本费用或损失<br>借：银行存款／应收账款<br>　　贷：相关成本费用或损失 | |

　　政府补助的会计处理有两种方法：总额法和净额法。总额法是在确认政府补助时，将其全额一次或分次确认为收益，而不是作为相关资产账面价值或者成本费用等的扣减。净额法是将政府补助确认为对相关资产账面价值或者所补偿成本费用等的扣减。企业应当根据经济业务的实质，判断某一类政府补助业务应当采用总额法还是净额法核算。通常情况下，对同类或类似政府补助业务只能选用一种方法，同时，企业对该业务应当一贯地运用该方法，不得随意变更。企业对某些补助只能采用一种方法，例如，对一般纳税人增值税即征即退只能采用总额法进行会计处理。

　　已确认的政府补助需要退回的，应当在需要退回的当期分情况按照以下规定进行处理。

　　（1）初始确认时冲减相关资产账面价值的，调整资产账面价值。

　　（2）存在相关递延收益的，冲减相关递延收益账面余额，超出部分计入当期损益。

　　（3）属于其他情况的，直接计入当期损益。

　　政府补助为货币性资产的，应当按照收到或应收的金额计量。政府补助为非货币性资产的，应当按照公允价值计量；公允价值不能可靠取得的，按照名义金额计量。

　　【例 6-6】与资产相关的政府补助的账务处理

　　2×22 年 11 月 10 日，政府拨付 ABC 公司 500 万元财政拨款（同日到账），要求用于购买大型科研设备 1 台；并规定若有结余，留归 ABC 公司自行支配。2×22 年 12 月 25 日，ABC 公司购入大型设备（假设不需安装），实际成本为 480 万元，使用寿命为 10 年，无净残值。不考虑相关税费。ABC 公司的账务处理如下。

（1）2×22年11月10日实际收到财政拨款，确认政府补助。

借：银行存款 5 000 000

　　贷：递延收益 5 000 000

2×22年12月25日，购入固定资产。

借：固定资产 4 800 000

　　贷：银行存款 4 800 000

（2）按照总额法：假设该固定资产以及政府补助形成的递延收益均按照直线法在资产的使用寿命内摊销，则账务处理如下。

固定资产每月计提折旧金额=480÷10÷12=4（万元）

自2×23年1月起，每月月末的账务处理如下。

借：管理费用 40 000

　　贷：累计折旧 40 000

借：递延收益 40 000

　　贷：其他收益 40 000

（3）按照净额法：2×23年12月25日，购入固定资产时，同时进行下列账务处理。

借：递延收益 5 000 000

　　贷：固定资产 5 000 000

【例6-7】与收益相关的政府补助的账务处理（1）

ABC公司生产一种先进的模具产品，按照国家相关规定，ABC公司的这种产品适用增值税先征后返政策，即先按规定征收增值税，然后按实际缴纳增值税税额的70%返还给ABC公司。2×23年1月，ABC公司实际缴纳增值税税额120万元。2×23年2月，ABC公司实际收到返还的增值税税额84万元。ABC公司实际收到返还的增值税税额的会计分录如下。

借：银行存款 840 000

　　贷：其他收益 840 000

【例6-8】与收益相关的政府补助的账务处理（2）

A企业为一家储备粮企业，2×23年实际粮食储备量50 000 000千克。根据国家有关规定，财政部门按照A企业的实际储备量给予其0.078元/千克的粮食保管费补贴，于每个季度初支付。A企业的账务处理如下。

（1）2×23年1月，A企业收到财政拨付的补贴款时。

收到的补贴款=0.078×50 000 000=3 900 000（元）

借：银行存款 3 900 000

　　贷：递延收益 3 900 000

（2）2×23 年 3 月 31 日，A 企业第一季度实际发生保管费 1 300 000 元。

①按照总额法计算后的会计分录如下。

借：递延收益　　　　　　　　　　　　　　　　　1 300 000

　　贷：其他收益　　　　　　　　　　　　　　　　　　　1 300 000

②按照净额法计算后的会计分录如下。

借：递延收益　　　　　　　　　　　　　　　　　1 300 000

　　贷：其他业务成本　　　　　　　　　　　　　　　　　1 300 000

### 6.2.3　政策性优惠贷款贴息

企业取得政策性优惠贷款贴息的，应当区分财政将贴息资金拨付给贷款银行和财政将贴息资金直接拨付给企业两种情况进行处理。

财政将贴息资金拨付给贷款银行，由贷款银行以政策性优惠利率向企业提供贷款的，企业可以选择下列方法之一进行会计处理。

（1）以实际收到的借款金额作为借款的入账价值，按照借款本金和该政策性优惠利率计算相关借款费用。

（2）以借款的公允价值作为借款的入账价值并按照实际利率法计算借款费用，实际收到的金额与借款公允价值之间的差额确认为递延收益。递延收益在借款存续期内采用实际利率法摊销，并冲减相关借款费用。

企业选择了上述两种方法之一后，应当一致运用同一方法，不得随意变更。

财政将贴息资金直接拨付给企业，企业应当将对应的贴息冲减相关借款费用。

## 6.3　费用的账务处理

### 6.3.1　费用的特征与分类

费用是指企业为销售商品、提供劳务等日常活动所发生的经济利益的流出。企业在生产经营过程中发生的各项耗费，包括产品生产费用和期间费用。费用是会计核算中十分重要的会计要素。它主要有以下特征。

第一，费用会减少企业的所有者权益和企业的资源，是企业在日常活动中所产生的经济利益的流出。

第二，费用是企业为销售商品、提供劳务而发生的经济利益的流出。不属于销售商品或提供劳务等发生的经济利益流出，不被视为费用。如企业分派现金股利，虽然也发生了经济利益的流出，但其不是费用。

第三，费用和产品成本并不是同一个概念。费用是按时间归集的，而产品成本是按产品对象归集的。

为了正确地进行成本和费用的账务处理，必须对各种费用进行合理分类。费用按经济用途进行分类，可分为产品生产费用和期间费用。

（1）产品生产费用，构成产品的制造成本。产品成本项目是指对计入产品成本的费用，按经济用途进行分类的具体项目。一般情况下，产品成本项目由直接材料、直接人工、制造费用等构成。

①直接材料是指直接用于产品生产，构成产品实体的原料、主要材料、外购半成品、有助于产品形成的辅助材料以及其他直接材料。

②直接人工是指生产工人的工资，以及按生产工人工资总额和规定比例计算提取的职工福利费。

③制造费用是指各生产单位为组织和管理生产而发生的各项间接费用，包括车间管理人员的工资和福利费、折旧费、修理费、办公费、水电费、机物料消耗、劳动保护费等。

此外，在企业燃料和动力消耗较多，燃料和动力费用在产品成本中比重较大时，可增设"燃料和动力"成本项目。

（2）期间费用，是指不能直接归属于某个特定产品成本的费用。期间费用在发生的当期就全部计入当期损益，而不计入产品成本。这样有助于简化成本的核算工作，提高成本计算的准确性。

期间费用项目主要包括管理费用、财务费用和销售费用。

①管理费用是指企业为组织和管理企业生产经营所发生的费用，包括企业的董事会和行政管理部门在企业的经营管理中发生的或者应由企业统一负担的公司经费（包括行政管理部门职工薪酬、修理费、物料消耗、低值易耗品摊销、办公费和差旅费等）、工会经费、董事会费（包括董事会成员津贴、会议费和差旅费等）、聘请中介机构费、咨询费（含顾问费）、诉讼费、业务招待费、技术转让费、研究费用、排污费等。

②财务费用是指企业为筹集生产经营所需资金等而发生的筹资费用，包括利息支出（减利息收入）、汇兑差额以及相关的手续费等。

③销售费用是指企业销售商品和材料、提供劳务的过程中发生的各种费用，包括保险费、包装费、展览费和广告费、商品维修费、预计产品质量保证损失、运输费、装卸费等以及为销售本企业商品而专设的销售机构（含销售网点、售后服务网点等）的职工薪酬、业务费、折旧费等经营费用。

## 6.3.2 费用的确认

企业应当按照权责发生制原则和配比原则确认当期费用。对于应属本期的各项费用，不论其是否实际支付款项，均应确认为本期费用；对于不属本期的费用，即使款项已经在本期付出也不应确认为本期费用。

在实际工作中，确认费用的方法主要有以下三种。

（1）按与营业收入的直接联系确认。这时需判断费用与收入是否存在直接联系，凡是与本期收入有直接联系的耗费，都应被确认为本期费用。销售成本的确认采用的就是这种方法。

（2）按一定的分配方式确认。如果一项资产能够在若干会计期间为企业带来经济利益的流入（即创造收入），企业就应采用一定的分配方法将该项资产的成本分摊计入各个会计期间。例如，采用一定的折旧方法，分配确定各期的固定资产的折旧费用。

（3）在支出发生时直接确认。有些支出在发生时直接确认为当期费用。例如，管理人员的工资，其支出的效益仅涉及本会计期间，因而当支出发生时即确认为当期费用。

## 6.3.3　期间费用的会计处理

### （一）科目设置

为核算和监督企业的期间费用的发生，企业应设置如下科目。

（1）"管理费用"科目。该科目用于核算企业为组织和管理生产经营活动而发生的各项开支，应按费用项目设置明细科目。企业发生各项管理费用时借记该科目，贷记"库存现金""银行存款""应付职工薪酬""原材料""累计摊销""累计折旧""应交税费"等科目。期末，将本科目借方归集的全部管理费用由贷方转入"本年利润"科目的借方，计入当期损益，该科目期末应无余额。商品流通企业管理费用不多的，可不设置本科目，本科目的账务处理内容可并入"销售费用"科目核算。

（2）"财务费用"科目。该科目用于核算企业为筹集生产经营所需资金而发生的费用，借方登记本期发生的各项筹资费用，贷方登记期末结转"本年利润"的本期各项筹资费用，以及应冲减财务费用的利息收入等。结转"本年利润"后，该科目应无余额。

（3）"销售费用"科目。该科目用于核算企业在销售商品过程中而发生的各项开支，借方登记本期发生的各项开支，贷方登记期末结转"本年利润"的本期各项开支。结转"本年利润"后，该科目应无余额。

### （二）期间费用的账务处理

期间费用大部分容易确定其发生的期间，而难以判别其所归属的产品，因而应在发生的当期从损益中扣除。

### 1. 管理费用的账务处理

发生管理费用时，借记"管理费用"科目，贷记"库存现金""银行存款""原材料""应付职工薪酬""累计摊销""累计折旧""应交税费""坏账准备"等科目。

【例6-9】管理费用的账务处理（1）

ABC公司用库存现金支付业务招待费600元，进行的账务处理如下。

借：管理费用 600

　　贷：库存现金 600

【例6-10】管理费用的账务处理（2）

ABC公司计提本月办公用房的折旧费2 600元，进行的账务处理如下。

借：管理费用 2 600

　　贷：累计折旧 2 600

### 2. 财务费用的账务处理

发生财务费用时，借记"财务费用"科目，贷记"银行存款""应付利息"等科目；企业发生利息收入、汇兑收益时，借记"银行存款"等科目，贷记"财务费用"科目。

【例6-11】财务费用的账务处理

ABC公司支付金融机构手续费500元，进行的账务处理如下。

借：财务费用 500

　　贷：银行存款 500

### 3. 销售费用的账务处理

发生销售费用时，借记"销售费用"科目，贷记"库存现金""银行存款""应付职工薪酬"等科目。

【例6-12】销售费用的账务处理

ABC公司用库存现金支付商品检验费400元，进行的账务处理如下。

借：销售费用 400

　　贷：库存现金 400

## 6.4　所得税的账务处理

### 6.4.1　所得税核算的一般程序

　　企业一般应于每一资产负债表日进行所得税（若无特殊说明，后文"所得税"即"企业所得税"）的核算。企业合并等特殊交易或事项发生时，在确认因交易或事项取得的资产、负债时即应同时确认相关的所得税影响。企业进行所得税核算一般应遵循以下程序，如图 6-1 所示。

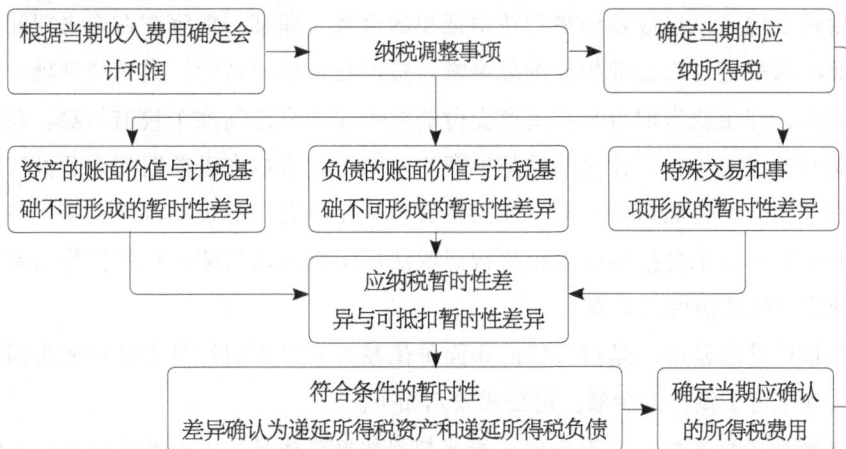

图 6-1　所得税核算的一般程序

　　（1）按照相关会计准则的规定确定资产负债表中除递延所得税资产和递延所得税负债以外的其他资产和负债项目的账面价值。

　　（2）按照会计准则中对资产和负债计税基础的确定方法，以适用的税收法规为基础，确定资产负债表中有关资产、负债项目的计税基础。

　　（3）比较资产、负债的账面价值与其计税基础，对两者之间存在的差异，分析其性质，除会计准则中规定的特殊情况外，分别将应纳税暂时性差异与可抵扣暂时性差异，确定为资产负债表日递延所得税资产和递延所得税负债的应有金额，并与期初递延所得税资产和递延所得税负债的余额相比，确定当期应予进一步确认的递延所得税资产和递延所得税负债金额或应予转销的金额，作为递延所得税。

　　（4）就企业当期发生的交易或事项，按照适用的税法规定计算确定当期应纳税所得额，将应纳税所得额与按适用的所得税税率计算的结果确认为当期应交所得税，作为当期所得税。

　　（5）确定利润表中的所得税费用。利润表中的所得税费用包括当期所得税（当期应交所得税）和递延所得税两个部分，企业在计算确定了当期应交所得税和递延所得税后，两者之和（或之差）就是利润表中的所得税费用。

## 6.4.2　资产与负债的账面价值与计税基础

### （一）资产与负债的账面价值

资产、负债的账面价值，是指企业按照相关会计准则的规定进行核算后在资产负债表中列示的金额。对于计提了减值准备的各项资产，其账面价值是指其账面余额减去已计提的减值准备后的金额。

### （二）资产与负债的计税基础

资产的计税基础，是指企业收回资产账面价值过程中，计算应纳税所得额时按照税法规定可以自应税经济利益中抵扣的金额，即某一项资产在未来期间计税时按照税法规定可以税前扣除的总金额。资产在初始确认时，其计税基础一般为取得成本，即企业为取得某项资产支付的成本在未来期间准予税前扣除。在资产持续持有的过程中，其计税基础是指资产的取得成本减去以前期间按照税法规定已经税前扣除的金额后的余额。如固定资产、无形资产等长期资产在某一资产负债表日的计税基础是指其成本扣除按照税法规定已在以前期间税前扣除的累计折旧额或累计摊销额后的金额。

负债的计税基础，是指负债的账面价值减去未来期间计算应纳税所得额时按照税法规定可予抵扣的金额。用公式表示如下。

负债的计税基础 = 账面价值 − 未来期间按照税法规定可予税前扣除的金额

负债的确认与偿还一般不会影响企业的损益，也不会影响其应纳税所得额。负债在未来期间计算应纳税所得额时，按照税法规定可予抵扣的金额为零，计税基础即为账面价值。但是，在某些情况下，负债的确认可能会影响企业的损益，进而影响不同期间的应纳税所得额，使得其计税基础与账面价值之间产生差额，如按照规定确认的某些预计负债。

## 6.4.3　应纳税暂时性差异与可抵扣暂时性差异

暂时性差异是指资产、负债的账面价值与其计税基础不同产生的差额。根据暂时性差异对未来期间应纳税所得额的影响，暂时性差异分为应纳税暂时性差异和可抵扣暂时性差异。除因资产、负债的账面价值与其计税基础不同产生的暂时性差异以外，按照税法规定可以结转以后年度的未弥补亏损和税款抵减，也被视同可抵扣暂时性差异处理。

### （一）应纳税暂时性差异

应纳税暂时性差异，是指在确定未来收回资产或清偿负债期间的应纳税所得额时，将导致产生应税金额的暂时性差异，即在未来期间不考虑该事项影响的应纳税所得额的基础上，由于该暂时性差异的转回，会进一步增加转回期间的应纳税所得额和应交所得税金额的暂时性差异。应纳税暂时性差异在其产生当期应当确认相关的递延所得税负债。

应纳税暂时性差异通常产生于以下三种情况。

（1）资产的账面价值大于其计税基础。

（2）负债的账面价值小于其计税基础。

（3）未作为资产、负债确认的项目产生的暂时性差异。例如，企业发生的符合条件的广告费和业务宣传费支出，除另有规定外，不超过当年销售收入 15% 的部分准予扣除；超过部分准予在以后纳税年度结转扣除。该类费用在发生时按照会计准则的规定计入当期损益，不形成资产负债表中的资产，但按照税法规定可以确定其计税基础的，两者之间的差异形成暂时性差异。

### （二）可抵扣暂时性差异

可抵扣暂时性差异是指在确定未来收回资产或清偿负债期间的应纳税所得额时，将导致产生可抵扣金额的暂时性差异。该差异在未来期间转回时会减少转回期间的应纳税所得额，减少未来期间的应交所得税。在可抵扣暂时性差异产生当期，符合确认条件时，应当确认相关的递延所得税资产。

可抵扣暂时性差异一般产生于以下三种情况。

（1）资产的账面价值小于其计税基础。

（2）负债的账面价值大于其计税基础。

（3）可抵扣亏损及税款抵减产生的暂时性差异。按照税法规定可以结转以后年度的未弥补亏损及税款抵减，虽不是因资产、负债的账面价值与计税基础不同产生的，但与可抵扣暂时性差异具有同样的作用，均能够减少未来期间的应纳税所得额，进而减少未来期间的应交所得税，会计处理上视同可抵扣暂时性差异，符合条件的情况下，应确认与其相关的递延所得税资产。

## 6.4.4 递延所得税负债与递延所得税资产的确认和计量

### （一）递延所得税负债的确认和计量

递延所得税负债的确认和计量见表 6-2。

表 6-2 递延所得税负债的确认和计量

| | 确认 | 计量 | 会计处理 |
| --- | --- | --- | --- |
| 一般原则 | 除所得税准则中明确规定可不确认递延所得税负债的情况以外，企业对所有的应纳税暂时性差异均应确认相关的递延所得税负债 | — | — |

| | 确认 | 计量 | 会计处理 |
|---|---|---|---|
| 不确认递延所得税负债的情况 | （1）商誉的初始确认。非同一控制下的企业合并形成的商誉，如果在按照税法规定计税时作为免税合并的情况下，其计税基础为零，其账面价值与计税基础形成应纳税暂时性差异，所得税准则中规定不确认与其相关的递延所得税负债 | — | — |
| 不确认递延所得税负债的情况 | （2）除企业合并以外的其他交易或事项中，如果该项交易或事项发生时既不影响会计利润，也不影响应纳税所得额，则所产生的资产、负债的初始确认金额与其计税基础不同，形成应纳税暂时性差异的，交易或事项发生时不确认相应的递延所得税负债<br><br>（3）与子公司、联营企业、合营企业投资等相关的应纳税暂时性差异，如果同时满足以下两个条件则不确认为递延所得税负债：一是投资企业能够控制暂时性差异转回的时间；二是该暂时性差异在可预见的未来很可能不会转回 | 递延所得税负债应以相关应纳税暂时性差异转回期间按照税法规定适用的所得税率计量，但递延所得税负债不要求折现 | 除与直接计入所有者权益的交易或事项以及企业合并中取得资产、负债相关的以外，在确认递延所得税负债的同时，应增加利润表中的所得税费用 |

## （二）递延所得税资产的确认和计量

递延所得税资产的确认和计量见表6-3。

表6-3　递延所得税资产的确认和计量

| | 确认 | 计量 | 会计处理 |
|---|---|---|---|
| 一般原则 | 因可抵扣暂时性差异产生的递延所得税资产应以未来期间可能取得的应纳税所得额为限 | — | — |
| 确认递延所得税资产的情况 | （1）对于按照税法规定可以结转以后年度的未弥补亏损和税款抵减，应视同可抵扣暂时性差异确认递延所得税资产<br><br>（2）因资产折旧摊销方法及年限以及因减值准备计提形成的可抵扣暂时性差异，确认递延所得税资产<br><br>（3）以公允价值计量的金融资产及投资性房地产，因公允价值变动形成的可抵扣暂时性差异，可确认为递延所得税资产<br><br>（4）对与子公司、联营企业、合营企业的投资相关的可抵扣暂时性差异，如果能同时满足下列条件，确认为相关的递延所得税资产：一是暂时性差异在可预见的未来很可能转回；二是未来很可能获得用来抵扣可抵扣暂时性差异的应纳税所得额 | 递延所得税资产应以相关可抵扣暂时性差异结转期间按照税法规定适用的所得税率计量，但递延所得税资产不要求折现 | 除与直接计入所有者权益的交易或事项以及企业合并中取得资产、负债相关的以外，在确认递延所得税资产的同时，应减少利润表中的所得税费用 |

续表

| | 确认 | 计量 | 会计处理 |
|---|---|---|---|
| 不确认递延所得税资产的情况 | 如果企业发生的某项交易或事项不属于企业合并，并且交易发生时既不影响会计利润也不影响应纳税所得额，且该项交易中产生的资产、负债的初始确认金额与其计税基础不同，产生可抵扣暂时性差异的，所得税准则中规定在交易或事项发生时不确认相应的递延所得税资产。例如研发形成的无形资产，税法上按照150%摊销形成的可抵扣暂时性差异不确认递延所得税资产 | — | — |

### 1. 与直接计入所有者权益的交易或事项相关的所得税

与当期及以前期间直接计入所有者权益的交易或事项相关的当期所得税及递延所得税应当计入所有者权益。直接计入所有者权益的交易或事项主要有：会计政策变更采用追溯调整法或对前期差错更正采用追溯重述法调整期初留存收益、以公允价值计量且其变动计入其他综合收益的金融资产公允价值的变动金额、同时包含负债及权益成分的金融工具在初始确认时计入所有者权益、自用房地产转为采用公允价值模式计量的投资性房地产时公允价值大于原账面价值的差额计入其他综合收益等。

### 2. 与企业合并相关的递延所得税

在企业合并中，购买方取得的可抵扣暂时性差异，如购买日取得的被购买方在以前期间发生的未弥补亏损等可抵扣暂时性差异，按照税法规定可以用于抵减以后年度应纳税所得额，但在购买日不符合递延所得税资产确认条件而不予以确认。购买日后 12 个月内，如取得新的或进一步的信息表明购买日的相关情况已经存在，预期被购买方在购买日可抵扣暂时性差异带来的经济利益能够实现的，应当确认相关的递延所得税资产，同时减少商誉，商誉不足冲减的，差额部分确认为当期损益。除上述情况以外，确认与企业合并相关的递延所得税资产，应当计入当期损益。

## 6.4.5　所得税费用的确认和计量

### （一）当期所得税

当期所得税是指企业按照税法规定计算确定的针对当期发生的交易和事项，应缴纳给税务部门的所得税金额，即当期应交所得税。

企业在确定当期应交所得税时，对于当期发生的交易或事项，会计处理与税法处理不同的，应在会计利润的基础上，按照适用税收法规的规定进行调整，计算出当期应纳税所得额，按照应纳税所得额与适用所得税税率计算确定当期应交所得税。一般情况下，应纳税所得额可在会计利润的基础上，考虑会计与税收法规之间的差异，按照以下公式计算确定。

应纳税所得额 = 会计利润 + 按照会计准则规定记入利润表但计税时不允许税前扣除的费用 ± 记入利润表的费用与按照税法规定可予税前抵扣的金额之间的差额 ± 记入利润表的收入与按照税法规定应计入应纳税所得额的收入之间的差额 − 税法规定的不征税收入 ± 其他需要调整的因素

### （二）递延所得税

递延所得税是指按照所得税准则规定当期应予确认的递延所得税资产和递延所得税负债金额，即递延所得税资产及递延所得税负债当期发生额的综合结果，但不包括记入所有者权益的交易或事项的所得税影响。递延所得税用公式表示如下。

递延所得税 =（递延所得税负债的期末余额 − 递延所得税负债的期初余额）−（递延所得税资产的期末余额 − 递延所得税资产的期初余额）

企业因确认递延所得税资产和递延所得税负债产生的递延所得税，一般应当计入所得税费用，但以下两种情况除外。

一是某项交易或事项按照会计准则规定应计入所有者权益的，由该交易或事项产生的递延所得税资产或递延所得税负债及其变化亦应计入所有者权益，不构成利润表中的递延所得税费用（或收益）。

二是企业合并中取得的资产、负债，其账面价值与计税基础不同，应确认相关递延所得税的，该递延所得税的确认影响合并中产生的商誉或是计入当期损益的金额，不影响所得税费用。

### （三）所得税费用

计算确定了当期所得税及递延所得税以后，利润表中应予确认的所得税费用为两者之和，即"所得税费用 = 当期所得税 + 递延所得税"。

【例6-13】所得税费用的账务处理

A公司2×22年度利润表中利润总额为500万元。该公司适用的所得税税率为25%。递延所得税资产及递延所得税负债不存在期初余额。

在2×22年发生的有关交易和事项中，会计处理与税收处理存在差别的事项如下。

（1）2×22年1月开始计提折旧的一项固定资产，成本为150万元，使用年限为5年，净残值为0，会计处理按年数总和法计提折旧，税收处理按直线法计提折旧。假定税法规定的使用年限及净残值与会计规定的相同。

（2）当期发生业务招待费15万元，按照所得税规定，税前只允许扣除60%。

（3）应收账款期末余额为120万元，计提坏账准备6万元。

（4）当期取得作为交易性金融资产核算的股票投资成本为 84 万元，2×22 年 12 月 31 日的公允价值为 90 万元。税法规定，以公允价值计量的金融资产持有期间市价变动不计入应纳税所得额。

（5）当期取得投资性房地产成本为 76 万元，该公司以公允价值模式进行后续计量，2×22 年 12 月 31 日其公允价值为 100 万元。

（6）进口货物因报关不及时产生滞报费 10 万元。

除上述所列项目外，其他资产、负债项目不存在会计和税收的差异。

相关分析如下。

（1）2×22 年度当期应交所得税。

应纳税所得额 =500+20+6+6-6-24=502（万元）

应交所得税 =502×25%=125.5（万元）

（2）2×22 年度递延所得税。

该公司 2×22 年相关项目的金额及其计税基础如表 6-4 所示。

表 6-4　计税基础

单位：万元

| 项目 | 账面价值 | 计税基础 | 暂时性差异 | |
|---|---|---|---|---|
| | | | 应纳税暂时性差异 | 可抵扣暂时性差异 |
| 固定资产： | | | | |
| 固定资产原价 | 150 | 150 | | |
| 减：累计折旧 | 50 | 30 | | |
| 减：固定资产减值准备 | 0 | 0 | | |
| 固定资产账面价值 | 100 | 120 | | 20 |
| 应收账款 | 114 | 120 | | 6 |
| 交易性金融资产 | 90 | 84 | 6 | |
| 投资性房地产 | 100 | 76 | 24 | |

递延所得税资产 =26×25%=6.5（万元）

递延所得税负债 =30×25%=7.5（万元）

递延所得税 =7.5-6.5=1（万元）

（3）利润表中应确认的所得税费用。

所得税费用 =125.5+1=126.5（万元）

A 公司确认所得税费用的账务处理如下。

借：所得税费用　　　　　　　　　　　　　　　　　　1 265 000

   递延所得税资产         65 000

  贷：应交税费——应交所得税     1 255 000

   递延所得税负债         75 000

# 6.5 利润的账务处理

## 6.5.1 利润的构成

  利润是企业在一定会计期间的经营成果，是企业的收入与有关的成本及费用的差额。企业只有最大限度地获取利润，才能保证生产经营的发展。获利能力的高低，是衡量企业优劣的一个重要标志。如果收入大于成本费用，则差额为利润；反之，为亏损。利润是衡量企业经济效益高低的一项重要指标。

  根据我国《企业会计准则》的规定，企业的利润一般分为营业利润、利润总额和净利润三个部分。相关计算公式如下。

  利润总额＝营业利润＋营业外收支净额

  营业利润＝营业收入－营业成本－税金及附加－销售费用－管理费用－财务费用＋投资净收益＋公允价值变动损益－资产减值损失

  净利润＝利润总额－所得税费用

  净利润是企业当期利润总额减去所得税费用以后的余额，即企业的税后利润。

## 6.5.2 科目设置

  为核算和监督企业经营成果的情况，企业应设置如下科目。

  1.“营业外收入”科目

  该科目核算企业发生的与生产经营无直接关系的各项收入，贷方登记已确认发生的营业外收入，借方登记期末结转“本年利润”的本期营业外收入。结转“本年利润”后，该科目应无余额。本科目应按营业外收入项目设置明细科目。

  2.“营业外支出”科目

  该科目核算企业发生的与本企业生产经营无直接关系的各项支出，借方登记本期发生的营业外支出，贷方登记期末结转“本年利润”的本期营业外支出。结转“本年利润”后，该科目应无余额。本科目应按营业外支出项目设置明细科目。

  3.“所得税费用”科目

  该科目核算企业按规定从当期损益中扣除的所得税费用，借方登记本期计算确认的所得税费用，贷方登记期末结转“本年利润”的本期所得税费用。结转“本年利润”后，该科目应无余额。

4. "投资收益"科目

该科目核算企业确认的投资收益或投资损失。

5. "资产减值损失"科目

企业根据《企业会计准则第 8 号——资产减值》的规定确定资产发生减值的，按应减记的金额，借记"资产减值损失"科目，贷记"坏账准备"等科目。企业计提坏账准备、存货跌价准备、持有至到期投资减值准备、贷款损失准备等后，相关资产的价值又得恢复，应在原已计提的减值准备金额内，按恢复增加的金额，借记"坏账准备"等科目，贷记"资产减值损失"科目。期末，应将本科目余额转入"本年利润"科目，结转后本科目应无余额。

6. "本年利润"科目

该科目核算企业本年度实现的净利润，贷方登记期末各收益类科目的转入数额，借方登记期末各成本费用或支出类科目的转入数额。结转后，本科目如为贷方余额，表示利润；如为借方余额，表示亏损。年度终了，企业还应将"本年利润"科目的累计余额转入"利润分配——未分配利润"科目。结转后，"本年利润"科目应无余额。

7. "利润分配"科目

该科目核算企业利润分配的各个项目的具体数额以及利润分配后的余额。年度终了，企业应将全年实现的净利润，自"本年利润"科目转入本科目，即借记"本年利润"科目，贷记本科目（未分配利润）；如为净亏损，则做相反会计分录。同时，将"利润分配"科目下的其他明细科目的余额转入本科目的"未分配利润"明细科目。结转后，除"未分配利润"明细科目外，本科目的其他明细科目应无余额。本科目年末余额，反映企业历年积存的未分配利润（或未弥补亏损）。

## 6.5.3  营业外收入与营业外支出的账务处理

营业外收入和营业外支出是指与企业正常生产经营活动没有直接联系的各项收支。

### （一）营业外收入的账务处理

营业外收入是指企业发生的与其经营活动无直接关系的各项净收入，主要包括处置非流动资产利得、非货币性资产交换利得、债务重组利得、罚没利得、政府补助利得、确实无法支付而按规定程序经批准后转作营业外收入的应付款项等。

营业外收入发生时，应借记"待处理财产损溢""银行存款""库存现金""固定资产清理""无形资产"等科目，贷记"营业外收入"科目。期末应将"营业外收入"科目的金额转入"本年利润"科目，借记"营业外收入"科目，贷记"本年利润"科目。

**【例6-14】营业外收入的账务处理（1）**

ABC公司取得罚款收入60 000元，存入银行，进行的账务处理如下。

借：银行存款            60 000

 贷：营业外收入——罚没利得     60 000

**【例6-15】营业外收入的账务处理（2）**

ABC公司在现金清查中盘盈5 000元，按管理权限报经批准后转入营业外收入，进行的账务处理如下。

（1）发现盘盈。

借：库存现金            5 000

 贷：待处理财产损溢        5 000

（2）经批准转入营业外收入。

借：待处理财产损溢         5 000

 贷：营业外收入          5 000

## （二）营业外支出的账务处理

营业外支出是指企业发生的与其经营活动无直接关系的各项净支出，包括处置非流动资产损失、非货币性资产交换损失、债务重组损失、罚款支出、捐赠支出、非常损失等。

发生营业外支出时，借记"营业外支出"科目，贷记"待处理财产损溢""固定资产清理""库存现金""银行存款"等科目。期末应将本科目余额转入"本年利润"科目，借记"本年利润"科目，贷记"营业外支出"科目。

**【例6-16】营业外支出的账务处理（1）**

企业未按合同约定时间交货，用银行存款支付违约金8 000元，进行的账务处理如下。

借：营业外支出           8 000

 贷：银行存款           8 000

**【例6-17】营业外支出的账务处理（2）**

2×23年3月10日，ABC公司发生原材料自然灾害损失200 000元。3月15日，经批准全部转作营业外支出。ABC公司对原材料采用实际成本进行日常核算，进行的账务处理如下。

（1）发生原材料自然灾害损失。

借：待处理财产损溢         200 000

 贷：原材料           200 000

（2）经批准转作营业外支出。

借：营业外支出　　　　　　　　　　　　　　　　　　200 000

　　贷：待处理财产损溢　　　　　　　　　　　　　　　　　200 000

## 6.5.4　本年利润的账务处理

结转本年利润的方法有表结法和账结法。

表结法下，各损益类科目每月月末只需结计出本月发生额和月末累计余额，不结转到"本年利润"科目，只有在年末时才将全年累计余额结转入"本年利润"科目。但每月月末要将损益类科目的本月发生额合计数填入利润表的本月数栏，同时将本月月末累计余额填入利润表的本年累计数栏，通过利润表计算反映各期的利润（或亏损）。表结法下，年终损益类科目无须结转入"本年利润"科目，从而减少了转账环节和工作量；同时并不影响利润表的编制及有关损益指标的利用。

账结法下，每月月末均需编制转账凭证，将在账上结计出的各损益类科目的余额结转入"本年利润"科目。结转后"本年利润"科目的本月余额反映当月实现的利润或发生的亏损，"本年利润"科目的本年余额反映本年累计实现的利润或发生的亏损。账结法下，各月均可通过"本年利润"科目提供当月及本年累计的利润（或亏损）额，但增加了转账环节和工作量。

【例 6-18】本年利润的账务处理

某企业 2×22 年损益类科目的年末余额如表 6-5 所示（该企业采用表结法年末一次结转损益类科目）。

表 6-5　科目余额

单位：元

| 科目 | 借方余额 | 贷方余额 |
| --- | --- | --- |
| 主营业务收入 | | 5 500 000 |
| 其他业务收入 | | 600 000 |
| 投资收益 | | 800 000 |
| 营业外收入 | | 40 000 |
| 主营业务成本 | 3 500 000 | |
| 税金及附加 | 70 000 | |
| 其他业务成本 | 390 000 | |
| 销售费用 | 460 000 | |
| 管理费用 | 830 000 | |

| 科目 | 借方余额 | 贷方余额 |
| --- | --- | --- |
| 财务费用 | 180 000 | |
| 营业外支出 | 470 000 | |
| 所得税费用 | 330 000 | |
| 合计 | 6 230 000 | 6 940 000 |

根据上述资料，进行账务处理如下。

（1）结转各项收入与收益。

借：主营业务收入　　　　　　　　　　　　　　　　　5 500 000

其他业务收入　　　　　　　　　　　　　　　　　600 000

投资收益　　　　　　　　　　　　　　　　　　　800 000

营业外收入　　　　　　　　　　　　　　　　　　40 000

贷：本年利润　　　　　　　　　　　　　　　　　　6 940 000

（2）结转各项成本、费用或支出。

借：本年利润　　　　　　　　　　　　　　　　　　6 230 000

贷：主营业务成本　　　　　　　　　　　　　　　3 500 000

税金及附加　　　　　　　　　　　　　　　　　70 000

其他业务成本　　　　　　　　　　　　　　　　390 000

销售费用　　　　　　　　　　　　　　　　　　460 000

管理费用　　　　　　　　　　　　　　　　　　830 000

财务费用　　　　　　　　　　　　　　　　　　180 000

营业外支出　　　　　　　　　　　　　　　　　470 000

所得税费用　　　　　　　　　　　　　　　　　330 000

（3）将"本年利润"科目余额转入"利润分配——未分配利润"科目。

借：本年利润　　　　　　　　　　　　　　　　　　710 000

贷：利润分配——未分配利润　　　　　　　　　　710 000

# 6.6　利润分配的账务处理

## 6.6.1　利润分配的内容

企业实现的净利润，应按国家规定的顺序分配，以保证所有者的合法权益和企业长期、稳定发展。企业本年实现的净利润加上年初未分配利润为可供分配的利润。企业每年实现的净利润，首先弥补以前年度尚未弥补的亏损，然后按下列顺序进行分配。

（1）提取法定盈余公积。法定盈余公积是指企业按照本年实现净利润的一定比例提取的盈余公积。根据《中华人民共和国公司法》的规定，公司制企业（包括国有独资公司、有限责任公司和股份有限公司）按净利润的10%提取法定盈余公积；其他企业可以根据需要确定提取法定盈余公积的比例，但至少应按10%提取。企业提取的法定盈余公积累计额已达到注册资本的50%时，可以不再提取。

（2）提取任意盈余公积。公司制企业提取法定盈余公积后，经过股东大会决议，可以提取任意盈余公积；其他企业也可以根据需要提取任意盈余公积。任意盈余公积的提取比例由企业视情况而定。

（3）向投资者分配利润。企业提取法定盈余公积后，可以按规定向投资者分配利润。

应注意的是，企业如果发生亏损，可以用以后年度实现的利润弥补，也可以用以前年度提取的盈余公积弥补。企业以前年度亏损未弥补完，不能提取法定盈余公积。在提取法定盈余公积前，不得向投资者分配利润。

## 6.6.2　利润分配的账务处理方法

为了核算和监督利润的分配（或亏损的弥补）和历年分配（或亏损）后的积存余额，企业应设置"利润分配"科目。它属于所有者权益类科目。该科目的贷方登记全年实现的净利润或弥补的亏损额，借方登记利润分配金额或全年发生的亏损额；期末贷方余额反映历年滚存的未分配利润，如为借方余额，则反映未弥补的亏损额。本科目应按企业会计准则规定的利润分配顺序和内容设置下列明细科目，进行明细核算。

（1）"其他转入"明细科目，核算企业用盈余公积弥补的亏损。

（2）"提取法定盈余公积"明细科目，核算企业按规定提取的法定盈余公积。

（3）"应付优先股股利"明细科目，核算企业分配给优先股股东的股利。

（4）"提取任意盈余公积"明细科目，核算企业提取的任意盈余公积。

（5）"应付现金股利或利润"明细科目，核算企业分配给投资者的利润。

（6）"未分配利润"明细科目，核算企业全年实现的净利润（或净亏损）、利润分配和尚未分配的利润（或尚未弥补的亏损）。年度终了，企业将全年实现的净利润（或净亏损）自"本年利润"科目转入"未分配利润"明细科目；同时，将"利润分配"科目下的其他明细科目的余额转入"未分配利润"明细科目。年度终了后，除"利润分配"科目中的"未分配利润"明细科目外，其他明细科目应无余额。年度终了，"利润分配"科目中的"未分配利润"明细科目如为贷方余额，反映企业历年积存的尚未分配的利润；如为借方余额，则反映企业累积尚未弥补的亏损。

【例6-19】利润分配的账务处理

接【例6-18】的资料，该企业董事会决议，经股东大会批准，按税后利润的10%提取法定盈余公积，按可供投资者分配利润的80%向投资者分配利润（假定该企业以前年度没有未分配利润）。该企业进行的账务处理如下。

（1）提取法定盈余公积。

借：利润分配——提取法定盈余公积　　　　　　　　　　　71 000

　　贷：盈余公积　　　　　　　　　　　　　　　　　　　　71 000

（2）向投资者分配利润511 200元［（710 000-71 000）×80%］。

借：利润分配——应付现金股利或利润　　　　　　　　　　511 200

　　贷：应付股利　　　　　　　　　　　　　　　　　　　511 200

（3）将"利润分配"科目下其他明细科目的余额转入"未分配利润"明细科目。

借：利润分配——未分配利润　　　　　　　　　　　　　　582 200

　　贷：利润分配——提取法定盈余公积　　　　　　　　　　71 000

　　　　　　　——应付现金股利或利润　　　　　　　　　511 200

查账又称为财务检查，是指通过对企业账证及有关资料的检查，查核企业会计资料所反映的经济活动是否真实、合法及有无经济违法行为的一项检查活动。

查账的主体可以是企业的财务人员、内部审计人员或外部审计人员、税务稽核人员等。查账时检查的主要对象包括原始凭证、记账凭证、账簿以及财务报表。原始凭证如发票、火车票、收据、收料单、领料单、产品入库单等，记账凭证包括收款凭证、付款凭证及转账凭证，账簿包括现金日记账、银行存款日记账、总分类账、明细分类账等，财务报表包括资产负债表、利润表、现金流量表等。查账的基本方法大致可划分为查核书面资料的方法和验证账实的方法两类，前者按检查的顺序分为顺查法和逆查法，后者包括盘存法、询证法、调节法和鉴证法。

查账与记账紧密相关，查账的基础是记账，只有了解了记账的正确方法，才能够快速地查明错账。本篇将首先介绍查账的基本理论，然后按照经济业务与会计科目，在回顾正确的账务处理方法的基础上，介绍常见的违规记账情形，并给出参考案例。

# 第 7 章
# 查账基础理论

查账是指有关人员利用一定的技术方法、经验和技巧，对企事业单位的账证及有关资料进行检查，查核其会计资料所反映的经济活动是否真实、合法，有无经济违法行为，经济管理活动是否存在漏洞的一项检查活动。查账活动的主体既可以是外部审计、监督人员，也可以是内部监督管理人员。查账具有内外部双重的效益：对外可以通过加强监督，保护利益相关者的合法利益不受侵害；对内可以通过改进内部控制制度，提升企业自身的管理水平，最终有益于企业业绩的提高。

## 7.1 何为查账

"查账"即"检查账目"，是指有关人员根据相关的国家政策、法律、法规、规定以及企业自身的制度规范，利用一定的技术方法、经验和技巧，对企事业单位的账证及有关资料进行检查，查核其会计资料所反映的经济活动是否真实、合法，有无经济违法行为，经济管理活动是否存在漏洞的一项检查活动。

查账与审计的关系十分密切，在对二者不是很了解的情况下，很多人会将"审计"与"查账"混为一谈，认为"查账"就是"审计"，其实不然。查账是审计的重要手段，审计是查账技术得以发挥作用的重要领域。很多审计项目都是通过查账手段发现线索，使问题得以揭露的。因此，从该意义上来讲，审计离不开查账，但是二者又有区别。

首先，查账与审计的主体不同。审计的主体是独立的专业人员，其必须与委托人和审计对象无任何利害关系，且具有独立性和权威性；而查账则不同，查账可以由企业的会计人员、稽核人员，或财政、税务、银行等经济监督机构人员执行，其受所从事的专业性质的限制，不能像审计人员那样超脱，因而独立性较差。

其次，查账与审计的范围不同。审计是对被审计单位经济活动的全面审查，不仅包括对会计账簿、凭证的检查，还包括对被审计单位内部控制制度的制定、人员分工等情况的检查；而查账仅限于对会计账簿、凭证的检查，其范围要比审计范围窄。

最后，查账与审计的作用不同。审计不仅能反映经济活动的真实性、合法性、有效性与可行性，而且还能对被审计单位经济活动和经济效益进行鉴证；而查账的作用，是通过查证被查单位会计资料的真实性、合法性，促进被查单位建立完善的内部控制机制，加强会计基础工作，遵守财经纪律。

从以上可以看出，查账与审计是两个不同的概念，二者既相互联系又相互区别。读者可通过对二者进行比较分析来加深对"查账"这一概念的正确理解。

## 7.2　查账的意义

### 7.2.1　对审计人员的意义

上文提到，查账是审计的重要手段，审计是查账技术得以发挥作用的重要领域。因此，对专业审计人员来讲，查账是其必备的专业技术和看家本领，其必须全面了解查账工作的特点，熟练掌握各种查账方法和技巧，并结合多年的实践经验才能顺利有效地完成审计工作。

除此之外，查账有利于提高审计人员业务素质与对政策的掌握程度，因为审计人员只有具备了应有的专业素质，熟练掌握了各项法规、政策、规章制度，才能在审计过程中发现被审计单位的错弊。查账可以发现问题，予以更正，促进审计人员提高政策水平和业务核算水平，提高其综合素质，增强法制观念，防止和杜绝会计错弊的再次发生。

### 7.2.2　对企业管理人员的意义

对企业管理人员来说，查账能够及时帮助其掌握企业经济活动和资金运转情况，判断企业财务成果是否真实、合理，发现其经营管理中存在的问题，评价其经营管理和利用资源的状况：一方面，激励企业管理人员有针对性地改善其经营管理，建立健全各项规章制度，提高经济效益；另一方面，确保企业能够为各投资人、债权人以及宏观调控部门提供真实可靠的经济信息。

### 7.2.3　对全社会的意义

从全社会的宏观角度来看，查账能够查明企事业单位对国家有关法令、制度、财经纪律的遵守和执行情况，使国家的方针、政策得以贯彻执行，降低偷漏税行为的发生频率，保障国家的收入来源，维护政府功能的正常运转。查账通过揭露经济活动中各种违反财经纪律、行贿受贿、贪污盗窃等犯罪行为，能打击经济犯罪，净化社会风气，维护正常经济秩序，促进经济的健康发展。

# 7.3 查账的操作流程

## 7.3.1 查账的基本工作流程

### （一）准备阶段应做的工作

查账准备阶段的主要工作如下。

（1）确定查账的目的和任务，拟定查账工作方案。 在查账之前，查账人员必须明确其所面临的工作形势、查账的工作性质以及委托人所要求的目标，明确为实现该目标所涉及的工作深度和广度，进而做好完成查账工作的心理准备。

（2）选派查账人员并适当分工，严格遵守保密制度。查账小组人员的配备要综合考虑其年龄结构、能力结构、工作特长、性别结构等因素，各成员应当能够综合解决诸多专业问题，形成整体合力。

（3）搜集有关资料。在检查前，查账人员应当根据查账目标和要求搜集被查单位的财务资料、生产经营资料、行业信息等相关资料，对被查单位的各个方面要适当了解，找出其薄弱环节和漏洞，确定查账的重点。

（4）制订查账计划。在确定查账重点的基础上，根据查账任务和要求，对查账实施的步骤、分工、协作、重点、时间安排等制订具体计划。科学合理地查账可以使查账人员提高工作效率，围绕重点内容开展工作，避免重复劳动或无效劳动。

### （二）实施阶段应做的工作

查账实施阶段的主要工作如下。

（1）查账人员到达被查单位后，向当事人及有关人员说明查账的目的、任务等有关事项，并索取有关账簿、凭证、报表及合同等书面资料。

（2）根据掌握的情况，拟定需要进行检查的有关资料。

（3）对发现的问题，一定要认真查清，详细、准确地记录，掌握必要的证明材料。对确有必要进行外部调查的事项，对与被查单位有联系的单位和个人，进行延伸调查，认证有关问题的准确性。

（4）按类别和性质对有关资料、数据进行整理、归类、分析，实事求是地认定问题的性质。

### （三）完成阶段应做的工作

查账完成阶段的主要工作如下。

（1）综合整理资料，分析存在的问题。由查账小组负责人或小组成员根据掌握的资料和实施阶段搜集的证据，对收集来的资料进行整理分类，分析其中存在的问题，并提出处理意见。

（2）查账人员集体会审，形成查账结果初步报告。整理完查账资料后，查账人员应将所有问题的性质、现状、处理意见集中起来进行研究，在查账小组内部形成共识。此时可邀请单位主管领导、部门负责人、政策咨询人员参加，以确保处理意见准确合理。

（3）征求被查单位对初步报告的意见。查账小组内部统一意见后，应征求被查单位对查账工作和处理结果的意见，对提出的有异议的问题，应与被查单位仔细核对，逐项落实定案。应允许被查单位保留意见并进行相关记录。

（4）查账小组与被查单位统一意见后，应出具查账报告并交予委托人和有关领导与部门。查账报告应包含的主要内容有被查单位的基本情况、查账的目的、要求与范围、查账的情况和方法、查出的问题和性质、最终处理意见、对被查单位经济活动的评价与建议等。

## 7.3.2 查账时检查的主要对象

查账时检查的主要对象包括原始凭证、记账凭证、账簿以及财务报表。原始凭证包括发票、火车票、收据、收料单、领料单、产品入库单等，记账凭证包括收款凭证、付款凭证及转账凭证，账簿包括现金日记账、银行存款日记账、总分类账、明细分类账等，财务报表包括资产负债表、利润表、现金流量表等。

### （一）检查总账

总账能够全面、总括地反映企业的资金活动情况，检查总账的目的是掌握企业设置的会计科目，为下一步查账打下良好的基础。

总账的扉页一般是经管人员一览表，记录单位名称、账簿名称、账簿页数、账簿使用日期、账簿接管及移交情况等。

### （二）检查利润表

利润表是总括反映企业在一定期间财务成果的会计报表。检查利润表的目的是核实企业利润表中的销售收入年末累计数字与总账的销售科目的数字是否一致，严防企业设假账和两套账，保证会计报表的真实可靠。

### （三）检查银行对账单

银行对账单是银行为反映企业所发生的收入、支出情况而编制的借方、贷方的一种记账方式。检查银行对账单的目的是核实企业银行存款日记账、现金日记账是否与银行对账单一致，查账人员应对银行对账单中的贷方、借方大额款项做重点检查，看企业是否另设财务账簿等。

### （四）检查现金日记账和银行存款日记账

现金日记账、银行存款日记账是查账的重点，因为从这两个日记账里能够清晰地看清企业资金的流动方向，并通过对相关原始凭证（如银行对账单和现金支票及相关发票、税票等）的查阅发现疑问，从而进行下一步的查账。

### （五）检查发票存根

检查发票存根的目的是根据企业提供的发票领购簿，按领购簿上的发票顺序检查发票存根是否大头小尾、上下联金额是否一致，从而检查企业是否存在违法经营活动。

### （六）检查仓库保管账

仓库保管账是反映一个企业原材料、物资购入、销售出库情况的一种记录。对于一种产品的多种规格，进货、出库时间等，仓库保管账都记载得清清楚楚，并按品种、规格，依据发票的号码、时间登记入账，为案件查处打下了良好的基础。仓库保管账由企业供销部门的仓库保管员负责保管。

### （七）检查会计凭证

一般业务多的企业，其会计凭证多，企业可能会故意留下几本凭证，查账人员若不细心就发现不了，所以查账人员应有足够的耐心和细心。每本凭证上都标明了凭证的数量，查账人员发现缺少第几号凭证必须向企业索要，并细心查看。查找问题时，查账人员需核对凭证与账簿的数量和书写是否一致，如果不一致，则要向企业询问原因。

## 7.3.3　查账的基本方法

查账的基本方法大致可划分为两种，分别为查核书面资料的方法和验证账实的方法，在查账过程中可结合使用这两种方法。

### （一）查核书面资料的方法

查核书面资料是指通过对凭证、账簿、报表以及其他各种书面资料的复核和核对，借以验证账证、账表、账账是否相符，审查其反映的经济活动是否合法的行为。

#### 1. 顺查法和逆查法

查核书面资料的方法，按检查的顺序分为顺查法和逆查法。

（1）顺查法是按照一笔交易在会计记录中的顺流程序核查，以确定交易处理是否完整的方法。顺查法的检查过程为：第一，逐笔审查经济业务原始凭证记录的合法性、真实性；第二，审查每笔经济业务记账凭证记录的账务处理、对应关系以及金额计算的正确性；第三，审查各种账簿记录是否正确一致；第四，审查会计报表与有关报表的一致性。

顺查法从会计凭证入手，顺着记账顺序依次核对，比较容易弄清楚问题、查明原因，而且顺查法由于要求对每一会计资料都要进行检查，不会有遗漏，所以可以保证查账的完整性。但是必须对每张凭证、每本账簿进行逐一审查，在实际执行时难免耗时耗力，因此，顺查法比较适合业务量较少的小型企业，一般在内部控制制度不健全、存在少计漏计问题的情况下采用。

（2）逆查法是按照一笔交易在会计记录中逆流程序核查，以确定入账的交易是否正确的方法。逆查法的检查流程为：第一，对财务报表进行分析；第二，核对账簿；第三，核对记账凭证；第四，核对原始凭证。

逆查法从报表分析开始，从大处着手，由表及里，一步一步地追溯，直至会计凭证，以检查会计报表中各项指标及其所反映的经济活动是否正确与合法。这种方法对原始凭证和记账凭证通常不全部加以检查，只有对某笔账目与经济业务认为有进一步了解的必要时，才查看其原始凭证与相关记录，以查明真相。

**2. 抽查法和全查法**

查核书面资料的方法按检查的范围分为抽查法和全查法，具体内容如下。

（1）抽查法是从全部会计资料中抽取部分资料进行审查的方法，即有目的地对几个账户、几个品种或特定时间的有关会计资料做重点检查。

（2）全查法是对全部经济活动的资料全面审查的方法。该方法一般适用于较小单位或问题较多单位的账务检查。

**（二）验证账实的方法**

**1. 盘存法**

盘存法是用以考核实物资产与账户余额是否相符，借以证实账户余额是否真实、准确的方法。该方法适用于对原材料、燃料等重点物资的检查，从而发现"账外之账""账外之物"等情况。

**2. 询证法**

询证法是对有疑点的往来账目采用的查证方法，包括查询和函证两种。查询是指发现账目疑点，有目的地向有关人员了解情况的方法；函证是为弄清某项业务而发函查对的方法。

**3. 调节法**

调节法是对银行存款的验证方法，通过验证银行存款日记账等，检查银行存款相关记录是否准确、真实。

**4. 鉴定法**

鉴定法是对需要专业技术部门化验鉴定证实书面资料真伪的方法。

**5. 分析法**

分析法是通过对会计资料的比较、分析，发现线索或疑点，进一步开展检查的查账方法。按分析对象的不同，分析法可分为账户分析法和指标分析法两种。

（1）账户分析法指根据会计原理和会计制度，对账户对应关系及其发生额和余额进行分析，以发现错弊和异常现象，为进一步查账提供线索的方法。账户分析法的特点是一般只就账面情况进行分析，不涉及会计凭证，只有在发现问题时，才会对会计凭证进行审查。例如，可以通过对往来账户的账户名称、入账时间、账龄、发生额及余额等进行综合分析，揭示账户设置及其反映经济业务内容的真实性，判断其是否存在不合理的占用、不合法的隐匿等情况；可以通过对较为稳定的费用项目的各期发生额进行比较，发现波动较大的异常情况；可以通过对账户对应关系的分析，发现用错账户或从中作弊的情况。

（2）指标分析法指查账人员运用一些指标数值进行对比分析，从中揭示差异、发现疑点的方法。根据运用数值方式的不同，指标分析法又可分为比较分析法和比率分析法。比较分析法是将主要经济指标在本期实际与预算之间、不同时期之间、不同单位之间进行对比分析，观察变化趋势，从而分析是否符合客观实际与变化规律，从中发现疑点的方法。比率分析法是指通过计算、比较经济指标的比率，确定相对差异，解释矛盾的一种分析方法。在运用比率分析法时，应当把有关比率有机地联系起来，并结合其他分析方法，综合观察分析以寻找问题的所在。

出现下述情形时，查账人员应对相关企业的账目进行重点查证。

①举报。接到举报时，表明被查单位存在错弊的可能性非常大，应当对被举报的人或事项重点关注，并进行调查取证，查证是否存在问题。

②出现奇异账项。查账人员应对下列事项进行重点检查。

a.奇异数字：数字正负、大小不合理等。

b.奇异时间：异常时间，如应收、应付款项长期挂账等。

c.奇异地点：如舍近求远，及物款流向不合理等。

d.奇异的往来单位：如化工厂和面粉厂的业务往来等。

第 8 章
# 资产业务的检查

资产是指企业过去的交易或事项形成的、由企业拥有或控制的、预期会给企业带来经济利益的资源。按流动性，资产可分为流动性资产和非流动性资产。

## 8.1　货币资金

货币资金是企业资产的重要组成部分，是企业所有资产中流动性最强的一种。任何企业进行生产经营活动都必须拥有一定数额的货币资金。持有货币资金是企业生产经营活动的基本条件，可能关乎企业的命脉。货币资金主要来源于资本的投入和营业收入，主要用于资产的取得和费用的结付。

较强的流动性一方面可使货币资金成为最方便快捷的资产，另一方面也导致其成为控制风险最高的一类资产，很多舞弊、违法犯罪行为的发生都与货币资金有密切关系。查账人员在查找假账时应当对货币资金给予较高的关注，并将其作为重点检查项目。

根据货币资金的存放地点及用途的不同，货币资金分为库存现金、银行存款及其他货币资金三部分。

### 8.1.1　库存现金

#### （一）概念

库存现金包括企业的人民币现金和外币现金，在所有资产中，其流动性最强，是企业为了满足经营过程中的零星支付需要而保留的现金，对促进企业经济活动的开展起着非常重要的作用。尽管库存现金在企业资产总额中所占的比重不大，但企业发生的舞弊事件大多与库存现金有关，因此，查账人员在查账时应当重视对库存现金的检查。库存现金由企业的出纳人员保管，用于企业的日常零星、小额开支。

#### （二）账务处理

企业库存现金具体的账务处理如下。

（1）提存现金的账务处理。从银行提取现金，根据支票存根所载的提取金额，借记"库存现金"科目，贷记"银行存款"科目；将现金存入银行，根据银行进账单第一联，借记"银行存款"科目，贷记"库存现金"科目。

（2）企业因职工出差等原因需要预先支付给员工现金的，按照支出凭证上的金额，借记"其他应收款——××"科目，贷记"库存现金"科目；待员工返回企业，按照出差所耗用的差旅费金额，借记"管理费用"科目；按照交回的剩余金额，借记"库存现金"科目；按照出差前支付给员工的金额，贷记"其他应收款——××"科目。

（3）企业的库存现金应每日清点一次，在清点过程中可能出现库存现金实有数与账面数不一致的情况，即出现库存现金的溢余或短缺，此时应通过"待处理财产损溢"科目进行核算。如果是现金溢余，则借记"库存现金"科目，贷记"待处理财产损溢——待处理流动资产损溢"科目；如果是现金短缺，则应借记"待处理财产损溢——待处理流动资产损溢"科目，贷记"库存现金"科目。待查明原因后，还应根据实际情况做如下会计处理。

①若为现金溢余，属于应归还有关单位或人员的，应借记"待处理财产损溢——待处理流动资产损溢"科目，贷记"其他应付款"科目；属于无法查明原因的现金溢余，经批准处理后，借记"待处理财产损溢——待处理流动资产损溢"科目，贷记"营业外收入"科目。

②若为现金短缺，属于应由相关责任人赔偿的部分，借记"其他应收款——××"科目，贷记"待处理财产损溢——待处理流动资产损溢"科目；属于应由保险公司赔偿的部分，借记"其他应收款——应收保险赔偿款"科目，贷记"待处理财产损溢——待处理流动资产损溢"科目；属于无法查明原因的短缺部分，根据管理权限，经批准处理后，借记"管理费用——现金短缺"科目，贷记"待处理财产损溢——待处理流动资产损溢"科目。

（4）单独设置"备用金"科目的企业，由财务部门拨付给各单位备用金时，借记"备用金"科目，贷记"库存现金"科目。自备用金中支付零星支出，应根据相关的支付凭证，定期编制备用金报销清单，财务部门根据报销清单定期补足备用金，借记"管理费用"等科目，贷记"库存现金"科目。除了增加或减少拨入的备用金外，使用或报销有关备用金支出时不再通过"备用金"科目核算。

（5）企业因其他原因收付现金时，借记或贷记"库存现金"科目，同时贷记或借记其他相应的会计科目。

### （三）违规操作检查

#### 1.对挪用现金的检查

针对出纳人员挪用现金的检查，应抽查核对现金日记账与总账金额是否一致。如果不一致，则应当采取进一步的检查措施。在监盘被查企业的库存现金时，如果发现以白条抵库或金额较大的盘亏现象，则应当通过复查、核对与调查有关的会计资料来查证其是否存在挪用现金的事实。

针对领导挪用现金的检查，应审阅"其他应收款"明细账中的相关记录，检查其中有无属于领导个人长期挂账的问题。如果存在这一现象，再抽调会计凭证进行账证核对，从而证实是否为挪用现金问题，必要时应当追踪被挪用现金的去向，并向相关人员进行询问查证。

**2. 对现金收入不入账或少入账的检查**

（1）对截留现金销售收入的检查方法。在检查企业是否存在经办人员截留现金销售收入这一违规操作时，应当将销售收入明细账与库存商品、原材料等明细账加以核对，查找有无库存商品、原材料等明细账上有销售记录，而销售收入明细账中却无对应收入，或者是前者大于后者的情况，如果存在此种现象，应当进行进一步的查证。

（2）对非法侵占出售其他财产的检查方法。检查固定资产、低值易耗品等资产的明细账，并检查报废物资的残值处理记录，如果账上没有相关记录，则存在将残值存入"小金库"的可能性，应当以此为线索进行进一步的查证。

（3）对截留各种罚款收入的检查方法。调查了解企业有无收取罚款而未开具收据的情况，还可以核对企业的罚没款收据的编号是否连续，以查证是否有以撕票或匿票的形式将罚没款存入"小金库"的问题。

**3. 对虚列支出、虚报冒领的检查**

在检查是否存在虚列支出的情况时，首先要审阅企业的成本、费用支出明细账以及会计凭证，审核凭证的合理、合法性，如存在涂改原始凭证或报销凭证未经审核或有关签字模糊、报销事项不符合相关规定或无正当理由等，应进一步向有关人员或单位核实，如存在不符事项应当进一步调查是否存在虚报或虚列支出的情况。

核对被查企业工资结算单与职工名册，检查是否存在向非本单位人员发放薪酬的情况；核对工资结算单与考勤记录，检查是否存在虚列奖金津贴的现象；另外，还要检查代扣代发款项是否属实。必要时，还应当向被查企业的员工进行询问，检查是否存在利用工资结算之机虚列支出，套取现金的舞弊行为。

**4. 对隐匿回扣、佣金等相关支出的检查**

检查有关材料采购记录，分析被查企业在购买过程中是否存在舍近求远或者采购价格明显高于市场均价等情况。如果存在这一现象，应当向相关人员询证，调查分析是否有以此收取对方回扣或好处费，而将其存入"小金库"的情况。

审阅生产成本、制造费用、管理费用、销售费用、营业外支出等成本费用明细账，并结合现金日记账中的记录，检查有无直接列明回扣费或好处费的问题。

审阅主营业务收入、其他业务收入明细账以及现金日记账中的冲销记录，检查其是否存在以假退货方式支付回扣或好处费的问题。

## （四）参考案例

【例8-1】假借备用金挪用公款

【情况】2×23年，查账人员在对A企业其他应收款账务进行检查时，发现"其他应收款"明细账中的一项记录的摘要为拨付备用金，而根据A企业的备用金管理规定来看，其采用的是定额备用金管理制度，即在拨付备用金时不会通过"其他应收款"来进行账务处理。因此，查账人员怀疑其中存在挪用现金的行为。

【查证】为了证实这一怀疑，查账人员将该笔记账凭证（3月15日记字第22号）调出。该凭证中记的备用金金额为20 000元，但是在后附的原始凭证上，借款单位为空白，领款人为A企业的会计，于是查账人员向该会计进行询问查证。经询问，该会计承认该笔款项是"暂借"企业的，查账人员经进一步了解得知，该会计于前期了解到近期股市出现一片利好景象，于是就想到股市中获利，但迫于没有闲置资金，在利益的驱使下就想到"暂借"企业资金的方法。此事项经查实后，该名会计表示愿意立即归还该笔款项并接受罚款1 000元的处罚。

【账务调整】对上述违规操作应当进行如下账务调整。

借：库存现金              21 000

 贷：其他应收款           20 000

   营业外收入——罚款收入      1 000

【案例点拨】查账人员应当结合被查单位的相关规章制度进行查账，若发现存在一些不符合规定的账务处理，则相关人员存在实施舞弊的嫌疑，应当对此予以重点关注并实施进一步的检查。

【例8-2】侵占财产清理收入

情况：2×23年1月，查账人员在审查C企业的现金日记账时，发现2×22年11月11日19号现付字凭证摘要为"付拆除X型机器劳务费"，金额为900元，但是在现金日记账和银行存款日记账中却没有发现相应的清理收入。查账人员怀疑C企业存在将清理收入转入"小金库"的行为。

查证：查账人员首先调出19号现付字凭证，发现其原始凭证为一张经领导批准的"支付给李某X型机器拆除费900元"的白条，会计分录如下。

借：管理费用              900

 贷：库存现金            900

查账人员进一步审查固定资产明细账，发现当月30号转字记账凭证摘要栏注明"报废X型设备"字样，查账人员随即调出30号凭证，其会计分录如下。

借：累计折旧             50 000

营业外支出　　　　　　　　　　　　　　　　　　　50 000
　　贷：固定资产——X 型设备　　　　　　　　　　　100 000

　　查账人员经分析认为，报废一台价值 10 万元并且半成新的设备，必定有清理收入，于是决定进行进一步调查。查账人员经查询该设备的保管员，得知该设备已运往乙企业。查账人员经与乙企业核实得知，该设备系从 C 企业以 6 万元现金购入的，有 C 企业领导王某的白条据。在证据面前，王某被迫承认，并交出存折现金 6 万元。

　　账务调整：对上述违规操作应当进行如下账务调整。

借：库存现金　　　　　　　　　　　　　　　　　　60 000
　　贷：以前年度损益调整　　　　　　　　　　　　60 000
借：以前年度损益调整　　　　　　　　　　　　　　15 000
　　贷：应交税费——应交所得税　　　　　　　　　15 000
借：以前年度损益调整　　　　　　　　　　　　　　45 000
　　贷：盈余公积　　　　　　　　　　　　　　　　　4 500
　　　　利润分配——未分配利润　　　　　　　　　40 500

　　案例点拨：查账人员在检查时应当以联系的思维来看待一项交易处理，假账是不会孤立地存在的，查账人员在发现疑点时，应当加以联系和思考，不轻易放过任何一个细节。

## 【例 8-3】更换发票，贪污现金

　　情况：2×22 年 12 月，查账人员对一家高档家具经营企业 B 企业进行账务检查。在审阅现金日记账时，发现 8 月 21 日付字 41 号凭证的摘要记录为"支付购买小叶紫檀木款项"，金额为 800 元。该笔账务处理不符合常理，因紫檀木为高档木材，价格高昂，该企业在以往购买时均是大额、批量购买并应以转账的方式支付价款，此处却以现金支付购买价款，存在值得引起查账人员怀疑的因素。因此，查账人员实施了进一步的查证，以查明是否存在贪污现金的行为。

　　查证：查账人员首先调出该笔凭证，其发票（号码为 0865 号）列明由王某从甲企业购入印度小叶紫檀木 100 千克，单价为 4 000 元/千克，总价款为 400 000 元，货款已付（签发转账支票 399 000 元，另付现金 1 000 元），货物已验收。为了进一步追查，查账人员到供货单位甲企业进行调查，甲企业会计资料显示：2×22 年 8 月 21 日向 B 企业销售小叶紫檀木 100 千克，其开具的销售发票号码为 0688 号，单价为 3 990 元/千克，总价款为 399 000 元，收到 B 企业开出的 399 000 元转账支票。由此查账人员发现，购销双方的发票号码、交易金额均不相同，进一步证明了王某存在贪污现金的行为。查账人员又进一步查找 0865 号发票，最后在甲企业的下属加工厂找到了该发票。据有关人员回忆，0865 号发票是王某自己开的，其在开票前先把报销联撕去。

　　在事实面前王某如实交代了偷换发票、贪污企业现金的问题，并退回贪污款项并接受了罚款 500 元的处罚。

账务调整：对上述违规操作应当进行如下账务调整。

借：库存现金　　　　　　　　　　　　　　　　　1 500

　　贷：原材料　　　　　　　　　　　　　　　　　　1 000

　　　　营业外收入——罚款收入　　　　　　　　　　　500

案例点拨：查账人员在检查企业账目时，除了要了解被查单位的相关规定，还应当对交易事项、结算方式的合情、合理性进行分析。若某笔账务处理显示的交易事项等不符合常理，则应当对其予以重点关注。不合常理的交易通常可能表明存在潜在的舞弊事项，应当实施进一步的调查求证，确定非常事项是否存在舞弊行为。

# 8.1.2　银行存款

## （一）概念

银行存款是企业存放在银行或其他金融机构的货币资金。企业除在规定限额以内留存少量现金外，其余的货币资金必须全部存入银行。企业的一切货币收支，除了在规定范围内使用现金结算外，都必须通过银行办理转账结算。合理使用银行存款能够提高资金使用效率，保证企业的资金安全，所以企业应当加强银行存款的管理。

## （二）账务处理

企业银行存款具体的账务处理如下。

（1）企业将现金存入银行或其他金融机构时，借记"银行存款"科目，贷记"库存现金"科目；从银行提取现金时，借记"库存现金"科目，贷记"银行存款"科目。

（2）企业因销售商品、提供劳务等以转账方式收取款项时，借记"银行存款"科目，贷记"主营业务收入""其他业务收入"等科目。

（3）企业因其他原因使银行存款增加或减少时，借记或贷记"银行存款"科目，同时贷记或借记其他相应的会计科目。

## （三）违规操作检查

### 1.对出租、出借银行账户行为的检查

针对此情况，查账人员可检查企业往来账项和银行存款日记账上记录的业务结算明细是否有正当、合理的理由，检查其有无与不应或不经常发生业务往来关系的单位或个人发生了结算关系等，如有疑点，应当调阅相关的会计凭证，在调查有关人员、单位及相关情况的基础上查证问题。

核对银行存款日记账与银行对账单，如发现银行对账单有"一收一付"的账目，而银行存款日记账上却没有相应的记录，则可以到企业开户行调查了解银行存款

结算业务的具体内容，及与被查单位发生结算业务的单位或个人，然后再追踪调查了解该单位或个人，分析被查单位与其之间所发生的银行存款结算事项是否合理合法，查明是否存在出租、出借银行账户以转移资金、收取好处费的行为。

如果银行存款日记账与银行对账单上的内容相一致，都有"一收一付"账目，可通过审阅缴款单或收款通知等原始凭证分析该笔款项的来源是否与被查单位有业务往来，是否有模糊不清的业务理由；对于付款事项，可通过审阅付款委托书回单以及相应的采购物资的原始单据，分析此笔款项的去向是否为上述付款事项的收款单位，是否为正常的合理的业务往来。将收款事项和付款事项联系起来进行分析检查，能够较容易地查清企业出租、出借银行账户的真伪。

2. 对利用"黑户"隐匿、截留收入和贪污款项行为的检查

"黑户"指在正常使用银行账户外，以某种名义在银行开立的账户，主要用于收付非法款项或者作为企业的"小金库"。在对"黑户"的存在性进行调查时，可以检查销售收入明细账，查看是否存在退货业务记录；如果存在退货业务，可以与对方联系，确定退货金额；如果不存在退货业务，则需进一步查明退货款的入账户头是否为企业的"黑户"。

3. 对"偷天换日"贪污收入的检查

针对此情况，查账人员可检查与销售业务对应的往来账目，如应收账款、其他应收款、应付账款、其他应付款等明细账，调查与对方单位的业务往来是否属实；抽查一定的坏账损失核销业务，检查是否有对已收到欠款的假、坏账进行贪污的行为。

4. 对通过假存或少存多记的方法使银行存款日记账与银行对账单余额表面相符的检查

针对此情况，查账人员可核对银行存款日记账与银行对账单的各笔明细记录，检查二者是否一致；同时还应当审查相关记录的原始凭证，检查凭证内容、金额是否与账务记录一致。

**（四）参考案例**

【例 8-4】出租银行账户，收取好处费

情况：2×22 年 12 月，查账人员在审查 D 企业的银行存款日记账时，发现当年 9 月 10 日第 10 号收款凭证的摘要记录"存入暂存款"，金额为 80 000 元。9 月 17 日、19 日分别在第 20 号和第 26 号凭证摘要处注明"提现"，金额各为 40 000 元。查账人员怀疑该企业存在出租账户的行为。

查证：查账人员首先调阅 9 月 10 日第 10 号收款凭证，其分录如下。

借：银行存款　　　　　　　　　　　　　　　　　　80 000

  贷：其他应付款——丙企业            80 000

  所附原始凭证仅有一张进账单。查账人员调阅9月第20号和第26号凭证，发现支票用途分别为差旅费和备用金。依据这一线索，查账人员进一步查阅现金日记账，发现9月30日第30号付款凭证的摘要为"付暂存款"80 000元。查账人员调阅第30号付款凭证，其分录如下。

  借：其他应付款——丙企业           80 000

    贷：库存现金               80 000

  所附原始凭证为丙企业开出的白条收据。查账人员调阅D企业的账簿记录，并未有80 000元的收入。查账人员在丙企业有关人员的协助下，进一步查阅了商品销售明细账，发现丙企业在9月9日销售一批商品，价款为80 000元。查账人员与购货方联系，核定款项已付；与银行取得联系，核定款项已划到被查单位。

  至此可以证实被查企业出租账户，非法套取现金80 000元。查账人员查证后，又询问被查企业的会计、出纳和经办人员，他们终于说出了事实真相，三人各得好处费5 000元，事后三人上交赃款并接受相应的处罚（每人处500元罚款）。

  账务调整：对上述违规操作应当进行如下账务调整。

  借：银行存款                16 500

    贷：营业外收入              16 500

  案例点拨：在查账时，对"暂存款"等类似的"一收一付"账目要予以重点关注，发现此类情况时，很可能表明被查企业存在出租、出借账户的行为，查账人员要进一步查明原因，证实情况是否存在。

【例8-5】利用"黑户"贪污税款

  情况：2×23年2月，查账人员在检查E企业银行存款日记账时发现，2×22年7月的第19号凭证摘要为"罚款支出"，金额为50 000元。该笔罚款支出金额较大，但在摘要中无详细记录，查账人员怀疑其中有舞弊嫌疑，于是实施了进一步调查。

  查证：查账人员调出2×22年7月第19号凭证，其分录如下。

  借：营业外支出              50 000

    贷：银行存款               50 000

  原始凭证为税务机关的罚款通知书，其中，税款为45 000元，罚金为5 000元。查账人员进而审查"应交税费"明细账，发现该账户余额为0，纳税时间为7月10日，符合规定。为什么会被罚款呢？查账人员进一步审查了7月10日的付款凭证，其分录如下。

  借：应交税费——应交增值税         50 000

    贷：银行存款               50 000

  所附单据为转账支票和纳税申报表各一张。查账人员通过银行查明，该支票的收款人为 X 企业而非税务机关。

在事实面前，E 企业的会计人员承认其因为出纳不熟悉相关业务，要求出纳开出一张空白支票，然后与 X 企业相关人员合谋，以支票换取现金，贪污全部税款并编制假传票，贪污公款 50 000 元，再以未交税款的税单制作假传票，最后通知税务机关主动划走税款和罚金。

账务调整：对上述违规操作应当进行如下账务调整。

借：银行存款　　　　　　　　　　　　　　　　　　　　50 000
　　贷：以前年度损益调整　　　　　　　　　　　　　　　　50 000
借：以前年度损益调整　　　　　　　　　　　　　　　　12 500
　　贷：应交税费——应交所得税　　　　　　　　　　　　12 500
借：以前年度损益调整　　　　　　　　　　　　　　　　37 500
　　贷：盈余公积　　　　　　　　　　　　　　　　　　　　3 750
　　　　利润分配——未分配利润　　　　　　　　　　　　33 750

案例点拨：在查账时，对一些金额较大而摘要却没有详细记录的异常事项要特别关注，其很可能表明企业存在违规操作问题，查账人员应当向相关人员询问并查证问题是否存在。

【例 8-6】假借坏账贪污收入款

情况：2×23 年 1 月，查账人员在审阅 F 企业"坏账准备"明细账时，发现该企业在 2×22 年 9 月核销的坏账损失明显高于往年同期核销坏账的金额，其中有一笔核销金额为 100 000 元，金额较大，且经询问相关人员后也未得到合理满意的解释。于是，查账人员决定对"应收账款"明细账进行检查。

查证：查账人员在检查"应收账款"明细账时，查到核销的应收账款是应收丁企业的销货款 100 000 元。于是，查账人员决定与丁企业联系以查明相关情况。但是在联系时，查账人员发现丁企业并不存在。经追查，F 企业的财务负责人承认这笔款项实际是戊公司的货款。2×22 年 7 月对戊公司销售时，F 企业的账务处理如下（不考虑增值税）。

借：应收账款——戊公司　　　　　　　　　　　　　　100 000
　　贷：主营业务收入　　　　　　　　　　　　　　　　100 000

该笔款项实际上已于 2×22 年 8 月收到，但是财务负责人伙同销售经理将该笔款项全部贪污，而应收丁企业的货款实际为虚拟的事项，于是 F 企业于 2×22 年 9 月对这笔虚拟的应收账款予以核销。

借：坏账准备　　　　　　　　　　　　　　　　　　　　100 000
　　贷：应收账款——丁企业　　　　　　　　　　　　　100 000

在事实面前，F 企业的财务负责人和销售经理退回贪污的销货款并接受了 10 000 元的处罚决定。

账务调整：对上述违规操作应当进行如下账务调整。

借：银行存款 100 000

贷：坏账准备 100 000

借：银行存款 10 000

贷：营业外收入 10 000

案例点拨：在查账时，查账人员经常会用到比较数据的方法来分析当期数据的异常或波动趋势是否合理。当发现存在异常的变动趋势时，查账人员应当对此予以重点关注和查证，询问相关人员出现异常波动的原因，并对其给出解释的正确性、合理性予以判断，不能完全依赖对方给出的理由。如果被查企业相关人员给出的解释不能令人满意或信服，则更加表明此处可能存在问题，查账人员应当采取进一步调查措施，证实舞弊问题是否存在。

【例 8-7】利用假存银行存款贪污款项

情况：2×22 年 12 月，查账人员在检查 G 企业 2×22 年 11 月的银行存款日记账和银行对账单时发现，银行存款余额调节表中的银行存款调整后的余额与银行对账单调整后的余额相等，但是未达账项的单笔数额存在不一致的现象。其中：11 月第 20 号凭证（转支 230 号）的金额为 26 650 元，但是银行对账单上 230 号支票的金额为 20 650 元；银行存款日记账 11 月第 18 号凭证为存入现金 6 000 元，在银行对账单上却没有该笔存款记录。对此，查账人员怀疑存在假存银行存款的问题。

查证：查账人员首先调出第 18 号凭证，其分录如下。

借：银行存款 6 000

贷：库存现金 6 000

查账人员审查原始凭证时，发现现金送存簿没有加盖"现金收讫"字样，即实际上并没有将现金缴存银行，而只是在账面上走了一下过程。查账人员调出第 20 号凭证，其分录如下（不考虑增值税）。

借：原材料 26 650

贷：银行存款 26 650

查账人员审查采购发票时，发现其实际金额为 20 650 元。

经查明，该企业财务人员利用虚存现金的方式使银行存款日记账余额与银行对账单余额表面相符，从中贪污银行存款。

账务调整：对上述违规操作应当进行如下账务调整。

借：原材料 6 000

贷：银行存款 6 000

借：银行存款　　　　　　　　　　　　　　　　　6 000

　　贷：库存现金　　　　　　　　　　　　　　　　　6 000

案例点拨：在核对银行存款日记账和银行对账单时，不能只核对调整后的金额，要对其中的各项具体记录金额进行核对落实，若存在不一致的地方，则表明可能存在贪污舞弊的情况，应当对其进行重点关注和追查。

## 8.1.3　其他货币资金

### （一）概念

其他货币资金是指企业除库存现金、银行存款以外的其他各种货币资金，主要包括银行汇票存款、银行本票存款、信用卡存款、信用证保证金、外埠存款和存出投资款等。加强对其他货币资金的检查，可以做到账实相符，防止挪用或其他违规行为的发生。

### （二）账务处理

#### 1. 银行汇票存款

企业填写银行汇票申请书、将款项交存银行时，借记"其他货币资金——银行汇票"科目，贷记"银行存款"科目；企业持银行汇票购货、收到有关发票账单时，借记"材料采购"或"原材料""库存商品""应交税费——应交增值税（进项税额）"等科目，贷记"其他货币资金——银行汇票"科目；采购完毕收回剩余款项时，借记"银行存款"科目，贷记"其他货币资金——银行汇票"科目。

#### 2. 银行本票存款

企业填写银行本票申请书、将款项交存银行时，借记"其他货币资金——银行本票"科目，贷记"银行存款"科目；企业持银行本票购货、收到有关发票账单时，借记"材料采购"或"原材料""库存商品""应交税费——应交增值税（进项税额）"等科目，贷记"其他货币资金——银行本票"科目。

#### 3. 信用卡存款

企业填制信用卡申请表，连同支票和有关资料一并送存发卡银行，根据银行盖章退回的进账单第一联，借记"其他货币资金——信用卡"科目，贷记"银行存款"科目；企业用信用卡购物或支付有关费用，收到开户银行转来的信用卡存款的付款凭证及所附发票账单，借记"管理费用"等科目，贷记"其他货币资金——信用卡"科目；企业在使用信用卡过程中，需要向其账户续存资金的，应借记"其他货币资金——信用卡"科目，贷记"银行存款"科目。企业的持卡人如不需要继续使用信用卡，应持信用卡主动到发卡银行办理销户。办理销户时，信用卡余额转入企业基本存款户，不得提取现金，借记"银行存款"科目，贷记"其他货币资金——信用卡"科目。

### 4.信用证保证金

将信用证保证金交存银行时,企业应根据银行盖章退回的信用证申请书回单,借记"其他货币资金——信用证保证金"科目,贷记"银行存款"科目;接到开证行通知,根据供货单位信用证结算凭证及所附发票账单,借记"材料采购"或"原材料""库存商品""应交税费——应交增值税(进项税额)"等科目,贷记"其他货币资金——信用证保证金"科目;将未用完的信用证保证金余额转回开户银行时,借记"银行存款"科目,贷记"其他货币资金——信用证保证金"科目。

### 5.外埠存款

企业将款项汇往外地开立采购专用账户时,根据汇出款项凭证,编制付款凭证,并进行账务处理,借记"其他货币资金——外埠存款"科目,贷记"银行存款"科目;收到采购人员转来供应单位的发票账单等报销凭证时,借记"材料采购"或"原材料""库存商品""应交税费——应交增值税(进项税额)"等科目,贷记"其他货币资金——外埠存款"科目;采购完毕收回剩余款项时,根据银行的收账通知,借记"银行存款"科目,贷记"其他货币资金——外埠存款"科目。

### 6.存出投资款

存出投资款是指企业已存入证券公司但尚未进行短期投资的现金。企业向证券公司划出资金时,应按照实际划出的金额,借记"其他货币资金——存出投资款"科目,贷记"银行存款"科目;企业购买股票、债券等时,按实际发生的金额,借记"交易性金融资产"等科目,贷记"其他货币资金——存出投资款"科目。

## (三)违规操作检查

### 1.对利用银行汇票或银行本票存款的违规操作检查

针对此情况,查账人员可检查银行汇票和银行本票申请书,查明被查企业与收款单位有无业务往来;检查购销合同规定的结算方式是否采用银行汇票或银行本票结算。在分析上述结算方式是否合理的基础上,分析"其他货币资金——银行汇票""其他货币资金——银行本票"明细账,审查这些账目是否及时办理了结算,有无长期挂账而挪用或侵占款项的情况发生。查账人员还可核对银行存款和银行对账单,审查其款项是否一致;若不一致,应分析是否为未达账项;若不是未达账项,则应查明是否收到无效或过期票据。

### 2.对利用外埠存款的违规操作检查

针对此情况,查账人员可检查以外埠存款购进的全部商品、材料和其他物品,看其有无超出采购存款的用途;然后审查"其他货币资金——外埠存款"明细账余额,查明其有无长期挂账的现象。若挂账时间过长,则应进一步分析查证企业有无挪用资金或者未及时办理结算的问题。

**（四）参考案例**

**【例 8-8】违规开设外埠存款账户进行投资**

情况：查账人员 2×22 年 12 月审查 AB 公司"其他货币资金——外埠存款"明细账时发现，该公司 3 月 12 日第 20 号凭证汇出款项 50 万元，至今尚未报销。查账人员核对 AB 公司的业务往来，发现其很少在汇款所在地有业务往来。查账人员怀疑其可能存在挪用资金行为。

查证：查账人员首先要求 AB 公司提供外埠存款账户资料。AB 公司在外埠存款账户申请书上申请的理由为"为采购商品需要，在山东济南开设临时采购户"。在被要求提供采购户对账单时，AB 公司以尚未收到为由拒绝提供。查账人员调阅第 20 号凭证，其分录如下。

借：其他货币资金——外埠存款　　　　　　　　　　　　　500 000
　　贷：银行存款　　　　　　　　　　　　　　　　　　　　　500 000

上述分录所附信汇凭证注明开户行为工商银行济南东城支行甲地办事处，收款单位为 Y 公司销售部。查账人员决定前往该办事处取证。查账人员与该办事处取得联系，核对对账单，发现账户存款余额为 100 万元，收款单位和付款单位均为当地证券公司，其中有一笔提取 8 万元现金的业务。

查账人员经反复核对证实，甲地办事处为了吸收存款同意 AB 公司设立账户，并以外埠采购账户为名，实际上允许 AB 公司自由存取款，违反了结算纪律。AB 公司的外埠存款账户实际上是为便于买卖有价证券，通过证券交易赚取收益而开设的，但其不反映投资收益，投资收益作为公司"小金库"的资金来源。查账人员取证之后，向 AB 公司指出上述问题，AB 公司供认不讳。

账务调整：对上述违规操作应当进行如下账务调整。

借：银行存款　　　　　　　　　　　　　　　　　　　1 080 000
　　贷：其他货币资金　　　　　　　　　　　　　　　　　1 000 000
　　　　营业外收入　　　　　　　　　　　　　　　　　　　 80 000

案例点拨：在检查外埠存款时，应当关注是否存在长期挂账的款项。如果存在长期挂账的款项，则极有可能表明存在利用外部资金挪用公司款项的违规操作，应当对其进行查证并予以落实。

**【例 8-9】结算不及时，贪污银行本票存款余额**

情况：查账人员在审查 G 公司 2×22 年"其他货币资金——银行本票"时，发现该账户余额为 5 000 元，保留期为 6 个月。查账人员根据银行本票的结算特点怀疑其中存在挪用公款、贪污舞弊的嫌疑。

查证：查账人员通过逐笔审查"其他货币资金——银行本票"明细账，发现 2×22

年 4 月第 28 号凭证记录如下。

借：其他货币资金——银行本票                20 000

    贷：银行存款                        20 000

4 月第 31 号凭证的报销记录如下（不考虑增值税）。

借：原材料                          15 000

    贷：其他货币资金——银行本票         15 000

两者正好相差 5 000 元，但是在后续记录中并没有查到这 5 000 元差额的去向。因此，查账人员更加怀疑 G 公司存在贪污银行本票存款余额的行为。该笔报销记录后附的原始凭证为周某经手的购货发票，收款单位是丙企业，查账人员向丙企业询证后得知该企业已将 5 000 元的差额以现金退回，有周某的白条收据为证，注明"收到退回款 5 000 元"。

因此，可以确定周某贪污了银行本票存款余额 5 000 元，事后周某退回了贪污款并被处以 500 元罚款。

账务调整：对上述违规操作应当进行如下账务调整。

借：银行存款                         5 500

    贷：其他货币资金——银行本票         5 000

       营业外收入——罚款收入          500

案例点拨：对长期挂账的其他货币资金应加以重点关注和检查。

# 8.2 应收票据

## 8.2.1 概念

应收票据是指企业因销售商品、提供劳务等而收到的商业汇票。商业汇票是一种由出票人签发的，委托付款人在指定日期无条件支付确定金额给收款人或者持票人的票据。根据承兑人的不同，商业汇票分为商业承兑汇票和银行承兑汇票。商业承兑汇票是指由付款人签发并承兑，或由收款人签发交由付款人承兑的汇票。银行承兑汇票是指由在承兑银行开立存款账户的存款人（即出票人）签发的，由承兑银行承兑的票据。

## 8.2.2 账务处理

### （一）取得应收票据和收回到期票款的账务处理

企业因销售商品、提供劳务等而收到开出、承兑的商业汇票时，借记"应收票据"科目，贷记"主营业务收入""应交税费——应交增值税（销项税额）"等科目。企业因债务人抵偿前欠货款而取得应收票据时，借记"应收票据"科目，贷记"应收账款"科目。

商业汇票到期收回款项时，应按实际收到的金额，借记"银行存款"科目，贷记"应收票据"科目。

**（二）应收票据转让的账务处理**

企业将持有的商业汇票背书转让以取得所需物资时，按应计入取得物资成本的金额，借记"材料采购"或"原材料""库存商品"等科目；按增值税专用发票上注明的可抵扣的增值税税额，借记"应交税费——应交增值税（进项税额）"科目；按商业汇票的票面金额，贷记"应收票据"科目；如有差额，借记或贷记"银行存款"等科目。

企业将票据进行贴现时，应按实际收到的金额，借记"银行存款"科目；按贴现息部分，借记"财务费用"科目；按应收票据的票面价值，贷记"应收票据"科目。贴现的商业承兑汇票到期，因承兑人银行存款账户余额不足支付，申请贴现的企业收到银行退回的应收票据、付款通知和拒绝付款理由书或付款人未付票款通知书时，按所附本息，借记"应收账款"科目，贷记"应收票据"科目；如果申请贴现企业的银行存款账户余额不足（银行承兑商业汇票），银行做逾期贷款处理时，应按转作贷款的本息，借记"应收账款"科目，贷记"短期借款"科目。

**（三）带息应收票据的账务处理**

企业收到带息商业汇票，应于资产负债表日按商业汇票的票面金额和确定的利率计提票据利息，借记"应收票据"科目，贷记"财务费用"科目。

## 8.2.3  违规操作检查

**（一）应收票据业务常见的违规操作形式**

**1.  "应收票据"科目的核算内容不正确**

具体表现为：将企业收到的银行汇票、银行本票同银行承兑汇票混淆，也作为"应收票据"科目的核算内容；按规定，贴现票据到期，承兑人无款支付，应收票据应转入"应收账款"科目核算，但企业仍然在"应收票据"科目核算；虚拟应收票据业务，将"应收票据"作为调节当期收入的手段，以达到少纳税的目的；将收到的商业汇票的到期利息，不按规定冲减财务费用，而是挂在应付款账上，以达到日后转作他用或化公为私的目的。

**2.  应收票据收回不及时，长期挂账**

实际工作中应收票据长期挂账，一方面，可能是因为在企业对客户资信状况、偿债能力没有足够了解的情况下，采取了商业承兑汇票结算方式，一旦对方到期不能付款，而且企业会计人员的素质差，没有及时将其转入"应收账款"科目，造成应收票据长期挂账；另一方面，也有可能是因为经办人牟取私利，收取对方好处而故意到期不收回，而造成长期挂账。

### 3."应收票据"科目的设置不合理

有的企业对收到的商业汇票视同一般应收款业务，通过"应收账款"科目进行核算，而不设置"应收票据"科目进行专门核算，混淆了两种业务的性质；有些企业虽然设置了"应收票据"科目，但却未按规定设置应收票据登记簿，使商业汇票的出票日期、到期日期、贴现日期、付款人、承兑人等具体情况得不到充分反映，造成应收票据的管理非常混乱。

## （二）常用的查账方法

### 1.审查企业应收票据的内部控制制度

检查企业应收票据的内部控制制度的重点，应放在以下几个方面。

（1）是否建立了明确的职责分工制度。应收票据的总账和明细账应由不同的职员分别登记，现金收款员不得从事应收票据的记账工作。

（2）是否严格控制了应收票据业务，票据的接收、贴现和换新是否进行了严格的审批。

（3）是否按规定设置了应收票据备查簿，有无专人负责登记和注销，内容是否完整。

（4）应收票据账实是否有定期盘点核对制度，是否切实执行。

### 2.实地检查法

全面盘点应收票据实物，并逐项与应收票据备查簿上结存的各种应收票据的余额进行核对。在此基础上，再将应收票据期末汇总余额与应收票据总账余额进行核对。除实际盘查库存票据外，还要按照应收票据的发生额，分析其对应账户，并追查应收票据的原始凭证。

### 3.核对法

审查人员应将"应收票据"账户及对应账户的总账记录与明细账记录进行核对。如果企业存在虚拟应收票据业务，利用"应收票据"账户调节收入的情况，则其往往没有相应的明细账记录；必要时，再核对有关记账凭证和原始凭证，看其账证、证证是否相符。查询"应收票据"明细账及应收票据备查簿，核对应收票据的应收日期、金额与实际收款日期和金额是否相符，以查明应收票据是否存在长期挂账的问题。

### 4.调查了解法

调查了解应收票据是否以合法的商品交易为基础，有无非商品交易形成的应收票据，有无到期或过期而未及时办理收款的票据，必要时应查阅有关会计凭证，询问有关当事人和承兑人、付款人以查清事实真相。对于内容、数额不实的票据和大额的票据，还要调查出票单位或个人的资金状况和抵押品市价，以判明其收回程度。

## 8.2.4 参考案例

**【例 8-10】**带息应收票据的计息错误

情况：B 企业 2×23 年销售一批产品给 A 企业，货物已发出，增值税专用发票上注明的销售收入为 20 万元，增值税税率为 13%。B 企业收到 A 企业的商业承兑汇票一张，期限为 6 个月，票面年利率为 5%。

查证：查账人员检查 B 企业的应收款项，发现该项应收票据的利息账务处理有误。查账人员调取了相关的凭证，发现 B 企业的账务处理如下。

（1）收到票据时。

借：应收票据               226 000

  贷：主营业务收入          200 000

    应交税费——应交增值税（销项税额）   26 000

（2）年终计提利息时。

借：银行存款               5 650

  贷：财务费用            5 650

账务调整：对上述错误账务处理应进行如下调整。

借：应收票据               5 650

  贷：银行存款            5 650

案例点拨：企业计提带息票据的利息时，应当增加应收票据的账面余额，同时冲减当期的财务费用。本例中，应收票据的利息直接记入"银行存款"科目是不正确的，应当借记"应收票据"科目。

**【例 8-11】**带息票据不计息，偷逃税款

情况：2×23 年 2 月，查账人员对甲公司 2×22 年"应收票据"账户进行审查时，发现有一张应收票据是 7 月 1 日出票的，期限 6 个月，票面年利率 6%，面值 113 000 元。查账人员想对此带息票据是否按规定计提了利息进行检查。

查证：查账人员调出该笔凭证，其会计分录如下。

借：应收票据               113 000

  贷：主营业务收入          100 000

    应交税费——应交增值税（销项税额）   13 000

查账人员检查 12 月 31 日的账簿记录，发现该应收票据的账面余额仍为 113 000 元，说明甲公司并没有按规定对带息票据计提利息，导致多计财务费用、少计利润以达到少

交税款的目的。经查实后，甲公司按规定冲减了财务费用，补提了应交的所得税。

账务调整：对上述违规操作应当进行如下账务调整。

2×22年少计提的票据利息 =113 000×6%÷2=3 390（元）

借：应收票据                                           3 390

    贷：以前年度损益调整                         3 390

借：以前年度损益调整                        847.5

    贷：应交税费——应交所得税          847.5

借：以前年度损益调整                      2 542.5

    贷：盈余公积                            254.25

      利润分配——未分配利润          2 288.25

案例点拨：当应收票据为带息票据时，查账人员应当关注其是否按规定计提了相应的利息，查明是否存在通过多计财务费用以少交税款的行为。

【例8-12】应收票据长期挂账

情况：2×22年12月，查账人员在检查甲公司应收票据备查簿时，发现一张面值为50 000元的商业承兑汇票，承兑人为乙公司，出票日期为2×22年3月20日，但没有列明票据的收款日期和金额。由于商业汇票的付款期限最长不得超过6个月，查账人员怀疑存在应收票据长期挂账的情况。

查证：查账人员查阅了"应收票据"明细账及相关记账凭证和原始凭证，并与乙公司取得联系，得知乙公司已于2×22年10月宣告破产进行清算，无力支付相关款项。经查明，该票据应于2×22年9月20日到期，即使未收回也应转入"应收账款"科目，并应当在承兑人宣告破产时，计提坏账准备。应收票据长期挂账，使企业资产不实。

账务调整：对上述违规操作应当进行如下账务调整。

（1）将应收票据转入应收账款。

借：应收账款                                   50 000

    贷：应收票据                            50 000

（2）计提坏账准备。

借：信用减值损失                           50 000

    贷：坏账准备                          50 000

案例点拨：对长期挂账的应收票据一定要追查，应收票据的长期挂账意味着企业很有可能存在虚增资产的违规行为。

# 8.3　应收账款

## 8.3.1　应收账款的检查

### （一）概念

应收账款是指企业因销售商品、提供劳务等经营活动，应向购货单位或接受劳务单位收取的款项，主要包括企业销售商品或提供劳务等应向有关债务人收取的价款及代购货单位垫付的包装费、运杂费等。

### （二）账务处理

企业应收账款的会计处理如下所示。

（1）企业因销售商品、提供劳务等发生应收款项时，借记"应收账款"科目，贷记"主营业务收入""应交税费——应交增值税（销项税额）"等科目；收到款项时，借记"银行存款"科目，贷记"应收账款"科目。

（2）企业销售商品、提供劳务时，给购买方提供商业折扣的，应当按照扣除折扣后的应收款项的金额，借记"应收账款"科目，贷记"主营业务收入""应交税费——应交增值税（销项税额）"等科目；提供现金折扣的，应当按照折扣前的应收金额，借记"应收账款"科目，贷记"主营业务收入""应交税费——应交增值税（销项税额）"等科目。如果购货方因提前付款而享受现金折扣，则按照现金折扣的金额，借记"财务费用"科目，贷记"应收账款"科目。

（3）应收账款的出售。企业以附追索权的方式出售应收账款时，按照出售应收账款收到的金额，借记"银行存款"科目；按支付的手续费借记"财务费用"科目；贷记"短期借款"科目。企业以无追索权方式出售应收账款时，借记"银行存款""营业外支出""坏账准备"科目，并按应收账款的账面余额贷记"应收账款"科目。

### （三）违规操作检查

**1. 通过应收账款虚增收入**

有些企业为了完成利润目标，通过虚构销售交易来确认收入、结转成本。这种情况一般会伴有在期末有大量集中的应收款项的确认。检查此类违规操作时，应抽查"应收账款"明细账，向债务人寄发询证函，询证款项是否属实。另外，还可以审查后期应收账款的结转记录，检查应收账款结转是否收到对应款项，如果未收到款项，而是以冲销的方式结转应收账款，则应当对此重点关注并实施进一步的检查。

**2. 应收账款入账金额不实**

企业提供现金折扣时，未按总价法的规定按照交易总金额对应收账款进行账务处理，而是按照扣除现金折扣后的金额入账，以此达到推迟纳税的目的。

检查此类违规操作时，应抽查有现金折扣的销售业务，审核其会计凭证，复核应收账款明细账，审查其入账价值是否正确。

### 3. 应收账款长期挂账

应收账款长期挂账的主要原因包括以下三个方面：一是企业根本没有建立专人专款催收制度；二是存在款项收回后某些人员通过不正当手段私分的情况；三是销售企业的经销人员和财务人员为了从购货单位牟取利益而共谋，长期拖欠货款，造成企业应收账款长期挂账。

检查此类违规操作时，应当审查应收账款的明细账及会计凭证，查找有无长期挂账的款项。如果存在，则应当进一步查明原因，查证是否存在利用应收账款实施舞弊的行为。

### （四）参考案例

**【例 8-13】利用应收账款虚增收入**

情况：2×23 年 2 月，查账人员在检查甲公司 2×22 年 12 月应收账款时，发现第 51 号转账凭证的会计分录如下。

借：应收账款 226 000
　　贷：主营业务收入 200 000
　　　　应交税费——应交增值税（销项税额） 26 000

查账人员检查原始凭证发现此转账凭证后未附任何原始凭证，该笔业务交易金额较大，如此大额的交易却没有任何原始凭证是不符合常理的。据了解，该公司管理层要求 2×22 年要实现利润较同期增长 5% 的目标，但是查账人员从对该公司所处行业的角度分析来看，该行业最近几年市场不景气，行业平均利润增长率仅为 2%。在行业增长率普遍较低的情况下，该公司要求的利润增长率显著高于行业平均水平。另外，查账人员还统计了该公司前 10 个月的销售情况，发现这几个月的盈利状况并不乐观，远远不能实现管理层所要求的利润目标。由此，查账人员怀疑该公司存在虚构收入来完成业绩要求的舞弊嫌疑。

查证：为了查实甲公司是否存在利用应收账款虚构收入的行为，查账人员重点调查了该公司 11 月、12 月的销售记录。经统计，仅这两个月的销售收入就高达 1 000 000 元，约占全年销售收入总额的 40%，占比较大，但是该公司所经营的业务并不存在季节性经营的特点。面对查账人员的这些质疑，甲公司的财务负责人无法做出合理的解释，在压力面前不得不承认虚列收入、虚增利润的事实。

账务调整：对上述违规操作应当进行如下账务调整。

借：以前年度损益调整 200 000

| | |
|---|---|
| 应交税费——应交增值税（销项税额） | 26 000 |
| 　贷：应收账款 | 226 000 |
| 借：应交税费——应交所得税 | 50 000 |
| 　贷：以前年度损益调整 | 50 000 |
| 借：盈余公积 | 15 000 |
| 　利润分配——未分配利润 | 135 000 |
| 　贷：以前年度损益调整 | 150 000 |

案例点拨：在查证被查单位是否存在利用应收账款虚列收入的舞弊行为时，查账人员应当利用分析程序，分析应收账款在时间、金额等方面的合理性，检查销售记录是否附有原始凭据、后期是否有款项收回等。

【例 8-14】虚构债务重组业务

情况：2×22 年 12 月，查账人员在检查甲公司 2×22 年"营业外支出"明细账时，发现 8 月第 23 号凭证摘要为债务重组损失，金额为 100 000 元，于是调阅该凭证，其分录如下。

| | |
|---|---|
| 借：营业外支出 | 100 000 |
| 　贷：应收账款 | 100 000 |

在先前的查账过程中，查账人员了解到该公司并没有对应收账款计提坏账准备，所以该笔款项是直接进入重组程序的。这不符合应收账款减值的账务处理流程。

查证：查账人员检实所附的原始凭证为一张债务重组协议，协议注明因乙公司财务困难，经双方协商减少乙公司的 100 000 元债务。于是，查账人员到乙公司调查了解，乙公司证实其存在财务困难，但双方并未达成债务重组协议。至此，可以证明甲公司利用虚假的债务重组，虚增营业外支出，偷漏所得税，并且为日后挪用或贪污收回所欠货款创造机会。

账务调整：对上述违规操作应当进行如下账务调整。

| | |
|---|---|
| 借：营业外支出 | 100 000 |
| 　贷：应收账款 | 100 000 |

案例点拨：查账时，查账人员对一些不符合一般账务处理流程的事项应加以重点关注和进一步追查，因为不按正常程序处理的账目很有可能存在舞弊行为。

【例 8-15】应收账款计量错误

情况：某企业向 B 公司销售一批商品，按照账目表上标明的价格计算，其售价金额为 100 000 元，适用的增值税税率为 13%，规定的现金折扣条件为 2/10、n/30，上述货款在 10 以内到账。

查证：查账人员当年检查了该企业的应收账款的账务处理和相关的凭证，发现上述交易的账务处理有误。该企业上述交易的账务处理如下。

（1）实现销售时。

借：应收账款——B公司         111 000

 贷：主营业务收入          98 000

   应交税费——应交增值税（销项税额）  13 000

（2）收到款项时。

借：银行存款            111 000

 贷：应收账款——B公司        111 000

账务调整：查账后，账务调整如下。

借：应收账款             2 000

 贷：主营业务收入           2 000

借：财务费用             2 000

 贷：应收账款            2 000

案例点拨：企业销售货物形成的应收账款如果有现金折扣条件，在确认应收账款时，不考虑现金折扣的因素，而应在款项收讫后，将发生的现金折扣计入财务费用。本例中的企业在确认应收账款时直接将现金折扣从应收账款中扣除的做法是错误的。

【例8-16】应收账款的减值准备账务处理错误

情况：2×22年末，A公司持有B公司的应收账款，A公司经过减值测试，认为B公司所欠的账款6万元已经不可能收回，因此核销了B公司的此笔应收账款，相应的分录也已经入账。但是，2×23年初，B公司经营状况好转，将所欠的6万元偿还给了A公司，A公司已经收到该笔款项。

查证：查账人员对A公司应收账款的坏账准备进行了检查，发现与上笔业务有关的账务处理有问题。A公司收回坏账的分录如下。

借：银行存款            60 000

 贷：应收账款           60 000

账务调整：查账后，账务调整如下。

借：应收账款             60 000

 贷：坏账准备           60 000

案例点拨：企业在确认坏账时，应当借记"信用减值损失"科目，贷记"坏账准备"科目；核销坏账时，应当借记"坏账准备"科目，贷记"应收账款"科目。如果企业后期将已核销的应收账款重新收回，则应当借记"应收账款"科目，贷记"坏账准备"科目；同时借记"银行存款"科目，贷记"应收账款"科目。本例中，A公司只做了银行存款的相关会计分录，没有做相关的坏账准备的会计科目，因此，其账务处理是不完整的。

## 8.3.2　坏账准备的检查

### （一）概念

坏账准备是按照企业的应收款项（含应收账款、其他应收款等）计提的，属于备抵科目。企业对坏账损失的核算，采用备抵法。在备抵法下，企业每期末要估计坏账损失，设置"坏账准备"科目。

### （二）账务处理

企业坏账准备的具体会计处理如下。

（1）企业计提坏账准备时，按计提的坏账金额，借记"信用减值损失"科目，贷记"坏账准备"科目。

（2）企业冲销坏账时，借记"坏账准备"科目，贷记"应收账款"科目。

（3）已核销的坏账后来又收回的，借记"应收账款"科目，贷记"坏账准备"科目；同时借记"银行存款"科目，贷记"应收账款"科目。

### （三）违规操作检查

坏账准备违规操作的形式有以下几种。

（1）不按规定采用备抵法计提坏账准备，而是在发生坏账时直接转销。

（2）随意变更坏账准备的计提范围和计提比例，以此来实现调节利润的目的。

（3）已核销的坏账后期又收回，不进行相应的账务处理，而是将收到的款项放入"小金库"。

（4）对不能按期足额收回的款项不按照规定计提坏账准备，致使资产虚增、不实。

坏账准备违规操作的查账方法如下。

（1）检查被查企业的"坏账准备"明细账，分析坏账准备的计提是否正确、合乎规定，有无多提或少提坏账准备，以调节利润的现象。

（2）审查"坏账准备"借方科目，即坏账准备的转销数，查明是否将不该转销的坏账予以转销，在之后收到款项时予以贪污。

（3）函证长期挂账的应收账款，询证有无实际上已经收回的款项，但仍挂在账上，将款项贪污的事项。

（4）审查有关坏账核销业务的原始凭证，检查有无批准核销的文件。

### （四）参考案例

【例 8-17】将可收回的款项按坏账核销

情况：2×22 年 12 月，查账人员在检查甲企业 2×22 年 9 月"应收账款——A 公司"明细账时，发现该款项是在 2×22 年 6 月 2 日形成的，而确认为坏账并核销的时间是 9 月 23 日。该款项从发生至核销的时间过短，查账人员怀疑存在提前转销坏账的嫌疑。

查证：查账人员调出该笔转销凭证，其分录如下。

借：银行存款　　67 000

　　坏账准备　　50 000

　　贷：应收账款——A公司　　117 000

该笔分录所附的原始凭证只有一张银行进账单，并没有批准坏账核销的文件。于是，查账人员向A公司进行询证，了解到A公司由于资金周转暂时出现困难，欠甲企业的50 000元货款将于半年后再归还。至此，事件原因已经查明，即被查企业违反了坏账确认的标准，将以后可以收回的欠款提前做了坏账核销处理，为以后贪污、挪用剩余款项提供可乘之机。

账务调整：对上述违规操作应当进行如下账务调整。

借：应收账款　　50 000

　　贷：坏账准备　　50 000

案例点拨：检查坏账准备是否存在违规处理时，应审查有关坏账核销业务的原始凭证，检查坏账核销是否经过了相应的批准手续。如果未经批准即将坏账核销，极有可能表明存在提前利用核销坏账的方式，以备贪污后续款项的舞弊行为，查账人员应当进行进一步追查，以了解事实真相。

**【例8-18】**违规多提坏账准备，调减利润

情况：甲公司采用余额百分比法计提坏账准备，坏账准备计提比例为10%，按年度计提。查账人员审阅“坏账准备”明细账发现，2×22年甲公司计提坏账准备31 000元，本年核销坏账20 000元，坏账准备年末余额为50 000元。查账人员想对甲公司是否通过多提或少提坏账准备来调节利润进行检查。

查证：查账人员通过审查甲公司相关账簿记录，发现应收账款期末余额为300 000元，其他应收款期末余额为10 000元，年初坏账准备为40 000元。根据甲公司的规定，期末坏账准备余额应为31 000元[（300 000+10 000）×10%]，年末应计提的坏账准备金额为11 000元（31 000+20 000−40 000），因此，甲公司本期多计提坏账准备金额为20 000元（31 000−11 000）。财务人员在计提坏账准备时，未考虑坏账准备的期初余额，未照规定按应收款项的余额计提，致使多提了坏账准备，减少了当期利润，达到了少交税款的目的。

账务调整：对上述违规操作应进行如下账务调整。

（1）如果是在年终结账前发现的，则调整分录如下。

借：坏账准备　　20 000

　　贷：信用减值损失　　20 000

（2）如果是在年终结账后发现的，则应做如下调整分录。

| | |
|---|---:|
| 借：坏账准备 | 20 000 |
| 　贷：以前年度损益调整 | 20 000 |
| 借：以前年度损益调整 | 5 000 |
| 　贷：应交税费——应交所得税 | 5 000 |
| 借：以前年度损益调整 | 15 000 |
| 　贷：利润分配——未分配利润 | 13 500 |
| 　　盈余公积——法定盈余公积 | 1 500 |

案例点拨：查账人员可以通过复核本期计提的坏账准备金额来检查企业是否存在通过多提或少提坏账准备的方式来调节利润的情况。

## 8.4　预付账款

### 8.4.1　概念

预付账款是指企业按照购货合同规定预先支付给供货方的款项。预付款项应当按照实际预付的金额入账。企业预付货款后，有权要求对方按照购货合同规定发货。为加强对预付账款的管理，企业一般应单独设置"预付账款"科目进行核算，预付账款不多的企业也可以将预付的货款记入"应付账款"科目的借方，但在编制会计报表时，仍然要将"预付账款"和"应付账款"的金额分开列示。

### 8.4.2　账务处理

企业根据购货合同的规定向供应单位预付款项时，借记"预付账款"科目，贷记"银行存款"科目。企业收到所购物资时，按应计入购入物资成本的金额，借记"材料采购"或"原材料""库存商品"科目；按相应的增值税进项税额，借记"应交税费——应交增值税（进项税额）"等科目；贷记"预付账款"科目。当预付货款小于采购货物所需支付的款项时，应将不足部分补付，借记"预付账款"科目，贷记"银行存款"科目；当预付货款大于采购货物所需支付的款项时，对收回的多余款项，应借记"银行存款"科目，贷记"预付账款"科目。

### 8.4.3　违规操作检查

企业预付账款的常见违规操作如下。

（1）将已实现的收入款项记入"预付账款"科目，以达到推迟确认收入、缴纳税款的目的。检查此类违规操作时，查账人员应审阅"预付账款"明细账，从摘要、对应账户记录中发现线索，再进一步审阅原始凭证和记账凭证等相关资料。

（2）通过预付账款列支非法支出、预付账款长期挂账。检查此类违规操作时，查账人员应审阅"预付账款"明细账及相关凭证，如账龄过长，则意味着有利用"预付账款"转移资金或进行其他舞弊行为的可能。

（3）利用预付账款为他人进行非法结算提供便利，并从中收取好处费。对此种违规操作进行检查时，查账人员应审查预付款项业务合同是否合法真实，有无以虚假或不合理合同串通舞弊，虚列预付账款的现象。

## 8.4.4  参考案例

**【例8-19】利用预付账款隐匿收入**

情况：2×23年2月，查账人员在审阅甲公司2×22年"预付账款"明细账时，发现2×22年10月20日的一笔记录为贷方60 000元，对方科目为"银行存款"，而不是"原材料"。查账人员调出该凭证，其分录如下。

借：银行存款　　　　　　　　　　　　　　　　　　　　60 000
　　贷：预付账款——A公司　　　　　　　　　　　　　　　　60 000

查证：该笔分录的含义应当是，预付的金额高于所购买货物的实际结算价格，销货方退回购货方多支付的价款。但是，查账人员审阅"预付账款"明细账并没有出现借方发生额，即甲公司并没有向A公司预先支付过货款。查账人员向A公司询证，证实甲公司的确未向A公司预付过货款，该笔款项是A公司收购甲公司废旧物资时支付给甲公司的货款。在事实面前，甲公司财务人员承认了公司领导是为了少交税款而要求会计对这笔收入款予以隐匿截留的。

账务调整：对上述违规操作应当进行如下账务调整。

借：预付账款——A公司　　　　　　　　　　　　　　　　60 000
　　贷：以前年度损益调整　　　　　　　　　　　　　　　　60 000
借：以前年度损益调整　　　　　　　　　　　　　　　　　15 000
　　贷：应交税费——应交所得税　　　　　　　　　　　　　15 000
借：以前年度损益调整　　　　　　　　　　　　　　　　　45 000
　　贷：盈余公积　　　　　　　　　　　　　　　　　　　　4 500
　　　　利润分配——未分配利润　　　　　　　　　　　　　40 500

案例点拨：检查预付账款违规操作时，查账人员要审阅"预付账款"明细账、记账凭证，分析记账凭证中会计分录所表明的交易或事项是否与企业实际发生的交易或事项一致，是否存在不实反映真实交易情况的违规操作行为。

## 8.5 应收利息

### 8.5.1 概念

应收利息是指企业因债权投资而应收取的利息，包括购入债券的价款中已到付息期但尚未领取的债券利息和分期付息到期还本的债券在持有期间产生的利息，不包括企业购入到期一次还本付息的长期债券应收取的利息（应通过金融资产科目下设二级科目"应计利息"核算）。

### 8.5.2 账务处理

**（一）取得债券时，购买价款中包含已到付息期但尚未领取的债券利息时的账务处理**

1．将购入的债券作为"持有至到期投资"核算

借：持有至到期投资——债券（面值）

  应收利息

  贷：银行存款

    持有至到期投资——债券（利息调整）（也可能在借方）

2．将购入的债券作为"交易性金融资产"核算

借：交易性金融资产

  应收利息

  贷：银行存款

3．将购入的债券作为"可供出售金融资产"核算

借：可供出售金融资产——债券（面值）

  可供出售金融资产——债券（利息调整）（也可能在贷方）

  应收利息

  贷：银行存款

**（二）债券持有期间产生的利息的账务处理**

借：应收利息

  持有至到期投资——债券（利息调整）（也可能在贷方）

  贷：投资收益

### 8.5.3 违规操作检查

"应收利息"的违规操作主要表现为利息金额计算有误，以此来达到调节利润的目的。在检查时，查账人员主要通过审阅债权合同中的相关规定，来复核被

查企业的利息计算是否正确。

## 8.5.4  参考案例

**【例 8-20】多计利息,虚增利润**

情况:2×23 年 2 月,查账人员在检查甲公司 2×22 年"应收利息"科目时,发现 2×22 年计提的利息金额要高于 2×21 年计提的利息金额,但是通过审阅 2×22 年"债权投资"账目发现 2×22 年当年并没有购入新的债券。因此,查账人员怀疑甲公司存在多计提应收利息的舞弊嫌疑。

查证:查账人员检查了甲公司购买债券的合同,合同表明该债券是 2×20 年按面值 1 000 000 元发行的 5 年期分期付息到期还本的债券,年利率为 6%,因此 2×22 年当年应确认的利息金额为 60 000 元(1 000 000×6%)。但是甲公司账面上确认的利息费用为 100 000 元,多确认了 40 000 元。在事实面前,甲公司财务人员承认为了提高利润而多计提利息收益的舞弊事实。

账务调整:对上述违规操作应当进行如下账务调整。

对多确认的利息应调减 2×22 年的损益。

借:以前年度损益调整　　　　　　　　　　　　　　　40 000
　　贷:应收利息　　　　　　　　　　　　　　　　　　　40 000
借:应交税费——应交所得税　　　　　　　　　　　　10 000
　　贷:以前年度损益调整　　　　　　　　　　　　　　　10 000

应调减盈余公积=(40 000-10 000)×10%=3 000(元)

应调减利润分配=(40 000-10 000)-3 000=27 000(元)

借:盈余公积　　　　　　　　　　　　　　　　　　　3 000
　　利润分配——未分配利润　　　　　　　　　　　　27 000
　　贷:以前年度损益调整　　　　　　　　　　　　　　　30 000

案例点拨:查账人员在检查"应收利息"科目时可以采用对比分析的方法,在债券投资没有增减变化的情况下,分析所确认的利息收入是否发生了异常变化。如果发现异常变化,则应当根据债权合同重新计算应确认的利息金额,查证是否存在利息收入造假的情况。

# 8.6  应收股利

## 8.6.1  概念

应收股利是指企业因股权投资而应收取的现金股利以及应收其他单位的利润,

包括企业股票实际支付的款项中所包括的已宣告发放但尚未领取的现金股利和企业对外投资应分得的现金股利或利润等，但不包括应收的股票股利。

## 8.6.2 账务处理

（1）企业购买股票，实际支付的价款中包含已宣告但尚未领取的现金股利时，账务处理如下。

借：交易性金融资产

　　应收股利

　　投资收益

　　贷：其他货币资金——存出投资款

　　　　银行存款

（2）交易性金融资产持有期间，被投资单位宣告发放现金股利，按应享有的份额，账务处理如下。

借：应收股利

　　贷：投资收益

（3）企业对外进行长期股权投资，被投资单位宣告发放现金股利或分派利润时，账务处理如下。

借：应收股利

　　贷：投资收益（成本法）

　　　　长期股权投资（权益法）

（4）企业实际收到现金股利或利润时的账务处理如下。

借：银行存款

　　贷：应收股利

## 8.6.3 违规操作检查

企业应收股利的违规操作的检查方法如下。

（1）一般应收股利项目比较少，原则上应全部查证。

（2）对于重大的应收股利项目，在检查应收股利计算的正确性时，查账人员应当获取相关的分配决议，查验应收股利的入账依据是否充分、入账金额及账务处理是否正确，必要时，向被投资单位函证并记录。

（3）投资发生时，需关注含权因素（实际支付价款中包含的已宣告但尚未领取的现金股利）的会计处理是否正确。

（4）对挂账时间较长（半年以上）的应收股利，应予以重点关注，并取证判断是否能收回该股利，必要时可发函询证。

（5）对应收股利的减少金额应当进行查证，侧重于核对收到股利的单据是否齐全、完整。

## 8.6.4 参考案例

**【例8-21】多计应收股利，虚增利润**

情况：2×23年3月，查账人员检查甲公司"应收股利"明细账，账面显示当年应收股利发生额为150 000元。由于金额较大，查账人员想对该应收股利计算的正确性进行检查。

查证：甲公司2×21年购买乙公司股票1 000 000股，列入"可供出售金融资产"科目进行核算。上述应收股利发生在2×22年10月。为了复核应收股利金额的正确性，查账人员查阅了乙公司的股利分配方案。该方案表明乙公司2×22年10月决定分派现金股利0.1元/股，甲公司应收股利金额应为100 000元（1 000 000×0.1），而实际甲公司却确认应收股利150 000元，多确认了50 000元。经查实，甲公司存在多计应收股利，虚增当年利润的舞弊行为。

账务调整：甲公司多确认的应收股利应当冲回，具体如下。

| | | |
|---|---|---|
| 借：以前年度损益调整 | 50 000 | |
| 贷：应收股利 | | 50 000 |
| 借：应交税费——应交所得税 | 12 500 | |
| 贷：以前年度损益调整 | | 12 500 |
| 借：盈余公积 | 3 750 | |
| 利润分配——未分配利润 | 33 750 | |
| 贷：以前年度损益调整 | | 37 500 |

案例点拨：对金额比较重大的应收股利，查账人员应当获取相关的股利分配决议，以检查应收股利入账金额的准确性。

# 8.7 其他应收款

## 8.7.1 概念

其他应收款是指企业除应收票据、应收账款、预付账款等以外的其他各种应收及暂付款项，其主要内容包括：①应收的各种赔款、罚款，如因企业财产等遭受意外损失而应向有关保险公司收取的赔款等；②应收的出租包装物租金；③应向职工收取的各种垫付款项，如为职工垫付的水电费、应由职工负担的医药费、房租等；④存出保证金，如租入包装物支付的押金；⑤其他各种应收、暂付款项。

## 8.7.2　账务处理

企业发生其他应收款时，借记"其他应收款"科目，贷记"库存现金""银行存款""营业外收入"等科目；收回或转销其他应收款时，借记"库存现金""银行存款""应付职工薪酬"等科目，贷记"其他应收款"科目。

## 8.7.3　违规操作检查

企业的其他应收款的违规操作种类及相应的检查方法如下。

（1）利用其他应收款长期挂账，予以挪用、贪污。检查此类违规操作时，查账人员应审阅"其他应收款"明细账，对其他应收款进行账龄分析，询问有关人员其他应收款的用途及长期挂账的原因，查找有无舞弊的疑点。

（2）利用其他应收款隐匿收入、偷逃税款等。其具体表现为：将超出企业经营范围的业务收入反映在"其他应收款"科目中，以逃税；利用"其他应收款"科目为其他单位和个人套取现金，在一定程度上为贪污、盗窃、损公肥私提供方便；以"其他应收款"科目挪用或长期占用企业资金，如将企业资金用于投资或其他活动，账外经营获取利益，为"小金库"提供资金来源等。查找此类违规操作时，查账人员应查阅"其他应收款"明细账，在了解业务内容后，进一步审阅有关的凭证，看是否存在账证不符、账实不符、无原始凭证或利用虚假的原始凭证做账等现象。

## 8.7.4　参考案例

【例 8-22】其他应收款长期挂账

情况：2×22 年 12 月，查账人员审核甲公司"其他应收款"明细账时，发现有一笔其他应收款在摘要栏注明"应收 2×19 年 10 月王某赔款"，金额为 10 000 元。该事项发生在 3 年前，表明其他应收款长期挂账，查账人员决定对该笔款项进行审查。

查证：查账人员经查阅相关凭证及询问相关人员，得知王某原是甲公司的车间工作人员，2×19 年因责任事故给甲公司造成损失，按照公司规定，王某应当赔偿甲公司 10 000 元。但由于各种原因，赔款未能及时收回，如今王某已离开甲公司且去向不明，所以该笔款项实际上已成为一笔无法收回的坏账。该事项说明甲公司没有对其他应收款建立严格的管理制度，导致赔款无法收回。

账务调整：该笔其他应收款已经无法收回，应当将其确认坏账并予以转销。

借：信用减值损失　　　　　　　　　　　　　　　　　　　10 000

　　贷：其他应收款　　　　　　　　　　　　　　　　　　　　10 000

案例点拨：对长期挂账的其他应收款应当重点关注并实施进一步追查。本例中，甲公司未严格管理其他应收款导致其长期挂账并且无法收回，这属于内部管理制度存在缺陷，应当加以改进。

**【例8-23】利用其他应收款套取现金**

情况：2×23年1月，查账人员在检查甲公司2×22年"其他应收款"明细账时，发现9月6日第10号凭证摘要含糊不清，金额为20 000元。查账人员调出该凭证，其分录如下。

借：其他应付款                                20 000

    贷：其他应收款                            20 000

该凭证后面没有附任何原始凭证，查账人员认为该业务存在疑点，决定予以追查。

查证：查账人员调查"其他应收款"科目的借方，查找到2×22年9月2日第4号凭证，其分录如下。

借：其他应收款                                20 000

    贷：库存现金                              20 000

摘要注明为"预借差旅费"，后附一张借款单据。但是从9月6日第10号凭证来看，该笔款项并没有用于支付差旅费。经调查，该笔款项实际上是交给需要换取现金的丙公司并按10%收取手续费2 000元，日后当丙公司将这笔款归还，甲公司收到现金22 000元时，以套开方式开出发票给换现单位丙公司，将收到的20 000元作为暂存款处理，2 000元的手续费则落入"小金库"中，分录如下。

借：银行存款                                20 000

    贷：其他应付款——丙公司                20 000

然后，为了冲销账务就有了9月6日第10号凭证的分录。

账务调整：甲公司违反规定帮助其他企业套取现金并收取手续费，应当追究有关责任人的责任并没收其违法所得，账务调整分录如下。

借：其他应收款——没收违法所得           2 000

    贷：以前年度损益调整                  2 000

借：以前年度损益调整                        500

    贷：应交税费——应交所得税             500

借：以前年度损益调整                     1 500

    贷：盈余公积                          150

        利润分配——未分配利润         1 350

案例点拨：查账人员对于一些异常或描述不清楚的账目要进行重点关注和追查，因为这些异常账务处理中很可能就包含舞弊因素。

【例 8-24】其他应收款科目确认错误

情况：A 企业库存的一批原材料因灾损毁，经保险公司确认，A 企业可以从保险公司收取 5 万元的保费。

查证：查账人员当年检查 A 企业的应收账款的凭证时，对一笔账务处理存在疑问。A 企业将应向保险公司收取的保费收入记入"应收账款"科目中，导致"应收账款"账面余额增加。A 企业针对上述事项的会计分录如下。

借：应收账款　　　　　　　　　　　　　　　　　　　　50 000

　　贷：待处理财产损溢——待处理流动资产损溢　　　　　　　50 000

账务调整：对上述违规操作应当进行如下账务调整。

借：其他应收款　　　　　　　　　　　　　　　　　　　50 000

　　贷：应收账款　　　　　　　　　　　　　　　　　　　　50 000

案例点拨：企业应收的保险公司的保费收入，应当记入"其他应收款"科目中，而不应记入"应收账款"科目中，本例中 A 公司的账务处理是错误的。

## 8.8　交易性金融资产

### 8.8.1　概念

交易性金融资产主要是指企业为了近期内出售而持有的金融资产，例如企业以赚取差价为目的从二级市场购入的股票、债券、基金等。

### 8.8.2　账务处理

#### 1. 交易性金融资产的取得

企业取得交易性金融资产时，应当按照该金融资产取得时的公允价值作为其初始确认金额，记入"交易性金融资产——成本"科目。取得交易性金融资产所支付价款中包含了已宣告但尚未发放的现金股利或已到付息期但尚未领取的债券利息的，应当单独确认为应收项目，记入"应收股利"或"应收利息"科目。

取得交易性金融资产所发生的相关交易费用应当在发生时计入投资收益。交易费用是指可直接归属于购买、发行或处置金融工具新增的外部费用，包括支付给代理机构、咨询公司、券商等的手续费和佣金及其他必要支出。

#### 2. 交易性金融资产的现金股利和利息

企业持有交易性金融资产期间应当将被投资单位宣告发放的现金股利或企业在资产负债表日按分期付息、一次还本债券投资的票面利率计算的利息收入，确认为应收项目，记入"应收股利"或"应收利息"科目，并计入投资收益。

### 3. 交易性金融资产的期末计量

资产负债表日，交易性金融资产应当按照公允价值计量，公允价值与账面余额之间的差额计入当期损益。企业应当在资产负债表日按照交易性金融资产公允价值与其账面余额的差额，借记或贷记"交易性金融资产——公允价值变动"科目，贷记或借记"公允价值变动损益"科目。

### 4. 交易性金融资产的处置

出售交易性金融资产时，应当将该金融资产出售时的公允价值与其初始入账金额之间的差额确认为投资收益，同时调整公允价值变动损益。

企业应按实际收到的金额，借记"银行存款"等科目；按该金融资产的账面余额，贷记"交易性金融资产"科目；按其差额，贷记或借记"投资收益"科目。同时，将原计入该金融资产的公允价值变动转出，借记或贷记"公允价值变动损益"科目，贷记或借记"投资收益"科目。

## 8.8.3 违规操作检查

### （一）入账成本有误

查账人员应重点关注，投资发生时，含权因素（实际支付价款中包含的已宣告但尚未领取的现金股利等）的会计处理是否正确。

### （二）公允价值变动金额有误

有时，企业为调节利润，会人为地少计或多计公允价值变动金额。检查时，查账人员可以通过复核期末交易性金融资产的公允价值来确定公允价值变动损益金额是否正确。

## 8.8.4 参考案例

**【例 8-25】交易性金融资产的违规操作**

情况：2×23 年 2 月，查账人员对甲公司 2×22 年"交易性金融资产"科目进行检查。甲公司于 2×22 年 6 月购入乙公司 1 000 000 股股票，买价为 8.5 元 / 股（包含 0.5 元的现金股利），甲公司确认的交易性金融资产成本为 8 500 000 元，期末甲公司确认的公允价值变动损益为 200 000 元。由于该项交易性金融资产金额较大，查账人员想对其进行复核，以确定是否存在错误之处。

查证：首先，甲公司交易性金融资产的入账成本有误，不应将购买价款中包含的已宣告但尚未领取的现金股利计入成本，应当将其计入应收股利中。其次，查账人员为了复核公允价值变动损益的金额是否正确，查询了 2×22 年 12 月 31 日乙公司股票的市场价格，结果为 8.7 元 / 股。因此，期末甲公司应确认的公允价值变动损益为 700 000 元

（8 700 000–8 000 000），少确认金额 500 000 元（700 000–200 000）。甲公司将未领取的现金股利计入了成本，导致少确认公允价值变动损益 500 000 元。为了进一步确认甲公司是否存在隐匿股利的行为，查账人员又检查了如下股利凭证。

借：银行存款      500 000

  贷：投资收益      500 000

该凭证说明甲公司不存在隐匿股利的行为，但是却导致多计投资收益 500 000 元，即虚增利润 500 000 元。

账务调整：查账后，账务调整如下。

（1）调减交易性金融资产成本。

借：以前年度损益调整      500 000

  贷：交易性金融资产——成本      500 000

（2）调增"交易性金融资产——公允价值变动"。

借：交易性金融资产——公允价值变动      500 000

  贷：以前年度损益调整      500 000

（3）调整所得税项目。

应调整所得税金额 =500 000×25%=125 000（元）

借：应交税费——应交所得税      125 000

  贷：递延所得税负债      125 000

案例点拨：取得投资时，交易性金融资产入账金额有误可能会存在隐匿股利的情形，对此，查账人员应当检查购买价款中包含的股利是否在后期收回。此外，还应当检查被投资单位期末股票的市场价值，复核公允价值变动损益的金额是否正确。

# 8.9　债权投资

## 8.9.1　概念

债权投资主要是指企业以收取合同现金流量为目标，且合同现金流量符合特定日期产生的现金流量，仅为对本金和以未偿付本金金额为基础的利息的支付的债权投资。债权投资属于以摊余成本计量的金融资产。

## 8.9.2　账务处理

企业日常对债权投资的具体会计处理如下。

### （一）债权投资的科目设置

企业可以设置"债权投资"科目核算企业以收取合同现金流量为目标，且合同现金流量符合特定日期产生的现金流量，仅为对本金和以未偿付本金金额为基础的利息的支付的债权投资。该科目可按"成本""利息调整"设置明细科目。

### （二）债权投资的账务处理

#### 1.债权投资的初始计量

企业初始确认债权投资时，应当按照公允价值计量，相关交易费用应当计入初始确认金额。企业取得金融资产所支付的价款中包含的已宣告但尚未发放的债券利息，应当单独确认为应收项目进行处理。

初始确认时，还应当计算确定债权投资的实际利率。实际利率是指将金融资产或金融负债在预计存续期的估计未来现金流量，折现为该金融资产账面余额或该金融负债摊余成本所使用的利率。在确定实际利率时，应当在考虑金融资产或金融负债所有合同条款（如提前还款、展期、看涨期权或其他类似期权等）的基础上估计预期现金流量，但不应当考虑预期信用损失。

#### 2.债权投资的后续计量

初始确认后，债权投资应当以摊余成本进行后续计量。债权投资的摊余成本，应当以该金融资产或金融负债的初始确认金额经下列调整后的结果确定。

（1）扣除已偿还的本金。

（2）加上或减去采用实际利率法将该初始确认金额与到期日金额之间的差额进行摊销形成的累计摊销。

（3）扣除累计计提的损失准备（仅适用于金融资产）。

企业持有债权投资期间，应当采用实际利率法，按照摊余成本和实际利率确认利息收入，计入投资收益，实际利息与票面利息的差额，调整债权投资的账面价值。

处置债权投资时，应当将所取得价款与债权投资的账面价值的差额计入当期损益。

## 8.9.3　违规操作检查

#### 1.检查债权投资的完整性和准确性

为防止企业债权投资舞弊，具体的查账方法为：清点企业债权实有数，验证债权投资是否真实存在；检查债权投资的账簿记录是否和实际数额相符，应当对企业所有的债权进行清查盘点，逐项清查企业债权的种类、面值、期限、序号和各账簿之间、账实之间是否一致。

#### 2.检查债权投资的计价是否错误

企业投资债权投资时，可能会出现不按实际支付的价款计价，所含的利息未记入"应收利息"科目等现象，造成企业的债权投资的账面记录不真实、不准确。

具体的查账方法为：对"债权投资——成本""债权投资——利息调整""应收利息"和"投资收益"等科目进行检查，如发现疑点，则应进一步检查有关的凭证。

**3. 检查债权投资的利息核算是否正确**

复核债权投资的利息计算、折价与溢价摊销是否正确，进而确定企业债权投资的投资收益的计算是否正确。

## 8.9.4　参考案例

**【例 8-26】债权投资计价错误**

情况：某企业 2×22 年 1 月 1 日购入了甲公司期限为 3 年的债券，债券面值为 60 000 元，实际支付价款为 66 000 元。查账人员在审核该企业的"债权投资"科目时发现该科目中记录的入账价值和实际支付的价款之间有差额，因此怀疑其账务处理有错误。

查证：该企业对于上述事项的账务处理如下。

借：债权投资——成本　　　　　　　　　　　　　　　　　　60 000

　　投资收益　　　　　　　　　　　　　　　　　　　　　　6 000

　　贷：银行存款　　　　　　　　　　　　　　　　　　　　　　66 000

账务调整：查账后，账务调整如下。

借：债权投资——利息调整　　　　　　　　　　　　　　　　6 000

　　贷：投资收益　　　　　　　　　　　　　　　　　　　　　　6 000

案例点拨：企业将该交易中的溢价 6 000 元作为投资收益，借记"投资收益"科目，减少了企业的利润，是不正确的。企业在取得债权投资时，应按照面值借记"债权投资——成本"科目；按照实际支付的价款，贷记"银行存款"等科目；同时按照上述两个科目的差额，借记或贷记"债权投资——利息调整"科目。

**【例 8-27】计息错误**

情况：某企业 2×22 年 1 月 1 日按面值购进某公司发行的 4 年期债券 100 000 元，年利率为 10%，应计利息 10 000 元。查账人员审查该企业的"应收利息"科目时发现该企业 2×22 年的利息数额较多，怀疑其核算有误。

查证：该企业在计提利息时的会计分录如下。

借：应收利息　　　　　　　　　　　　　　　　　　　　　　20 000

　　贷：投资收益　　　　　　　　　　　　　　　　　　　　　　20 000

账务调整：查证后，账务调整如下。

借：利润分配——未分配利润　　　　　　　　　　　　　　　7 500

　　应交税费——应交所得税　　　　　　　　　　　　　　　　2 500

　　　　贷：应收利息　　　　　　　　　　　　　　　　　　10 000

　　案例点拨：企业应计提的利息为 10 000 元（100 000×10%），企业为完成当年利润而将下一年的利息一并提取，违反了相关的规定。因此，该企业应当进行调账，在调减应收利息 10 000 元的同时，调整"利润分配——未分配利润"科目的期末数额。

# 8.10　其他债权投资

## 8.10.1　概念

　　根据金融资产的分类标准，其他债权投资的业务模式既以收取合同现金流量为目标，又以出售该金融资产为目标，其合同现金流量特征符合在特定日期产生的现金流量，仅为对本金和以未偿付本金金额为基础的利息的支付。

## 8.10.2　账务处理

### （一）其他债权投资的初始计量

　　企业取得其他债权投资时，应当按照该金融资产取得时的公允价值作为其初始确认金额，记入"其他债权投资——成本"科目。取得其他债权投资所支付的价款中包含了已宣告但尚未发放的现金股利或已到付息期但尚未领取的债券利息的，应当单独确认为应收项目，记入"应收股利"或"应收利息"科目。

### （二）其他债权投资的后续计量

　　分类为以公允价值计量且其变动计入其他综合收益的金融资产所产生的所有利得或损失，除减值损失或利得和汇兑损益之外，均应当计入其他综合收益，直至该金融资产终止确认或被重分类。但是，采用实际利率法计算的该金融资产的利息应当计入当期损益。该金融资产计入各期损益的金额应当与视同其一直按摊余成本计量而计入各期损益的金额相等。

　　该金融资产终止确认时，之前计入其他综合收益的累计利得或损失应当从其他综合收益中转出，计入当期损益。

## 8.10.3　违规操作检查

### 1. 检查其他债权投资的完整性和准确性

　　为防止企业其他债权投资舞弊，具体的查账方法为：清点企业其他债权实有数，验证其他债权投资是否真实存在；检查其他债权投资的账簿记录是否和实际数额相符，应当对企业所有的其他债权进行清查盘点，逐项清查企业其他债权的种类、面值、期限、序号和各账簿之间、账实之间是否一致。

**2. 检查其他债权投资的计价是否错误**

企业投资其他债权时，可能会出现未能按实际支付的价款计价，并确认"其他债权投资——利息调整"科目等现象，或者按照公允价值变动进行调整并确认"其他综合收益"等现象，造成企业的其他债权投资的账面记录不真实、不准确。

具体的查账方法为：对"其他债权投资——成本""其他债权投资——利息调整""其他债权投资——公允价值变动"和"应收利息""其他综合收益"等科目进行检查，如发现疑点，则应进一步检查有关的凭证。

**3. 检查其他债权投资的利息核算是否正确**

复核其他债权投资的利息计算、折价、溢价摊销是否正确。若其他债权投资由于公允价值变动调整账面价值，则需确认利息调整的摊销是否改动，如后续进行改动则不符合会计准则要求。

## 8.10.4　参考案例

【例 8-28】计息错误

情况：某企业 2×22 年 1 月 1 日以 80 000 元的价格折价购进某公司发行的 4 年期面值为 100 000 元的债券，年利率为 10%，应计利息 10 000 元。2×22 年 12 月 31 日，该债券的市场价值为 85 000 元。查账人员审查该企业的"投资收益"科目时发现该企业的投资收益是按票面利息计算的，怀疑其核算有误。

查证：购入债券时，该企业的会计分录如下。

| | |
|---|---:|
| 借：其他债权投资——成本 | 100 000 |
| 　贷：银行存款 | 80 000 |
| 　　　投资收益 | 20 000 |

年底计提利息时，该企业的会计分录如下。

| | |
|---|---:|
| 借：应收利息 | 10 000 |
| 　贷：投资收益 | 10 000 |

账务调整：查证后，账务调整如下。

| | |
|---|---:|
| 借：以前年度损益调整 | 20 000 |
| 　贷：其他债权投资——利息调整 | 20 000 |
| 借：其他债权投资——利息调整 | 3 880 |
| 　贷：以前年度损益调整 | 3 880 |
| 借：其他债权投资——公允价值变动 | 1 120 |
| 　贷：以前年度损益调整 | 1 120 |
| 借：应交税费——应交所得税 | 4 030 |

　　贷：以前年度损益调整　　　　　　　　　　　　　　3 750

　　　　递延所得税负债　　　　　　　　　　　　　　　　280

借：利润分配——未分配利润　　　　　　　　　　　11 250

　　贷：以前年度损益调整　　　　　　　　　　　　　11 250

案例点拨：首先根据插值法计算该债券的实际利率为 17.35%，该债券的摊余成本分配如表 8-1 所示。

表 8-1　债券摊余成本

单位：元

| 年份 | 期初摊余成本 | 实际利息收入 | 现金流入 | 期末摊余成本 |
|---|---|---|---|---|
| 第一年 | 80 000 | 13 880 | 10 000 | 83 880 |
| 第二年 | 83 880 | 14 553.18 | 10 000 | 88 433.18 |
| 第三年 | 88 433.18 | 15 343.16 | 10 000 | 93 776.34 |
| 第四年 | 93 776.34 | 16 223.66 | 10 000 | 100 000 |

2×22 年 12 月 31 日，该债券的摊余成本为 83 880 元，公允价值为 85 000 元，应确认公允价值变动损益 1 120 元。

# 8.11　其他权益工具投资

## 8.11.1　概念

　　其他权益工具投资是指合同现金流量评估不符合基本借贷安排，但企业将其指定为以公允价值计量且其变动计入其他综合收益的金融资产。

## 8.11.2　账务处理

　　企业日常对其他权益工具投资的具体会计处理如下。

　　（1）初始确认时，企业可基于单项非交易性权益工具投资，将其指定为以公允价值计量且其变动计入其他综合收益的金融资产，其公允价值的后续变动计入其他综合收益，不需计提减值准备。指定为以公允价值计量且其变动计入其他综合收益的非交易性权益工具投资，除了获得的股利（明确代表投资成本部分收回的股利除外）计入当期损益外，其他相关的利得和损失（包括汇兑损益）均应当计入其他综合收益，且后续不得转入当期损益。

　　（2）当其终止确认时，之前计入其他综合收益的累计利得或损失应当从其他综合收益中转出，计入留存收益。

## 8.11.3　违规操作检查

### 1. 入账成本有误

查账人员应重点关注，投资发生时，含权因素（实际支付价款中包含的已宣告但尚未领取的现金股利或利息）的会计处理是否正确，是否存在将应收项目计入其他权益工具投资成本的违规操作行为。

### 2. 任意确认资产减值损失以调节利润

查账时，查账人员应当审阅"其他权益工具投资""资产减值损失""其他综合收益"明细账，并比较其他权益工具投资的账面价值与公允价值的大小，复核确认资产减值损失金额是否正确。

## 8.11.4　参考案例

【例 8-29】为避免利润下降而不确认资产减值损失

情况：2×23 年 3 月，查账人员在检查甲公司 2×22 年"其他综合收益"明细账时，发现该公司的"其他综合收益"科目主要核算其他权益工具投资公允价值的变动，2×22 年"其他综合收益"科目贷方发生额为 50 000 元，借方发生额为 200 000 元，该项金融资产的成本为 200 000 元，表明该项金融资产公允价值下跌严重。查账人员怀疑甲公司存在未确认资产减值损失以避免利润下滑的行为，因此，针对该项目展开了调查。

查证：甲公司的其他权益工具投资是 2×21 年 6 月从乙公司购入的股票，成本为 200 000 元，甲公司将其确认为其他权益工具投资进行核算。为查证甲公司是否存在少确认减值损失的情况，查账人员复核了乙公司 2×22 年股票的价格变化。发现乙公司股价在 2×21 年一直保持上升态势，但是因乙公司投资决策失误，导致自 2×22 年 1 月开始该公司股价开始持续下滑，如果乙公司不采取有力措施，其股票价格预计会持续下跌，该公司目前并没有出台相关措施来挽回相应损失。因此，从以上信息来看，甲公司应当对该项其他权益工具投资确认减值损失。

账务调整：正确的账务处理如下。

| | |
|---|---|
| 借：以前年度损益调整 | 200 000 |
| 　　贷：其他综合收益 | 200 000 |
| 借：递延所得税资产 | 50 000 |
| 　　贷：以前年度损益调整 | 50 000 |
| 借：盈余公积 | 15 000 |
| 　　利润分配——未分配利润 | 135 000 |
| 　　贷：以前年度损益调整 | 150 000 |

案例点拨：检查其他权益工具投资时，应当关注被查企业是否存在多计或少计减值损失或公允价值变动金额确认有误的情况。

## 8.12　存货

存货是指企业在日常活动中持有以备出售的产品或商品、处在生产过程中的在产品、在生产过程或提供劳务过程中耗用的材料或物料等，包括各类材料、在产品、半成品、产成品、商品以及包装物、低值易耗品、委托代销商品等。存货类科目主要有：原材料、在途物资、材料采购、材料成本差异，自制半成品、委托加工物资，周转材料，库存商品，存货跌价准备，等等。

### 8.12.1　原材料、在途物资、材料采购、材料成本差异

**（一）概念**

企业的原材料、在途物资、材料采购、材料成本差异的相关概念如下。

（1）原材料是指企业在生产过程中经过加工改变其形态或性质并构成产品主要实体的各种原料、主要材料和外购半成品，以及不构成产品实体但有助于产品形成的辅助材料。原材料具体包括原料及主要材料、辅助材料、外购半成品（外购件）、修理用备件（备品备件）、包装材料、燃料等。"原材料"科目用来核算各种材料的实际成本或计划成本。

（2）"在途物资"科目用于核算企业采用实际成本（进价）进行材料、商品等物资的日常核算、货款已付尚未验收入库的各种物资（即在途物资）的采购成本。本科目应按供应单位和物资品种进行明细核算。

（3）"材料采购"科目用来核算企业采用计划成本法进行材料日常核算而购入的材料采购成本。该科目应当按照供应单位和物资品种进行明细核算。

（4）"材料成本差异"指材料的实际成本与计划成本间的差额。"材料成本差异"科目用于核算企业各种材料的实际成本与计划成本的差异，借方登记实际成本大于计划成本的差异额（超支额）及发出材料应负担的节约差异，贷方登记实际成本小于计划成本的差异额（节约额）以及发出材料应负担的超支差异。

**（二）账务处理**

企业对于原材料、在途物资、材料采购、材料成本差异的具体会计处理如下。

（1）企业购入并已验收入库的材料，按计划成本或实际成本，借记"原材料"科目；按实际成本，贷记"银行存款""预付账款""应付账款""应付票据""材料采购"或"在途物资"科目；按计划成本与实际成本的差异，借记或贷记"材料成本差异"科目。

（2）自制并已验收入库的材料，按计划成本或实际成本，借记"原材料"科目；按实际成本，贷记"生产成本"科目；按计划成本与实际成本的差异，借记或贷记"材料成本差异"科目。委托外单位加工完成并已验收入库的材料，按计划成本或实际成本，借记"原材料"科目；按实际成本，贷记"委托加工物资"科目；按计划成本与实际成本的差异，借记或贷记"材料成本差异"科目。

（3）生产经营领用材料，借记"生产成本""制造费用""销售费用""管理费用"等科目，贷记"原材料"科目。

（4）投资者投入的原材料，借记"原材料"科目，贷记"实收资本"等科目，采用计划成本进行日常核算的企业，还应计算并结转材料成本差异。

（5）出售材料结转成本，借记"其他业务成本"科目，贷记"原材料"科目。发出委托外单位加工的材料，借记"委托加工物资"科目，贷记"原材料"科目。

（6）采用计划成本进行材料日常核算的，发出材料还应结转材料成本差异，将发出材料的计划成本调整为实际成本。

### （三）违规操作检查

#### 1.对采购过程中违规操作的检查

采购过程中的违规操作主要表现为：①交易双方互相勾结签订虚假买卖合同以骗取货款，或互相勾结抬高材料进价或以次充好，以少报多以及利用订货合同收取回扣，从中贪污；②伪造假发票虚列进货，以假发票报账，侵吞货款；③长期占用采购资金，挪用公款；④购货享受折扣和购货折让，购货退回不入账。

检查采购过程中违规操作时，应重点实施以下几种程序：审阅采购业务合同是否真实、合法、合理；审查请购单、采购单、发票、入库单等原始凭证，并与有关明细账核对，检查是否有异常情况；重点审查预付账款业务的合同，检查是否有虚列的预付账款长期挂账、挪用公款现象。

#### 2.对材料入账成本违规操作的检查

入账成本的违规操作具体表现为：①未将采购费用、途中合理损耗列入材料采购成本；②将材料采购成本列入期间费用；③未将商业折扣和现金折扣的处理区分开来（取得现金折扣时应冲减收入；商业折扣在取得对方税务证明后冲减采购成本）。

检查材料入账成本是否正确时，应通过查阅银行存款日记账、"管理费用"明细账摘要、"销售费用"明细账摘要，并追查相关原始凭证。

#### 3.对材料发出计价及账务处理违规操作的检查

此类违规操作的具体表现为：①对材料采用计划成本计价时，材料成本差异计算错误、领用材料应负担的成本差异错误、人为发出材料转出价值错误，以此达到调节利润的目的；②对材料采用实际成本计价时，选用的发出材料的计价方法不适合企业的实际情况、随意变更计价方法，对外投资和捐赠、出售材料账务处理不正确或少交增值税，将出售材料款存入"小金库"；③本期领用的未消耗材料不办理退库或假造退库手续，造成生产成本的虚增或虚减，以此来达到调节利润的目的。

查找此类违规操作时，应当检查"原材料""生产成本""制造费用""管理费用""材料成本差异""长期股权投资""营业外支出""其他业务成本"等明细账并核对相关记账凭证、原始凭证等以发现问题和疑点。

**4. 对材料盘亏、盘盈违规操作的检查**

材料盘亏、盘盈的违规操作主要表现为：①对盘盈的材料不进行账务处理，而是将其出售并将所得价款放入"小金库"；②不对盘亏的材料进行账务处理，以减少损失或未将增值税进项税额转出，以达到少交增值税的目的；③多计或少计材料的盘亏或盘盈，以达到调节利润的目的。

检查材料盘亏、盘盈的违规操作时，应当比较材料的账面与实有的数量及价值，查证是否存在以上几种情况。如果存在材料盘亏的情况，应当检查相应的账务处理，查看盘亏时是否将增值税进项税额转出。

**5. 对退货、改变材料用途或发生非常损失时的违规操作的检查**

改变材料用途或发生非常损失时，企业应当按规定将购买材料时的增值税进项税额予以转出。有的企业可能为了少交增值税而没有将其转出。查账时，查账人员应当检查"原材料"明细账，查找是否有退货、改变材料用途或发生非常损失的情况。如果有，还应该检查"应交税费——应交增值税"明细账，查证是否将相应的进项税额转出。

**（四）参考案例**

【例 8-30】转移现金折扣，藏入"小金库"

情况：2×23 年 3 月，查账人员在检查甲公司材料采购合同时，发现某一合同约定付款条件为 3/20、2/30、n/40，表明该项采购业务可能存在现金折扣。为查证该公司对现金折扣的账务处理是否正确，查账人员决定实施进一步检查。

查证：该项采购业务的记账凭证是 2×22 年 9 月 16 日第 69 号凭证，将其调出，会计分录如下。

借：原材料 2 000 000

应交税费——应交增值税（进项税额） 260 000

贷：应付账款 2 260 000

甲公司在 2×22 年 10 月 20 日支付了该笔款项，分录如下。

借：应付账款 2 260 000

| | |
|---|---|
| 　　贷：银行存款 | 2 260 000 |

　　甲公司付款期超过一个月，未能享受2%的折扣。但是查账人员在检查所附的原始凭证时，发现银行存款原始凭证为两张电汇单据，一张金额为2 300 000元，另一张为20 000元，收款单位相同，但是银行账号不同，查账人员由此怀疑甲公司将进货折扣放入了"小金库"。查账人员又进一步查阅汇款单，发现甲公司将20 000元的现金折扣转入了对方单位下属公司，后又以现金的形式提回，将其存入了"小金库"。

　　账务调整：甲公司违规将现金折扣存入"小金库"，对该违规操作应当进行如下账务调整。

| | |
|---|---|
| 　　借：银行存款 | 20 000 |
| 　　　贷：以前年度损益调整 | 20 000 |

　　应调整所得税金额＝20 000×25%＝5 000（元）

| | |
|---|---|
| 　　借：以前年度损益调整 | 5 000 |
| 　　　贷：应交税费——应交所得税 | 5 000 |
| 　　借：以前年度损益调整 | 15 000 |
| 　　　贷：盈余公积 | 1 500 |
| 　　　　利润分配——未分配利润 | 13 500 |

　　案例点拨：在检查购货业务中的现金折扣时，应当关注购货企业对现金折扣的账务处理是否正确，以及是否存在隐匿现金折扣的违规操作事实。

## 【例8-31】少计材料采购成本

　　情况：2×22年12月，查账人员在检查甲公司2×22年10月"销售费用——其他"明细账时，发现10月11日第29号凭证摘要说明含糊不清，于是决定实施进一步检查。

　　查证：调出该凭证，其分录如下。

| | |
|---|---|
| 　　借：销售费用——其他 | 7 440 |
| 　　　应交税费——应交增值税（进项税额） | 560 |
| 　　　贷：银行存款 | 8 000 |

　　查账人员审阅原始凭证时，发现所附的原始凭证为两张运费清单，其中铁路运费为6 000元、公路运费为4 000元。运费发票上显示甲公司为收货人而并非发货人，说明该笔运费是购货时发生的运费，而并非销货时发生的运费，因此该笔运费应当计入材料采购成本中。甲公司将应当计入材料采购成本的费用计入销售费用，一方面增加了当期费用、减少了当期利润，另一方面少计了材料成本，会影响以后成本、费用的核算，其应当对此进行调整。

　　账务调整：具体如下。

　　冲减多计的销售费用，增加材料采购成本。

借：原材料      7 440

    贷：销售费用——其他      7 440

（1）如果该材料被出售，则还应当在此基础上编制以下分录。

借：其他业务成本      7 440

    贷：原材料      7 440

（2）如果该材料未出售，而是被领用继续生产，应当编制以下分录。

借：生产成本      7 440

    贷：原材料      7 440

①如果该材料生产的产品已经完成生产入库，则还应编制以下分录。

借：库存商品      7 440

    贷：生产成本      7 440

②如果该材料生产的产品已经售出，则应编制如下会计分录。

借：主营业务成本      7 440

    贷：库存商品      7 440

案例点拨：本案例属于将材料采购成本列入销售费用的违规操作。检查时，查账人员应通过查阅银行存款日记账、"销售费用"明细账摘要并追查相关原始凭证，以查证材料入账成本是否正确。

【例 8-32】利用材料成本差异调节利润

情况：查账人员在 2×23 年 1 月检查甲公司 2×22 年 12 月生产成本明细账时，发现其该月的生产成本明显高于前几个月的生产成本，但查账人员了解到该公司并不存在季节性生产的问题，而且材料采购成本也没有发生较大的变动。通过询问，查账人员了解到，该公司采用计划成本法对存货的发出进行核算。于是，查账人员怀疑甲公司存在利用材料成本差异来调节生产成本，进而调节销售成本的嫌疑。

查证：查账人员首先调阅"材料采购""原材料""材料成本差异"科目资料以及材料计划成本单价表，发现该公司材料的实际成本低于计划成本。"材料成本差异"科目为贷方余额，其中，11 月结存差异为 150 000 元，本月收入材料成本差异为节约 300 000 元，月初结存材料计划成本为 3 000 000 元，本月收入材料计划成本为 6 000 000 元，当月发出材料计划成本为 5 000 000 元。

12 月材料成本差异率 =（-150 000-300 000）÷（3 000 000+6 000 000）×100%=-5%

应当结转的材料成本差异 =5 000 000×5%=250 000（元）

而甲公司 12 月仅结转 100 000 元材料成本差异，少结转了 150 000 元，使营业成本虚增了 150 000 元，从而减少了当年利润，少交了所得税。

账务调整：具体如下。

| 借：材料成本差异 | 150 000 | |
|---|---|---|
| 　贷：以前年度损益调整 | | 150 000 |
| 借：以前年度损益调整 | 37 500 | |
| 　贷：应交税费——应交所得税 | | 37 500 |
| 借：以前年度损益调整 | 112 500 | |
| 　贷：盈余公积 | | 11 250 |
| 　　利润分配——未分配利润 | | 101 250 |

案例点拨：对采用计划成本法对发出存货进行核算的企业，查账人员应当关注其是否存在利用材料成本差异来调节利润的情况。检查时，查账人员应当复核材料成本差异率、结转的差异是否正确。

【例 8-33】退货时未结转相应的增值税进项税额

情况：2×22 年 12 月，查账人员审阅甲公司银行存款日记账时发现 11 月 12 日有一笔退货业务，其对方科目为"应付账款"与"原材料"。退货时，贷方出现"应付账款"科目，比较可疑，查账人员决定对此实施进一步追查。

查证：查账人员调出该笔凭证，其分录如下。

| 借：银行存款 | 46 800 |
|---|---|
| 　贷：原材料 | 40 000 |
| 　　应付账款 | 6 800 |

后附的原始凭证为一张银行收账通知和一张红字发票，经查证，6 800 元的应付账款实际上是退回材料的增值税进项税额，甲公司为了少交增值税而未将退货的进项税额予以转出，而是记入了"应付账款"科目中。

账务调整：查账后，账务调整如下。

| 借：应付账款 | 6 800 |
|---|---|
| 　贷：应交税费——应交增值税（进项税额转出） | 6 800 |

案例点拨：发生退货业务时，查账人员应当关注被查企业是否将退回货物的增值税进项税额予以一并结转。查找错误时，查账人员可以检查银行存款日记账和"应交税费——应交增值税"明细账。

## 8.12.2　自制半成品、委托加工物资

### （一）概念

半成品，是指经过一定生产过程并已检验合格交付半成品仓库保管，但尚未制造完工成为产成品，仍需进一步加工的中间产品。半成品不包括从一个生产车间转给另一个生产车间继续加工的自制半成品以及不能单独计算成本的自制半成

品。这类自制半成品属于在产品。

委托加工物资是指企业委托外单位加工成新的材料或包装物、低值易耗品等的物资。委托加工物资的成本应当包括加工中实际耗用物资的成本、支付的加工费用及应负担的运杂费、支付的税金等。

### （二）账务处理

#### 1. 自制半成品的账务处理

（1）已经生产完成并已检验送交半成品库的自制半成品，应按实际成本，借记"自制半成品"科目，贷记"生产成本"科目。对于从一个车间转给另一个车间继续加工的自制半成品的成本，应在"生产成本"科目中核算，不通过"自制半成品"科目核算。

（2）从半成品库领用自制半成品继续加工时，应按实际成本，借记"生产成本"科目，贷记"自制半成品"科目。

#### 2. 委托加工物资的账务处理

（1）发给外单位加工的物资时，按实际成本，借记"委托加工物资"科目，贷记"原材料""库存商品"等科目；按计划成本或售价核算的，还应同时结转材料成本差异或商品进销差价，借记"委托加工物资"科目，贷记"产品成本差异"或"商品进销差价"科目；实际成本小于计划成本的差异，做相反的会计分录。

（2）支付加工费、运杂费等时，借记"委托加工物资"等科目，贷记"银行存款"等科目；需要缴纳消费税的委托加工物资，由受托方代收代缴的消费税，借记"委托加工物资"（收回后用于直接销售的）或"应交税费——应交消费税"科目（收回后用于继续加工应税消费品的），贷记"应付账款""银行存款"等科目。

（3）验收入库时借记"原材料""库存商品"等科目，贷记"委托加工物资"科目。采用计划成本或售价核算的，按计划成本或售价，借记"原材料"或"库存商品"科目；按实际成本贷记"委托加工物资"科目；按实际成本与计划成本或售价之间的差额，借记或贷记"材料成本差异"科目或"商品进销差价"科目。

### （三）违规操作检查

#### 1. 对虚列自制半成品成本的检查

检查"自制半成品""生产成本"总账、明细账及会计凭证，并对比分析年度内以及各年度之间自制半成品成本的变化。如果发现存在比较异常的变化，则应当实施进一步追查。

#### 2. 对委托加工物资成本、税费计算错误的检查

检查加工费、增值税、消费税的计算是否正确；检查是否有加工周期过长，

加工费、运费过高的现象。

## （四）参考案例

**【例 8-34】虚增自制半成品成本**

情况：查账人员在检查甲公司 2×22 年 10 月自制半成品明细账时，发现当月的自制半成品成本明显高于以往月份自制半成品成本，而该公司不存在季节性生产的特点。因此，查账人员怀疑甲公司存在虚增自制半成品成本的嫌疑，决定实施进一步追查。

查证：查账人员对自制半成品成本构成进行分析性复核，而经过分析，发现在自制半成品成本中，原材料所占的份额较以往偏高。于是，查账人员调出最近一笔结转原材料成本较高的凭证，其分录如下。

借：基本生产成本——A 产品　　　　　　　　　　　　　　　30 000
　　贷：原材料——B　　　　　　　　　　　　　　　　　　　　　30 000

查账人员检查后附的原始凭证，发现其与记账凭证不符。原始凭证为领料单，其上显示的领用部门有生产车间和基建部门：生产车间领用 B 材料 18 000 元、基建部门领用 B 材料 12 000 元。此时，可以确定甲公司将应当记入"在建工程"科目的成本转移记入"基本生产成本"科目，进而增加自制半成品成本，最终虚增了营业成本，减少了利润，少交了所得税。随后，查账人员查出转入"基本生产成本"科目的建设成本共为 35 000 元。

账务调整：经检查，上述自制半成品均已完成入库，因此，查账后，账务调整如下。

借：在建工程　　　　　　　　　　　　　　　　　　　　　　35 000
　　贷：库存商品　　　　　　　　　　　　　　　　　　　　　　35 000

案例点拨：实施分析程序很容易发现是否存在异常的变化或趋势，发现异常情况时，查账人员应当进一步追查，查证是否存在舞弊问题。

**【例 8-35】违规抵扣应计入成本的消费税**

情况：2×23 年 2 月，查账人员对乙公司（鞭炮企业）2×22 年"委托加工物资"明细账进行检查，该公司委托外单位加工鞭炮收回后直接对外出售。该过程可能出现未将消费税计入成本的违规操作。于是，查账人员对此进行了检查。

查证：查账人员翻阅委托加工的相关凭证，具体如下。

2×22 年 7 月 6 日第 14 号凭证，发出待加工的 A 类鞭炮，其分录如下。

借：委托加工物资——A 类鞭炮　　　　　　　　　　　　　　30 000
　　贷：原材料　　　　　　　　　　　　　　　　　　　　　　　30 000

2×22 年 7 月 26 日第 60 号凭证，支付加工费，其分录如下。

借：委托加工物资——A 类鞭炮　　　　　　　　　　　　　　　5 000
　　应交税费——应交增值税（进项税额）　　　　　　　　　　　　650
　　贷：银行存款　　　　　　　　　　　　　　　　　　　　　　5 650

2×22年8月1日第2号凭证，支付消费税，其分录如下。

借：应交税费——应交消费税                6 176

    贷：银行存款                        6 176

2×22年8月1日第3号凭证，收回委托加工的材料，其分录如下。

借：库存商品                         35 000

    贷：委托加工物资——A类鞭炮        35 000

查账人员通过检查以上记账凭证可以看出，乙公司未将支付的消费税直接计入委托加工物资成本，而是将其计入应交消费税的借方留待抵扣，少交了消费税。该笔业务违反了相关规定，应当进行调整。

账务调整：查账后，账务调整如下。

借：库存商品                        6 176

    贷：应交税费——应交消费税          6 176

案例点拨：应交消费税的委托加工物资收回后，应当区分是需要进一步加工成应税消费品还是直接出售：如果是直接出售，前一环节的消费税应当计入成本；如果是继续加工成应税消费品，则支付的消费税可予以抵扣。在查找这一方面的错账时，查账人员应当关注是否存在不符合以上规定的情形。

## 8.12.3 周转材料

### （一）概念

周转材料，是指企业能够多次使用、逐渐转移其价值但仍保持原有形态、不确认为固定资产的材料，如包装物和低值易耗品。

### （二）账务处理

企业周转材料（包括包装物、低值易耗品等）的计划成本或实际成本，通过"周转材料"科目进行核算。本科目可按周转材料的种类，设置"在库""在用""摊销"明细科目进行明细核算。企业应当根据具体情况对周转材料采用一次转销法、五五摊销法和分次摊销法。企业日常周转材料的具体会计处理如下。

（1）企业购入、自制、委托外单位加工完成并已验收入库的周转材料，比照"原材料"科目的相关规定进行处理：借记"周转材料""应交税费——应交增值税（进项税额）"科目，贷记"银行存款""应付账款""预付账款"等科目。

（2）采用一次转销法的，领用时应按其账面价值，借记"管理费用""其他业务成本""生产成本""销售费用""工程施工"等科目，贷记"周转材料"科目。周转材料报废时，应按报废周转材料的残料价值，借记"原材料"等科目，贷记"管理费用""生产成本""销售费用""工程施工"等科目。

（3）采用其他摊销法的，领用时，应按其账面价值，借记"周转材料——在用"

科目,贷记"周转材料——在库"科目;摊销时应按摊销额,借记"其他业务成本""管理费用""生产成本""销售费用""工程施工"等科目,贷记"周转材料——摊销"科目。周转材料报废时,应补提摊销额,借记"其他业务成本""管理费用""生产成本""销售费用""工程施工"等科目,贷记"周转材料——摊销"科目;同时,按报废周转材料的残料价值,借记"原材料"等科目,贷记"管理费用""生产成本""销售费用""工程施工"等科目;转销全部已提摊销额时,借记"周转材料——摊销"科目,贷记"周转材料——在用"科目。

(4)周转材料采用计划成本进行日常核算的,领用发出周转材料时,还应同时结转应分摊的成本差异。"周转材料"科目期末借方余额,反映企业在库周转材料的计划成本或实际成本以及在用周转材料的摊余价值。

### (三)违规操作检查

#### 1.对周转材料摊销方法不正确的检查

检查时,查账人员应审阅"周转材料"明细账贷方记录以及"管理费用""其他业务成本""销售费用""生产成本"等科目的明细账,查找是否存在一次摊销数量较多、金额较大的周转材料的情况。

#### 2.对出租、出借周转材料租金、押金的检查

检查租金、押金的金额是否与出租、出借的包装物数量存在一致的对应关系;检查周转材料的收回是否及时、是否存在押金长期挂账的现象。

#### 3.对周转材料与固定资产混淆的检查

检查固定资产明细账,审阅固定资产明细科目,查找是否存在将周转材料列为固定资产的情形。

### (四)参考案例

**【例8-36】私自出售周转材料贪污款项**

情况:2×22年6月,查账人员在盘点甲公司6月的周转材料时盘亏20个不锈钢容器。查账人员询问盘亏的原因,仓库保管人员解释说是因为出租给乙企业,但是甲公司账簿上并没有收到租金和押金的记录。因此,查账人员怀疑仓库保管人员存在私自出售周转材料并贪污相应款项的嫌疑。

查证:查账人员向乙企业函证该出租事项,乙企业回复并没有租用甲公司的不锈钢容器。查账人员向仓库保管员质询,在证据面前,该保管员承认该批容器长期放在仓库中无人问津,因此,其在整理仓库时将其与其他杂物一起出售,并贪污了出售款项,共5 000元。

账务调整:没收仓库保管员非法所得,并对其罚款500元,会计分录调整如下。

借:其他应收款　　　　　　　　　　　　　　　　　5 500

| | | |
|---|---|---|
| 贷：待处理财产损溢 | | 5 000 |
| 营业外收入——罚款 | | 500 |

案例点拨：盘亏存货时，查账人员应当检查企业是否进行了相应的账务处理。如果企业没有在账面上反映盘亏，则很有可能表明存在私自出售存货的情况，应当实施进一步检查。

**【例8-37】混淆周转材料与固定资产**

情况：2×22年12月查账人员在检查甲公司"固定资产"明细账时，发现该公司在2×22年5月新增固定资产3 000元。查账人员查看固定资产卡片，卡片上注明该批固定资产名为办公椅，查账人员怀疑甲公司可能将低值易耗品列为固定资产。

查证：查账人员调出购买该项固定资产的记账凭证，分录如下。

| | | |
|---|---|---|
| 借：固定资产 | | 3 000 |
| 贷：银行存款 | | 3 000 |

原始凭证为一张转账支票存根和一张购货发票，发票上注明所购商品为10把办公椅，每把办公椅300元。按照规定，该批办公椅应当作为低值易耗品进行核算，不应当作为固定资产进行核算。查账人员通过进一步查找，了解到这批椅子当年已计提了150元的折旧。甲公司为降低费用，违规将低值易耗品列为固定资产进行核算，应当予以调整。

账务调整：查账后，账务调整如下。

| | | |
|---|---|---|
| 借：周转材料——低值易耗品 | | 3 000 |
| 累计折旧 | | 150 |
| 管理费用 | | 1 350 |
| 贷：固定资产 | | 3 000 |
| 周转材料——低值易耗品——摊销 | | 1 500 |

案例点拨：与固定资产的价值相比，周转材料的价值比较低、使用年限也比较短，应当将二者区分开，不应当将其混淆。在检查固定资产账目时，查账人员应当关注企业是否存在将周转材料列为固定资产以减少成本、费用的违规操作行为。

## 8.12.4 库存商品

### （一）概念

库存商品是指企业已完成全部生产过程并已验收入库、合乎标准规格和技术条件，可以按照合同规定的条件送交订货单位，或可以作为商品对外销售的产品，以及外购或委托加工完成验收入库用于销售的各种商品。

### （二）账务处理

企业对库存商品的具体会计处理如下。

（1）当库存商品生产完成并验收入库时，应按实际成本，借记"库存商品"科目，贷记"生产成本——基本生产成本"科目。

（2）企业销售商品、确认收入时，应结转其销售成本，借记"主营业务成本"等科目，贷记"库存商品"科目。

### （三）违规操作检查

#### 1. 对库存商品入库成本的检查

在检查库存商品的入库成本是否正确时，查账人员应当检查"库存商品""生产成本"明细账及相关的原始凭证，查找是否存在多计或少计成本的问题。

#### 2. 对库存商品出库成本的检查

检查"库存商品""主营业务成本"明细账，并审核原始凭证，查找是否存在重复出库或虚假出库来结转主营业务成本的违规操作行为。

### （四）参考案例

**【例 8-38】虚假出库，伪造利润**

情况：2×22 年 12 月，查账人员在盘点甲公司库存商品时，发现 A 产品库存数量多于账面数量 500 千克，成本为 150 000 元。查账人员询问仓库保管人员，其声称该产品已出售给乙公司，这批产品只是暂存在甲公司的。查账人员进一步查阅了相关会计凭证，发现记账凭证后面没有附任何原始凭证，因此，查账人员怀疑甲公司存在虚假出库的嫌疑。

查证：调出该凭证，其分录如下。

借：应收账款——乙公司　　　　　　　　　　　　　226 000
　　贷：主营业务收入　　　　　　　　　　　　　　　　200 000
　　　　应交税费——应交增值税（销项税额）　　　　　26 000

该笔记账凭证后未附原始凭证。

借：主营业务成本　　　　　　　　　　　　　　　　150 000
　　贷：库存商品　　　　　　　　　　　　　　　　　150 000

该笔记账凭证后附的原始凭证为出库单。

查账人员向乙公司发函询证该笔交易，乙公司回复称并没有与甲公司发生该项交易。至此，可以证明甲公司存在虚假出库的行为，其实际上并没有发生销售业务，也未转移存货，只是通过开出内部出库凭证来在账面上走一下过程。

账务调整：查账后，账务调整如下。

借：主营业务收入　　　　　　　　　　　　　　　　200 000
　　应交税费——应交增值税（销项税额）　　　　　　26 000
　　贷：应收账款——乙公司　　　　　　　　　　　　226 000
借：库存商品　　　　　　　　　　　　　　　　　　150 000

| | |
|---|---|
| 　　贷：主营业务成本 | 150 000 |

　　案例点拨：对账实不符的库存商品应重点关注，需查明原因，确定是否存在库存商品的舞弊行为。

　　**【例8-39】随意变换发出库存商品的计价方法**

　　情况：2×23年2月，查账人员在检查甲公司2×22年各月利润时，发现该公司12月的利润明显高于前几个月的利润。据了解，甲公司的生产经营并不存在季节性特征。查账人员进一步审阅发现，甲公司各月的收入情况并不存在较大的波动，因此，查账人员怀疑甲公司存在调节成本的违规操作问题。

　　查证：查账人员询问甲公司会计主管，了解到该公司采用加权平均法对发出存货进行计价，但查账人员在对12月的库存商品的发出进行计价测试后发现其实际上采用的是先进先出法，而并非加权平均法，与之前各期采用的计价方法不一致。查账人员在查阅生产成本明细账及库存商品明细账借方记录时，发现单位产品成本呈明显上升趋势，特别是在12月生产成本明显增大。查账人员经过进一步调查、核实，确定甲公司为了少转成本，在12月违规采用了与以前不一致的计价方法。通过改变发出库存商品的计价方法，甲公司少结转了成本300 000元。

　　账务调整：查账后，账务调整如下。

| | |
|---|---|
| 借：以前年度损益调整 | 300 000 |
| 　　贷：库存商品 | 300 000 |
| 借：应交税费——应交所得税 | 75 000 |
| 　　贷：以前年度损益调整 | 75 000 |
| 借：盈余公积 | 22 500 |
| 　　利润分配——未分配利润 | 202 500 |
| 　　贷：以前年度损益调整 | 225 000 |

　　案例点拨：发现利润存在异常变动时，应当查找是否存在违规改变发出存货计价方法的情况，查证是否存在调节利润的情况。

## 8.12.5 存货跌价准备

### （一）概念

　　存货跌价准备是指在中期期末或年底终了，如存货遭受毁损、全部或部分陈旧过时或销售价格低于成本等原因，使存货成本不可以收回的部分，应按单个存货项目的成本高于其可变现净值的差额提取，并计入存货跌价损失。

### （二）账务处理

　　企业对存货跌价准备的具体会计处理如下。

　　（1）提取存货跌价准备时，借记"资产减值损失"科目，贷记"存货跌价准备"科目。

（2）领用存货时，结转存货跌价准备：生产经营领用存货时，借记"生产成本""存货跌价准备"科目，贷记"原材料"科目；销售存货时，借记"主营业务成本""其他业务成本""存货跌价准备"科目，贷记"库存商品""原材料"科目。

### （三）违规操作检查

对存货跌价准备的违规操作主要表现在企业随意计提存货跌价准备，以达到调节利润的目的。检查时，查账人员应当首先了解企业的性质以及存货价格等的相关信息，认真审阅"存货跌价准备""资产减值损失"以及各种存货的明细账，结合有关规定复核计算，确定企业计提的存货跌价准备是否适当。

### （四）参考案例

**【例 8-40】任意计提存货跌价准备，调节利润**

情况：2×23 年 3 月，查账人员在检查甲公司"存货跌价准备"明细账时，发现该公司上年度下半年计提的存货跌价准备的金额明显高于上半年计提的金额。但是经了解，该公司的存货的市场价格并没有发生较大的波动，因此，查账人员怀疑甲公司存在多计提存货跌价准备的嫌疑。

查证：查账人员检查该公司的"资产减值损失"明细账，发现 2×22 年 12 月计提存货跌价准备 150 万元。该公司每半年计提一次存货跌价准备，6 月存货跌价准备账面贷方余额为 100 万元，12 月存货账面成本为 3 000 万元，可变现净值为 2 800 万元，2×22 年末应当计提的存货跌价准备为 100 万元 [（3 000-2 800）-100]，多计提了 50 万元。

账务调整：查账后，账务调整如下。

| | |
|---|---|
| 借：存货跌价准备 | 500 000 |
| 　贷：以前年度损益调整 | 500 000 |
| 借：以前年度损益调整 | 125 000 |
| 　贷：应交税费——应交所得税 | 125 000 |
| 借：以前年度损益调整 | 375 000 |
| 　贷：盈余公积 | 37 500 |
| 　　利润分配——未分配利润 | 337 500 |

案例点拨：查找存货跌价准备违规操作时，查账人员主要关注企业是否存在通过多计或少计存货跌价准备调节利润的情况，应当通过了解企业的性质、存货市场行情等情况来判断其是否存在违规操作。

# 8.13　长期股权投资

## 8.13.1　概念

　　长期股权投资是企业投出的期限在一年以上（不含一年）的各种股权性质的投资，包括购入的股票和企业股权投资等。

## 8.13.2　账务处理

### （一）长期股权投资的初始计量

#### 1.同一控制下的子公司的长期股权投资

　　同一控制下的子公司的长期股权投资，按合并日取得被合并方所有者权益在最终控制方合并财务报表中的账面价值的份额，借记"长期股权投资"科目；按应享有被投资单位已宣告但尚未发放的现金股利或利润，借记"应收股利"科目；按支付的合并对价的账面价值，贷记有关资产或负债科目；按差额，贷记或借记"资本公积——资本溢价或股本溢价"科目；资本公积（资本溢价或股本溢价）不足冲减的，借记"盈余公积""利润分配——未分配利润"科目。

　　合并方以发行权益性证券作为合并对价的，应当按取得被合并方所有者权益在最终控制方合并财务报表中的账面价值的份额，借记"长期股权投资"科目；按应享有被投资单位已宣告但尚未发放的现金股利或利润，借记"应收股利"科目；按发行权益性证券的面值，贷记"股本"科目；按照差额，贷记或借记"资本公积——资本溢价或股本溢价"科目；资本公积（资本溢价或股本溢价）不足冲减的，借记"盈余公积""利润分配——未分配利润"科目。

#### 2.非同一控制下的子公司的长期股权投资

　　非同一控制下控股合并形成的长期股权投资，应在购买日按企业合并成本（不含应自被投资单位收取的现金股利或利润），借记"长期股权投资"科目；按享有被投资单位已宣告但尚未发放的现金股利或利润，借记"应收股利"科目；按支付合并对价的账面价值，贷记有关资产或负债科目；按其差额，贷记"营业外收入"或"投资收益"等科目，或借记"营业外支出""投资收益"等科目。按发生的直接相关费用，借记"管理费用"科目，贷记"银行存款"等科目。非同一控制下控股合并涉及以库存商品等作为合并对价的，应按库存商品的公允价值，贷记"主营业务收入"或"其他业务收入"科目，并同时结转相关的成本。

#### 3.对联营企业与合营企业的长期股权投资

　　以支付现金取得的长期股权投资，应当按照实际支付的购买价款作为初始投资成本。初始投资成本包括与取得长期股权投资直接相关的费用、税金及其他必要支出。

以发行权益性证券取得的长期股权投资，应当按照发行权益性证券的公允价值作为初始投资成本。与发行权益性证券直接相关的费用以及与权益性交易相关的交易费用应当从权益中扣减。

企业发行或取得自身权益工具时发生的交易费用（如登记费，承销费，法律、会计、评估及其他专业服务费用，印刷成本和印花税等），可直接归属于权益性交易的，应当从权益中扣减。

### （二）长期股权投资的后续计量

#### 1. 采用成本法核算的长期股权投资的后续计量

采用成本法核算的长期股权投资应当按照初始投资成本计价。被投资单位宣告分派的现金股利或利润，应当确认为当期投资收益，借记"应收股利"科目，贷记"投资收益"科目。

追加或收回投资应当调整长期股权投资的成本，借记或贷记"长期股权投资"科目，贷记或借记"银行存款"科目。

#### 2. 采用权益法核算的长期股权投资的后续计量

长期股权投资的初始投资成本大于投资时应享有被投资单位可辨认净资产公允价值份额的，不调整长期股权投资的初始投资成本；长期股权投资的初始投资成本小于投资时应享有被投资单位可辨认净资产公允价值份额的，其差额应当计入当期损益，同时调整长期股权投资的成本，借记"长期股权投资——成本"科目，贷记"营业外收入"科目。

投资方取得长期股权投资后，应当按照应享有或应分担的被投资单位实现的净损益和其他综合收益的份额，分别确认投资收益和其他综合收益，同时调整长期股权投资的账面价值，借记"长期股权投资——损益调整（或其他综合收益）"科目，贷记"投资收益"或"其他综合收益"科目。

投资方对被投资单位除净损益、其他综合收益和利润分配以外的所有者权益的其他变动，应当调整长期股权投资的账面价值并计入所有者权益。借记或贷记"长期股权投资——其他权益变动"科目，贷记或借记"资本公积——其他资本公积"科目。

#### 3. 长期股权投资的处置

处置长期股权投资时，其账面价值与实际取得价款之间的差额，应当计入当期损益。采用权益法核算的长期股权投资，在处置时，采用与被投资单位直接处置相关资产或负债相同的基础，按相应比例对原计入其他综合收益的部分进行会计处理，并应同时结转已计提的长期股权投资减值准备。

### 8.13.3 违规操作检查

#### （一）违反国家有关的法律、法规进行投资

这表现为：企业以专项储备等进行对外投资，或者对外投资总额超过净资产的50%。查账人员查账时应当检查"长期股权投资"科目及其总账、明细账和会计凭证，计算企业的投资比重，检查企业的投资是否符合相关的规定。

#### （二）长期股权投资的计价错误

这表现为：不按实际支付的价款计价；投资时取得的被投资单位已宣告但尚未分配的现金股利或利润没有在"应收股利"科目中反映；两种后续计量方式随意转换；等等。查账人员可以通过检验"长期股权投资"科目的总账、明细账、会计凭证等核算长期股权投资的入账价值是否正确。

#### （三）投资收益反映不正确

查账人员可以检查长期股权投资的成本法和权益法核算是否正确；对"投资收益"等科目进行检查，如有疑点可以进一步检查相关的凭证；计算有关的相对指标，检查投资收益有无异常的变动情况。

### 8.13.4 参考案例

【例8-41】投资收益计算不正确

情况：某企业于2×21年1月1日以银行存款购入甲公司10%的股份，实际支付110万元。甲公司于2×21年4月2日宣告分派2×20年的现金股利30万元，已知2×21年甲公司实现净利润40万元，2×22年4月1日宣告分派现金股利60万元。查账人员对该企业的投资收益进行专项检查，怀疑其对投资收益的计量不正确，有虚增利润的现象。

查证：该企业对以上业务的账务处理如下。

（1）2×21年1月1日，购入甲公司股份。

借：长期股权投资                                          1 100 000

    贷：银行存款                                    1 100 000

（2）2×21年4月2日，甲公司宣告分派2×20年的现金股利30万元。

借：应收股利                           （300 000×10%）30 000

    贷：投资收益                                    30 000

（3）2×22年4月1日，甲公司宣告分派现金股利60万元。

借：应收股利                           （600 000×10%）60 000

    贷：投资收益                                    60 000

账务调整：具体如下。

（1）调整 2×21 年 4 月 2 日宣告分派的 2×20 年现金股利 30 万元。

| | | |
|---|---|---|
| 借：以前年度损益调整 | | 30 000 |
| 　贷：长期股权投资 | | 30 000 |
| 借：利润分配——未分配利润 | | 22 500 |
| 　应交税费——应交所得税 | | 7 500 |
| 　贷：以前年度损益调整 | | 30 000 |

（2）调整 2×22 年 4 月 1 日宣告分派的现金股利 60 万元。

| | | |
|---|---|---|
| 借：以前年度损益调整 | ［（600 000−400 000）×10%］ | 20 000 |
| 　贷：长期股权投资 | | 20 000 |
| 借：利润分配——未分配利润 | | 15 000 |
| 　应交税费——应交所得税 | | 5 000 |
| 　贷：以前年度损益调整 | | 20 000 |

案例点拨：该企业持有甲公司 10% 的股权，应按照成本法对长期股权投资进行后续计量。

（1）由于该企业取得甲公司的股份的时间是 2×21 年 1 月 1 日，所以 2×21 年 4 月 2 日甲公司宣告分派 2×20 年的现金股利时，该企业不应计算确认长期股权投资的投资收益，而应当抵减长期股权投资的成本。

（2）2×22 年 4 月 1 日，甲公司宣告分派现金股利 60 万元，所分配的股利是 2×21 年的经营收益，而甲公司 2×21 年的净利润是 40 万元，所以该企业 2×22 年 4 月 1 日应确认的投资收益应当是甲公司 2×21 年的经营净利润的一定比例，即该企业应当确认投资收益 4 万元（40×10%），差额 2 万元应当抵减该企业的长期股权投资成本。

【例 8-42】非货币性资产交换换入长期股权投资

情况：某公司 2×21 年以一批闲置的原材料换入每股市价为 9.5 元的股票 80 000 股作为长期股权投资。该股票价格中包含了每股 0.5 元的已宣告但尚未发放的现金股利，股票过户时相关的税费共 5 700 元。换出材料的账面余额为 650 000 元，公允价值和计税价值均 660 000 元，增值税税率为 13%，已计提存货跌价准备 2 000 元。同时该公司收到对方支付的补价 12 000 元。

查证：查账人员于 2×23 年检查该公司"营业外收入"科目时发现异常，怀疑与该笔长期股权投资有关。该公司关于此笔长期股权投资的相关会计分录如下。

| | |
|---|---|
| 借：长期股权投资 | 747 518 |
| 　应收股利 | 40 000 |
| 　存货跌价准备 | 2 000 |
| 　银行存款 | 12 000 |

| | | |
|---|---|---|
| 贷：原材料 | | 650 000 |
| 应交税费——应交增值税（销项税额） | | 85 800 |
| 银行存款 | | 5 700 |
| 营业外收入 | | 60 018 |

账务调整：查账后，账务调整如下。

| | | |
|---|---|---|
| 借：以前年度损益调整 | | 28 218 |
| 贷：长期股权投资 | | 28 218 |
| 借：利润分配——未分配利润 | | 21 163.5 |
| 应交税费——应交所得税 | | 7 054.5 |
| 贷：以前年度损益调整 | | 28 218 |

案例点拨：该公司以存货置换长期股权投资，相应的存货应当视同销售，长期股权投资应当以实际支付成本计价。正确的会计分录如下。

| | | |
|---|---|---|
| 借：长期股权投资 | | 699 500 |
| 应收股利 | | 40 000 |
| 银行存款 | | 12 000 |
| 贷：银行存款 | | 5 700 |
| 主营业务收入 | | 660 000 |
| 应交税费——应交增值税（销项税额） | | 85 800 |
| 借：主营业务成本 | | 648 000 |
| 存货跌价准备 | | 2 000 |
| 贷：原材料 | | 650 000 |

该企业 2×21 年长期股权投资事项的净收益为 12 000 元。

# 8.14 固定资产

## 8.14.1 固定资产

### （一）概念

固定资产是指同时具有以下特征的有形资产。

（1）为生产商品、提供劳务、出租或经营管理而持有。

（2）使用寿命超过一个会计年度。

### （二）账务处理

1.取得固定资产

（1）企业外购的固定资产，应按实际支付的购买价款、相关税费、使固定资产达到预定可使用状态前所发生的可归属于该项资产的运输费、装卸费、安装费和专业人员服务费等，作为固定资产的取得成本，借记"固定资产"科目，贷记"银行存款"等科目。若企业为增值税一般纳税人，则企业购进机器设备等固定资产的进项税额不纳入固定资产成本核算，可以在销项税额中抵扣。

购入需要安装的固定资产，应在购入的固定资产取得成本的基础上加上安装调试成本等作为购入固定资产的成本，先通过"在建工程"科目核算，待安装完毕达到预定可使用状态时，再由"在建工程"科目转入"固定资产"科目。

（2）企业自行建造固定资产，应按建造该项资产达到预定可使用状态前所发生的必要支出，作为固定资产的成本。自建固定资产应先通过"在建工程"科目核算，工程达到预定可使用状态时，再从"在建工程"科目转入"固定资产"科目。企业自建固定资产，主要有自营和出包两种方式，由于采用的建设方式不同，其会计处理也不同，具体如下。

①自营工程是指企业自行组织工程物资采购、自行组织施工人员施工的建筑工程和安装工程。购入工程物资时，借记"工程物资"科目，贷记"银行存款"等科目。领用工程物资时，借记"在建工程"科目，贷记"工程物资"科目。在建工程领用原材料、库存商品等时，借记"在建工程"科目，贷记"原材料""库存商品"等科目。自营工程发生的其他费用（如分配工程人员工资等），借记"在建工程"科目，贷记"银行存款""应付职工薪酬"等科目。自营工程达到预定可使用状态时，按其成本，借记"固定资产"科目，贷记"在建工程"科目。

②出包工程是指企业通过招标方式将工程项目发包给建造承包商，由建造承包商组织施工的建筑工程和安装工程。企业采用出包方式进行的固定资产工程，其工程的具体支出主要由建造承包商核算。在这种方式下，"在建工程"科目主要是企业与建造承包商办理工程价款结算的科目，企业支付给建造承包商的工程价款作为工程成本，通过"在建工程"科目核算。企业按合理估计的发包工程进度和合同规定向建造承包商结算的进度款，借记"在建工程"科目，贷记"银行存款"等科目；工程完成时，按合同规定补付的工程款，借记"在建工程"科目，贷记"银行存款"等科目；工程达到预定可使用状态时，按其成本，借记"固定资产"科目，贷记"在建工程"科目。

**2. 固定资产的后续支出**

固定资产的更新改造等后续支出，满足固定资产确认条件的，应当计入固定资产成本，如有被替换的部分，应同时将被替换部分的账面价值从该固定资产原账面价值中扣除；不满足固定资产确认条件的固定资产修理费用等，应当在发生时计入当期损益。

在对固定资产发生可资本化的后续支出后，企业应将该固定资产的原价、已计提的累计折旧和减值准备转销,将固定资产的账面价值转入在建工程。固定资产发生的可资本化的后续支出,通过"在建工程"科目核算。在固定资产发生的后续支出完工并达到预定可使用状态时,从"在建工程"科目转入"固定资产"科目。

企业生产车间(部门)和行政管理部门等发生的固定资产修理费用等后续支出,借记"管理费用"等科目,贷记"银行存款"等科目;企业发生的与专设销售机构相关的固定资产修理费用等后续支出,借记"销售费用"科目,贷记"银行存款"等科目。

**3. 固定资产的处置**

固定资产处置包括固定资产的出售、报废、毁损、对外投资、非货币性资产交换、债务重组等。处置固定资产应通过"固定资产清理"科目核算。具体包括以下几个步骤。

(1)固定资产转入清理。企业因出售、报废、毁损、对外投资、非货币性资产交换、债务重组等转出的固定资产,按该项固定资产的账面价值,借记"固定资产清理"科目;按已计提的累计折旧,借记"累计折旧"科目;按已计提的减值准备,借记"固定资产减值准备"科目;按其账面原价,贷记"固定资产"科目。

(2)发生的清理费用等。固定资产清理过程中应支付的其他费用,借记"固定资产清理"科目,贷记"银行存款"等科目。

(3)收回出售固定资产的价款、残料价值和变价收入等,借记"银行存款""原材料"等科目,贷记"固定资产清理"科目。

(4)保险赔偿等的处理。应由保险公司或过失人赔偿的损失,借记"其他应收款"等科目,贷记"固定资产清理"科目。

(5)清理净损益的处理。固定资产清理完成后,属于生产经营期间正常的处理损失,借记"营业外支出——处置非流动资产损失"科目,贷记"固定资产清理"科目;属于自然灾害等非正常原因造成的损失,借记"营业外支出——非常损失"科目,贷记"固定资产清理"科目。如为贷方余额,借记"固定资产清理"科目,贷记"营业外收入"科目。

**4. 固定资产清查**

企业应定期或者至少于每年末对固定资产进行清查盘点,以保证固定资产核算的真实性,充分挖掘企业现有固定资产的潜力。在固定资产清查过程中,如果发现盘盈、盘亏的固定资产,应填制固定资产盘盈盘亏报告表。清查固定资产的损益,应及时查明原因,并按照规定程序报批处理。

(1)固定资产盘盈。企业在财产清查中盘盈的固定资产,作为前期差错处理。企业在财产清查中盘盈的固定资产,在按管理权限报经批准处理前应先通过"以前年度损益调整"科目核算。盘盈的固定资产，应按重置成本确定其入账价值，借记"固定资产"科目，贷记"以前年度损益调整"科目。

（2）固定资产盘亏。企业在财产清查中盘亏的固定资产，按盘亏固定资产的账面价值，借记"待处理财产损溢"科目；按已计提的累计折旧，借记"累计折旧"科目；按已计提的减值准备，借记"固定资产减值准备"科目；按固定资产的原价，贷记"固定资产"科目。按管理权限报经批准后处理时，按可收回的保险赔偿或过失人赔偿，借记"其他应收款"科目；按应计入营业外支出的金额，借记"营业外支出——盘亏损失"科目，贷记"待处理财产损溢"科目。

### （三）违规操作检查

**1.固定资产的增加业务不真实、不合法**

这表现为：企业外购设备时，以高于设备价值的价格付款，从而收取好处费；建造固定资产工程所耗材料、人工等挤占当期生产经营费用，从而达到减少利润、偷逃所得税的目的。查账人员可以通过查阅、核对、复核反映固定资产增加业务的会计资料，分析有关情况并查证问题。

**2.固定资产的增加计价不正确**

这表现为：固定资产的计价方法错误，如对能确定原始价值的却采用重置价值；固定资产价值构成错误；任意变动固定资产账面价值，违反有关规定，任意调整、变动已入账的固定资产账面价值。查账人员可以通过审阅"固定资产"明细账中反映固定资产增加的业务内容，检查相应的会计凭证，如发现疑点应进一步查证。

**3.固定资产增加时的账务处理不正确**

查账人员可以审阅"固定资产"明细账或审阅核对反映固定资产增加业务的记账凭证及其所附原始凭证，检查相关账务处理是否正确。

**4.固定资产的减少业务不真实**

这表现为：虚列固定资产盘亏、毁损、报废、投资投出，实则将固定资产私自出售，隐瞒收入。查账人员可以审查"固定资产"明细账及有关会计凭证发现其线索和疑点，然后再调查、询问有关单位或个人，在分析、了解有关情况基础上查证问题。

**5.固定资产出售业务错弊**

这表现为：固定资产出售的作价不合理，形式上出售，实际上赠送；对出售固定资产所得价款处理不正确；对固定资产出售过程中发生的费用处理不正确；固定资产净损益转入科目有错误。查账人员审阅"固定资产"明细账时，如发现被查单位存在出售固定资产的情况，则应将所出售资产的账面价值与实际售出获得的价款进行核对，如果发现疑点和问题，则需进一步查证。

**6. 固定资产报废、毁损的业务处理发生错弊**

这表现为：对固定资产清理报废的残值收入处理不正确，将其记入结算类账户，用于日后非法支出；发生的清理费计入生产或经营费用；将本已清理完毕的固定资产清理净损失或净收益长期挂账不予结转，以达到调节利润的目的，造成本年利润的虚增或虚减。查账人员可以审查"固定资产"明细账的减少业务，如有报废、毁损的，则应仔细查找其相关凭证，看其账务处理是否正确。

**7. 盘亏的固定资产业务错弊**

这表现为：未经审批将待处理财产损溢直接转入当期损益，使企业无法控制流失资产，有关人员逃脱责任。查账人员可以进行实地盘点，对盘亏固定资产处理时的审批手续及账务处理进行检查。

### （四）参考案例

【例8-43】接受捐赠固定资产时的账务处理有误

情况：查账人员2×23年对甲公司的"固定资产"科目进行检查时发现，2×22年12月甲公司接受其他单位捐赠的设备一台，价值40 000元，预计使用4年，预计净残值为零。查账人员对以上接受捐赠的固定资产处理有异议，怀疑甲公司少计了2×22年度的收益，降低了应纳税额。

查证：调出2×22年12月第18号凭证，其分录如下。

借：固定资产　　　　　　　　　　　　　　　　　　　40 000
　　贷：资本公积——其他资本公积　　　　　　　　　　　　40 000

账务调整：查账后，账务调整如下。

借：资本公积——其他资本公积　　　　　　　　　　　40 000
　　贷：以前年度损益调整　　　　　　　　　　　　　　　　40 000
借：以前年度损益调整　　　　　　　　　　　　　　　40 000
　　贷：利润分配——未分配利润　　　　　　　　　　　　　30 000
　　　　应交税费——应交所得税　　　　　　　　　　　　　10 000

案例点拨：企业接受捐赠的固定资产，应当计入当期损益，而不是记入"资本公积——其他资本公积"科目中。所以当企业收到捐赠的固定资产时，企业应当借记"固定资产"科目，贷记"营业外收入"科目。

【例8-44】固定资产的计量错误

情况：查账人员2×23年审阅甲公司固定资产增加事项时发现，该公司2×21年6月建造完工的固定资产的成本决算表和预算表相差150 000元，而且在该工程建造期间发生的生产经营费用偏高。为此，查账人员怀疑甲公司在建工程的成本计量和建造期间的费用计量有误，因此，对甲公司的相关账务进行了检查。

查证：查账人员翻阅 2×21 年 4 月、5 月、6 月有关管理费用的明细账和会计凭证，发现甲公司的一笔安装固定资产的支出金额为 50 000 元，相关的分录如下。

借：管理费用　　　　　　　　　　　　　　　　　　　　50 000

　　贷：银行存款　　　　　　　　　　　　　　　　　　50 000

账务调整：查账后，账务调整如下。

借：固定资产　　　　　　　　　　　　　　　　　　　　50 000

　　贷：以前年度损益调整　　　　　　　　　　　　　　50 000

借：以前年度损益调整　　　　　　　　　　　　　　　　50 000

　　贷：利润分配——未分配利润　　　　　　　　　　　37 500

　　　　应交税费——应交所得税　　　　　　　　　　　12 500

案例点拨：企业自行建造固定资产，如果所建造的固定资产需要安装，则相应的安装费用应当计入该固定资产的成本中，而不是计入当期的费用中。本例中，甲公司在建工程的安装费用计入了管理费用，减少了当期的净利润，从而也降低了当期的应交税费。该账务处理是错误的。

## 8.14.2　累计折旧

### （一）概念

企业应当在固定资产的使用寿命内，按照确定的方法对应计折旧额进行系统分摊，根据固定资产的性质和使用情况，合理确定固定资产的使用寿命和预计净残值。固定资产的使用寿命、预计净残值一经确定，不得随意变更。

### （二）账务处理

企业应当根据与固定资产有关的经济利益的预期实现方式，合理选择固定资产折旧方法。

**1. 年限平均法**

年限平均法的计算公式如下。

年折旧率 =（1 - 预计净残值率）÷ 预计使用寿命（年）

月折旧率 = 年折旧率 ÷ 12

月折旧额 = 固定资产原值 × 月折旧率

**2. 工作量法**

每单位工作量折旧额 =（原值 - 预计净残值）÷ 规定的总工作量

= 原值 ×（1 - 预计净残值率）÷ 规定的总工作量

月折旧额 = 月内实际完成的工作量 × 每单位工作量折旧额

**3. 双倍余额递减法**

月折旧率 = 年折旧率 ÷ 12

月折旧额 = 每月月初固定资产账面净值 × 月折旧率

### 4. 年数总和法

月折旧率 = 年折旧率 ÷ 12

月折旧额 =（固定资产原值 - 预计净残值）× 月折旧率

固定资产应当按月计提折旧，计提的折旧应当记入"累计折旧"科目，并根据用途计入相关资产的成本或者当期损益。企业自行建造固定资产过程中使用的固定资产，其计提的折旧应计入在建工程成本；基本生产车间所使用的固定资产，其计提的折旧应计入制造费用；管理部门所使用的固定资产，其计提的折旧应计入管理费用；销售部门所使用的固定资产，其计提的折旧应计入销售费用；经营租出的固定资产，其应提的折旧额应计入其他业务成本。企业计提固定资产折旧时，借记"制造费用""销售费用""管理费用"等科目，贷记"累计折旧"科目。

### （三）违规操作检查

#### 1. 计提折旧的范围不正确

查账人员可核对固定资产折旧计算表与"固定资产"明细账，注意被查企业折旧额的变化与固定资产的增减业务是否一致。

#### 2. 折旧方法的选用不合适

通常，对于技术进步快的企业的固定资产，应当采用加速折旧法计提折旧；企业不同期间的工作量相差较大的，应当采用工作量法对固定资产计提折旧。查账人员可以审阅被查企业固定资产折旧计算表和固定资产卡片、固定资产登记簿等会计资料，了解并确定企业所采用的具体折旧方法。

#### 3. 折旧年限的确定不符合规定

企业应当根据自身特点，明确固定资产计提折旧的年限。查账人员可以对照分析企业固定资产实际折旧年限与企业财务制度规定的该固定资产的折旧年限，检查其是否相符。

#### 4. 随意变动折旧方法和折旧年限

有时，企业为了虚增或虚减当期利润，可能多提或少提折旧。如果企业确需变更折旧方法和折旧年限，应经企业管理机构批准后，报送有关各方备案，并在报表附注中予以说明。查账人员可以采用分析性复核法，计算企业本年折旧与固定资产总额比率，并与上年的数据进行比较。如果折旧额出现大的波动，则需进一步审查、复核固定资产折旧计算表、固定资产卡片或固定资产登记簿；重点核对固定资产增减业务的当月与下月计算的折旧额是否正确。

### （四）参考案例

【例 8-45】计提固定资产折旧的起点错误

情况：某企业于 2×22 年 6 月 1 日购入一台管理用固定资产，取得的增值税专用发票上注明的设备买价为 80 000 元，支付的运输费用为 2 000 元。该固定资产的使用年限为 10 年，预计净残值为 10 000 元。

查证：查账人员 2×23 年 5 月对该企业的固定资产的累计折旧进行检查，发现该企业在 2×22 年 6 月对上述固定资产计提折旧 600 元，相关的会计分录如下。

借：管理费用 600
　　贷：累计折旧 600

账务调整：查账后，账务调整如下。

借：累计折旧 600
　　贷：以前年度损益调整 600

借：以前年度损益调整 600
　　贷：利润分配——未分配利润 450
　　　　应交税费——应交所得税 150

案例点拨：企业固定资产计提折旧的时间原则是"当月新增的固定资产，当月不计提折旧，从下月起计提折旧；当月减少的固定资产，当月仍然计提折旧，从下月起不再计提折旧"。该企业于 2×22 年 6 月 1 日购入固定资产，所以应当从 2×22 年 7 月开始对该固定资产计提折旧。

**【例 8-46】随意计提折旧，以调整当期利润**

情况：甲公司固定资产分类表中有 1 辆汽车用于出租，原值 250 000 元，已使用 2 年，已提折旧 50 000 元，于 2×22 年 1 月用于出租，预计还可使用 8 年，预计净残值为零，于是从 2×22 年起未提折旧，也未在备查簿中登记其修理费用支出状况。

查证：查账人员在 2×23 年 6 月末对该公司固定资产折旧审查时，发现累计折旧出现波动，怀疑折旧计提有误。

账务调整：查账后，账务调整如下。

（1）调整 2×22 年应计提的折旧。

借：以前年度损益调整 25 000
　　贷：累计折旧 25 000

借：利润分配——未分配利润 18 750
　　应交税费——应交所得税 6 250
　　贷：以前年度损益调整 25 000

（2）调整截至 2×23 年 6 月末，该公司应计提的折旧。

借：其他业务成本 12 500
　　贷：累计折旧 12 500

案例点拨：企业经营出租固定资产，虽然资产的使用权不在企业，但是企业仍然应当对固定资产计提折旧。如果企业对经营出租的固定资产未计提折旧，就会导致少计费用，虚增利润。

## 8.14.3 固定资产减值准备

### （一）概念

固定资产的初始入账价值是历史成本，固定资产使用年限较长，市场条件和经营环境的变化、科学技术的进步以及企业经营管理不善等情况，都可能导致固定资产创造未来经济利益的能力发生变化。因此，固定资产的真实价值有可能低于其账面价值，在期末必须对固定资产减值损失进行确认。

### （二）账务处理

固定资产在资产负债表日存在可能发生减值的迹象时，其可收回金额低于账面价值的，企业应当将该固定资产的账面价值减记至可收回金额，减记的金额确认为减值损失，计入当期损益，同时计提相应的资产减值准备，借记"资产减值损失——计提的固定资产减值准备"科目，贷记"固定资产减值准备"科目。固定资产减值损失一经确认，在以后会计期间不得转回。

### （三）违规操作检查

**1. 没有定期检查固定资产的状况，未及时确认固定资产减值损失**

企业必须在每期期末对所持有的固定资产的状况进行检查，如果所持有的固定资产符合规定发生减值迹象，则应当确认固定资产的减值准备，计入当期损益。

**2. 处置固定资产时未将原确认的固定资产减值准备转出**

企业在处置固定资产的同时，应当将已确认的固定资产减值准备转出。

### （四）参考案例

【例8-47】未及时确认固定资产减值

情况：A公司2×22年末所持有的固定资产中，有一项固定资产的账面价值为60万元，由于技术进步等原因，预计可收回金额为38万元。

查证：2×23年查账人员检查了A公司的固定资产的情况，发现A公司未对上述固定资产进行减值测试，确认减值准备。

账务调整：查账后，账务调整如下。

| | | |
|---|---|---|
| 借：以前年度损益调整 | | 220 000 |
| 　　贷：固定资产减值准备 | | 220 000 |
| 借：利润分配——未分配利润 | | 165 000 |
| 　　应交税费——应交所得税 | | 55 000 |

贷：以前年度损益调整　　　　　　　　　　　　　　　　　220 000

案例点拨：实务中，企业可能会出于虚增利润的目的，不确认或者少确认固定资产的减值损失。我国相关法律规定，企业应当在每期末对所持有的固定资产进行减值测试，发生减值的，应当确认减值准备，并计入当期损益。本例中，A公司为了提高利润，没有确认固定资产的减值损失，是不符合相关规定的。

**【例 8-48】处置固定资产时未将减值准备转出**

情况：某公司 2×22 年末持有的一项固定资产的账面价值为 80 万元，由于技术进步等原因，预计可收回金额为 50 万元。该公司于 2×22 年末确认了固定资产减值准备。2×23 年 3 月该公司出售固定资产，现金已经收讫。

查证：查账人员于 2×23 年 4 月对该公司的固定资产的账务处理进行检查，发现出售固定资产的相关损益存在问题，怀疑和该固定资产的减值准备有关。因此，查账人员仔细检查了该固定资产的相关凭证和账务处理分录，发现该公司 2×23 年 4 月出售固定资产时，未将该固定资产已经确认的减值准备转出。

账务调整：查账后，账务调整如下。

该公司 2×22 年确认固定资产减值准备的分录如下。

借：资产减值损失　　　　　　　　　　　　　　　　　　　300 000
　　贷：固定资产减值准备　　　　　　　　　　　　　　　　300 000

2×23 年的调整分录如下。

借：固定资产减值准备　　　　　　　　　　　　　　　　　300 000
　　贷：资产处置损益　　　　　　　　　　　　　　　　　　300 000

案例点拨：企业处置所持有的固定资产时，如果该固定资产已经确认了减值准备，则应当在处置时将固定资产减值准备转出。

## 8.14.4　固定资产清理

### （一）概念

"固定资产清理"科目用于核算企业的固定资产因报废、毁损、出售转入清理的固定资产净值，以及在清理过程中发生的清理费用和清理收入。

### （二）账务处理

企业进行固定资产清理时的具体会计处理如下。

（1）出售、报废和毁损的固定资产转入清理时，按固定资产账面价值，借记"固定资产清理"科目；按已提的折旧额，借记"累计折旧"科目；按已计提的减值准备，借记"固定资产减值准备"科目；按固定资产原价，贷记"固定资产"科目。

清理过程中发生的费用，借记"固定资产清理"科目，贷记"银行存款"等科目；收回出售固定资产的价款、残料价值和变价收入等，借记"银行存款""原材料"等科目，贷记"固定资产清理"科目；应当由保险公司或过失人赔偿的损失，借记"其他应收款"等科目，贷记"固定资产清理"科目。

固定资产清理后的净收益，属于筹建期间的，冲减长期待摊费用，借记"固定资产清理"科目，贷记"长期待摊费用"科目；属于生产经营期间的，计入损益，借记"固定资产清理"科目，贷记"资产处置损益"科目。

固定资产清理后的净损失，属于筹建期间的，计入长期待摊费用，借记"长期待摊费用"科目，贷记"固定资产清理"科目；属于生产经营期间的由于自然灾害等非正常原因造成的损失，借记"营业外支出——非常损失"科目，贷记"固定资产清理"科目；属于生产经营期间正常的处理损失，借记"资产处置损益"科目，贷记"固定资产清理"科目。

（2）企业以固定资产清偿债务或以固定资产换入其他资产的，也应在"固定资产清理"科目中核算。

（3）"固定资产清理"科目应按清理的固定资产设置明细科目，进行明细核算。

（4）"固定资产清理"科目期末余额，反映尚未清理完毕的固定资产的价值以及清理净收入（清理收入减去清理费用）。

### （三）违规操作检查

**1. 对正常清理报废的固定资产的处理不正确**

这表现为：注销报废固定资产的原值和折旧有误；清理过程中发生的各项费用、收回的残料价值和变价收入，以及结转固定资产清理后净收益或净损失有误。查账人员可以审查"固定资产清理"明细账及其相关科目的明细账，并与其所附的会计凭证进行核对，看其是否存在错弊。

**2. 以清理报废的名义，毁损固定资产及将清理后的残值收入列入"小金库"或私分**

针对此类问题，查账人员可审查固定资产清理报废的原因及清理过程的账务处理，如有问题应进一步追查。

### （四）参考案例

【例8-49】固定资产清理款私设"小金库"

情况：查账人员2×23年4月在审计某公司2×22年账目时，在现金日记账中发现某月某日支付拆除A型机器劳务费500元，经查阅凭证发现，有某领导批准的，同意支付给王某的A型机器拆除费500元的白条；但在库存现金日记账和银行存款日记账中却没有相应的清理收入，因此，怀疑其存在错弊。

查证：查账人员在以后某日的一张凭证中的摘要栏内发现注有"报废A型机器设备"。该设备已于某月某日以 50 000 元售给某乡镇企业，款项已存入银行，作为"小金库"的款项，其会计分录如下。

借：累计折旧　　　　　　　　　　　　　　　　　50 000
　营业外收入　　　　　　　　　　　　　　　　　50 000
　　贷：固定资产——A型设备　　　　　　　　　100 000

账务调整：查账后，账务调整如下。

借：固定资产清理　　　　　　　　　　　　　　　50 000
　　贷：以前年度损益调整　　　　　　　　　　　50 000

借：银行存款　　　　　　　　　　　　　　　　　50 000
　　贷：固定资产清理　　　　　　　　　　　　　50 000

借：以前年度损益调整　　　　　　　　　　　　　50 000
　　贷：利润分配——未分配利润　　　　　　　　37 500
　　　应交税费——应交所得税　　　　　　　　　12 500

案例点拨：本例中，某公司将报废的固定资产收入存入"小金库"，将固定资产报废后出售的残值收入作为"营业外收入"，这种做法既违背了会计制度，实际上又侵占了公司所有者的权益。固定资产清理收支应当通过"固定资产清理"科目反映，如果是清理收入，则应当记入"银行存款"科目。私设"小金库"的做法是违反相关法律规定的。

**【例 8-50】通过"固定资产清理"科目调整企业的净利润**

情况：某企业 2×22 年 7 月有偿调出卡车一辆，原值 40 000 元，已提折旧 2 000 元，销售收入 60 000 元。查账人员 2×23 年在审计该企业 2×22 年账目时，发现该企业的"固定资产清理"科目数额为上年的余额，因此，怀疑其处理有误。

查证：该企业会计分录如下。

借：固定资产清理　　　　　　　　　　　　　　　38 000
　累计折旧　　　　　　　　　　　　　　　　　　2 000
　　贷：固定资产　　　　　　　　　　　　　　　40 000

借：银行存款　　　　　　　　　　　　　　　　　60 000
　　贷：固定资产清理　　　　　　　　　　　　　60 000

账务调整：查账后，账务调整如下。

借：固定资产清理　　　　　　　　　　　　　　　22 000
　　贷：以前年度损益调整　　　　　　　　　　　22 000

借：以前年度损益调整　　　　　　　　　　　　　22 000

  贷：利润分配——未分配利润          16 500

    应交税费——应交所得税          5 500

  **案例点拨**：处理报废固定资产收入的款项应冲减固定资产清理支出，将净收益作为营业外收入处理。该企业为了控制利润增长数额将清理固定资产的净收益仍留在"固定资产清理"科目内，结转到下年度处理，违反了相关的法律规定。

# 8.15 无形资产

## 8.15.1 概念

  无形资产是指企业拥有或者控制的没有实物形态的可辨认非货币性资产。无形资产具有如下三个主要特征。

  （1）不具有实物形态。无形资产是不具有实物形态的非货币性资产。它不像固定资产、存货等有形资产具有实物形态。

  （2）具有可辨认性。资产满足下列条件之一的，符合无形资产定义中的可辨认性标准。

  ①能够从企业中分离或者划分出来，并能单独或者与相关合同、资产或负债一起，用于出售、转让、授予许可、租赁或者交换。

  ②源自合同性权利或其他法定权利，无论这些权利是否可以从企业或其他权利和义务中转移或者分离。商誉的存在无法与企业自身分离，不具有可辨认性，不在本小节讲解。

  （3）属于非货币性长期资产。无形资产属于非货币性资产且能够在多个会计期间为企业带来经济利益。无形资产的使用年限在一年以上，其价值将在各个受益期间逐渐摊销。

## 8.15.2 账务处理

### （一）无形资产的取得

  无形资产应当按照成本进行初始计量。企业取得无形资产的主要方式有外购、自行研究开发等。取得的方式不同，其会计处理也有所差别，具体如下。

  （1）外购无形资产。外购无形资产的成本包括购买价款、相关税费以及直接归属于使该项资产达到预定用途所发生的其他支出。

  （2）自行研究开发无形资产。企业内部研究开发项目所发生的支出应区分研究阶段支出和开发阶段支出。企业自行开发无形资产发生的研发支出，不满足资本化条件的，借记"研发支出——费用化支出"科目；满足资本化条件的，借记"研发支出——资本化支出"科目；贷记"原材料""银行存款""应付职工薪酬"等科目。研究开发项目达到预定用途形成无形资产的，应按"研发支出——资本化支出"科目的余额，借记"无形资产"科目，贷记"研发支出——资本化支出"科目。期（月）末，应将"研发支出——费用化支出"科目归集的金额转入"管理费用"科目，借记"管理费用"科目，贷记"研发支出——费用化支出"科目。如果无法可靠区分研究阶段的支出和开发阶段的支出，则应将其所发生的研发支出全部费用化，计入当期损益。

**（二）无形资产的摊销**

企业应当于取得无形资产时分析判断其使用寿命，使用寿命有限的无形资产应进行摊销，使用寿命不确定的无形资产不应摊销。使用寿命有限的无形资产，通常其残值视为零。对于使用寿命有限的无形资产应当自可供使用（即其达到预定用途）当月起开始摊销，处置当月不再摊销。

企业应当按月对无形资产进行摊销。无形资产的摊销额一般应当计入当期损益。企业自用的无形资产，其摊销金额计入管理费用；出租的无形资产，其摊销金额计入其他业务成本；某项无形资产包含的经济利益通过所生产的产品或其他资产实现的，其摊销金额应当计入相关资产成本。

**（三）无形资产的处置**

企业处置无形资产，应当将取得的价款扣除该无形资产账面价值以及出售相关税费后的差额计入营业外收入或营业外支出。

**（四）无形资产的减值**

无形资产在资产负债表日存在可能发生减值的迹象时，其可收回金额低于账面价值的，企业应当将该无形资产的账面价值减记至可收回金额，减记的金额确认为减值损失，计入当期损益，同时计提相应的资产减值准备。按应减记的金额，借记"资产减值损失——计提的无形资产减值准备"科目，贷记"无形资产减值准备"科目。无形资产减值损失一经确认，在以后会计期间不得转回。

## 8.15.3 违规操作检查

**（一）无形资产增加不真实、不符合规定**

这表现为：没有合法证书或者没有经过法定程序确认，增加无形资产。查账人员可以审核企业无形资产增加是否有合法的证明文件；审查以各种形式增加的无形资产是否办理了必要的产权转让手续；审阅"无形资产"账户，查证企业商誉的作价入账，有无在正常的经营期内，擅自将商誉作价入账的情况。

**（二）无形资产计价不合理、不符合规定**

这表现为：没有取得法定依据，或不经过法定程序，从而故意多计或少计无形资产价值。查账人员可以审查企业购入无形资产的发票和与购入无形资产直接相关的费用；审查企业自行开发的无形资产的各项支出是否真实、正确、符合规定；审阅无形资产的明细账及有关费用明细账；审阅资产评估部门出具的评估证书，查证企业有无未经法定评估而擅自对无形资产作价的行为。

### （三）转让、出售无形资产业务的会计处理不正确

这表现为：转让、出售行为没有得到必要的授权，无形资产的售价确定没有合法依据，对转让、出售无形资产带来损益的会计处理不恰当。查账人员可以审阅无形资产的明细账及转让、出售无形资产业务的相关会计资料，询问相关当事人；查证转让、出售的是无形资产的使用权还是所有权，及其会计处理的正确性。

### （四）以无形资产进行非货币性交易时，价值确认不正确

这表现为：换入的无形资产入账价值确认偏低或偏高，对收到补价的收益确认不正确。查账人员可以审阅非货币性交易过程中的有关原始单据，分析企业对无形资产换入、换出的价值确定是否正确，对补价的处理是否正确。

### （五）无形资产摊销的会计处理不正确

这表现为：摊销期限确定不合理或任意变更；任意多摊或少摊无形资产成本；没有将无形资产成本摊入管理费用，而是计入了生产成本或经营费用。查账人员可以了解无形资产有无法定使用期限，判断企业无形资产有效期限的确定是否正确、符合规定；审阅会计凭证、相关账簿，查证企业无形资产摊销是否计入了管理费用。

## 8.15.4 参考案例

【例 8-51】无形资产处置账务处理错误

情况：查账人员 2×23 年对某公司无形资产项目进行审查后，发现该公司在 2×22 年 1 月有一笔向外转让无形资产业务，取得收入 120 000 元。该项无形资产的账面价值为 90 000 元。查账人员在审查该公司其他业务收入和其他业务成本账目时，发现有此业务的记录，但怀疑其账务处理有误。

查证：该公司对上述事项的会计分录如下。

| | |
|---|---|
| 借：银行存款 | 120 000 |
| 　　贷：其他业务收入 | 120 000 |
| 借：其他业务成本 | 90 000 |
| 　　贷：无形资产 | 90 000 |

账务调整：查账后，账务调整如下。

以上处理的错误在于未能确认转让无形资产的增值税。

应确认增值税销项税额 =120 000÷（1+6%）×6%=6 792.45（元）

应调减应交所得税 =6 792.45×25%=1 698.11（元）

借：应交税费——应交所得税　　　　　　　　　　　　　1 698.11

　　以前年度损益调整　　　　　　　　　　　　　　　　5 094.34

　　　贷：应交税费——应交增值税（销项税额）　　　　　6 792.45

借：利润分配——未分配利润　　　　　　　　　　　　　5 094.34

　　　贷：以前年度损益调整　　　　　　　　　　　　　5 094.34

案例点拨：根据会计制度规定，企业出售无形资产，按实际取得的转让收入，借记"银行存款"等科目；按该项无形资产已计提的减值准备，借记"无形资产减值准备"科目；按无形资产的账面余额，贷记"无形资产"科目；按应支付的相关税费，贷记"银行存款""应交税费"等科目；按其差额，贷记或借记"资产处置损益"科目。该公司开始的做法，使得无形资产出售的损益计入了其他业务收支中；同时销售无形资产业务没有缴纳增值税，其相关的账务处理是错误的。

【例 8-52】无形资产摊销错误

情况：2×23 年 1 月，查账人员在审计某公司 2×22 年会计报表时，发现该公司的管理费用水平明显高于上年度的水平。

查证：查账人员通过查阅"管理费用"明细账发现，该公司将尚有 5 年使用期限的商标权的摊余价值 20 万元全部记入了"管理费用"科目。该公司管理部门没有拿出全部摊销无形资产成本的合法证据。相关会计分录如下。

借：管理费用　　　　　　　　　　　　　　　　　　　200 000

　　　贷：累计摊销　　　　　　　　　　　　　　　　200 000

根据有关规定，企业的无形资产应当自取得当月起在预计使用年限内分期平均摊销，计入损益。

账务调整：查账后，账务调整如下。

借：累计摊销　　　　　　　　　　　　　　　　　　　160 000

　　　贷：以前年度损益调整　　　　　　　　　　　　160 000

借：以前年度损益调整　　　　　　　　　　　　　　　160 000

　　　贷：利润分配——未分配利润　　　　　　　　　　120 000

　　　　　应交税费——应交所得税　　　　　　　　　　40 000

案例点拨：只有当无形资产预期不能为企业带来经济利益时，企业才能将该无形资产的账面价值予以转销。在查账过程中，该公司不能拿出全部摊销无形资产成本的合理理由，因此，可以认定其相关会计处理是错误的。

## 8.16 递延所得税资产

### 8.16.1 概念

资产、负债的账面价值和计税基础的不同会产生暂时性差异。暂时性差异按对未来期间应纳税所得额的影响的不同，分为应纳税暂时性差异和可抵扣暂时性差异。可抵扣暂时性差异是指在确定未来收回资产或清偿负债期间的应纳税所得额时，将导致产生可抵扣金额的暂时性差异。该差异在未来期间转回时会减少转回期间的应纳税所得额，减少未来期间的应交所得税。在可抵扣暂时性差异产生当期，符合确认条件时，应当确认相关的递延所得税资产。

可抵扣暂时性差异一般产生于以下三种情况。

（1）资产的账面价值小于其计税基础。

（2）负债的账面价值大于其计税基础。

（3）可抵扣亏损及税款抵减产生的暂时性差异。按照税法规定可以结转以后年度的未弥补亏损及税款抵减，虽不是因资产、负债的账面价值与计税基础不同产生的，但与可抵扣暂时性差异具有同样的作用，均能够减少未来期间的应纳税所得额，进而减少未来期间的应交所得税，会计处理上视同可抵扣暂时性差异，符合条件的情况下，应确认与其相关的递延所得税资产。

### 8.16.2 账务处理

因可抵扣暂时性差异产生的递延所得税资产应以未来期间可能取得的应纳税所得额为限。

确认递延所得税资产的情形如下。

（1）对于按照税法规定可以结转以后年度的未弥补亏损和税款抵减，应视同可抵扣暂时性差异确认递延所得税资产。

（2）因资产折旧摊销方法及年限以及因减值准备计提形成的可抵扣暂时性差异确认递延所得税资产。

（3）以公允价值计量的金融资产及投资性房地产，因公允价值变动形成的可抵扣暂时性差异，可确认为递延所得税资产。

（4）对与子公司、联营企业、合营企业的投资相关的可抵扣暂时性差异，如果能同时满足下列条件的，确认为相关的递延所得税资产。

①暂时性差异在可预见的未来很可能转回。

②未来很可能获得用来抵扣可抵扣暂时性差异的应纳税所得额。

如果企业发生的某项交易或事项不属于企业合并，并且交易发生时既不影响会计利润，也不影响应纳税所得额，且该项交易中产生的资产、负债的初始确认金额与其计税基础不同，产生可抵扣暂时性差异的，在交易或事项发生时不确认相应的递延所得税资产。例如，研发形成的无形资产，税法上按照150%摊销形成的可抵扣暂时性差异不确认为递延所得税资产。

按照资产、负债的账面价值与计税基础之间的差额，与相应所得税税率的乘积计算递延所得税资产的金额。递延所得税资产应以相关可抵扣暂时性差异转回期间按照税法规定适用的所得税税率计量。确认时，除与直接计入所有者权益的交易或事项以及企业合并中取得资产、负债相关的以外，在确认递延所得税资产的同时，应减少利润表中的所得税费用，借记"所得税费用"科目，贷记"递延所得税资产"科目。

## 8.16.3 违规操作检查

### （一）递延所得税资产的确认错误

企业应当于期末根据相应资产、负债的账面价值和计税基础之间的差额确认递延所得税资产。查账人员可以通过检查企业的资产、负债的账面价值等，考察企业的递延所得税资产的确认是否及时准确。

### （二）递延所得税资产的金额有误

企业应当按照相关资产、负债的账面价值和计税基础之间的差额与所得税税率的乘积计算当期的递延所得税资产。查账人员可以通过检查企业的递延所得税资产的计算基础确认递延所得税资产的计量金额是否正确。

## 8.16.4 参考案例

【例8-53】递延所得税资产的处理错误

情况：A公司2×22年度税前会计利润为110万元，应纳税所得额为120万元，因为A公司当期购入的交易性金融资产的成本为50万元，该交易性金融资产在资产负债表日的公允价值为40万元，而会计上规定确认的公允价值变动损益不允许进行税前扣除，所以产生了10万元的暂时性差异。该公司适用的所得税税率为25%。该公司年初递延所得税资产的借方余额为零。

查证：查账人员于2×22年末检查了该公司的"递延所得税资产"科目，发现递延所得税资产的金额存在疑问，于是检查了相应的会计凭证，发现该公司的相关账务处理如下。

借：所得税费用           300 000

  贷：应交税费——应交所得税     300 000

账务调整：查账后，账务调整如下。

| | |
|---|---|
| 借：递延所得税资产 | 25 000 |
| 贷：所得税费用 | 25 000 |

案例点拨：企业应当于期末根据资产、负债的账面价值和计税基础，计算确认递延所得税资产和递延所得税负债，同时确认相应的所得税费用。

第 9 章
# 负债业务的检查

负债是指企业过去的交易或者事项形成的、预期会导致经济利益流出企业的现时义务。其中现时义务是指企业在现行条件下已承担的义务。未来发生的交易或者事项形成的义务，不属于现时义务，不应当确认为负债。将企业的现时义务确认为负债需要同时满足以下两个条件：与该义务有关的经济利益很可能流出企业；未来流出的经济利益的金额能够可靠地计量。

从数量上看，企业某一特定日期的负债总额等于该日资产总额减去所有者权益总额的余数。

负债按其偿还期限的长短分为流动负债和非流动负债。流动负债是指企业将在 1 年（包括 1 年）或超过 1 年的一个营业周期内偿还的债务，包括短期借款、应付票据、应付账款、预收账款、应付职工薪酬、应交税费、应付利息、应付股利、其他应付款和一年内到期的非流动负债等。非流动负债是指偿还期在 1 年以上或超过 1 年的一个营业周期以上的债务，主要包括长期借款、应付债券和长期应付款等。除此之外，在资产负债表中将专项应付款、预计负债、递延收益和递延所得税负债在非流动负债中列示。

## 9.1 短期借款

### 9.1.1 概念

短期借款是指企业向银行或其他金融机构等借入的期限在 1 年以下（包括 1 年）的各种借款。对于发生的短期借款，企业应设置"短期借款"科目核算；企业借入的期限在 1 年以内的外汇借款除可以在"短期外汇借款"科目中核算外，还可以直接在"短期借款"科目中核算。

### 9.1.2 账务处理

"短期借款"科目按债权人设置明细科目，并按借款种类进行明细核算。该科目的贷方表示增加，借方表示减少；贷方余额反映企业尚未偿还的短期借款。企业借入短期借款时，借记"银行存款"科目，贷记"短期借款"科目；归还短期借款时做相反分录。企业应计算确定短期借款的应计利息，按照应计的金额，直接记入"财务费用"（金融企业应记入"利息支出"）科目，贷记"银行存款"或"应付利息"等科目。

### 9.1.3 违规操作检查

#### （一）业务相关程序不合规、手续不完备

这主要表现为：企业进行短期借款不经过有关机构的批准或所签订的合同条款不完备等。甄别这种违规操作的具体方法为检查企业是否按业务需要编制短期借款计划；若编制了计划，检查其计划依据的科学和合理性、内容的全面性、相关数据的准确性。与此同时，还需将计划内容与企业筹资计划书和现金流量表进行核对，确定短期借款的真实性以及金额的准确性。

#### （二）获取短期借款时无物资保证或物资保证不充足

这主要表现为：企业在不能保证短期借款到期偿还的资金来源的情况下对短期借款的需用数量估计不合理，向相关机构借款与其还款能力不匹配的金额。甄别这种情况的具体方法为检查企业与贷方签订的借款合同，查看有无物资保证，并结合企业自身的财务物资账户以及会计资料分析企业有无保证物资不足情况或故意多计划的情况，鉴定保证物资是否为适销产品，同时查明保证物资的价格、金额的计算是否准确，进而确定短期借款管理方面有无漏洞。

#### （三）没有按用途使用短期借款

企业不按照合同规定借款用途使用借款，会影响借款的及时足额还款。检查这种情况时，需根据借款有关的明细账内的记录确定借款的具体类型及金额，追踪检查相应时期的会计资料，查证企业对其取得的短期借款是否按规定用途使用。

#### （四）还款不及时、利息处理不正确

这主要表现为：短期借款利息的计提不及时，以及借款利息计算不正确，进而影响计入当期财务费用的金额。这也是操作利润的一种手法。具体的检查方法为：查阅短期借款合同和有关明细账，检查企业还款时间和借款计划是否与合同内容相一致；通过与银行核对还款日期检查企业还款是否及时，并检查企业实际还款额与借款额，确定是否足额还款。除此之外，检查企业财务费用总账与明细账、短期借款的总账与明细账，确定利息计提是否及时，金额是否正确。

### 9.1.4 参考案例

【例9-1】少提短期借款利息，提高本年利润

情况：查账人员于2×22年对某公司财务报表进行检查，在审查短期借款项目时，发现一张计提短期借款利息的记账凭证比较可疑。该凭证的内容反映计提当月某工商银行借款利息2 000元。

查证：查账人员通过检查短期借款各明细账后发现，2×22 年度该公司向工商银行借入短期借款 200 万元。而进一步检查该公司借款合同后确定该公司于 2×22 年 5 月 26 日向工商银行某支行借款 200 万元，年利率 12%，借款期限 6 个月，到期一次还本付息。

根据以上信息可计算出该项短期借款 2×22 年度每月应计提的利息为 2 万元（200×12%÷12）。而实际计提 0.2 万元，每月少提 1.8 万元利息，2×22 年度总共少提 10.8 万元（1.8×6）利息，即增加利润 10.8 万元。同时，多交所得税 2.7 万元（所得税税率 25%）。

账务调整：根据以上情况，查账人员应建议该公司做以下调整分录。

借：以前年度损益调整　　　　　　　　　　　　　　108 000

　　贷：应付利息　　　　　　　　　　　　　　　　　　108 000

应调减所得税=108 000×25%=27 000（元）

借：应交税费——应交所得税　　　　　　　　　　　27 000

　　贷：以前年度损益调整　　　　　　　　　　　　　　27 000

案例点拨：查账人员在实际查账时发现有关短期借款计提利息的疑点时，根据企业签订的短期借款合同核实相关信息，重新计算每月应计提的利息，与实际计提的利息进行比较核实，确定问题所在。

## 9.2　应付票据

### 9.2.1　概念

应付票据是由出票人出票，付款人在指定日期无条件支付特定的金额给收款人或者持票人的票据。企业应设置"应付票据"科目进行核算。应付票据按是否带息分为带息应付票据和不带息应付票据两种。

### 9.2.2　账务处理

#### （一）带息应付票据的处理

我国商业汇票期限较短，所以，在期末，通常对尚未支付的应付票据计提利息，计入当期财务费用；票据到期支付票款时，尚未计提的利息部分直接计入当期财务费用。

#### （二）不带息应付票据的处理

不带息应付票据的面值就是票据到期时的应付金额。

开出并承兑的商业承兑汇票如果不能如期支付，企业应在票据到期时，将"应付票据"账面价值转入"应付账款"科目，待协商后再行处理；如果重新签发新的票据以清偿原应付票据，则应再从"应付账款"科目转入"应付票据"科目。银行承兑汇票到期，如果企业无力支付到期票款，承兑银行除凭票向持票人无条件付款外，对出票人尚未支付的汇票金额转作逾期贷款处理。企业无力支付到期银行承兑汇票，在接到银行转来的"××号汇票无款支付转入逾期贷款户"等有关凭证时，借记"应付票据"科目，贷记"短期借款"科目；对计收的利息，按短期借款利息的处理办法处理。

### 9.2.3 违规操作检查

#### （一）应付票据发生和偿还不真实、记录不完整

这主要表现为：企业以虚构的交易或事项确认应付票据，或者对已发生的交易或事项不完整记录。检查此类违规操作时，应考虑编制应付票据明细表，复核加计是否正确，并检查其与应付票据登记簿、报表数、总账数和明细账合计数是否相符。

#### （二）应付票据期末余额不正确，有的应付票据长期挂账

这主要表现为："应付票据"科目期末余额不正确，应付票据存在长期挂账的现象。如果应付票据超过其付款期限，可能出现利用"应付票据"科目转移收入、购销双方存在经济纠纷、付款单位无力支付货款等问题。

检查此类违规操作时，查账人员应考虑选择应付票据的重要项目，函证其余额是否正确，并根据回函情况，编制与分析函证结果汇总表，以确定应付票据的真实性；检查应付票据备查簿，抽查若干重要原始凭证，确定其是否真实，会计处理是否正确；询问有关当事人，调查相关情况，并进行综合分析。

#### （三）带息的应付票据的利息计算及会计处理不正确

针对这种情况，查账人员可复核带息应付票据的利息是否足额计提，查阅应付票据明细账，检查其会计处理是否正确。

#### （四）应付票据金额与发票金额不一致

这主要表现为："应付票据"科目确认的金额与发票金额不一致。检查此类违规操作时，查账人员应先仔细核对票据金额与发票金额是否一致；如果不一致，则应查询有关当事人，查证其有无利用票单差异的错弊行为。

### 9.2.4 参考案例

【例9-2】虚假的应付票据

情况：查账人员在审查甲公司"应付票据"明细账时，发现2×23年3月16日第56号凭证记载"应付购货款"的附件没有有关合同，因此，查账人员对应付票据的真实性产生怀疑。

查证：调阅第 56 号凭证，其记录如下。

借：银行存款　　　　　　　　　　　　　　　　　1 000 000

　　贷：应付票据——乙公司　　　　　　　　　　　　　1 000 000

凭证附件为进账单一张、借乙公司周转款的收据一张、被查公司签发并承兑的商业汇票一张（年利率为 4%）。

账务调整：对上述违规操作应进行如下调整。

借：应付票据——乙公司　　　　　　　　　　　　　1 000 000

　　贷：短期借款——乙公司　　　　　　　　　　　　　1 000 000

案例点拨：应付票据的确认要以真实发生的事项为基础。从原始凭证来看，被查的甲公司以签发商业汇票的形式掩盖了其从乙公司借款的事实。

## 9.3　应付账款

### 9.3.1　概念

应付账款是指因购买材料、商品或接受劳务供应等而发生的债务。这是买卖双方取得物资或服务与支付货款在时间上不一致而产生的负债。

应付账款入账时间的确定，一般以与所有购买物资所有权有关的风险和报酬已经转移或劳务已经接收为标志。

应付账款一般按应付金额入账，而不按到期应付金额的现值入账。如果购入的资产在形成一笔应付账款时带有现金折扣，则应付账款入账金额按发票上记载的应付账款金额的总值确定，并在实际获得现金折扣时冲减财务费用。

为了总括反映和监督企业因购买材料、商品和接受劳务供应等产生的债务及其偿还情况，企业应设置“应付账款”科目。

### 9.3.2　账务处理

“应付账款”科目应按单位设置明细科目，进行明细核算，期末贷方余额反映企业尚未支付的应付账款。

企业购入的材料、商品等验收入库，但货款尚未支付，根据有关凭证，借记“材料采购”“在途物资”等科目；按增值税专用发票上注明的增值税，借记“应交税费——应交增值税（进项税额）”科目；按应付账款，贷记“应付账款”科目。

企业接受供应单位提供劳务而产生的应付未付款项，根据供应单位的发票账单，借记“生产成本”“管理费用”等科目，贷记“应付账款”科目。

企业开出承兑商业汇票抵付应付账款，借记“应付账款”科目，贷记“应付票据"科目。

企业偿还应付账款时,借记"应付账款"科目,贷记"银行存款"科目。

企业将应付账款划转出去或对于确实无法支付的应付账款,应按其账面余额,借记"应付账款"科目,贷记"营业外收入——其他"科目。

### 9.3.3　违规操作检查

#### (一)利用应付账款隐匿销售收入

这主要表现为:企业为了隐匿收入以减轻税负,对已经实现的销售收入不记入相关的收入科目,而记入"应付账款"科目。针对此类舞弊,应着重检查"银行存款"科目。如果"银行存款"账户增设有"对方科目"栏,应注意对该栏的审查。如在对方科目中发现有"应付账款",则说明对应关系异常,要进一步通过账户记录找出相应的会计凭证,从而核实问题。如果"银行存款"账户没有增设"对方科目"栏,则应结合银行存款日记账进行检查,对摘要含糊不清并且收款金额较大的业务,可以根据银行存款日记账中所说明的该业务的凭证号码,找出该记账凭证和原始凭证,查清是否属于隐匿收入的行为。

#### (二)利用应付账款贪污现金折扣

该类舞弊的具体表现方式为:会计人员对带有现金折扣的应付账款业务,按应付账款总值确定购买物资的价值后,实际付款时获得的现金折扣不按会计准则冲减财务费用,而按发票原价支付货款,再从物资供应单位取得折扣金额对应的支票或现金。检查此类问题时,查账人员应检查采购计划和合同,查看有无现金折扣优惠,并追查"应付账款"明细账记录内容、付款时间以及付款时的会计凭证,确定有无未冲减财务费用直接按总价值付款的情况。

#### (三)对料、单到达时间不一致而估价入账的业务,直接抵扣应付账款

该类违规操作的主要表现如下:当实际材料采购金额小于估价时,不注销估价的应付账款,而直接做抵扣应付账款的处理,从而多计原材料成本。实际中,材料先到,发票账单未收到,货款尚未支付的情况下,会计上一般在收料后只由仓库登记数量卡片,而不做账务处理;但到月终仍未付款的,应按暂估价或合同价入账,即借记"原材料""库存商品"等科目,贷记"应付账款——暂估应付账款"科目,下月初用红字做同样的记录予以冲回;发票账单到达后,再按正常材料采购程序处理。

检查此类问题时,查账人员应检查"应付账款——暂估应付账款"明细账,如果跨期仍挂账,而未冲销或未全额冲销暂估应付账款,则应进一步检查暂估应付账款材料清单,并与相应收到的供货方开具的发票账单进行核对。如果二者所列材料品名、数量等一致(说明发票已收到),而会计上又没有做冲销"应付账款——

暂估应付账款"的处理，则多转材料成本的事实存在，应做出相应的账务调整。

### （四）销货退回不冲减应付账款

企业可能有通过销货退回故意不冲减应付账款来贪污货款的情况。针对此类情况，查账人员应检查企业退货登记簿的退货记录，根据该记录检查"应付账款"科目贷方余额有无减少情况，并进一步查明该减少数是否由"银行存款"或"库存现金"科目列支。

### （五）虚列应付账款数额

企业为了控制其利润的实现情况，往往采取虚列应付账款的形式，设置虚假费用项目，从而达到挤占利润、控制利润金额的目的。企业通常通过将不属于应付账款范围的开支虚列到"应付账款"科目下，事后再做转销或转账处理，最终达到不正当的目的。这些应付账款往往和一些费用支出类科目相联系。此时，查账人员应查看"应付账款"明细账，检查有无虚设明细账以及明细账有无反常余额变动，将非法支出列支到该明细账上的情况。查到疑点时，查账人员应抽出对应会计凭证查证具体问题。

### （六）应付账款科目余额账账不符

这种违规操作主要表现为："应付账款"总账余额和明细账余额之和不一致；"应付账款"余额和债权人"应收账款"余额不一致。对此，查账人员应核对"应付账款"总账与明细账的金额，查找问题所在，并对债权人进行函证，进一步确定"应付账款"科目的准确余额。

### （七）多列应付账款，将多余款项私吞

这主要表现为：企业内部人员，如会计人员，通过在做账时多列应付账款，达到在企业还款时多拿到一部分款项的目的。为此，会计人员可能会在账簿上直接改动，将原始凭证进行修改。查账人员在检查时要将账簿检查与原始凭证检查结合进行。

## 9.3.4 参考案例

【例 9-3】利用应付账款隐匿销售收入

情况：查账人员检查某公司 2×22 年 2 月的"应付账款"明细账时发现有一笔"应付账款"科目的会计分录摘要含糊不清，并且当月无购买材料物资情况。因此，查账人员怀疑该笔应付账款为公司利用应付账款隐匿销售收入导致的。

查证：查账人员抽出该记账凭证检查后附原始凭证发现，有银行存款进账单和销售发票记账联，其中，销售金额为 300 000 元，增值税为 39 000 元。查账人员进一步与该公司财务人员核实时，其承认将销售作为应付账款处理，会计分录如下。

借：银行存款            339 000
 贷：应付账款           339 000

财务调整：查账人员应要求该公司财务人员做如下调整分录。

借：应付账款            339 000
 贷：以前年度损益调整        300 000
  应交税费——应交增值税（销项税额）  39 000

借：以前年度损益调整         300 000
 贷：应交税费——应交所得税      75 000
  利润分配——未分配利润      225 000

案例点拨：本案例中公司通过将销售收入记入"应付账款"科目中，隐瞒了利润，少交了税款。

【例9-4】虚列应付账款数额

情况：查账人员审查某公司账时发现其对某次装修有如下会计分录。

借：管理费用            900 000
 贷：银行存款           800 000
  应付账款           100 000

该记账凭证中的应付账款无二级科目，查账人员根据应付账款一般是在购买货物或劳务时发生的，怀疑该公司有通过应付账款调整成本费用的嫌疑。

查证：查账人员检查该记账凭证中科目的明细账发现，管理费用二级科目为装修费，于是根据银行存款付款回单上的客户名称与客户沟通，其发现付款回单上的金额为装修费用实际金额。对此，查账人员进一步与会计人员核实实际支付装修费用与入账管理费用金额不符问题时，会计人员承认了多计管理费用的问题。

账务调整：查账后，账务调整如下。

借：应付账款            100 000
 贷：以前年度损益调整        100 000

同时调增应纳所得税 =100 000×25%=25 000（元）

借：以前年度损益调整         25 000
 贷：应交税费——应交所得税      25 000

案例点拨：应付账款是因购买材料、商品或接受劳务供应等而发生的债务。所以，在检查公司账时，查账人员要时刻留意"应付账款"科目所出现的记账凭证所记录的经济业务，从而衡量其是否有相关违规操作。

除此之外，查账人员要注意应付账款的长期挂账问题。应付账款一般是在短期内需要归还的款项，如果长期挂账，可能是由于归还能力有限，或者有人利用该科目弄虚作假，但由于没有找到合适的机会，一直没有冲减该科目。

# 9.4　预收账款

## 9.4.1　概念

预收账款是指买卖双方协议商定，由购货方预先支付一部分货款给供应方而发生的负债。

企业应根据具体情况设置"预收账款"科目。如果预收账款较多则可以设置"预收账款"科目；如果预收账款不多，可以将预收账款记入"应收账款"科目的贷方。

如果企业商品出口，预收国外客户的外汇货款或定金，则除了可以增设"预收外汇账款"科目核算外，还可以直接在"预收账款"科目中核算。

## 9.4.2　账务处理

"预收账款"科目按购货单位设置明细科目，进行明细核算。"预收账款"科目的贷方表示从购货方预收的货款或购货方补付的货款，借方表示企业应收的货款或退回多收的货款，期末贷方余额表示尚未结清的预收账款，期末借方余额表示应收的货款。

企业向购货单位预收货款时，借记"银行存款"科目，贷记"预收账款"科目。当销售实现时，按实现的营业收入和应交的增值税销项税额合计数，借记"预收账款"科目；按实现的营业收入，贷记"主营业务收入"科目；按增值税专用发票上注明的增值税，贷记"应交税费——应交增值税（销项税额）"科目。

购货方补付货款时，借记"银行存款"科目，贷记"预收账款"科目；当向购货方退回多付的款项时做相反分录。

## 9.4.3　违规操作检查

### （一）利用预收账款截留收入

这主要表现为：销售实现时不及时结转预收账款，达到调整利润的目的。对此，查账人员在检查"预收账款"科目借方发生额的记录时检查其是否反映了实现的销售收入。如果没有反映收入，则应调阅原始凭证，查明科目之间的对应关系，找出问题所在。金额大的，应根据"预收账款"科目的二级科目，与购货方取得联系，证实销售是否实现。

### （二）预收账款长期挂账

这主要表现为：企业在按照经济合同收到订货单位的预收款项后，为了较长时期占用这部分资金或因为将货物发给其他公司，通过采取推迟供货的办法，使预收的货款长期挂账。对此，查账人员应核对"预收账款"明细账与双方签订的合同或协议，检查有无超出规定时间尚未发货的情况。

### （三）利用预收账款业务欺骗购货方

这主要表现为：企业在生产能力不足的情况下与他方签订协议预收货款达到占用资金的目的。对此，查账人员要检查购销合同，查明企业是否按合同规定预收货款，并检查库存商品存量以及实地考察生产车间，检查企业的生产能力，分析其是否有能力在规定时间内向购货方发货。

## 9.4.4　参考案例

【例 9-5】利用预收账款截留收入

情况：查账人员于 2×22 年底审查某公司 2×22 年"预收账款"明细账时，发现 2×22 年 3 月 15 日第 41 号凭证记录该公司预收 A 公司货款 10 万元，从后附的合同中可知发货日期为 4 月 15 日。但截止到 2×22 年 12 月 31 日预收账款尚未结转。

查证：根据这一情况可推测该公司采用预收账款销售时，发出商品未反映实现销售收入，从而有隐瞒收入、少交税费的嫌疑。为此，首先，查账人员抽出 3 月 15 日第 41 号凭证，并查看后附原始凭证，查看合同上规定的发货日期；其次，查账人员根据发货日期查看产成品出库单以及明细单，确定发货数量，审查是否结转预收账款，反映销售收入。未指出确认真实存在问题的事实。

查账人员通过检查发现，3 月 15 日第 41 号凭证的分录如下。

借：银行存款　　　　　　　　　　　　　　　　　　100 000
　　贷：预收账款——A 公司　　　　　　　　　　　　　　　100 000

4 月 15 日向 A 公司发出商品 100 件，每件成本 800 元。对应的记账凭证的分录如下。

借：应收账款——A 公司　　　　　　　　　　　　　　80 000
　　贷：库存商品　　　　　　　　　　　　　　　　　　　　80 000

账务调整：查账人员应让公司财务人员做以下调整分录。

借：预收账款——A 公司　　　　　　　　　　　　　113 000
　　贷：主营业务收入　　　　　　　　　　　　　　　　　　100 000
　　　　应交税费——应交增值税（销项税额）　　　　　　　　13 000

借：主营业务成本　　　　　　　　　　　　　　　　80 000
　　贷：应收账款——A 公司　　　　　　　　　　　　　　　80 000

案例点拨：在审查公司预收账款时，查账人员要确定预收账款的发生及偿还记录是否完整，根据每笔预收账款记账凭证后附的原始凭证确定预收货款货品的发货日期，检查预收账款是否都及时结转，有无利用预收账款截留收入或预收账款长期挂账的情况。查账人员在实际的核查工作中主要关注预收账款明细账、预收账款记账凭证后附的合同、仓库发运凭证、销售发票等。

# 9.5　应付职工薪酬

## 9.5.1　概念

职工薪酬是指企业为获得职工提供的服务或解除劳动关系而给予的各种形式的报酬或补偿。职工薪酬包括短期薪酬、离职后福利、辞退福利和其他长期职工福利。企业提供给职工配偶、子女、受赡养人、已故员工遗属及其他受益人等的福利，也属于职工薪酬。

## 9.5.2　账务处理

无论企业的职工薪酬是否在当月支付，均应通过"应付职工薪酬"科目核算。

财务会计部门应将工资单进行汇总，编制工资汇总表，按照企业有关规定向职工支付工资、奖金津贴、职工福利费、工会经费和职工教育经费、社会保险费和住房公积金以及解除与职工的劳动关系向职工给予的补偿等，借记"应付职工薪酬"科目，贷记"银行存款""库存现金"等科目。支付工资时，借记"应付职工薪酬"科目，贷记"银行存款""库存现金"科目。

从应付职工薪酬中扣还的各项款项（如代垫的家属医药费、个人所得税等），借记"应付职工薪酬"科目，贷记"其他应收款""应交税费——应交个人所得税"等科目。职工未在规定期限内领取职工薪酬的，由发放的单位及时交回财务会计部分，借记"库存现金"科目，贷记"其他应付款"科目。

企业应在职工为其提供服务的会计期间，将实际发生的短期薪酬确认为负债，并计入当期损益，其他规定要求或允许计入资产成本的除外。其中，生产部门人员的职工薪酬，借记"生产成本""制造费用""劳务成本"科目；管理部门人员的职工薪酬，借记"管理费用"科目；销售人员的职工薪酬，借记"销售费用"科目；应由在建工程、研发支出负担的职工薪酬，借记"在建工程""研发支出"科目；因解除与职工的劳动关系给予的补偿，借记"管理费用"科目。具体会计分录如下。

借：生产成本（生产工人）

　　制造费用（车间管理人员）

　　管理费用（行政管理人员）

　　销售费用（销售人员）

　　在建工程（基建人员）

　　研发支出——资本化支出（研发人员）

　　贷：应付职工薪酬——工资

——职工福利

——社会保险

——住房公积金

——工会经费

——职工教育经费

"应付职工薪酬"科目期末一般无余额，企业本月实际支付的职工薪酬是按上月考勤记录计算的，若"应付职工薪酬"科目有余额，则其为实际支付的职工薪酬与本月按考勤记录计算的应付职工薪酬的差额。

## 9.5.3 违规操作检查

### （一）通过变动职工人数调节利润

职工人数的变动会影响企业利润，若企业职工人数变动频繁，极有可能存在利用职工薪酬人为调节利润的情况。常见违规操作为：当企业想虚增利润、粉饰报表时，会隐瞒职工人数，在账外核算应付职工薪酬；当企业想虚减利润、少交税费时，会虚构职工人数、增加职工薪酬支出等，从而提高本企业当期的成本费用，虚减当期利润。

对此，查账人员应审阅企业财务部门制作的职工薪酬结算单等资料，并与人力资源部门的职工信息进行核对，确定所查账会计年度的在职职工人数，最后将人力资源部门提供的职工信息与企业代扣代缴个人所得税及各项保险等信息进行核对，从而检查企业有无虚列职工姓名进行贪污的行为或通过变动职工人数，调整利润的情况。

### （二）混淆收益性支出与资本性支出调节利润

职工薪酬属于资本性支出还是收益性支出会对当期利润产生很大影响。常见的违规操作为：当企业想虚增利润粉饰报表时，会将部分生产工人的薪酬列入基建工程人员的薪酬，即将本应计入"生产成本"科目核算的职工薪酬列入"在建工程"科目核算，从而降低当期成本费用，达到增加盈利的目的；当企业想虚减利润，少交税金时，就会将部分从事基建工程人员的薪酬（计入在建工程）列入生产工人的薪酬（计入生产成本），从而实现增加当期成本费用，达到适当降低盈利的目的。

对此，查账人员要在了解企业在建工程人员的实际情况的基础上，审阅企业提供的工资部门记录的工资支出、生产部门记录的工时工资结算单，对出纳记录的工资支付数及会计部门记录的生产成本、在建工程、管理费用明细账等相应数据进行查核和分析，以确定其是否混淆了收益性支出和资本性支出。

**（三）利用非货币性福利调节利润**

这主要表现为：企业以其自产的产品作为非货币性福利提供给职工，或将自有房屋等资产无偿提供给职工使用或租用时，不按照企业会计准则的规定确认主营业务收入，或不按照规定处理相关房屋的折旧和租金，多计或少计当期成本费用，从而调节当期利润和偷漏税金。

对此，查账人员要检查以自产产品发放给职工的非货币性福利，检查是否根据受益对象，按照该产品的公允价值，计入相关资产成本或当期损益，同时确认应付职工薪酬；对于难以认定受益对象的非货币性福利，检查其是否直接计入当期损益和应付职工薪酬；检查无偿向职工提供住房的非货币性福利，是否根据受益对象，将该住房每期应计提的折旧计入相关资产成本或当期损益，同时确认应付职工薪酬；检查租赁住房等资产提供给职工无偿使用的非货币性福利，是否根据受益对象，将每期应付的租金计入相关资产成本或当期损益，并确认应付职工薪酬。

## 9.5.4　参考案例

**【例 9-6】通过变动职工人数调节利润**

情况：查账人员对 A 公司进行财务审查时发现，2×22 年 12 月计提应付职工薪酬记账凭证后附的原始凭证显示，该公司当月在职职工 218 人，当月的职工薪酬结算汇总表反映当月应发工资总额为 8 720 675 元，代扣款项为 22 176 元，实发工资为 8 698 499 元。但查账人员向人力资源部门取得的资料显示，该公司当月在职职工 213 人。对此，查账人员怀疑 A 公司有通过变动职工人数调节利润或虚列职工姓名进行贪污的嫌疑。

查证：查账人员调出 12 月计提应付职工薪酬的第 84 号凭证，将后附的职工薪酬结算汇总表中的职工姓名与人力资源部门提供的职工信息进行了核对，核对后发现确实存在多发 5 人工资的情况，每人发 8 000 元，并将这 5 人的工资 40 000 元计入了管理费用。对此，财务人员指出这 5 人是公司从外部聘请的技术支持者，但是不能提供相关的聘请文件或其他证据。

账务调整：针对以上情况，该公司应冲销多计的职工薪酬，具体分录如下。

借：其他应收款　　　　　　　　　　　　　　　　40 000
　　贷：应付职工薪酬　　　　　　　　　　　　　　　40 000
借：应付职工薪酬　　　　　　　　　　　　　　　　40 000
　　贷：管理费用　　　　　　　　　　　　　　　　　40 000

案例点拨：在核查企业是否利用变动职工人数进行违规操作时，查账人员不能只查看职工薪酬结算汇总表的合计数与实际发放数是否一致，还要查看在职职工人数是否准确，以及应付职工薪酬计算是否正确。

## 9.6　应交税费

### 9.6.1　概念

企业作为商品生产和经营者，必须按照国家税法规定履行纳税义务，对其经营所得依法缴纳各种税费。这些应缴纳的税费应按权责发生制原则进行确认和计量，在尚未缴纳之前暂时留在企业，形成一项流动负债，即应交税费。

为了总括地反映和监督企业应交税费的计算和缴纳情况，企业应设置"应交税费"科目，并按具体税费项目设置明细科目进行明细核算。"应交税费"科目核算的税费项目包括增值税、消费税、资源税、土地增值税、城市维护建设税、房产税、城镇土地使用税、车船税、教育费附加、企业所得税、个人所得税等。印花税、耕地占用税、车辆购置税不通过该科目核算。

"应交税费"科目的贷方登记应缴纳的各种税费，借方登记已缴纳的各种税费，期末贷方余额反映尚未缴纳的税费，期末借方余额反映多缴纳或尚未抵扣的税费。

### 9.6.2　账务处理

#### （一）增值税

增值税是就货物或应税劳务的增值部分征收的一种税。按照《中华人民共和国增值税暂行条例》的规定，企业购入货物或接受应税劳务支付的增值税（即进项税额），可以从销售货物或提供劳务按规定收取的增值税（即销项税额）中抵扣。抵扣时，必须具备增值税专用发票和完税凭证。需要注意的是，按照增值税相关法规规定，企业购入的生产经营用固定资产所支付的增值税在符合税收法规规定情况下，也应从销项税额中扣除，不计入固定资产成本，但购入的用于集体福利或个人消费等目的的固定资产而支付的增值税不能从销项税额中扣除，仍应计入固定资产成本。

企业应交的增值税，在"应交税费"科目下设置"应交增值税"明细科目进行核算。

企业应交的增值税，在"应交税费"科目下设置"应交增值税"明细科目进行核算。"应交税费——应交增值税"科目分别设置"进项税额""已交税金""销项税额""出口退税""进项税额转出""转出未交增值税""转出多交增值税""减免税款""出口抵减内销产品应纳税额"等专栏。

小规模纳税人购入货物无论是否具有增值税专用发票，其支付的增值税税额均不计入进项税额，不得由销项税额抵扣，应计入购入货物的成本。相应地，其他企业从小规模纳税人购入货物或接受劳务支付的增值税税额，如果不能取得增值税专用发票，也不能作为进项税额抵扣，而应计入购入货物或应税劳务的成本。小规模纳税人"应交税费——应交增值税"科目，应采用三栏式账户。

**1. 采购货物、接受应税劳务的账务处理**

采购货物、接受应税劳务，按增值税专用发票（或海关开具的进口货物完税凭证）上注明的增值税，借记"应交税费——应交增值税（进项税额）"科目；按发票上记载的应计入采购成本或加工修理费等货物成本的金额，借记"材料采购""在途物资"或"原材料""库存商品""生产成本""管理费用""委托加工物资"等科目；按应付或实际支付的金额，贷记"应付账款""应付票据""银行存款"等科目。购入货物发生退货时做相反分录。

**2. 销售货物、提供劳务的账务处理**

销售货物、提供劳务，按实现的营业收入（不含增值税）和应收增值税税额，借记"应收账款""应收票据""银行存款"等科目；按实现的营业收入，贷记"主营业务收入""其他业务收入"等科目；按实现的营业收入和规定的税率计算出的应收增值税税额，贷记"应交税费——应交增值税（销项税额）"科目。发生销售退货时做相反分录。

**3. 购入免税农产品的账务处理**

购入免税农产品可以按买价和规定的扣除率计算进项税额，并准予从销项税额中扣除。账务处理比照"1. 采购货物、接受应税劳务的账务处理"进行。

**4. 收购废旧物资的账务处理**

企业从废旧物资回收经营单位购进废旧物资，按照废旧物资回收经营单位开具的，由税务机关监制的增值税普通发票上注明的价款和规定的扣除率计算进项税额。账务处理比照"1. 采购货物、接受应税劳务的账务处理"进行。

**5. 外购或销货支付运输费用的账务处理**

一般纳税人外购货物（固定资产除外）所支付的运输费用及建设基金，以及一般纳税人销售货物所支付的运输费用（不包括代垫运费），可按取得的货物运输发票所列运费金额，依规定的税率计算进项税额予以抵扣。账务处理比照"1. 采购货物、接受应税劳务的账务处理"进行。

**6. 进货退回与进货折让的账务处理**

企业进货后尚未入账就发生退货或折让的，无论货物是否入库，必须将取得的扣税凭证主动退还给销售方注销或重新开具，无须做任何会计处理。

企业进货后已做会计处理，发生退货或索取折让时，若增值税专用发票的发票联和抵扣联无法退还，企业必须向当地主管税务机关申请开具"进货退出或索取折让证明单"送交销售方,作为销售方开具红字增值税专用发票的合法依据。企业收到销售方开来的红字增值税专用发票时,按发票上注明的价款,红字借记"应交税费——应交增值税(进项税额)"科目;按发票上注明的价款,红字借记"原材料"等科目;按价税合计数,红字贷记"应付账款""银行存款"等科目。

### 7.购进的货物发生非正常损失的账务处理

企业购进的货物发生非正常损失,其进项税额应转入有关科目,借记"待处理财产损溢"等科目,贷记"应交税费——应交增值税(进项税额转出)"科目。

### 8.视同销售的账务处理

企业将自产、委托加工或购买的货物用于非应税项目,或用于集体福利或个人消费,按视同销售计算出的销项税额和货物的成本,借记"生产成本""管理费用"等科目,贷记"应交税费——应交增值税(销项税额)""库存商品"等科目。

企业将自产、委托加工或购买的货物无偿赠送他人或用于实物折扣,根据按视同销售计算出的销项税额和货物的成本,借记"销售费用""营业外支出"等科目,贷记"应交税费——应交增值税(销项税额)""库存商品"等科目。

### 9.不予抵扣项目的账务处理

企业购进用于集体福利或个人消费的货物、用于非应税项目的购进货物或应税劳务等按规定不予抵扣增值税进项税额。如果购入货物或接受劳务时即能认定其进项税额不能抵扣,则在进行账务处理时,将增值税税额计入货物及接受劳务的成本;如果购入货物时不能直接认定其进项税额能否抵扣,则增值税要记入"应交税费——应交增值税(进项税额)"科目,如果这部分购入货物以后不能按规定抵扣进项税额,应将原已计入进项税额并已支付的增值税转入有关的对象,通过"应交税费——应交增值税(进项税额转出)"科目转入有关的"应付职工薪酬""待处理财产损溢"等科目。

### 10.转出多交增值税和未交增值税的账务处理

月末,企业计算出当月应交未交的增值税,借记"应交税费——应交增值税(转出未交增值税)"科目,贷记"应交税费——未交增值税"科目;当月多交的增值税,借记"应交税费——未交增值税"科目,贷记"应交税费——应交增值税(转出多交增值税)"科目。

### 11.增值税税控系统专用设备和技术维护费用抵减增值税的账务处理

按税法规定,增值税一般纳税人初次购买增值税税控系统专用设备支付的费用以及技术维护费允许在增值税应纳税额中全额抵扣的,应在"应交税费——应交增值税"科目下增设"减免税款"专栏,用于记录该企业按规定抵减的增值税。

小规模纳税人对此情况直接冲减"应交税费——应交增值税"科目。

企业购入增值税税控系统专用设备时，除了登记购买设备相关的记账凭证外，还应按规定抵减的增值税应纳税额，借记"应交税费——应交增值税（减免税款）"科目，贷记"递延收益"科目。按期计提购买设备折旧时，借记"管理费用"等科目，贷记"累计折旧"科目；同时，借记"递延收益"科目，贷记"管理费用"科目。企业发生技术维护费时，按实际支付或应付的金额，借记"管理费用"等科目，贷记"银行存款"等科目。按规定抵减的增值税，借记"应交税费——应交增值税（减免税款）"科目，贷记"管理费用"等科目。

### （二）消费税

企业按规定应交的消费税，在"应交税费"科目下设"应交消费税"明细科目核算。"应交消费税"明细科目的借方发生额反映实际缴纳的消费税和代扣的消费税；贷方发生额，反映按规定应缴纳的消费税；期末贷方余额，反映尚未缴纳的消费税；期末借方余额，反映多缴纳或代扣的消费税。

企业将生产的产品直接对外销售的，按规定计算出应缴纳的消费税，借记"税金及附加"科目，贷记"应交税费——应交消费税"科目。

按照规定缴纳消费税的委托加工应税消费品，由受托方在向委托方交货时代扣代缴税款（受托加工或翻新改制金银首饰时，按规定由受托方缴纳消费税）。对此，在账务处理方面，委托方提货时，受托方按应扣税款金额，借记"应收账款""银行存款"等科目，贷记"应交税费——应交消费税"科目。委托加工应税消费品收回后，直接用于销售的，委托方将代收代缴的消费税计入委托加工应税消费品的成本，借记"委托加工物资""生产成本"等科目，贷记"应付账款""银行存款"等科目，待委托加工应税消费品销售时不需要再缴纳消费税；委托加工的应税消费品收回后用于连续生产应税消费品，按规定准予抵扣的，委托方应按代收代缴的消费税，借记"应交税费——应交消费税"科目，贷记"应付账款""银行存款"等科目，待用委托加工的应税消费品生产出应纳消费税的产品销售时再缴纳消费税。

## 9.6.3　违规操作检查

### （一）应交税费计税依据不合规

这主要表现为：企业在实际中没有按《中华人民共和国增值税暂行条例》《中华人民共和国消费税暂行条例》和《中华人民共和国企业所得税法》等的规定确定计税依据，从而会出现增值税的销售额确定不正确或应纳税所得额确定不正确等问题，使应交税费金额不正确。对此，查账人员要检查各种计税依据的相关科目的记录并复核计算的应纳税额是否正确。

### （二）应交税费适用税率不合法

这主要表现为：企业为了达到少交税的目的，不根据税目严格选择适用的税率，而做出故意选用低税率或擅自调整税率的行为。例如，对增值税税率的界定不清晰，消费税税率没有针对性，所得税税率使用不正确等。对此，查账人员应审阅和分析企业应交税费明细表、纳税鉴定和纳税通知、汇算清缴文件以及计算税额等，并根据企业的经济业务的特点来核实企业的税率是否恰当。

### （三）延迟确认纳税义务时间

这主要表现为：企业不按照规定确认纳税义务时间，从而推迟纳税。从应交税费明细账上可看出哪些账户余额较大，挂账时间较长。对此，查账人员要检查"应交税费"明细账，对期末余额大且挂账时间长的应交税费要格外关注；应抽出记账凭证，根据后附的原始凭证以及记账凭证摘要确定具体经济业务，核实是否按照规定及时、准确地确定应交税费金额。

### （四）应交税费减免税核算不合理

这主要表现为：企业没有根据税法规定的各类企业税收减免事项的相关规定，而是超范围、超期限、超审批权限任意减免税费或通过欺诈手段虚拟税费减免条件，达到减轻税负的目的。对此，查账人员应根据企业纳税鉴定或纳税通知的税种、计税依据、税率来确定应纳税额，核实减免税的范围和期限，并验证与减免税费相关的记账凭证后附的原始凭证的真实性和可靠性，以确定企业是否能按规定享有税收减免。

企业中除了会出现以上四种违规操作外，还有以下几种情况需要查账人员注意：视同销售行为是否少交增值税；不予抵扣项目有无转出进项税额；对于同时生产应税产品与免税产品的企业，外购货物的进项税额同时发生的，是否将应税产品允许抵扣的进项税额与免税产品不得抵扣的进项税额混淆在一起，少交增值税。查账人员要根据记账凭证的摘要以及原始凭证资料的真实性以及充分性确定涉及应交税费的每一笔经济业务是否正确记账。

## 9.6.4 参考案例

【例9-7】违规记账，漏交税款

情况：某企业委托外单位加工材料（非金银首饰），将加工后的材料直接用于销售。原材料价款为20万元，加工费用为5万元，由受托方代扣代缴的消费税为0.5万元（不考虑增值税），材料已经加工完毕并验收入库，加工费用尚未支付。假定材料采用实际成本核算。查账人员通过查看记账凭证发现，委托加工后，该企业确认原材料25.5万元。

查证：该经济业务对应的3月10日第28号记账凭证后附的委托加工合同中列明该

公司委托加工材料用来直接销售，查账人员在 5 月 5 日第 11 号凭证中找到了销售该委托加工材料的记录。3 月 10 日第 28 号记账凭证的分录如下。

借：委托加工物资      200 000
    贷：原材料      200 000

借：委托加工物资      50 000
    应交税费——应交消费税      5 000
    贷：应付账款      55 000

借：原材料      250 000
    贷：委托加工物资      250 000

根据税法规定，企业委托加工材料后直接销售的，委托方应将代收代缴的消费税计入委托加工应税消费品的成本。

账务调整：查账后，账务调整如下。

借：委托加工物资      5 000
    贷：应交税费——应交消费税      5 000

借：原材料      5 000
    贷：委托加工物资      5 000

案例点拨：虽然本案例中涉及的应交税费数额较少，但是企业会通过类似的违规操作达到逃税或粉饰利润的目的。例如，购买大额固定资产时，不将应交增值税进项税额计入固定资产成本，而从销项税额中抵扣，从而漏交税款。应交税费下设的明细科目较多，查账人员在查账时应严格检查"应交税费"明细科目，对可疑做法进行审查，确定企业有无逃税或利用"应交税费"科目操纵利润的行为。

## 9.7  应付利息

### 9.7.1  概念

应付利息是指企业按照合同约定应支付的利息，包括吸收存款、分期付息到期还本的长期借款、企业债券等应支付的利息。

### 9.7.2  账务处理

采用合同约定的名义利率计算确定利息费用时，应按以合同约定的名义利率计算确定的应付利息的金额，借记"在建工程""制造费用""财务费用""研发支出"等科目，贷记"应付利息"科目。

采用实际利率计算确定利息费用时，应按以摊余成本和实际利率计算确定的利息费用，借记"在建工程""财务费用""研发支出"等科目；按以合同利率计算确定的应付未付利息，贷记"应付利息"科目；按借贷双方之间的差额，借记或贷记"长期借款——利息调整"等科目。

合同利率与实际利率差异较小的，也可以采用合同利率计算确定利息费用。实际支付利息时，借记"应付利息"科目，贷记"银行存款"等科目。

## 9.7.3 违规操作检查

"应付利息"的违规操作主要表现为利息金额计算不正确，可能是虚构大额借款，或者将计息期提前等。对此类违规操作，查账人员应考虑查阅有关合同的规定，复核利息金额的计算。

## 9.7.4 参考案例

【例9-8】多计利息，调节利润

情况：2×23年2月，查账人员在检查甲公司2×22年"应付利息"科目时，发现2×22年计提的利息金额明显高于2×21年计提的利息金额。查账人员通过审阅2×22年"长期借款"账目发现，2×22年1月1日甲公司借入的3年期款项在2×22年末全额计提利息。因此，查账人员怀疑甲公司存在通过多计提利息调节利润的嫌疑。

查证：查账人员检查了甲公司该笔借款的合同，合同表明：2×22年1月1日甲公司从银行借入3年期长期借款500 000元，年利率6%，每年底付息一次，到期还本。2×22年12月31日，甲公司确认的应付利息为90 000元，多确认了60 000元。经进一步调查，确认这60 000元的应付利息不应在当前计提。

账务调整：该公司应调减2×22年度的应付利息，会计分录如下。

| | | |
|---|---|---|
| 借：应付利息 | 60 000 | |
| 贷：以前年度损益调整 | | 60 000 |
| 借：以前年度损益调整 | 15 000 | |
| 贷：应交税费——应交所得税 | | 15 000 |
| 借：以前年度损益调整 | 45 000 | |
| 贷：盈余公积 | | 4 500 |
| 利润分配——未分配利润 | | 405 00 |

案例点拨：检查"应付利息"时考虑对比以前年度资料，在外借款项没有明显增加的情况下，查账人员如果发现应付利息额有明显增减变动，则应查阅借款合同重新计算利息金额，查证企业是否通过应付利息调节利润。

# 9.8　应付股利

## 9.8.1　概念

应付股利是指企业经股东大会或类似机构审议批准分配的现金股利或利润。企业股东大会或类似机构审议批准的利润分配方案、宣告分派的现金股利或利润，在实际支付前，形成企业的负债。

企业董事会或类似机构通过的利润分配方案中拟分配的现金股利或利润，不应确认负债，但应在附注中披露。

## 9.8.2　账务处理

企业经股东大会或类似机构审议批准的利润分配方案，按应支付的现金股利或利润，借记"利润分配"科目，贷记"应付股利"科目；实际支付现金股利或利润时，借记"应付股利"科目，贷记"银行存款"等科目。

## 9.8.3　违规操作检查

### （一）利润分配程序不正确，导致向投资者多分股利

企业的利润分配有规定的程序，如果在税前分配利润，或者在未弥补亏损前分配利润，或者企业未提取盈余公积之前分配利润，则会导致向投资者分更多的利润。这些都是违规的。

查账人员检查此类违规操作，考虑审阅公司章程、股东大会和董事会会议纪要中有关股利的规定，了解股利分配标准和发放方式是否符合有关规定并经法定程序批准。

### （二）应付股利计算不正确

有的企业计算得到的应付股利具体数额可能异于常态，其此时可能涉及违规操作。查账人员应检查应付股利的发生额是否根据董事会或股东大会决定的利润分配方案，从税后可供分配利润中计算确定，并复核应付股利计算和会计处理是否正确。

### （三）股利支付不及时、不正确

企业的股利支付时间、金额可能没有按照规定执行，此时考虑检查：股利支付的原始凭证的内容和金额是否正确，现金股利是否按公告规定的时间、金额正确予以发放结算；对无法结算及委托发放而长期未结的股利是否做出适当处理；股利宣布、结算、转账的会计处理是否正确、适当。

## 9.8.4  参考案例

【例 9-9】违反规定，私分国家利润

情况：查账人员在审查甲企业 2×22 年 12 月"应付股利"科目时，发现个人和国家分得的股利与投资比例不相符，怀疑其股利分配不正确。

查证：查账人员调阅相关文件发现，甲企业的国家投资为 450 万元，而个人投资为 50 万元，实收资本共计 500 万元，其中，国家占投资总额的 90%，个人占投资总额的 10%。该企业 2×22 年可分配利润为 100 万元，而在分配利润时，没有按投资比例分配，个人竟分得 30 万元，而国家只分得 70 万元。而按照投资比例应分给国家利润 90 万元（100×90%），应分给个人利润 10 万元（100×10%）。

账务调整：查账后，账务调整如下。

借：应付股利——个人 　　　　　　　　　　　　　　　200 000
　　贷：应付股利——国家 　　　　　　　　　　　　　　200 000

案例点拨：甲企业在分配投资利润时，违背了国家规定，应按投资比例分配给国家的利润，却多分给了个人。股利的分配需符合规定。

# 9.9  其他应付款

## 9.9.1  概念

其他应付款是指企业除应付票据、应付账款、预收账款、应付职工薪酬、应付利息、应付股利、应交税费等以外的其他各项应付、暂收的款项。

## 9.9.2  账务处理

企业采用售后回购方式融入资金的，应按实际收到的金额，借记"银行存款"科目，贷记"其他应付款""应交税费"等科目。回购价格与原销售价格之间的差额，应在售后回购期间内按期计提利息费用，借记"财务费用"科目，贷记"其他应付款"科目。按照合同约定购回时，应按实际支付的金额，借记"其他应付款"科目和"应交税费"科目，贷记"银行存款"科目。

企业发生的其他各种应付、暂收款项，借记"管理费用"等科目，贷记"其他应付款"科目；支付的其他各种应付、暂收款项，借记"其他应付款"科目，贷记"银行存款"等科目。

### 9.9.3　违规操作检查

#### （一）将其他项目收入列入"其他应付款"科目

此项违规操作主要表现为：将出售废旧物资、材料等款项的收入列入"其他应付款"科目；将商品销售收入的一部分截留在"其他应付款"科目等。

检查此类违规操作时，查账人员可考虑检查"其他应付款"明细账，检查其摘要说明有无模糊不清或没有摘要说明的情况，发现疑点后再抽调相关原始凭证，进行账证、账账核对，询问有关单位和个人以查证问题是否存在。

#### （二）其他应付款长期挂账

企业为调节利润，可能存在其他应付款长期挂账的问题。检查此类违规操作时，查账人员可考虑检查"其他应付款"明细账，核查长期挂账未清理的记录，并抽调相关原始凭证，询问有关单位和个人，查证长期挂账的原因。

### 9.9.4　参考案例

**【例 9-10】长期挂账**

情况：查账人员在审查甲企业 2×22 年"其他应付款"科目时，发现有一笔发生在 2×19 年的因包装物出租给乙公司而收到的押金 5 650 元形成的其他应付款长期挂账，怀疑其会计处理有假。

查证：查账人员调出 2×22 年的原始凭证，其会计分录如下。

借：银行存款　　　　　　　　　　　　　　　　　　5 650

　　贷：其他应付款　　　　　　　　　　　　　　　　　　5 650

经询问甲企业的当事人，查账人员得知这一批包装物已经逾期但尚未归还，便以 5 650 元押金作为赔偿。

账务调整：对上述违规操作应当进行如下调整。

借：其他应付款　　　　　　　　　　　　　　　　　　5 650

　　贷：以前年度损益调整　　　　　　　　　　　　　　　5 000

　　　　应交税费——应交增值税（销项税额）　　　　　　650

借：以前年度损益调整　　　　　　　　　　　　　　　5 000

　　贷：应交税费——应交所得税　　　　　　　　　　　　1 250

　　　　利润分配——未分配利润　　　　　　　　　　　　3 750

案例点拨：检查此类违规，查账人员应首先调阅原始凭证，再询问相关人员。

**【例 9-11】利用其他应付款作弊**

情况：查账人员在审查甲企业 2×23 年 2 月"其他应付款"明细账时，发现该企业 2 月增加了两个明细科目，但摘要记录含糊其词，怀疑其会计处理的正确性。

查证：查账人员调阅 2 月 11 日相关会计凭证，其会计分录如下。

借：银行存款                                        54 000

　　贷：其他应付款——A 公司                              54 000

后附原始凭证为一张收据。

查账人员调出 2 月 23 日相关凭证，其会计分录如下。

借：银行存款                                        18 210

　　贷：其他应付款——B 公司                              18 210

后附原始凭证同样为一张收据。

查账人员询问财务人员，得知这两笔账是领导授意的，实际都是销售收入。因此，这两笔账的会计处理是错的。

账务调整：查账后，账务调整如下。

借：其他应付款——A 公司                              54 000

　　　　　　——B 公司                              18 210

　　贷：以前年度损益调整                                62 250

　　　　应交税费——应交增值税（销项税额）                      9 960

补交所得税，税率为 25%，做如下分录。

借：以前年度损益调整                                  62 250

　　贷：应交税费——应交所得税          （62 250×25%）15 562.5

　　　　利润分配——未分配利润                          46 687.5

案例点拨：甲企业利用其他应付款截留收入，并以错误的会计处理掩饰其作弊行为。这种情况下，查账人员需要核查其他应付款的摘要说明，对不符合其他应付款确认的事项做出相应调整。

# 9.10　长期借款

## 9.10.1　概念

长期借款是指企业从银行或其他金融机构借入的期限在 1 年以上（不含 1 年）的借款。

## 9.10.2　账务处理

企业借入各种长期借款时，按实际收到的款项，借记"银行存款"科目，贷记"长期借款——本金"科目；按借贷双方之间的差额，借记"长期借款——利息调整"科目。

在资产负债表日，企业应按以长期借款的摊余成本和实际利率计算确定的长期借款的利息费用，借记"在建工程""财务费用""制造费用"等科目；按以借款本金和合同利率计算确定的应付未付利息，贷记"应付利息"科目；按其差额，贷记"长期借款——利息调整"科目。

企业归还长期借款，按归还的长期借款本金，借记"长期借款——本金"科目；按转销的利息调整金额，贷记"长期借款——利息调整"科目；按实际归还的款项，贷记"银行存款"科目；按借贷双方之间的差额，借记"在建工程""财务费用""制造费用"等科目。

## 9.10.3　违规操作检查

### （一）长期借款手续不合规

针对此情况，查账人员可检查借款合同和授权批准，了解借款数额、借款条件、借款日期、还款期限、借款利率，并与相关会计记录进行核对。

### （二）长期借款的用途不符合规定

这主要表现为：企业随意改变长期借款的用途、挪用长期借款。查账人员可以将工程项目价值的增加与长期借款的增加进行核对，并审查企业近期的重大支出项目，通过比较分析，查明有无挪用借款或长期占用借款的现象。

### （三）长期借款利息处理错误

这主要表现为：未按会计期间预提借款利息；利息费用记入的科目不正确；等等。查账人员可以计算长期借款在各月份的平均余额，结合利率计算利息支出，并与"财务费用""在建工程"的相关记录进行核对，判断企业是否高估或低估利息支出，必要时进行适当调整。

### （四）长期借款的本息未按照规定进行偿还

针对此情况，查账人员可以检查年末有无到期未偿还的借款，逾期借款是否办理了延期手续，分析计算逾期借款的金额、比率和期限，判断企业的资信程度和偿债能力。

## 9.10.4　参考案例

【例 9-12】未按规定用途使用长期借款

情况：查账人员在审查某企业 2×22 年"长期借款"明细账时，发现 6 月该企业从银行借入用于固定资产改扩建的资金 120 万元，年利率 6%。但在"在建工程"的科目中没有发现任何的增加数额，怀疑该企业未按规定用途使用长期借款。

查证：查账人员逐一审查 6 月的账户，发现企业增加长期股权投资 110 万元。查账人员询问相关当事人，得知企业用从银行借入的长期借款购买了 110 万元的股票。

账务调整：账务处理调整如下。

（1）出售股票，取得价款 120 万元，做如下分录。

借：银行存款　　　　　　　　　　　　　　　　　　　1 200 000

　　贷：长期股权投资　　　　　　　　　　　　　　　1 100 000

　　　　投资收益　　　　　　　　　　　　　　　　　　100 000

（2）归还借款，支付 2% 的罚息，做如下分录。

借：长期借款　　（1 200 000×6%÷12×6+1 200 000）1 236 000

　　营业外支出——罚款　　　　　　　　　　　　　　　　24 000

　　贷：银行存款　　　　　　　　　　　　　　　　　1 260 000

案例点拨：该企业未按照借款合同规定的用途使用长期借款，违反了借款合同的规定。

# 9.11　应付债券

## 9.11.1　概念

应付债券是指企业为筹集（长期）资金而发行的债券。通过发行债券取得的资金，构成了企业一项非流动负债，企业会在未来某一特定日期按债券所记载的利率、期限等约定还本付息。

企业债券发行价格的高低一般取决于债券票面金额、债券票面利率、发行当时的市场利率以及债券期限的长短等因素。债券发行有面值发行、溢价发行和折价发行三种情况。企业债券按其面值出售的方式，称为面值发行；以低于债券面值价格发行的方式，称为折价发行；以高于债券面值价格发行的方式，则称为溢价发行。债券溢价或折价不是债券发行企业的收益或损失，而是债券发行企业在债券存续期内对利息费用的一种调整。

## 9.11.2　账务处理

### （一）发行债券

企业按面值发行债券时，应按实际收到的金额，借记"银行存款"等科目；按债券票面金额，贷记"应付债券——面值"科目；存在差额的，还应借记或贷记"应付债券——利息调整"科目。

### （二）发生债券利息

发行长期债券的企业，应按期计提利息。对于按面值发行的债券，在每期采用票面利率计算利息时，应当按照与长期借款相一致的原则计入有关成本费用，借记"在建工程""制造费用""财务费用""研发支出"等科目。对于分期付息、到期一次还本的债券，其按票面利率计算确定的应付未付利息通过"应付利息"科目核算；对于一次还本付息的债券，其按票面利率计算确定的应付未付利息通过"应付债券——应计利息"科目核算。应付债券按实际利率（实际利率与票面利率差异较小时也可按票面利率）计算确定的利息费用，应按照与长期借款相一致的原则计入有关成本费用。

### （三）债券还本付息

长期债券到期，企业支付债券本息时，借记"应付债券——面值"科目和"应付债券——应计利息""应付利息"等科目，贷记"银行存款"等科目。

## 9.11.3　违规操作检查

### （一）债券发行的会计处理不正确

针对此情况，查账人员应核对"应付债券"及有关账户的明细分类账和总分类账，检查债券交易的各项原始凭证及记账凭证，并与"应付债券"及有关账户的记录进行核对。

### （二）债券折价、溢价摊销的核算不正确

针对此情况，查账人员应复核债券每期的利息、折价或溢价的每期摊销数额，检查债券利息、溢价、折价等账户的记录并与会计凭证进行核对。

### （三）预提债券利息计算有错误

针对此情况，查账人员应检查发行债券的各项原始凭证，确定债券面值、实收金额、折价和溢价、利率等，复核计算债券的每期利息并与"应付债券"账户的记录进行核对。

### （四）发行债券所募集资金的用途与债券原发行目的不符

针对此情况，查账人员应将工程项目价值的增加与债券募集的资金的支出进行比对，并审查企业近期的重大支出项目，通过比较分析，查明有无挪用债券募集的资金或长期占用债券募集的资金的现象。

## 9.11.4　参考案例

**【例9-13】**发行债券的会计处理错误

情况：2×23年3月查账人员在审查某公司的应付债券业务时，了解到该公司于2×23年1月以124万元的价格发行了面值为100万元的2年期债券，票面年利率为12%，且应付债券的账面余额为126万元，怀疑其溢价摊销有误。

查证：经审阅其有关会计凭证和账簿，查账人员发现该公司在每月计提利息费用时，所做会计分录如下。

借：财务费用          10 000

  贷：应付债券——应计利息      10 000

该公司每月只计算了债券的利息而未对溢价进行摊销。

账务调整：查账后，账务调整如下。

该公司应对前两个月的账簿记录，做以下调整分录。

借：应付债券——利息调整       10 000

  贷：财务费用          10 000

案例点拨：根据会计制度的规定，企业折价或溢价发行债券，其债券发行价格总额与债券面值总额的差额，应当在债券存续期间分期摊销。因此，该公司在溢价发行债券的情况下，应在分期计提利息费用时摊销其溢价。

# 9.12 长期应付款

## 9.12.1 概念

长期应付款是指企业除长期借款和应付债券以外的其他各种长期应付款项，包括应付融资租入固定资产的租赁费、以分期付款方式购入固定资产发生的应付款项等。长期应付款除具有长期负债的一般特点外，还具有款项主要形成固定资产并分期付款的特点。

企业应设置"长期应付款"科目，用以核算企业融资租入固定资产和以分期付款方式购入固定资产时应付的款项及偿还情况。该科目贷方反映应付的长期应付款项；借方反映偿还的长期应付款项；期末贷方余额，反映企业应付未付的长期应付款项。本科目可按长期应付款的种类和债权人设置明细科目进行明细核算。

## 9.12.2 账务处理

### （一）应付融资租赁款

应付融资租赁款是指企业融资租入固定资产而形成的非流动负债。企业融资租入的固定资产，在租赁有效期限内，其所有权仍归出租方，但承租方获得租赁资产的实质控制权，享有资产在有效使用期限内带来的各种经济利益，同时，作为取得这项权利的代价，需要支付大致等于该项资产的公允价值的金额。这些款项在支付前，构成了应付融资租赁款。

融资租入固定资产时，在租赁期开始日，按应计入固定资产成本的金额（租赁开始日租赁资产公允价值与最低租赁付款额现值两者中较低者，加上初始直接费用），借记"在建工程"或"固定资产"科目；按最低租赁付款额，贷记"长期应付款"科目；按发生的初始直接费用，贷记"银行存款"等科目；按其差额，借记"未确认融资费用"科目。

在融资租赁下，承租人向出租人支付的租金中，包含了本金和利息两部分。承租人支付租金时，一方面应减少长期应付款，另一方面应将未确认的融资费用，在租赁期内各个期间按一定的方法确认为当期融资费用。企业应当采用实际利率法计算确认当期的融资费用。

**（二）具有融资性质的延期付款**

企业购买资产有可能延期支付有关价款。如果延期支付的购买价款超过正常信用条件，实质上具有融资性质的，则所购资产的成本应当以延期支付购买价款的现值为基础确定。实际支付的价款与购买价款的现值之间的差额，应当在信用期间内采用实际利率法进行摊销，计入相关资产成本或当期损益。具体来说，企业购入资产超过正常信用条件而延期付款且实质上具有融资性质时，应按购买价款的现值，借记"固定资产""在建工程"等科目；按应支付的价款总额，贷记"长期应付款"科目；按其差额，借记"未确认融资费用"科目。

## 9.12.3　违规操作检查

**（一）长期应付款业务签订的合同或协议不合理，或者根本无相关合同或协议，而是虚列该账户**

针对此情况，查账人员应检查长期应付款业务有无相关合同以及合同的合理性，分析长期应付款业务发生的必要性，是否存在以引进设备为由骗取外汇等情况。

**（二）长期应付款科目设置和使用不合理，把长期应付款记入"应付账款"科目**

针对此情况，查账人员应检查原始凭证与记账凭证，根据有关账簿记录检查科目使用有无漏洞，科目设置是否正确。

**（三）长期应付款业务的每期支付款项与合同规定不相符合**

针对此情况，查账人员应将"长期应付款"科目的记录与合同规定进行核对，查证合同执行情况，然后询问相关当事人，以查证可疑问题。

**（四）付款期满后长期应付款业务还继续付款**

针对此情况，查账人员应重点检查"长期应付款"的各明细账，注意其金额有无反常或出现借方余额的情况，然后与原始凭证、有关合同进行核对，以查证问题。查账人员还可进行函证与对方对账，以查明有无多计或少计负债的现象。

## 9.12.4　参考案例

【例9-14】使用科目不正确

情况：2×23年4月，查账人员在对某公司"应付账款"科目进行审计时，发现该科目年初余额大幅度增加。经了解，该公司在2×22年12月融资租入设备一台，价值10万元。查账人员怀疑该公司将长期应付款记入了"应付账款"科目。

查证：查账人员调阅2×22年12月第23号凭证，会计分录如下。

借：固定资产　　　　　　　　　　　　　　　　　　　　100 000

　　贷：应付账款　　　　　　　　　　　　　　　　　　100 000

所附原始凭证为融资租入设备的还款计划表。

账务调整：查账后，账务调整如下。

借：应付账款　　　　　　　　　　　　　　　　　　　　100 000

　　贷：长期应付款　　　　　　　　　　　　　　　　　100 000

案例点拨：根据会计制度规定，企业除长期借款和应付债券以外的其他各种长期负债，如采用补偿贸易方式引进国外设备价款、应付融资租入固定资产租赁费等，应记入"长期应付款"科目。

# 9.13　预计负债

## 9.13.1　概念

根据或有事项准则的规定，与或有事项相关的义务同时满足下列三个条件的，应当确认为预计负债。

（1）该义务是企业承担的现实义务。

（2）履行该义务很可能导致经济利益流出企业。

（3）该义务的金额能够可靠地计量。

## 9.13.2　账务处理

### （一）产品质量保证

产品质量保证是企业为了树立信誉、扩大销售、提高市场竞争能力所采取的对出售的产品附有的各种各样的质量保证，如对售出产品实行"三包"，即包退、包换和包修等措施。由于产品的质量问题在所难免，伴随企业对售出产品的质量保证而发生的费用，如修理费用等发生的可能性是相当大的，其发生的金额往往也是可以根据以往经验合理预计的，所以产品质量保证通常可以确认为一项预计负债。通常可以在产品售出后，根据产品质量保证条款的规定、产品的销售额以及预计质量保证费用的最佳估计数确认产品质量保证负债金额。在确认时，借记"销售费用——预计产品质量保证损失"科目，贷记"预计负债——预计产品质量保证损失"科目；平时，实际发生产品质量保证费用时，应借记"预计负债——预计产品质量保证损失"科目，贷记"银行存款"科目。

### （二）未决诉讼

企业在经营活动中经常会涉及经济诉讼、仲裁等案件，但这些审理中的诉讼、仲裁事项将对企业的财务状况和经营成果产生的影响，及企业因此要承担的风险，具有不确定性。如果这些未决诉讼引起的相关义务符合预计负债确认条件、预计败诉的可能性属于"很可能"，要发生的诉讼费等费用也能可靠计量，则企业应当将预计要发生的支出确认为预计负债，借记"营业外支出""管理费用"等科目，贷记"预计负债——预计未决诉讼损失"科目；因败诉实际支付诉讼费时，应借记"预计负债——预计未决诉讼损失"科目，贷记"银行存款"等科目。

### （三）预计负债的披露

对于预计负债，企业应当在报表附注中披露：预计负债的种类、形成原因以及经济利益流出不确定的说明；各类预计负债的期初、期末余额和本期变动情况；与预计负债有关的预期补偿金额和本期已确认的预期补偿金额；等等。

## 9.13.3　违规操作检查

### （一）预计负债确认错误

企业应当将符合预计负债确认条件的事项在发生当期确认为预计负债，查账人员可以查看企业的相关经营事项及相关凭证，检查企业已确认的预计负债是否正确，是否有漏记的预计负债项目。

### （二）预计负债金额确认错误

企业应当按照预计负债相关的经济利益的流出金额确认预计负债的金额，不能多计金额，也不能少计金额。查账人员可以通过查询预计负债相关的凭证，了解企业预计负债的确认金额是否正确。

### （三）预计负债的列报

企业应当在报表附注中说明预计负债的相关信息。查账人员可以通过检查企业的报表附注和企业的预计负债事项等确认企业的预计负债是否进行了正确的列报。

## 9.13.4　参考案例

【例9-15】预计负债金额确认错误

情况：A公司是生产和销售空调的企业，本年一季度销售空调5 000 台，每台售价为8 000 元。该公司空调的质量保证条款规定：产品在售出两年内如出现非意外事件造成的故障和质量问题，公司免费负责保修。根据以往的经验，发生的保修费一般为销售额的1%至3%。A公司根据相关事项确认了预计负债。

查证：查账人员于当期检查了A公司的预计负债项目，对预计负债的确认金额有疑问，因此检查了相应的会计凭证，发现A公司针对该事项的账务处理如下。

借：销售费用——预计产品质量保证损失　　　　　　　　1 200 000

　　贷：预计负债——预计产品质量保证损失　　　　　　　　　1 200 000

账务调整：查账后，账务调整如下。

借：预计负债——预计产品质量保证损失　　　　　　　　400 000

　　贷：销售费用——预计产品质量保证损失　　　　　　　　　400 000

案例点拨：A公司上述预计负债是按照3%的比例确认保修费的。根据以往的经验，该公司发生的保修费一般为销售额的1%至3%，因此A公司应当按照2%[（1%+3%）÷2]的比例来确认保修费用，而不能按照较高的3%多计费用。

# 9.14　递延所得税负债

## 9.14.1　概念

资产、负债的账面价值和计税基础的不同会产生暂时性差异。暂时性差异根据对未来期间应纳税所得额的影响，分为应纳税暂时性差异和可抵扣暂时性差异。应纳税暂时性差异是指在确定未来收回资产或清偿负债期间的应纳税所得额时，将导致产生应税金额的暂时性差异，即在未来期间不考虑该事项影响的应纳税所得额的基础上，该暂时性差异的转回，会进一步增加转回期间的应纳税所得额和应交所得税金额。在应纳税暂时性差异产生当期应当确认相关的递延所得税负债。

应纳税暂时性差异通常产生于以下三种情况。

（1）资产的账面价值大于其计税基础。

（2）负债的账面价值小于其计税基础。

（3）未作为资产、负债确认的项目产生的暂时性差异。例如，企业发生的符合条件的广告费和业务宣传费支出，除另有规定外，不超过当年销售收入15%的部分准予扣除；超过部分准予在以后纳税年度结转扣除。该类费用在发生时，按照会计准则规定即计入当期损益，不形成资产负债表中的资产，但按照税法规定可以确定其计税基础的，两者之间的差异形成暂时性差异。

## 9.14.2　账务处理

除所得税准则中明确规定可不确认递延所得税负债的情况以外，企业对于所有的应纳税暂时性差异均应确认相关的递延所得税负债。

不确认递延所得税负债的情形包括以下几类。

（1）非同一控制下的企业合并形成的商誉，如果按照税法规定计税时作为免税合并的，其计税基础为零，其账面价值与计税基础形成应纳税暂时性差异，则不确认与其相关的递延所得税负债。

（2）除企业合并以外的其他交易或事项中，如果该项交易或事项发生时既不影响会计利润，也不影响应纳税所得额，则所产生的资产、负债的初始确认金额与其计税基础不同，形成应纳税暂时性差异的，交易或事项发生时不确认相应的递延所得税负债。

（3）与子公司、联营企业、合营企业投资等相关的应纳税暂时性差异，如果同时满足以下两个条件则不确认为递延所得税负债：一是投资企业能够控制暂时性差异转回的时间；二是该暂时性差异在可预见的未来很可能不会转回。

除与直接计入所有者权益的交易或事项以及企业合并中取得资产、负债相关的以外，在确认递延所得税负债的同时，应增加利润表中的所得税费用。应按照资产、负债的账面价值与计税基础之间的差额，与相应所得税税率的乘积计算递延所得税负债的金额。确认时，借记"所得税费用"科目，贷记"递延所得税负债"科目。递延所得税负债应以相关应纳税暂时性差异转回期间按照税法规定适用的所得税税率计量。

## 9.14.3　违规操作检查

### （一）递延所得税负债的确认错误

企业应当于期末根据相应资产、负债的账面价值和计税基础之间的差额确认递延所得税负债。查账人员可以通过检查企业的资产、负债的账面价值等，考察企业的递延所得税负债的确认是否及时准确。

### （二）递延所得税负债的金额有误

企业应当按照相关资产、负债的账面价值和计税基础之间的差额与所得税税率的乘积计算当期的递延所得税负债。查账人员可以通过检查企业的递延所得税负债的计算基础确认递延所得税负债的计量金额是否正确。

## 9.14.4 参考案例

【例9-16】递延所得税负债的处理错误

情况：A公司2×22年度总收入为13万元，其中，本年度的应收账款为3万元，费用为0.6万元，税前会计利润为0.7万元，应纳税所得额为4万元，并且A公司年初递延所得税负债的贷方余额为零。

查证：查账人员于2×22年末检查了A公司的递延所得税负债科目，对递延所得税负债的金额存在疑问，于是检查了相应的会计凭证，发现A公司的相关账务处理如下。

借：所得税费用           10 000

  贷：应交税费——应交所得税       10 000

账务调整：查账后，账务调整如下。

应调增的所得税费用 = （40 000-10 000）×25%

           = 7 500（元）

借：所得税费用           7 500

  贷：递延所得税负债         7 500

案例点拨：企业应当于期末根据资产、负债的账面价值和计税基础，计算确认递延所得税负债，同时确认相应的所得税费用。

# 第10章
# 所有者权益业务的检查

所有者权益是指企业资产扣除负债后由所有者享有的剩余权益。公司所有者权益又称为股东权益。所有者权益具有以下特征：**除非发生减资、清算或分派现金股利，企业不需要偿还所有者权益；企业清算时，只有在清偿所有的负债后，所有者权益才返还给所有者；所有者凭借所有者权益能够参与企业利润的分配。下面分节对所有者权益业务的检查进行介绍。**

## 10.1 实收资本（股本）

### 10.1.1 概念

实收资本是指企业按照章程规定、合同或协议约定，接受投资者投入企业的资本。实收资本的构成比例或股东的股份比例，是确定所有者在企业所有者权益中所享有份额的基础，也是企业进行利润或股利分配的主要依据。

### 10.1.2 账务处理

**（一）接受现金资产投资**

非股份制企业收到现金投资时，应当以现金数额借记"银行存款"科目，贷记"实收资本"科目。股份公司收到现金投资时，应当按照收到的现金数额借记"银行存款"科目；按照股本数，贷记"股本"科目；同时按照差额贷记"资本公积——股本溢价"科目。

**（二）接受非现金资产投资**

**1. 接受投入固定资产、材料物资**

企业接受投资者作价投入的房屋、建筑物、机器设备等固定资产和材料物资，应按投资合同或协议约定价值确定固定资产价值和原材料价值（但投资合同或协议约定价值不公允的除外）和在注册资本中应享有的份额，借记"固定资产""原材料""应交税费——应交增值税（进项税额）"科目，贷记"实收资本"科目。

**2. 接受投入无形资产**

企业收到以无形资产方式投入的资本时，应按投资合同或协议约定价值确定无形资产价值（但投资合同或协议约定价值不公允的除外）和在注册资本中应享有的份额，借记"无形资产"科目，贷记"实收资本"科目。

3. 实收资本（或股本）的减少

企业减少实收资本应按法定程序报经批准。股份有限公司采用收购本公司股票方式减资的，按以股票面值和注销股数计算的股票面值总额冲减股本；按注销库存股的账面余额与所冲减股本的差额冲减股本溢价，股本溢价不足冲减的，应依次冲减"盈余公积""利润分配——未分配利润"等科目。如果购回股票支付的价款低于面值总额，则应将所注销库存股的账面余额与所冲减股本的差额作为增加资本或股本溢价处理。

收回公司资本时，借记"库存股"科目，贷记"银行存款"科目；注销公司资本时，借记"股本""资本公积""盈余公积"等科目，贷记"库存股"科目。

## 10.1.3　违规操作检查

### （一）出资的数额和比例不合规

针对此情况，查账人员需审核确认企业章程、合同、招股说明书等有关文件中投资者出资比例的合规性；然后，根据"实收资本""银行存款""固定资产""无形资产"等科目的相关凭证、批件、验资报告等，审核投资者的出资比例与合同、章程是否一致。

### （二）出资缴纳期限不合规

针对此情况，查账人员需检查投入的货币资金开户银行进账单、缴款凭证或转账支票的存入日期、金额、币种、用途等，是否与合同、章程一致。

### （三）投入资产作价不合理

针对此情况，查账人员需检查投入资产是否有相关的评估报告、验资证明；然后应检查做报告的机构是否有评估资格，评估方法是否适当、评估结果是否合理；最后核对报告金额与入账金额是否一致，外币投资应审核其汇率是否运用恰当。

### （四）资本的增减变动不合规

针对此情况，查账人员需逐笔检查资本变动的有关凭据，分析变动原因，对照相关法律规定检查其是否符合相应条件，是否履行了相关手续。例如，有无股东大会的决议，是否修改了企业有关章程条款，是否有相关批件等。同时，应注意检查"应收账款""应收票据"科目的相关记录，看是否存在以借款为名，长期占用企业资金以达到抽回资本目的的现象。

### （五）会计账务处理不正确的查账方法

针对此情况，查账人员需认真检查"实收资本"总账的记录，同时注意其明细账是否分类正确，各种会计处理是否规范。

## 10.1.4 参考案例

**【例 10-1】随意冲减实收资本**

情况：某企业一记账凭证后所附原始凭证为固定资产盘存单，盘亏机器设备一台，价值 140 000 元。投资者投入的一台设备在盘点过程中发现遗失，总经理认为应该是投资者未经同意取走了该设备，故冲减"实收资本"。查账人员经询问，得知该投资者未曾有该类事件发生。

查证：查账人员进一步审阅了"待处理财产损溢——待处理固定资产损溢"明细账后，发现存在如下分录。

| | | |
|---|---|---|
| 借：累计折旧 | 40 000 | |
| 待处理财产损溢——待处理固定资产损溢 | 100 000 | |
| 贷：固定资产 | | 140 000 |
| 借：实收资本 | 100 000 | |
| 贷：待处理财产损溢——待处理固定资产损溢 | | 100 000 |

账务调整：查账后，账务调整如下。

| | | |
|---|---|---|
| 借：营业外支出 | 100 000 | |
| 贷：实收资本 | | 100 000 |

案例点拨：凡是企业的资产的盘盈、盘亏都应该仔细调查，若无法查明原因，则可以记入相关损益科目；若能够查明原因，则应该获取足够的证据，取得相应的赔偿。"实收资本"是用于核算企业注册资本的科目，如无非常特殊的情况，不得随意增减，如果确实有增减需要，必须符合相关法规条件并履行相应的手续。该企业利用资产清查的结果随意冲减资本金是错误的处理。

**【例 10-2】增资数额的计算不正确**

情况：甲公司 2×22 年 12 月 31 日"实收资本"科目的贷方余额为 350 万元，资本公积、盈余公积和未分配利润三项合计 250 万元。2×22 年末，经董事会决定，报主管机关批准，甲公司吸纳 A 公司作为股东之一，A 公司以生产线设备作价投资 120 万元，享有 20% 股权，并于 2×23 年报工商部门登记变更。2×23 年 4 月，甲公司收到 A 公司的上述生产线设备投资。

查证：查账人员在审查甲公司的"实收资本"科目时，发现所附原始凭证为 A 公司投入的一条生产线设备评估报告，确认价值为 120 万元，还有 A 公司转移资产的有关文件、发票、公司董事会增资决议、注册资本变更登记批准书等。对此，甲公司的账务处理如下。

| | |
|---|---|
| 借：固定资产 | 1 200 000 |
| 贷：实收资本 | 1 200 000 |

账务调整：查账后，账务调整如下。

A公司投资，应记入"实收资本"的数额为：875 000元（3 500 000÷80% ×20% ）。

（1）A公司投入1 200 000元资产时，甲公司不应将其全部记入"实收资本"科目，而应按合同中规定的比例记入"实收资本"和"资本公积"科目。应记入"实收资本"科目的数额为700 000元（875 000×1 200 000÷1 500 000），而以上分录多计入500 000元（1 200 000-700 000）。调整分录如下。

借：实收资本         500 000

  贷：资本公积        500 000

（2）待收到A公司应补足的300 000元投资时，甲公司应记入"实收资本"科目的数额为175 000元（875 000-700 000），做如下分录。

借：银行存款         300 000

  贷：实收资本        175 000

    资本公积        125 000

案例点拨：虽然甲公司的注册资本变更履行了相关法定手续，但是其合同、章程有明显不公平的地方。A公司要享有20%的股权，应该投入资本：1 500 000元［（3 500 000+2 500 000）÷80% ×20% ］，而不是1 200 000元。A公司还应再投入300 000元才应该享有20%的股权；否则，会损害原股东的权益。

## 10.2 资本公积

### 10.2.1 概念

资本公积是企业收到投资者出资额超出其在注册资本（或股本）中所占份额的部分，以及直接计入所有者权益的利得和损失等。资本公积包括资本溢价（或股本溢价）和直接计入所有者权益的利得和损失等。

### 10.2.2 账务处理

#### （一）资本溢价

除股份有限公司外的其他类型的企业，在企业创立时，投资者认缴的出资额与注册资本一致，一般不会产生资本溢价。但在企业重组或有新的投资者加入时，常常会出现资本溢价。因为在企业进行正常生产经营后，其资本利润率通常要高于企业初创阶段的资本利润率。另外，企业有内部积累，新投资者加入企业后，对这些积累也要分享，所以新加入的投资者往往要付出大于原投资者的出资额，才能取得与原投资者相同的出资比例。投资者多缴的部分就形成了资本溢价。企业按实际收到的款项，借记"银行存款""固定资产"等科目；按照享有的企业的股权份额，贷记"股本"科目；按照差额贷记"资本公积——资本溢价"科目。

**（二）股本溢价**

股份有限公司是以发行股票的方式筹集股本的，股票可按面值发行，也可溢价发行，我国目前不允许折价发行。与其他类型的企业不同，股份有限公司在成立时可能会溢价发行股票，因而在成立之初，就可能会产生股本溢价。股本溢价的数额等于股份有限公司发行股票时实际收到的款额超过股票面值总额的部分。

在按面值发行股票的情况下，企业发行股票取得的收入，应全部作为股本处理；在溢价发行股票的情况下，企业发行股票取得的收入，等于股票面值部分作为股本处理，超出股票面值的溢价收入应作为股本溢价处理。

发行股票相关的手续费、佣金等交易费用，溢价发行股票的，应从溢价中抵扣，冲减资本公积（股本溢价）；无溢价发行股票或溢价金额不足以抵扣的，应将不足抵扣的部分冲减盈余公积直至未分配利润。

**（三）其他资本公积**

其他资本公积是指除资本溢价（或股本溢价）项目以外所形成的资本公积，其中主要是直接计入所有者权益的利得和损失。

企业对被投资单位的长期股权投资采用权益法核算的，在持股比例不变的情况下，对因被投资单位除净损益、其他综合收益和利润分配以外的所有者权益的其他变动，如果是利得，则应按持股比例计算其应享有被投资企业所有者权益的增加数额；如果是损失，则做相反的分录。在处置长期股权投资时，应转销与该笔投资相关的其他资本公积。

**（四）资本公积转增资本**

经股东大会或类似机构决议，用资本公积转增资本时，应冲减资本公积，同时按照转增资本前的实收资本（或股本）的结构或比例，将转增的金额记入"实收资本"（或"股本"）科目下各明细科目。

## 10.2.3　违规操作检查

**（一）资本（股本）溢价收入的错误处理**

针对此情况，查账人员需审阅企业的股票发行办法及中国证监会批准企业发行股票的相关文件资料。对溢价发行，要采用复核法计算发行企业股票的面值总额，将结果与账面记录进行比较。

**（二）接受捐赠资产的违规行为**

针对此情况，查账人员需重点审阅"营业外收入""管理费用"等损益科目的相关数据，仔细查看每笔业务的摘要是否有可疑之处，并追查至记账凭证，核对相关原始凭证，然后调查询证，查出真相。

### （三）转增资本公积的违规行为

针对此情况，查账人员应审阅企业的会计报表，发现"资本公积"增加时，追查明细账，盘点相关资产：对于评估升值的，要有评估证明材料、升值的依据等；对于没有评估证明材料的，要查明资产的来源，如果企业无法提供来源证明，往往就是企业的盘盈资产，应该记入"营业外收入"等损益科目。

### （四）利用对外投资账面价值与评估价值的价差调节资本公积

针对此情况，查账人员应重点检查"投资收益""长期投资"等科目及"固定资产"明细账，要查阅资产评估报告和投资协议等资料，并进行核对。

## 10.2.4　参考案例

【例10-3】资本公积科目使用错误

情况：某企业以一批钢材折价出资，投入的钢材原进价为 2 000 万元，进项税额为 260 万元，确认投资价为 2 020 万元。该企业的会计分录如下。

借：长期股权投资　　　　　　　　　　　　　20 200 000

　　资本公积　　　　　　　　　　　　　　　 2 400 000

　　贷：原材料　　　　　　　　　　　　　　　　　20 000 000

　　　　应交税费——应交增值税　　　　　　　　　 2 600 000

查证：查账人员详细审阅了该企业的投资协议书、以前购入钢材的凭证以及钢材评估作价的有关资料后，认为计价没有问题，但是对于差额是不能随意减少"资本公积"科目的。该企业通过错误地处理投资作价与账面价值差额，从账面虚增利润。

账务调整：查账后，账务调整如下。

借：营业外支出　　　　　　　　　　　　　　 2 400 000

　　贷：资本公积　　　　　　　　　　　　　　　　 2 400 000

案例点拨：企业一般不能随意减少"资本公积"科目金额。

# 10.3　盈余公积

## 10.3.1　概念

按照《中华人民共和国公司法》有关规定，公司制企业应按照净利润（减弥补以前年度亏损，下同）的10%提取法定盈余公积。按照《中华人民共和国企业所得税法》规定，以前年度亏损（5年内）可用税前利润弥补，从第6年起只能用税后利润弥补。非公司制企业法定盈余公积的提取比例可超过净利润的10%。

法定盈余公积累计额已达注册资本的 50％时可以不再提取。需要注意的是，如果以前年度未分配利润有盈余（即年初未分配利润余额为正数），在计算提取法定盈余公积的基数时，不应包括企业年初未分配利润；如果以前年度有亏损（即年初未分配利润余额为负数），应先弥补以前年度亏损再提取盈余公积。

公司制企业可根据股东大会的决议提取任意盈余公积。非公司制企业经类似权力机构批准，也可提取任意盈余公积。法定盈余公积和任意盈余公积的区别在于其各自计提的依据不同，前者以国家的法律法规为依据，后者由企业的权力机构自行决定。

## 10.3.2　账务处理

### （一）提取盈余公积

企业按规定提取盈余公积时，应通过"利润分配"和"盈余公积"等科目核算，借记"利润分配——提取法定盈余公积"科目，贷记"盈余公积——法定盈余公积"科目。

### （二）盈余公积补亏

盈余公积补亏，借记"盈余公积"科目，贷记"利润分配——盈余公积补亏"科目。

### （三）盈余公积转增资本

盈余公积转增资本，借记"盈余公积"科目，贷记"股本"科目。

### （四）用盈余公积发放现金股利或利润

用盈余公积发放现金股利或利润，借记"盈余公积"科目，贷记"应付股利"科目。

## 10.3.3　违规操作检查

### （一）盈余公积内容不真实

针对此情况，查账人员需审阅"盈余公积"科目的贷方发生额（增加额）；一般其贷方发生额都是由年终利润分配转入的，对于其他增加额查账人员要特别关注并进一步追查原因。

### （二）盈余公积提取不正确

针对此情况，查账人员需检查法定盈余公积从利润中提取的顺序是否符合规定，有无税前列支，减少应交所得税的情况；检查有关资料，查明企业是否根据国家规定按比例及时足额提取法定盈余公积，如果企业本年度没有提取法定盈余公积，则应核查盈余公积是否达到规定的比例，查实盈余公积的计算是否正确。

### （三）盈余公积使用不正确

针对此情况，查账人员需重点检查"盈余公积"科目的借方发生额；复核转增资本后"盈余公积"科目的贷方余额，并与注册资本的比例相比较，以查明是否存在问题；检查有关资料，查明盈余公积的使用是否有一定的授权批准手续、是否依法办理增资手续、是否取得合法的增资文件等。

## 10.3.4　参考案例

【例10-4】盈余公积转增资本错误

情况：某公司的注册资本为 2 000 万元，经批准将当年账面盈余公积余额 1 200 万元转增资本，使该公司 2×22 年 1 月 1 日的注册资本达到 3 200 万元，而盈余公积余额为零。

查证：查账人员当年检查时发现该公司上述账务处理，2×22 年 1 月 1 日该公司的盈余公积余额为零，不符合有关规定。相关的会计分录如下。

借：盈余公积　　　　　　　　　　　　　　　　　12 000 000

　　贷：实收资本　　　　　　　　　　　　　　　　12 000 000

账务调整：查账后，账务调整如下。

借：实收资本　　　　　　　　　　　　　　　　　6 400 000

　　贷：盈余公积　　　　　　　　　　　　　　　　6 400 000

案例点拨：盈余公积增资必须具备一定的手续和条件，必须由企业权力机构及政府有关部门进行审批，转增资本或分配股利后，法定盈余公积不得低于注册资本的 25%。

# 10.4　本年利润

## 10.4.1　概念

"本年利润"科目的本月余额反映当月实现的利润或发生的亏损。"本年利润"科目的本年余额反映本年累计实现的利润或发生的亏损。

## 10.4.2　账务处理

企业应设置"本年利润"科目，核算企业本年度实现的净利润（或发生的净亏损）。

会计期末，企业应将"主营业务收入""其他业务收入""营业外收入"等科目的余额分别转入"本年利润"科目的贷方，将"主营业务成本""其他业务成本""税金及附加""销售费用""管理费用""财务费用""资产减值损失""营业外支出"　"所得税费用"等科目的余额分别转入"本年利润"科目的借方。企业还应将"公允价值变动损益"　"投资收益"科目的净收益转入"本年利润"科目的贷方，将"公允价值变动损益"　"投资收益"科目的净损失转入"本年利润"科目的借方。结转后"本年利润"科目如为贷方余额，表示当年实现的净利润；如为借方余额，表示当年发生的净亏损。

年度终了，企业还应将"本年利润"科目的本年累计余额转入"利润分配——未分配利润"科目。如"本年利润"为贷方余额，借记"本年利润"科目，贷记"利润分配——未分配利润"科目；如为借方余额，则做相反的会计分录。结转后"本年利润"科目应无余额。

## 10.4.3　违规操作检查

### （一）计算本年利润的收入、费用项目不正确

针对此情况，查账人员需审核"本年利润"科目并与计算期的所有收入、费用的相关科目进行核对，检查有无虚账、隐匿、遗漏、错误以及不合法的情况，并复核利润的形成，证实其正确性。

### （二）净利润的计算不正确

针对此情况，查账人员需重点检查"所得税费用"科目，即复核、查明所得税的征收范围、计税依据、所得税税率和税额的计算、税款的减免以及所得税的会计处理。

## 10.4.4　参考案例

【例 10-5】本年利润结转错误

情况：某公司 2×22 年的账目中，12 月末结转利润前的"投资收益"科目余额为560 000 元，但在结账时只将其中的 60 000 元转入"本年利润"科目，尚有 500 000 元仍保留在该科目中。

查证：查账人员调出 2×22 年 12 月 25 日收到投资收益时的会计凭证，其会计分录如下。

借：银行存款　　　　　　　　　　　　　　　　　560 000
　　贷：投资收益　　　　　　　　　　　　　　　　　560 000
2×22 年 12 月 31 日结转利润时，会计分录如下。
借：投资收益　　　　　　　　　　　　　　　　　60 000
　　贷：本年利润　　　　　　　　　　　　　　　　　60 000
账务调整：查账后，账务调整如下。

借：投资收益 500 000
　　贷：本年利润 500 000
借：本年利润 500 000
　　贷：利润分配 500 000
借：所得税费用 125 000
　　贷：应交税费——应交所得税 125 000
借：利润分配 125 000
　　贷：所得税费用 125 000
借：利润分配 37 500
　　贷：盈余公积 37 500

案例点拨：通过分录可看出该公司"投资收益"科目仍保留了 500 000 元的余额，因此，其不仅偷漏了所得税，同时还影响到了利润分配。为调节本年度利润，偷逃所得税，不按规定如实结转利润，截留投资收益，是违反相关规定的行为。

## 10.5 利润分配

### 10.5.1 概念

利润分配是指企业在税后利润即净利润的基础上按照一定的先后顺序进行的分配。

### 10.5.2 账务处理

企业进行利润分配的具体会计处理如下。

（1）企业用盈余公积弥补亏损，借记"盈余公积"科目，贷记"利润分配——其他转入"科目。

（2）企业按规定从净利润中提取盈余公积时，借记"利润分配"科目，贷记"盈余公积"科目。

（3）企业按应当分配给股东的现金股利或利润，借记"利润分配"科目，贷记"应付股利"科目。

（4）企业经股东大会或类似机构批准分派股票股利，应于实际分派股票股利时，借记"利润分配"科目，贷记"实收资本""股本"科目。

（5）企业按规定允许用税前利润归还的各种借款，应当在"利润分配"科目下设置"归还借款的利润"明细科目进行核算。企业按规定用税前利润归还的各种借款，借记"利润分配——归还借款的利润"科目，贷记"盈余公积——任意盈余公积"科目。

（6）年度终了，企业应将全年实现的净利润，自"本年利润"科目转入"利润分配"科目，借记"本年利润"科目，贷记"利润分配——未分配利润"科目；如为净亏损，借记"利润分配——未分配利润"科目，贷记"本年利润"科目；同时将"利润分配"科目下的其他明细科目的余额转入"利润分配——未分配利润"明细科目。结转后，"利润分配"科目的其他明细科目应无余额。

（7）"利润分配"科目年末余额，反映企业历年积存的未分配利润或未弥补亏损。

## 10.5.3　违规操作检查

### （一）利润分配顺序不正确

针对此情况，查账人员需审阅核对企业利润分配的会计凭证，根据本年转入的净利润额，按正确分配顺序逐项计算核对，发现问题再进一步追查。

### （二）对以前年度亏损的弥补不正确

针对此情况，查账人员需检查有无以税前利润弥补以前年度亏损，再根据这些亏损发生的年度检查是否超过了税前弥补亏损期。

### （三）弥补亏损的账务处理不正确

针对此情况，查账人员需检查弥补亏损账务处理是否符合规定：用利润弥补亏损，不做账务处理，在利润分配时借贷方直接相抵；用盈余公积弥补亏损，应借记"盈余公积"科目，贷记"利润分配——盈余公积转入"科目。

### （四）利润分配的标准不合规、比例不正确、计算不准确

针对此情况，查账人员需根据有关凭证及账簿所反映的分配情况进行复核，看是否符合有关规定。

### （五）向投资者分配的利润不真实、不正确

针对此情况，查账人员需根据当年有关利润审查是否应向投资者分配利润，同时查阅"实收资本"明细账，查明外部投资的真实性，或调阅有关投资协议，了解有关利润分配的规定，证实利润分配是否正确与真实。

### （六）向投资者分配利润的账务处理不正确

针对此情况，查账人员需检查向投资者分配利润的凭证是否正确：发放现金股利时，应借记"利润分配"科目，贷记"应付股利"科目；发放股票股利时，应借记"利润分配——应付现金股利或利润"科目，贷记"股本"科目。

### （七）年终利润分配的账务结转业务不正确

针对此情况，查账人员需检查年终的有关利润分配的会计凭证，看是否将"本年利润"科目和"利润分配"科目中除"利润分配——未分配利润"以外的明细

科目余额全部按正确方式转入"利润分配——未分配利润"科目中。

## 10.5.4 参考案例

【例10-6】利润分配错误

情况：某企业2×22年接受某公司投资150万元，占企业实收资本总额1 500万元的10%，当年该企业实现利润250万元。该企业在未计提所得税、未提取盈余公积的情况下，即按250万元的10%分配利润给该公司。

查证：该企业为了少交所得税和少提盈余公积，而错误地进行利润分配，其会计分录如下。

借：利润分配——应付现金股利或利润　　　　　　　　　250 000
　　贷：应付股利——某公司　　　　　　　　　　　　　　　　250 000

账务调整：查账后，账务调整如下。

应补提所得税=2 500 000×25%=625 000（元）

借：以前年度损益调整　　　　　　　　　　　　　　　625 000
　　贷：应交税费——应交所得税　　　　　　　　　　　　　　625 000

借：利润分配——未分配利润　　　　　　　　　　　　625 000
　　贷：以前年度损益调整　　　　　　　　　　　　　　　　625 000

应补提法定盈余公积=（2 500 000−625 000）×10%=187 500（元）

应调减应付股利=250 000−（2 500 000−625 000−187 500）×10%=250 000−168 750=81 250（元）

借：利润分配——提取法定盈余公积　　　　　　　　　187 500
　　贷：盈余公积——法定盈余公积　　　　　　　　　　　　　187 500

借：利润分配——未分配利润　　　　　　　　　　　　187 500
　　贷：利润分配——提取法定盈余公积　　　　　　　　　　　187 500

借：应付股利——某公司　　　　　　　　　　　　　　　81 250
　　贷：利润分配——应付现金股利或利润　　　　　　　　　　　81 250

案例点拨：企业净利润如果为正，应当首先弥补以前年度的损失；如果不存在以前年度的累计损失，则应当确认当年的所得税费用，然后以税后利润为标准，计提当年的法定盈余公积和任意盈余公积等，顺序不能随意变动。

第 11 章
# 成本业务的检查

　　产品成本是企业一定时期内为生产一定产品所支出的生产费用。产品成本核算是对生产经营过程中实际发生的成本、费用进行的计算，并进行相应的账务处理。成本核算一般是对成本计划执行的结果进行事后的反映。企业通过产品成本核算，一方面，可以审核各项生产费用和经营管理费用的支出，分析和考核产品成本计划的执行情况，促使企业降低成本和费用；另一方面，还可以为计算利润、进行成本和利润预测提供数据，有助于提高企业生产技术和经营管理水平。

## 11.1　生产成本

### 11.1.1　概念

　　"生产成本"科目核算企业进行工业性生产发生的各项生产成本，包括生产各种产品（产成品、自制半成品等）、自制材料、自制工具、自制设备等发生的成本。该科目的借方反映所发生的各项生产费用，贷方反映完工转出的产品成本，期末借方余额反映尚未加工完成的各项在产品的成本。本科目应按产品品种等成本核算对象设置"基本生产成本"和"辅助生产成本"明细科目。辅助生产较多的企业，也可将"基本生产成本"和"辅助生产成本"作为总账科目。基本生产成本应当分别按照基本生产车间和成本核算对象（产品的品种、类别、订单、批别、生产阶段等）设置明细账（或成本计算单），并按规定的成本项目设置专栏。

### 11.1.2　账务处理

　　企业进行成本核算的具体会计处理如下。

　　（1）企业发生的各项直接生产费用，借记"生产成本——基本生产成本""生产成本——辅助生产成本"科目，贷记"库存现金""银行存款""应付职工薪酬""原材料"等科目。

　　（2）企业各生产车间应负担的制造费用，借记"生产成本——基本生产成本""生产成本——辅助生产成本"科目，贷记"制造费用"科目。

　　（3）企业辅助生产车间为基本生产车间、企业管理部门和其他部门提供的劳务和产品，月度终了，按照一定的分配标准分配给各受益对象，借记"生产成本——基本生产成本""管理费用""销售费用""其他业务成本""在建工程"等科目，贷记"生产成本——辅助生产成本"科目。

（4）企业已经生产完成并已验收入库的产成品以及入库的自制半成品，应于月度终了，按实际成本，借记"库存商品""自制半成品"科目，贷记"生产成本——基本生产成本"科目。

（5）需要单独核算废品损失的工业企业，可以在"基本生产成本"明细科目下设置"废品损失"明细科目，以汇集和分配基本生产车间所发生的废品损失。

（6）需要单独核算停工损失的工业企业，可以在"基本生产成本"明细科目下设置"停工损失"明细科目，以汇集和分配基本生产车间因停工所发生的各种费用。

（7）"生产成本"科目期末借方余额，反映企业尚未加工完成的各项在产品的成本。

### 11.1.3　违规操作检查

#### （一）虚增、虚减生产成本

针对此情况，查账人员需根据直接材料费、直接人工费核算等各种基础资料，如领料单、退料单、材料分配表、工资计算表、工资分配表等，对"生产成本"明细账进行检查，并与其他有关明细账进行核对，找出虚增、虚减生产成本的疑点，结合库存盘点和核实各种价格定额等方法，进一步核实和确认虚增、虚减生产成本的舞弊问题。

#### （二）将不属于产品成本负担的费用列入成本项目

针对此情况，查账人员需检查"基本生产"和"辅助生产"明细账记录的各项费用内容和数额是否有异常现象；审阅企业"在建工程""应付职工薪酬""固定资产"等明细账，根据记录，结合实物资产进行分析，从支出内容和支出水平的大小波动上找出疑点，再进一步查证成本明细账，调阅会计凭证和原始资料，查出问题。

#### （三）将不属于本期产品成本负担的费用全部列入本期成本项目

针对此情况，查账人员需审阅生产成本明细账，看记录的材料费用是否有数额过大或过小的不正常现象，对超定额或超限额过多的业务，进一步追查多领用的原因；审阅预提费用明细账，检查预提对象和计算是否真实正确，并与生产成本明细账进行核对。

#### （四）将应属于生产成本开支的费用列入其他支出中

针对此情况，查账人员需检查"在建工程""应付职工薪酬""其他业务成本""销售费用"　"营业外支出"等科目，对存在的疑点应进一步调阅记账凭证、原始凭证等。

### （五）利用完工产品和产成品分配方法，虚估产品成本，调节当期利润

针对此情况，查账人员需审阅企业将生产费用在完工产品和在产品之间的分配方法是否合适，一经确定是否任意变更，如变更，是否计算其对利润的影响数；检查在产品明细表，复核在产品完工程度是否正确，并与在产品期末数核实。

### （六）将对外投资的支出记入成本费用项目

针对此情况，查账人员需检查"生产成本"直接材料明细表，如发现疑点，则调阅有关记账凭证，检查领料单，分析领料单位、材料品种和用途。

## 11.1.4　参考案例

**【例 11-1】虚增生产成本**

情况：查账人员对某工业企业进行财务检查时，发现该工业企业 2×22 年的"委托加工物资"科目有红字余额，同时注意到下半年转出数中自制半成品用于生产或出售时其单价上升较为明显。另外，从总体上看，该企业下半年利润明显低于去年同期水平，但销售收入与数量相对稳定，几种主要产品售价还较上年有所上升。通过分析，查账人员发现利润下降的主要原因在于生产成本上升较快；进一步分析，发现是由于自制半成品成本上升较快，而自制半成品是委托外单位加工的。

查证：查账人员在检查 2×22 年"委托加工物资"明细账时，抽查两笔金额较大的会计业务，发现对应科目均为"自制半成品"，查其所附原始凭证，却未发现应附的收回加工材料的入库单据，亦无加工费账单及银行转账凭证等原始单据。由此，断定该业务是虚假的。相关会计分录如下。

借：自制半成品　　　　　　　　　　　　　　　　　　6 400 000
　　贷：委托加工物资　　　　　　　　　　　　　　　　　6 400 000
借：生产成本　　　　　　　　　　　　　　　　　　　6 400 000
　　贷：自制半成品　　　　　　　　　　　　　　　　　　6 400 000

这样伪造委托加工业务，日后即造成"委托加工物资"科目出现红字余额。

账务调整：查账后，账务调整如下。

借：委托加工物资　　　　　　　　　　　　　　　　　6 400 000
　　贷：以前年度损益调整　　　　　　　　　　　　　　　6 400 000

补交所得税，税率为 25%，其会计分录如下。

借：以前年度损益调整　　　　　　　　　　　　　　　1 600 000
　　贷：应交税费——应交所得税　　　　　　　　　　　　1 600 000

借：以前年度损益调整                               4 800 000

      贷：利润分配——未分配利润                      4 800 000

按净利润 10% 补提盈余公积，50% 向投资者分配利润，其会计分录如下。

借：利润分配——未分配利润                        2 880 000

      贷：盈余公积                                   480 000

           应付股利                               2 400 000

案例点拨：该企业为了缩小年度利润，有意虚列成本费用，于下半年多次以外协加工名义，伪造委托加工收回核算业务，虚构自制半成品成本，且虚构自制半成品领用于生产中，虚增生产成本 640 万元，违反了相关的规定，是错误的账务处理行为。

【例 11-2】少计约当产量，调整本期损益

情况：查账人员审查某企业 2×22 年 12 月"生产成本"科目。该企业采用约当产量法对生产费用在完工产品和在产品之间进行分配，本月完工产品为 300 件。查账人员审阅了车间的在产品明细表，得知在产品实有数为 200 件，用企业以前技术方法测定在产品完工率为 70%，但本月该企业在产品完工率却为 40%。

查证：按 70% 的完工率计算出在产品的约当产量应为 140 件，按 40% 的完工率计算出在产品的约当产量为 80 件。这样实际参与分配生产费用的在产品的数量比应该参与分配生产费用的在产品的数量少计 60 件。该企业期初在产品成本为 200 万元，本期发生生产费用为 500 万元，月末产成品数量为 300 件，月末产成品成本为 4 772 727.27 元 [（500+200）÷（300+140）×300×10 000]。按照 40% 的完工率，企业现有产成品成本为 5 526 315.79 元 [（500+200）÷（300+80）×300×10 000]。

账务调整：查账后，账务调整如下。

应调整的产成品成本 =5 526 315.79-4 772 727.27=753 588.52（元）

借：库存商品——产成品                             753 588.52

      贷：生产成本——半成品                       753 588.52

案例点拨：企业少计产品约当产量，虚增在产品成本，虚减产成品成本 753 588.52 元，从而加大了本期产品销售成本，减少了利润，少交了所得税，是错误的账务处理，违反了相关的规定。

## 11.2　制造费用

### 11.2.1　概念

制造费用是指工业企业为生产产品（或提供劳务）而发生的，应计入产品成

本但没有专设成本项目的各项生产费用。"制造费用"科目核算企业生产车间（部门）为生产产品或提供劳务而发生的各项间接费用，以及虽然直接用于产品生产但管理上不要求或不便于单独核算的费用。企业可按不同的生产车间、部门和费用项目进行明细核算。期末，将共同负担的制造费用按照一定的标准分配计入各成本核算对象。除季节性生产外，"制造费用"科目期末应无余额。

## 11.2.2　账务处理

对小型工业企业而言，其也可以将"生产成本"和"制造费用"两个总账科目合并为"生产费用"一个总账科目，下设"基本生产成本""辅助生产成本""制造费用"三个二级科目。企业具体的会计处理如下。

（1）车间发生的机物料消耗，借记"制造费用"科目，贷记"原材料"科目。发生的车间管理人员的工资及福利费，借记"制造费用"科目，贷记"应付职工薪酬"科目。车间计提的固定资产折旧，借记"制造费用"科目，贷记"累计折旧"科目。车间支付的办公费、修理费、水电费等，借记"制造费用"科目，贷记"银行存款"等科目。发生季节性和修理期间的停工损失，借记"制造费用"科目，贷记"原材料""应付职工薪酬""银行存款"等科目。

（2）期末，制造费用应按企业成本核算办法的规定，分配计入有关的成本核算对象，借记"生产成本——基本生产成本""生产成本——辅助生产成本"科目，贷记"制造费用"科目。

（3）企业应针对不同的车间、部门设置"制造费用"明细账，并按费用项目设置专栏，进行明细核算。

（4）除季节性生产的企业外，企业的"制造费用"科目期末应无余额。

## 11.2.3　违规操作检查

**（一）将不属于制造费用范围的支出列入"制造费用"科目中，致使产品生产成本虚增**

针对此情况，查账人员需检查制造费用、管理费用、应付职工薪酬、销售费用等明细账，核对相关凭证是否存在错弊现象。

**（二）将不属于本期列支的费用列入本期的制造费用，将该列入制造费用的开支未列入或虚增、虚减制造费用以调节当期利润**

针对此情况，查账人员需检查有无用摊提费用来调节生产成本和当年利润的现象，摊提期限是否超过一年；检查用现金、银行存款支付的制造费用项目，看其支出报销发票的合规性和正确性，检查有无涂改发票的现象。

### （三）制造费用分配不真实

针对此情况，查账人员需检查制造费用在车间内各产品之间分配的依据是否合理、合规，分配结果是否正确。

## 11.2.4　参考案例

【例11-3】虚列制造费用

情况：查账人员在审查某企业2×22年制造费用时，发现该企业3月的制造费用数额明显增多，于是对其产生怀疑。

查证：查账人员调出3月30日第67号记账凭证，其会计分录如下。

借：制造费用　　　　　　　　　　　　　　　　　　100 000
　贷：累计折旧　　　　　　　　　　　　　　　　　　100 000

查账人员询问有关财务人员获悉，该企业将车间里出租的固定资产提取的折旧列入制造费用。

账务调整：查账后，账务调整如下。

借：其他业务成本　　　　　　　　　　　　　　　　100 000
　贷：制造费用　　　　　　　　　　　　　　　　　　100 000

案例点拨：企业因出租资产而获得的租金收入，应记入"其他业务收入"科目，在出租过程中发生的成本、支出应记入"其他业务成本"科目。该企业这笔业务的会计处理违反了规定，同时也减少了其他业务成本，虚增了企业的其他业务利润。

## 12.1 营业收入

营业收入是指企业在从事销售商品、提供劳务和让渡资产使用权等日常经营业务过程中所形成的经济利益的总流入，分为主营业务收入和其他业务收入。

### 12.1.1 主营业务收入

**（一）概念**

主营业务收入是指企业经常性的、主要业务所产生的基本收入，如制造业的销售产品、非成品和提供工业性劳务作业的收入，商品流通企业的销售商品收入，旅游服务业的门票收入、客户收入、餐饮收入等。主营业务收入是企业最主要和最稳定的收入来源。

**（二）账务处理**

企业确认主营业务收入的具体会计处理如下。

（1）确认收入时，借记"银行存款""应收账款""应收票据"等科目，贷记"主营业务收入""应交税费——应交增值税（销项税额）"科目；采用预收货款方式销售的，于发出商品时确认收入，借记"预收账款"科目，贷记"主营业务收入""应交税费——应交增值税（销项税额）"科目。

（2）发生销货退回时，借记"主营业务收入""应交税费——应交增值税（销项税额）"科目，贷记"银行存款""应收账款""应收票据"等科目。

（3）采用委托代销方式销售商品的：发出商品时，借记"发出商品"科目，贷记"库存商品"科目；收到代销清单时，借记"应收账款""银行存款""应收票据"等科目，贷记"主营业务收入""应交税费——应交增值税（销项税额）"科目；按支付的代销手续费，借记"销售费用"科目，贷记"应收账款""银行存款""应收票据"等科目。

**（三）违规操作检查**

企业主营业务收入违规操作主要有如下几类。

（1）故意虚构经济业务，编制虚假的会计分录。检查此类违规操作时，查账人员应当审查原始凭证的真实性，向购货方函证交易条款等。

（2）对销售期间不恰当分割，任意调整收入的确认时间，以达到以丰补歉、平滑利润的目的。检查是否存在此类违规操作时，查账人员应当审阅"主营业务收入""主营业务成本"明细账及其原始凭证，比较收入确认时间与发货时间是否在同一时期，如有疑点，还应进一步追查销售合同、发运证明等，查证是否存在提前或延后确认收入的违规操作行为。

（3）滥用或随意变更会计政策。企业利用特殊的销售业务操纵收入，如附有销售退回条件的商品销售，企业在与客户签订的正式销售合同中，不提退货条件等可能意味着风险和报酬尚未转移等事项，而是将此类事项写进补充协议。利用补充协议，隐瞒风险和报酬尚未转移的事实，按正式销售合同条款确认收入不顾及补充协议的规定。检查此类违规操作时，查账人员应审查"主营业务收入"明细账，查找是否存在退货业务；如果存在，则检查企业相应的会计处理是否正确，是否存在违规确认收入的情形。

### （四）参考案例

【例12-1】违规提前确认收入

情况：2×23年2月，查账人员在检查甲公司收入明细账时发现，甲公司发生一笔销货退回业务，金额为100 000元，甲公司财务人员据此冲减了2×23年的主营业务收入及主营业务成本。经询问得知，该笔销售业务是在2×22年12月发生的，查账人员怀疑甲公司存在提前确认销售收入的嫌疑，于是对该笔销售业务展开了调查。

查证：查账人员调出2×23年2月销售退回凭证，会计分录如下。

借：主营业务收入　　　　　　　　　　　　　　　100 000

　　应交税费——应交增值税（销项税额）　　　　13 000

　　　贷：应收账款　　　　　　　　　　　　　　113 000

查账人员调出2×22年确认收入的凭证，会计分录如下。

借：应收账款　　　　　　　　　　　　　　　　　169 500

　　贷：主营业务收入　　　　　　　　　　　　　150 000

　　　应交税费——应交增值税（销项税额）　　　19 500

查账人员进一步检查销售合同，发现交易总金额为175 500元，但是合同中规定了3个月的退货期。按规定，如果甲公司能够合理估计退货率，则可以按照扣除退货部分的金额确认；反之，则不能即时确认收入，应于退货期满时再确认收入。从其账务处理来看，甲公司并没有估计退货率而是直接全额确认了收入，这不符合规定。实际上，甲公司不能合理确定退货率，应当对收入予以调整。另外，2×23年2月退回的商品也应当冲减2×22年的收入，不应冲减2×23年的收入，应予以调整。

账务调整：查账后，账务调整如下。

借：以前年度损益调整　　　　　　　　　　　　　　　150 000

　　贷：应收账款　　　　　　　　　　　　　　　　　　150 000

借：发出商品（该批商品成本为 100 000 元）　　　　　100 000

　　贷：以前年度损益调整　　　　　　　　　　　　　　100 000

借：应交税费——应交所得税　　　　　　　　　　　　　12 500

　　贷：以前年度损益调整　　　　　　　　　　　　　　　12 500

借：盈余公积　　　　　　　　　　　　　　　　　　　　3 750

　　利润分配——未分配利润　　　　　　　　　　　　　33 750

　　贷：以前年度损益调整　　　　　　　　　　　　　　　37 500

冲销 2×23 年销售退回业务的会计处理如下。

借：应收账款　　　　　　　　　　　　　　　　　　　113 000

　　贷：主营业务收入　　　　　　　　　　　　　　　　100 000

　　　　应交税费——应交增值税（销项税额）　　　　　　13 000

案例点拨：若被查企业发生销售退回业务，查账人员应当确认其是否将退回业务计入了正确的会计期间，并检查销售合同，以查证被查企业是否存在违规提前确认收入的情况。

【例 12-2】利用预收账款隐匿收入

情况：2×22 年 12 月，查账人员在检查甲公司"预收账款"明细账时，发现 4 月 11 日第 23 号的一笔金额为 565 000 元预收账款仍然挂在账面上，据此认为属于预收账款长期挂账，于是决定追查该事项。

查证：查账人员调出 4 月 11 日第 23 号凭证，其分录如下。

借：银行存款　　　　　　　　　　　　　　　　　　　565 000

　　贷：预收账款——乙公司　　　　　　　　　　　　　565 000

查账人员进一步检查双方签订的合同，合同规定乙公司于 4 月付清全部货款，甲公司于 6 月全部交货，但查账人员查阅相关凭证并没有发现相应的销售收入记录。查账人员调阅甲公司 6 月的发货记录并查阅原始凭证，在发货记录中发现 6 月 15 日有一批商品收货人注明为乙公司，其会计分录如下。

借：发出商品　　　　　　　　　　　　　　　　　　　300 000

　　贷：库存商品　　　　　　　　　　　　　　　　　　300 000

此时可以确定该笔销售交易已经完成，按规定采用预收账款方式销售的，应当于发出商品时确认收入，而甲公司仅仅将库存商品转入发出商品，并没有确认相应的收入和成本，因此，可以确定甲公司确实存在隐匿收入的违规操作行为，应当对违规处理进行账务调整。

账务调整：查账后，账务调整如下。

借：预收账款　　　　　　　　　　　　　　　　　　565 000
　　贷：主营业务收入　　　　　　　　　　　　　　　500 000
　　　　应交税费——应交增值税（销项税额）　　　　65 000
借：主营业务成本　　　　　　　　　　　　　　　　300 000
　　贷：发出商品　　　　　　　　　　　　　　　　　300 000

案例点拨：查账人员对长期挂账的预收账款应当予以重点关注，查证是否存在利用预收账款隐匿收入的违规操作行为。

## 12.1.2　其他业务收入

### （一）概念

其他业务收入是指企业主营业务收入以外的所有通过销售商品、提供劳务及让渡资产使用权等日常活动所形成的经济利益的流入，如材料物资及包装物销售、无形资产使用权实施许可、固定资产出租、包装物出租收入等。其他业务收入是企业从事除主营业务以外的其他业务活动所取得的收入，具有不经常发生、每笔业务金额一般较小、占收入的比重较低等特点。

### （二）账务处理

企业确认其他业务收入的具体会计处理如下。

（1）企业销售原材料，按售价和应收的增值税，借记"银行存款""应收账款"等科目；按实现的营业收入，贷记"其他业务收入"科目；月度终了按出售原材料的实际成本，借记"其他业务成本"科目，贷记"原材料"科目。原材料采用计划成本核算的企业，还应分摊材料成本差异。

（2）收到出租包装物的租金，借记"库存现金""银行存款"等科目，贷记"其他业务收入"科目；对于逾期未退包装物没收的押金扣除应交增值税后的差额，借记"其他应付款"科目，贷记"其他业务收入"科目。

（3）企业采取收取手续费方式代销商品，取得的手续费收入，借记"应付账款"科目，贷记"其他业务收入"科目。

### （三）违规操作检查

1. 账外账

企业生产销售的残次品、附产品、废产品和下脚废料收入不入账，形成账外账，如果不入账，就会少计增值税销项税额，少交所得税。对此，查账人员在检查时首先要了解企业生产特点，掌握是否会产生附产品等；生产中产生废品废料、下脚废料是否首先计入原材料。如果在检查中发现账上无记录，则可能是将产生的余料、附产品收入记入了账外账，查账人员应追问其去向，查清问题。

## 2. 少交相关流转税

混淆其他业务收入和营业外收入的界限，将本应计入其他业务收入的事项计入营业外收入，从而少交相关流转税。如企业销售原材料收入，本应计入其他业务收入，如果计入营业外收入，就会少计提增值税销项税额。对此，应通过检查营业外收入明细账发现线索，再通过调阅记账凭证、原始凭证加以审核。

## 3. 对劳务收入的审查

企业发生的非独立核算的运输部门的对外运输收入，代购代销、固定资产出租、包装物出租收入等均属于其他业务收入的核算范畴。由于这些行为不是企业经常发生的行为，企业往往利用其进行舞弊。查账人员在检查时应注意企业有无发生收入不入账、收入挂往来账或少记收入账的问题，对已计入其他业务收入的劳务收入，通过审查企业提供的劳务价值量与入账的劳务收入是否相符，来分析企业是否存在少计收入的情况。对隐匿收入的行为，查账人员应首先审阅合同，了解收取款项的时间和数额，再查看其他收入明细账有无收入记录；如果无记录，应检查银行存款日记账或现金日记账，根据日记账所说明的该笔业务的日期、凭证号码，找出记账凭证，进一步审查原始凭证，查证企业有无将收入转移到往来账逃避流转税和所得税的问题。

## 4. 对包装物押金的检查

税法规定，对逾期未收回的包装物不再退还的和已收取一年以上的押金，应并入应税货物的销售额，按照应税货物的适用税率征收增值税等流转税。对此，查账人员应通过其他应付款明细账贷方发生额结合出借合同，弄清包装物的出借时间，查证企业有无到期无法归还的包装物押金没有列入其他业务收入而挂在其他应付款的情况。

## （四）参考案例

【例 12-3】隐匿材料销售收入

情况：2×23 年 3 月，查账人员在检查甲公司 2×22 年销售发票时，发现甲公司在 2×22 年销售很多原材料，但是在进一步检查"其他业务收入"明细账时，却没有查到销售材料的业务。于是，查账人员怀疑甲公司存在隐匿收入的嫌疑，遂展开调查。

查证：查账人员审阅了"原材料"明细账、银行存款日记账和"应收账款"明细账及有关凭证，发现 7 月 20 日第 45 号凭证的分录如下。

借：银行存款　　　　　　　　　　　　　　　　　56 500
　　贷：原材料　　　　　　　　　　　　　　　　　　　40 000
　　　　其他应付款　　　　　　　　　　　　　　　　　16 500

甲公司将材料销售收入直接冲减材料成本，隐匿收入，并将收入与成本的差额计入其他应付款以逃避税款。随后，查账人员进一步检查，共查出未入账的原材料销售收入100 000元。

账务调整：查账后，账务调整如下。

借：其他应付款            113 000

 贷：以前年度损益调整         100 000

  应交税费——应交增值税（销项税额）   13 000

借：以前年度损益调整         25 000

 贷：应交税费——应交所得税      25 000

借：以前年度损益调整         75 000

 贷：盈余公积           7 500

  利润分配——未分配利润       67 500

案例点拨：在查找隐匿原材料销售收入的情况时，查账人员可以通过审阅原材料贷方发生额的对应科目来检查是否存在直接转销收入与成本的违规操作问题。

【例12-4】逾期未退的包装物押金未确认增值税

情况：2×22年12月，查账人员在检查甲公司"其他应付款"明细账时，发现一笔其他应付款借方发生额，其贷方对应科目为"其他业务收入"，金额为100 000元，初步判断可能是逾期未退的包装物押金。为查证相关账务处理是否正确，查账人员决定调阅相关凭证予以检查。

查证：查账人员调出该笔业务的凭证，其分录如下。

借：其他应付款           100 000

 贷：其他业务收入          100 000

按规定，对逾期未收回的包装物不再退还的和已收取一年以上的押金，应并入应税货物的销售额，按照应税货物的适用税率征收增值税等流转税。从该凭证来看，甲公司并没有确认相应的增值税销项税额，仅仅确认了收入。这不符合规定，应当予以调整。

账务调整：查账后，账务调整如下。

应确认的增值税销项税额=100 000÷（1+13%）×13%=11 504.42（元）

借：其他业务收入          11 504.42

 贷：应交税费——应交增值税（销项税额）   11 504.42

案例点拨：税法规定，对逾期未收回的包装物不再退还的和已收取一年以上的押金，应并入应税货物的销售额，按照应税货物的适用税率征收增值税等流转税。查账时，若发现存在逾期未退的包装物押金，应当检查在确认其他业务收入时是否确认了相应的增值税。

## 12.2　营业成本

营业成本包括主营业务成本和其他业务成本。主营业务成本是指企业因销售商品、提供劳务或让渡资产使用权等主营业务活动而发生的实际成本；其他业务成本是指企业除主营业务活动以外的其他经营活动所发生的支出，包括销售材料的成本、出租固定资产的折旧额、出租无形资产的摊销额、出租包装物的成本或摊销额以及采用成本模式计量的投资性房地产计提的折旧额或摊销额。

### 12.2.1　主营业务成本

#### （一）概念

主营业务成本是企业销售产品、提供劳务等日常活动发生的成本。它是由期初库存产品成本加上本期入库产品成本，再减去期末库存产品成本求得的。

#### （二）账务处理

企业确认主营业务成本的具体会计处理如下。

（1）月末结转销售成本时，借记"主营业务成本"科目，贷记"库存商品""劳务成本"等科目。

（2）发生销货退回时，借记"库存商品"科目，贷记"主营业务成本"科目。

#### （三）违规操作检查

1. 对多转或少转产品成本的检查

查找此类违规操作时，查账人员应当审阅"主营业务收入"明细账、"库存商品"明细账，并与"主营业务成本"明细账进行核对，计算分析是否存在多转或少转产品成本的情形。

2. 对前后各期成本计算方法不一致的检查

查找此类违规操作时，查账人员应审阅"主营业务成本"明细账，了解其计算方法，并将主营业务成本的各期数额进行比较分析，如有异常变动应查明原因。

#### （四）参考案例

【例 12-5】随意改变成本结转方法调减利润

情况：2×23 年 2 月，查账人员在检查甲公司 2×22 年主营业务成本结转情况时，了解到甲公司对发出库存商品计价采用的是加权平均法，为查证这一情况是否属实，查账人员对甲公司 12 月发出库存商品计价进行了测试。

查证：查账人员调阅相关账务记录发现，甲公司 2×22 年 12 月初库存商品 500 件，价值 500 000 元，本月新增库存商品 1 000 件，价值 1 500 000 元，当月共销售商品 1 200 件。若采用加权平均法发出商品，则甲公司 12 月的主营业务成本应为 1 600 000 元 [1 200×（500 000+1 500 000）÷（500+1 000）]。而在查阅甲公司主营业务成本账务时，查账人员发现甲公司12月结转的主营业务成本为 1 550 000 元，少计50 000 元，进一步检验发现，其采用先进先出法来计算主营业务成本的，即12月成本为 1 550 000 元 [500 000+700×1 500 000÷1 000]。经进一步询问，甲公司相关人员承认当年存货成本不断上升，为了实现利润目标，而变更了发出存货的计价方法以降低成本，增加利润。甲公司的这一行为属于违规任意变更会计政策的行为，不符合规定，应当予以调整。

账务调整：查账后，账务调整如下。

借：以前年度损益调整　　　　　　　　　　　　　　　　50 000
　　贷：库存商品　　　　　　　　　　　　　　　　　　　　50 000
借：应交税费——应交所得税　　　　　　　　　　　　　12 500
　　贷：以前年度损益调整　　　　　　　　　　　　　　　　12 500
借：盈余公积　　　　　　　　　　　　　　　　　　　　3 750
　　利润分配——未分配利润　　　　　　　　　　　　　33 750
　　贷：以前年度损益调整　　　　　　　　　　　　　　　　37 500

案例点拨：对发出存货计价进行测试可以复核被查企业是否采用了一致的会计政策，以及是否存在滥用会计政策增减成本以调节利润的违规操作行为。

## 12.2.2　其他业务成本

### （一）概念

其他业务成本是企业除主营业务以外的其他业务所发生的支出，包括销售材料、提供劳务等而发生的相关成本、费用，以及相关税金及附加等。"其他业务成本"科目应按其他业务的种类，如"材料销售""代购代销""包装物出租"等设置明细科目，进行明细核算。

### （二）账务处理

企业确认其他业务成本的具体会计处理如下。

（1）企业销售原材料，于月度终了按出售原材料的实际成本，借记"其他业务成本"科目，贷记"原材料"科目。原材料采用计划成本核算的企业，还应分摊材料成本差异。

（2）出租包装物，在第一次领用新包装物时，应当结转成本，借记"其他业务成本"科目，贷记"周转材料"科目。

（3）出租的包装物不能使用而报废时，按其残料价值，借记"原材料"科目，贷记"其他业务成本"科目。

（4）企业发生的其他业务支出，借记"其他业务成本"科目，贷记"生产成本""应付职工薪酬""银行存款""其他应付款"等有关科目。

### （三）违规操作检查

对其他业务成本的违规操作进行检查时主要包括如下几个方面。

（1）其他业务成本与其他业务收入不配比或只有收入而无对应的成本。查找此类违规操作时，查账人员应当通过检查"其他业务收入""其他业务成本"明细账，核对其他业务收入是否有相应的业务支出数。

（2）核算范围不正确，混淆"其他业务成本"与"营业外支出"的界限。检查时，查账人员应审阅原始凭证上的信息，分析被列入的项目是否合理、准确。

（3）利用其他业务成本舞弊。检查时，查账人员应当将本期发生的金额与上期金额相比较，分析二者之间的波动是否正常。如果存在异常波动，应当分析其合理性。此外，还应当检查大额的其他业务成本项目，检查其会计期间划分是否正确、会计处理是否正确等。

### （四）参考案例

**【例 12-6】**直接冲减成本，少计材料出售收入

情况：2×22 年 12 月，查账人员审查甲企业 2×22 年 6 月的"其他业务收入"明细账时，发现 6 月 10 日该企业出售多余材料物资及包装物一批，其账面价值分别为：材料物资 1 000 元，包装物 600 元，合计 1 600 元，出售价款为 2 000 元，但记入"其他业务收入"科目的数额却为 400 元。

查证：查账人员调出 6 月 10 日第 20 号记账凭证，其会计分录如下。

借：银行存款　　　　　　　　　　　　　　　　　　　　　　2 000
　　贷：原材料　　　　　　　　　　　　　　　　　　　　　1 000
　　　　周转材料——包装物　　　　　　　　　　　　　　　　600
　　　　其他业务收入　　　　　　　　　　　　　　　　　　　400

甲企业并没有确认 2 000 元的收入及销项税额，而是直接冲减成本后确认收入。这不符合规定，应当予以调整。

账务调整：查账后，账务调整如下。

应确认的收入 =2 000÷（1+13%）=1 769.91（元）

应确认增值税销项税额 =2 000÷（1+13%）×13%=230.09（元）

借：银行存款　　　　　　　　　　　　　　　　　　　　　　2 000
　　贷：其他业务收入　　　　　　　　　　　　　　　　　1 769.91
　　　　应交税费——应交增值税（销项税额）　　　　　　　230.09

案例点拨：在查找隐匿原材料销售收入的情况时，可以通过审阅"原材料"科目贷方发生额的对应科目来检查是否存在直接转销成本、少计收入的违规操作问题。

## 12.3 税金及附加

### 12.3.1 概念

税金及附加反映企业经营主要业务应负担的消费税、城市维护建设税、资源税和教育费附加以及与投资性房地产相关的房产税、城镇土地使用税等。

### 12.3.2 账务处理

企业确认税金及附加的具体会计处理如下。

（1）企业按规定计算确定的与经营活动相关的税费，借记"税金及附加"科目，贷记"应交税费"等科目。

（2）企业收到的返还的消费税等原记入"税金及附加"科目的各种税金，应按实际收到的金额，借记"银行存款"科目，贷记"税金及附加"科目。

### 12.3.3 违规操作检查

查账人员在检查"税金及附加"科目是否存在违规操作时，首先，应当确定企业的纳税范围与税种是否符合国家规定，检查"税金及附加"明细账，并将明细账的合计数与报表数和总账数进行核对，检查其是否相符；其次，根据审定的当期应纳的各税费的计算依据，按规定的税率，分项计算、复核本期应纳的各税费的数额，检查其计算是否正确；最后，还应当复核各项税费并与"应交税费"等项目进行核对，查证是否存在勾稽关系。

### 12.3.4 参考案例

【例12-7】税金及附加计算错误

情况：2×22年12月，查账人员在复核甲公司当年10月的税金及附加的金额计算的正确性时，发现甲公司10月交的增值税为305 000元，消费税为20 000元，则当月应交的教育费附加为9 750元[（305 000+20 000）×3%]，应交的城市维护建设税为22 750元[（305 000+20 000）×7%]。但是，查账人员通过查阅"应交税费——应交教育费附加"及"应交税费——应交城市维护建设税"明细账，发现甲公司确认的金额分别是1 650元和3 850元。

查证：查账人员调出记账凭证，其分录如下。

借：税金及附加　　　　　　　　　　　　　　　　　　5 500
　　贷：应交税费——应交教育费附加　　　　　　　　　1 650
　　　　　　——应交城市维护建设税　　　　　　　　　3 850

所附的原始凭证为教育费附加和城市维护建设税计算单，计算如下。

教育费附加＝（35 000＋20 000）×3%＝1 650（元）

城市维护建设税＝（35 000＋20 000）×7%＝3 850（元）

可以看出，与正确计算方法相比，甲公司在计算时少计了增值税的金额，导致产生了较大的差错，应当予以调整。

账务调整：查账后，账务调整如下。

借：税金及附加　　　　　　　　　　　　　　　　27 000

　　贷：应交税费——应交教育费附加　　　　　　　　8 100

　　　　　　　　——应交城市维护建设税　　　　　　18 900

案例点拨：在检查税金及附加是否正确时，查账人员应当复核其计税依据是否正确，重新计算各项税费的金额，检查计算是否存在差错。

# 12.4　销售费用

## 12.4.1　概念

销售费用是指企业在销售产品、自制半成品或提供劳务等过程中发生的各项费用，包括由企业负担的包装费、运输费、广告费、装卸费、保险费、委托代销手续费、展览费、租赁费（不含融资租赁费）和销售服务费、销售部门人员工资、职工福利费、差旅费、折旧费、修理费、物料消耗、低值易耗品摊销以及其他经费等。

## 12.4.2　账务处理

企业确认销售费用的具体会计处理如下。

（1）企业在销售商品过程中发生包装费、保险费、展览费和广告费、运输费、装卸费等费用时，借记"销售费用"科目，贷记"库存现金""银行存款"等科目。

（2）企业发生为销售本企业商品而专设的销售机构的职工薪酬、业务费等经营费用时，借记"销售费用"科目，贷记"应付职工薪酬""银行存款""累计折旧"等科目。

## 12.4.3　违规操作检查

对销售费用的违规操作所进行的检查如下。

（1）对虚列销售费用的检查。检查此类违规操作时，查账人员应当审查原始凭证的相关信息，注意检查展览费、广告费的真实性、合理性，确定所发生的费用是否应当列入"销售费用"科目。

（2）对利用销售费用贪污舞弊的检查。检查此类违规操作时，查账人员应当检查销售机构经费内部控制制度是否完善，是否得到有效执行；检查重要或异常的销售费用的原始凭证是否合法，会计处理是否正确。

### 12.4.4　参考案例

**【例 12-8】多计销售费用逃避税款**

情况：2×22 年 12 月，查账人员在审阅甲公司 2×22 年 12 月的"销售费用"记账凭证时，发现 12 月 10 日第 20 号记账凭证后附的原始凭证为一张运货发票，而发票注明甲公司是收货人，此处出现疑点。

查证：该记账凭证的分录如下。

借：销售费用　　　　　　　　　　　　　　　　　　10 000

　　应交税费——应交增值税（进项税额）　　　　　　900

　　贷：银行存款　　　　　　　　　　　　　　　　　10 900

查账人员检查运货发票，发现该运费是甲公司在购买固定资产时发生的，列入销售费用的运费应当是在销售商品过程中发生的，而不应该是购货过程中发生的，因此这笔运费应当计入固定资产的成本。

账务调整：查账后，账务调整如下。

借：固定资产　　　　　　　　　　　　　　　　　　10 000

　　贷：销售费用　　　　　　　　　　　　　　　　　10 000

案例点拨：检查销售费用时，查账人员应审阅原始凭证相关信息，分析各项支出的真实性与合理性。

## 12.5　管理费用

### 12.5.1　概念

管理费用是指企业行政管理部门为组织和管理生产经营活动而发生的各项费用。企业在筹建期间内发生的开办费、工会经费、董事会费、聘请中介机构费、咨询费、诉讼费、业务招待费、技术转让费、研究费用、排污费等费用，以及企业生产车间（部门）和行政管理部门等发生的固定资产修理费用等后续支出，都在"管理费用"科目核算。

## 12.5.2　账务处理

企业确认管理费用的具体会计处理如下。

（1）企业在筹建期间发生的开办费，包括人员工资、办公费、培训费、差旅费、印刷费、注册登记费等，借记"管理费用"科目，贷记"银行存款"科目。

（2）企业行政管理部门人员的薪酬，借记"管理费用"科目，贷记"应付职工薪酬"科目。

（3）企业行政管理部门发生的办公费、水电费、差旅费等，以及企业发生的业务招待费、咨询费、研究费用等其他费用，借记"管理费用"科目，贷记"银行存款""研发支出"等科目。

## 12.5.3　违规操作检查

管理费用的违规操作主要表现为虚列管理费用、利用管理费用进行贪污舞弊。检查此类违规操作时，查账人员应当审阅原始凭证的真实性与合理性以及会计处理是否正确；另外，还应当与上期的管理费用水平相比较，分析波动的原因及合理性，如果认为存在异常波动，应当实施进一步检查。

## 12.5.4　参考案例

【例 12-9】虚列管理费用

情况：2×22 年 12 月，查账人员在审查甲公司 2×22 年 9 月的"管理费用"明细账时，发现本月计入管理费用中的工资费用和折旧费用与上月相比有明显的增长，于是对其产生怀疑并实施进一步调查。

查证：查账人员调阅 2×22 年 9 月第 20 号和第 21 号记账凭证，其会计分录分别如下。

```
借：管理费用——工资                          400 000
    贷：应付职工薪酬                          400 000
借：管理费用——折旧费                        200 000
    贷：累计折旧                             200 000
```

查账人员经过查阅原始凭证并询问有关财务人员，得知该公司将应记入"制造费用"科目的车间管理人员工资 400 000 元和设备折旧费 200 000 元记入了当期"管理费用"科目。

账务调整：查账后，账务调整如下。

```
借：制造费用                                600 000
    贷：管理费用                            600 000
```

如果该费用已转入生产成本，则还需做如下分录。

借：生产成本              600 000

  贷：制造费用            600 000

如果产品已经完工入库，则还需做如下分录。

借：库存商品              600 000

  贷：生产成本            600 000

如果商品已经销售，则还需做如下分录。

借：主营业务成本           600 000

  贷：库存商品            600 000

案例点拨：检查管理费用时，查账人员应审阅原始凭证相关信息，分析各项支出的真实性与合理性。

## 12.6　财务费用

### 12.6.1　概念

财务费用指企业在生产经营过程中为筹集资金而发生的筹资费用，包括企业生产经营期间发生的利息支出（减利息收入）、汇兑损益、金融机构手续费。但在企业筹建期间发生的利息支出，应计入开办费；为购建或生产满足资本化条件的资产发生的应予以资本化的借款费用，在"在建工程""制造费用"等科目中核算。

### 12.6.2　账务处理

企业发生的各项财务费用，借记"财务费用"科目，贷记"银行存款""应付利息"等科目；企业发生利息收入、汇兑收益，冲减"财务费用"科目的借方金额。

### 12.6.3　违规操作检查

财务费用违规操作主要体现在财务费用计算不正确、利息支出未列入正确的项目等。在检查时，查账人员应当审阅原始凭证，分析其正确性与合理性；区分应当计入财务费用和资产成本的利息费用，检查相应的账务处理是否正确。

### 12.6.4　参考案例

【例 12-10】违规将应当资本化的利息费用化以逃避税收

情况：2×23 年 2 月，查账人员检查甲公司 2×22 年 11 月的"财务费用"明细账时，发现该月发生大笔借款利息，比其他月份的借款利息明显增加，其中有一笔大额的财务费用 200 000 元。由于金额较大，查账人员想对此进行调查。

查证：查账人员调阅该笔记账凭证，其会计分录如下。

借：财务费用　　　　　　　　　　　　　　　　　　　　　　200 000

　　贷：长期借款　　　　　　　　　　　　　　　　　　　　　　200 000

查账人员查阅记账凭证所附的原始凭证发现，该笔费用是甲公司为购建固定资产而发生的借款利息支出，且该利息费用 20 万元是在固定资产达到预定可使用状态之前的利息费用，应计入固定资产价值。查账人员在检查"固定资产""在建工程"明细账时发现没有该利息 20 万元，只在"财务费用"明细账中查到利息 20 万元。由此可知，甲公司为了隐瞒利润、偷税漏税，将应予以资本化的利息计入了财务费用。

账务调整：查账后，账务调整如下。

借：固定资产　　　　　　　　　　　　　　　　　　　　　　200 000

　　贷：以前年度损益调整　　　　　　　　　　　　　　　　　　200 000

借：以前年度损益调整　　　　　　　　　　　　　　　　　　　50 000

　　贷：应交税费——应交所得税　　　　　　　　　　　　　　　50 000

借：以前年度损益调整　　　　　　　　　　　　　　　　　　150 000

　　贷：盈余公积　　　　　　　　　　　　　　　　　　　　　　15 000

　　　　利润分配——未分配利润　　　　　　　　　　　　　　135 000

案例点拨：检查财务费用时，查账人员应审阅原始凭证相关信息，分析各项支出的真实性与合理性，分析利息支出应当费用化还是资本化，检查相关的账务处理是否正确。

# 12.7　资产减值损失

## 12.7.1　概念

资产减值损失是企业在资产负债表日，经过对资产的测试，判断资产的可收回金额低于其账面价值而计提资产减值准备所确认的相应损失。企业所有的资产在发生减值时，原则上都应当对所发生的减值损失及时加以确认和计量，因此，资产减值包括所有资产的减值。

## 12.7.2　账务处理

企业确认资产减值损失的具体会计处理如下。

（1）企业根据资产减值等准则确定资产发生减值的，按应减记的金额，借记"资产减值损失"科目，贷记"存货跌价准备""长期股权投资减值准备""固定资产减值准备""在建工程——减值准备""工程物资——减值准备""生产性生物资产——减值准备""无形资产减值准备"等科目。

（2）企业计提存货跌价准备等后，相关资产的价值又得以恢复的，应在原已计提的减值准备金额内，按恢复增加的金额，借记"存货跌价准备"等科目，贷记"资产减值损失"科目。

## 12.7.3　违规操作检查

资产减值损失的违规操作主要为：多计或少计资产减值损失金额，以调节利润。在检查此类违规操作时，查账人员应当了解企业的资产状况，分析其是否存在减值迹象，并复核计提资产减值损失的依据及金额是否真实、准确。

## 12.7.4　参考案例

**【例 12-11】违规确认减值损失调减利润**

情况：2×23 年 3 月，查账人员在检查甲公司"资产减值损失"账务时，发现甲公司在 2×22 年 12 月确认了较多的资产减值损失，检查明细账发现绝大多数是计提的存货跌价准备，查账人员认为其中存在疑点，遂决定实施检查。

查证：查账人员调出其中一笔金额较大的记录，其会计分录如下。

借：资产减值损失　　　　　　　　　　　　　　　　1 000 000
　　贷：存货跌价准备　　　　　　　　　　　　　　　　1 000 000

查账人员进一步查证，发现原始凭证为 A 产品存货跌价准备的计算依据，查账人员因此查看 A 产品在 2×22 年的销售收入状况。经审阅、比较，查账人员发现甲公司 A 产品的销售收入并没有下降，反而同比增长了 4%。查账人员经询问销售人员，得知 A 产品的市场销售状况良好，并没有出现市价下滑的现象。因此，可以确定甲公司计提的存货跌价准备并没有合理的依据。在质疑与事实面前，甲公司财务人员承认由于当年利润情况较好，为了平滑利润减轻来年压力，而违规计提了存货跌价准备。

账务调整：查账后，账务调整如下。

借：存货跌价准备　　　　　　　　　　　　　　　　1 000 000
　　贷：以前年度损益调整　　　　　　　　　　　　　　1 000 000
借：以前年度损益调整　　　　　　　　　　　　　　　250 000
　　贷：应交税费——应交所得税　　　　　　　　　　　250 000
借：以前年度损益调整　　　　　　　　　　　　　　　750 000
　　贷：盈余公积　　　　　　　　　　　　　　　　　　75 000
　　　　利润分配——未分配利润　　　　　　　　　　　675 000

案例点拨：在检查"资产减值损失"时，查账人员应当分析计提资产减值准备的依据是否真实、合理；如果认为存在疑点，则应当进一步追查求证。

# 12.8　公允价值变动损益

## 12.8.1　概念

公允价值变动损益是指企业投资性房地产、交易性金融资产等公允价值变动形成的应计入当期损益的利得或损失，即公允价值与账面余额之间的差额。

## 12.8.2　账务处理

企业确认公允价值变动损益的具体会计处理如下。

（1）资产负债表日，企业应按相关金融资产的公允价值高于其账面余额的差额，借记"交易性金融资产——公允价值变动""投资性房地产——公允价值变动"科目，贷记"公允价值变动损益"科目；公允价值低于其账面余额的差额，做相反的会计分录。

（2）出售交易性金融资产时，应按实际收到的金额，借记"银行存款"等科目；按其账面余额，贷记"交易性金融资产——成本、公允价值变动"科目；同时，按"公允价值变动损益"科目的余额，借记或贷记"公允价值变动损益"科目，贷记或借记"投资收益"科目。处置以公允价值模式进行后续计量的投资性房地产时，按照收到的金额，借记"银行存款"等科目，贷记"其他业务收入"科目；借记"其他业务成本"科目，贷记"投资性房地产——成本、公允价值变动"科目；同时，结转投资性房地产累积公允价值变动；若存在原转换日记入"其他综合收益"科目的金额，一并结转。

## 12.8.3　违规操作检查

公允价值变动损益的违规操作主要体现为多计或少计公允价值变动金额，以此来调节利润。在检查时，查账人员应当复核其确认依据的真实性与合理性。

## 12.8.4　参考案例

【例 12-12】不确认公允价值变动损益

情况：2×23 年 2 月，查账人员在检查甲公司 2×22 年交易性金融资产账目时，发现该项金融资产只有"交易性金融资产——成本"科目，没有"交易性金融资产——公允价值变动"科目，因此查账人员怀疑甲公司存在未确认公允价值变动损益的嫌疑。

查证：查账人员调出取得该项资产时的2×22年6月第19号记账凭证，其分录如下。

借：交易性金融资产——成本                                      200 000

    投资收益                                         10 000

    贷：其他货币资金——存出投资款          210 000

该交易性金融资产为乙公司股票10 000股，购买时的成本为200 000元，查账人员检查其期末账面价值后，发现仍为200 000元。于是，查账人员查询了乙公司股票股价，而后发现自2×22年10月起其股价即开始下降，至年末股价已下降为15元/股，因此，甲公司在2×22年末应当确认的公允价值变动金额为−50 000元（150 000−200 000），而甲公司为了防止利润下降，没有确认相应的损失。

账务调整：查账后，账务调整如下。

借：以前年度损益调整                               50 000

    贷：交易性金融资产——公允价值变动      50 000

借：应交税费——应交所得税                  12 500

    贷：以前年度损益调整                      12 500

借：盈余公积                                      3 750

    利润分配——未分配利润                    33 750

    贷：以前年度损益调整                      37 500

案例点拨：在查找有关"公允价值变动损益"的违规操作时，查账人员应当复核资产在期末时的公允价值，检查公允价值变动损益确认的金额是否正确。

# 12.9 营业外收入

## 12.9.1 概念

营业外收入是指企业确认的与企业生产经营活动没有直接关系的各种收入。营业外收入并不是由企业经营资金耗费所产生的，不需要企业付出代价，其实际上是一种纯收入，不需要与有关费用进行配比。营业外收入主要包括：非流动资产处置利得、非货币性资产交换利得、出售无形资产收益、债务重组利得、企业合并损益、盘盈利得、因债权人原因确实无法支付的应付款项、政府补助、教育费附加返还款、罚款收入、捐赠利得等。

## 12.9.2 账务处理

企业确认营业外收入的具体会计处理如下。

（1）企业转让固定资产时，先结转固定资产原值和已提累计折旧额，借记"固定资产清理""累计折旧"科目，贷记"固定资产"科目；收到双方协议价款，借记"银行存款"科目，贷记"固定资产清理"科目；最后结转清理损益，若转出价款高于固定资产账面净值，则借记"固定资产清理"科目，贷记"资产处置损益"科目。

（2）企业处置无形资产时，应按实际收到的金额等，借记"银行存款"等科目；按已计提的累计摊销，借记"累计摊销"科目；按应支付的相关税费及其他费用，贷记"应交税费""银行存款"等科目；按其账面余额，贷记"无形资产"科目；按其贷方差额，贷记"资产处置损益"科目；已计提减值准备的，还应同时结转减值准备。

（3）确认的政府补助利得，借记"银行存款"科目，贷记"营业外收入""递延收益"等科目。

## 12.9.3　违规操作检查

关于营业外收入的违规操作主要表现为隐瞒、截留或虚列、多计营业外收入金额，以此进行贪污舞弊或调节利润。在检查时，查账人员需要从企业的内部控制制度入手，检查营业外收入的审批手续是否齐全，检查相关的凭证资料；审查企业发生的各项营业外收入是否及时全部入账，有无不入账的现象，账务处理是否正确；等等。

## 12.9.4　参考案例

【例 12-13】隐匿营业外收入

情况：2×22 年 12 月，查账人员审查甲公司 2×22 年的"应付职工薪酬"明细账时发现，10 月 10 日的业务摘要为"收到乙公司违约金 10 000 元"，查账人员怀疑甲公司存在隐匿营业外收入的嫌疑，将罚款列入了"应付职工薪酬"科目。

查证：查账人员调阅 10 月 10 日第 20 号记账凭证，其会计分录如下。

借：库存现金　　　　　　　　　　　　　　　　　　10 000

　　贷：应付职工薪酬　　　　　　　　　　　　　　　　10 000

记账凭证的摘要为"收到乙公司违约金 10 000 元"。

又有 12 月 8 日第 15 号记账凭证，其会计分录如下。

借：应付职工薪酬　　　　　　　　　　　　　　　　10 000

　　贷：库存现金　　　　　　　　　　　　　　　　　　10 000

查账人员询问财务人员，财务人员承认将该罚款用于支付生产人员的薪酬。

账务调整：查账后，账务调整如下。

借：生产成本                                   10 000

    贷：营业外收入                              10 000

如果已制成产成品，还应做如下分录。

借：库存商品                                   10 000

    贷：生产成本                                10 000

如果产成品已经售出，则还应做如下分录。

借：主营业务成本                            10 000

    贷：库存商品                                10 000

案例点拨：在查找违规操作时，查账人员应当关注一些非常规的会计处理，分析其合理性，若认为相关账务处理不符合常理，则应当实施进一步检查。

# 12.10　营业外支出

## 12.10.1　概念

营业外支出是指企业发生的与其日常活动无直接关系的各项损失，主要包括非流动资产处置损失、公益性捐赠支出、盘亏损失、罚款支出、非货币性资产交换损失、债务重组损失等。

## 12.10.2　账务处理

企业确认营业外支出的具体会计处理如下。

（1）企业确认处置非流动资产损失时，借记"营业外支出"科目，贷记"固定资产清理""无形资产""原材料"等科目。

（2）确认盘亏、罚款支出、捐赠支出等营业外支出时，借记"营业外支出"科目，贷记"待处理财产损溢""库存现金""银行存款"等科目。

## 12.10.3　违规操作检查

有关营业外支出的违规操作主要表现为虚列营业外支出及相关账务处理不正确、不及时等。在查找此类违规操作时，查账人员应当检查"营业外支出"明细账，并将其合计数与总账数、报表数进行核对，看是否相符；对非常损失应详细检查有关资料，包括企业的实际损失和保险理赔情况及审批文件等；对营业外支出的各项目，包括处理固定资产、无形资产净损失、固定资产盘亏、债务重组净损失等，与"固定资产""无形资产""应收账款"等相关科目记录核对，看是否相符，并追查至相关原始凭证。

## 12.10.4　参考案例

**【例 12-14】将贪污款列作营业外支出**

情况：2×23 年 2 月，查账人员检查甲公司"营业外支出"项目，在翻阅 2×22 年 10 月 11 日第 20 号凭证时，发现其后附原始凭证不完整，查账人员认为存在疑点，遂展开调查。

查证：该笔业务的分录如下。

借：营业外支出　　　　　　　　　　　　　　　　　　50 000
　　贷：银行存款　　　　　　　　　　　　　　　　　　50 000

所附原始凭证除一支票存根外，无任何其他原始凭证。查账人员遂质询该凭证的记账人员，并经过多方查询弄清真相：甲公司的会计人员采用伪造凭证的手法从银行提取现金中饱私囊。该公司会计人员伪造凭证贪污公司 50 000 元的银行存款，虚增了甲公司的"营业外支出"的数额，少交了所得税。

账务调整：查账后，账务调整如下。

借：其他应收款　　　　　　　　　　　　　　　　　　50 000
　　贷：以前年度损益调整　　　　　　　　　　　　　　50 000
借：以前年度损益调整　　　　　　　　　　　　　　　12 500
　　贷：应交税费——应交所得税　　　　　　　　　　　12 500
借：以前年度损益调整　　　　　　　　　　　　　　　37 500
　　贷：盈余公积　　　　　　　　　　　　　　　　　　 3 750
　　　　利润分配——未分配利润　　　　　　　　　　　33 750

案例点拨：检查"营业外支出"违规操作时，查账人员应当对后附的原始凭证的真实性进行审核，并分析相应的费用、支出等列入营业外支出的合理性。

# 12.11　所得税费用

## 12.11.1　概念

所得税费用是指企业经营利润应缴纳的所得税，企业采用资产负债表债务法对所得税费用进行核算。"所得税费用"科目是损益类科目，所得税费用在金额上一般不等于当期应交的所得税金额，因为可能存在暂时性差异。如果只有永久性差异，则所得税费用等于当期应交的所得税金额。

## 12.11.2　账务处理

确认当年的所得税费用时，按本期应计入所得税费用的金额，借记"所得税费用"科目；按当期应支付的所得税金额，贷记"应交税费——应交所得税"科目；按应确认的递延所得税的金额，借记"递延所得税资产"科目或贷记"递延所得税负债"科目。

## 12.11.3　违规操作检查

有关所得税费用的违规操作主要表现为因所得税或递延所得税金额计算不正确而导致的所得税费用金额错误。在检查时，查账人员应核实所得税的计算依据，根据审定后的利润总额和规定的所得税税率，复核本期所得税金额是否正确，并根据会计与税法规定的差异，确定递延所得税的金额是否正确。

## 12.11.4　参考案例

【例 12-15】应交所得税金额计算有误

情况：2×23 年 2 月，查账人员对甲公司所得税进行专门审查，发现年度会计利润为 400 万元，所得税税率为 25%，所得税直接以会计利润 400 万元为计税基数，得出所得税金额 100 万元，于是查账人员对此产生怀疑。

查证：查账人员检查有关科目。"营业外支出"科目中，有一项赞助支出 10 万元，缴纳税收滞纳金 1 万元；"管理费用"科目中，全年业务招待费 35 万元，超出企业按营业额规定比例计算的业务招待费限额 5 万元。上述各项均为计算所得税时不予扣除的项目，而甲公司未在会计利润中考虑上述事项，其应予以补交 4 万元[（10+1+5）×25%] 所得税。

账务调整：查账后，账务调整如下。

| | | |
|---|---|---|
| 借：以前年度损益调整 | | 40 000 |
| 　　贷：应交税费——应交所得税 | | 40 000 |
| 借：盈余公积 | | 4 000 |
| 　　利润分配——未分配利润 | | 36 000 |
| 　　贷：以前年度损益调整 | | 40 000 |

案例点拨：查找"所得税费用"相关的违规操作时，查账人员应通过复核所得税、递延所得税金额的计算是否正确来进行。

　　调账是指企业的内部人员或者外部人员在下列情形中，对企业的账务进行调整。

　　（1）与会计相关的法律法规要求企业采用新的会计政策或者因法律或行政法规、经济等原因，企业在变更会计政策后能够提供更可靠、更相关的会计信息时，企业改变原来选用的会计政策。为了便于前后期的对比，所以要进行调账。

　　（2）对于已经发生的交易或事项，由于当初进行估计的基础发生了变化或是各种原因造成会计核算的差错，在发现的年度，就需要按有关规定进行会计账务调整。

　　（3）年度资产负债表日至财务报告批准报出之日期间，如果发现报告年度及以前年度有会计差错，则应按《企业会计准则》中的资产负债表日后事项的规定进行调账。

　　调账按照时间，可以分为年度内错账调整和跨年度错账调整。如果是年度内发现的错账，可通过编制与原错误分录相同的红字分录，对错账予以冲销，再编制正确的蓝字分录进行调整等；或者直接根据差额编制调整分录予以调账。如果是跨年度的错账，对仅涉及资产、负债的错账调整与年度内错账调整方法类似；但若涉及损益的错账调整，则通过"以前年度损益调整"科目来进行，并且需要调整相关的所得税以及利润分配。

　　本篇介绍期末账项调整；特殊业务涉及的账务调整，包括会计政策变更、会计估计变更、资产负债表日后事项导致的账务调整；资产、负债、所有者权益、损益等业务的会计错弊调整，以及税务稽查相关账务的错弊调整。

第 13 章
# 期末账项调整

## 13.1　怎样理解期末账项调整

### 13.1.1　期末账项调整的定义

期末账项调整是指每一个会计期末，为准确确定该期间的收入、费用、资产和负债，根据权责发生制原则对部分会计事项予以调整的行为。期末账项调整一般通过编制调整分录进行，即将会计期末账簿日常记录的收入和费用，调整为应属本期的收入和费用。

### 13.1.2　期末账项调整的原因

账项调整的目的是正确地分期计算损益，即正确地划分相邻会计期间的收入和费用，使应属报告期的收入和成本费用相配比，以便正确地结算各期的损益和考核各会计期间的财务成果。

持续经营和会计分期是会计核算的两个前提条件（会计假设）。基于这两个前提条件，会计核算要求遵循配比原则和权责发生制，即将某一会计期间的成本费用与其有关的收入相互配合比较，以正确计算该期的损益。在日常账簿中，本期实际收到的收入或付出的费用，有些作为本期收入费用入账，有些则因未确定所属期未能入账，而有些收入和费用本期虽未实际收到或付出，其归属期应属本期，也尚未入账。这就需要按照权责发生制的要求，将应属本期的收入及费用调整入账，正确确认本期的收入、费用，从而正确地确定本期的损益。

为了正确反映企业在不同时期的财务状况和经营成果，企业必须以权利或责任的发生与否为标准来确认各个会计期间的收入和费用。因此，在期末结账之前，必须对那些收支期和归属期不一致的收入和费用进行调整。账项调整，使未收到款项的应计收入和未付出款项的应计费用，以及已收到款项而不属于本期的收入和已经付出款项而不属于本期的费用，归属于相应的会计期间，使各期收入和费用在相关的基础上进行配比，从而比较准确地计算盈亏。

## 13.2 怎样处理期末账项调整

### 13.2.1 应计收入的账项调整

应计收入是指本期已经获得但尚未收到款项的收入，具体是指企业在本期已向其他单位或个人提供商品、劳务或财产物资的使用权，但由于尚未完成结算过程或延期付款等原因，本期尚未收款入账。按照权责发生制原则，凡属于本期的收入，不管其款项是否收到，都应作为本期收入登记入账，因此期末应将尚未收到的款项调整入账。

期末，将属于本期但尚未收到款项的收入调整入账时，应设置有关的收入科目来反映，应借记"应收账款"等科目，贷记有关的收入科目；收到款项后，再借记"银行存款"科目，贷记"应收账款"等科目。

【例13-1】应计利息的账项调整

A公司本月应得银行利息 1 500 元，款项尚未收到，其分录如下。

借：其他应收款      1 500

    贷：财务费用      1 500

【例13-2】应计收入的账项调整

2×22年9月28日，长江物业公司与本市E美术馆签订合约，为该馆提供全面物业管理服务，从本年第四季度开始，合同期一年。物业管理费全年20万元，分两次平均支付。合同约定第一次支付日为2×23年4月1日（不考虑增值税）。

长江物业公司的会计分录如下。

（1）2×22年末，确认业务收入。

借：应收账款      50 000

    贷：主营业务收入      50 000

（2）2×23年4月1日，收到E美术馆第一次支付的物业管理费。

借：银行存款      100 000

    贷：应收账款      50 000

        主营业务收入      50 000

### 13.2.2 预收收入的账项调整

预收收入是指本期已收款入账，但要待提供商品、劳务或财产物资的所有权或使用权转移后才能获得的收入。在计算本期收入时，应该将预收收入进行账项调整，记入"预收账款"这一负债性质的科目。待期末时，按照本期已提供商品或劳务的部分确认为本期已实现的收入后，再从"预收账款"科目转入有关收入科目。

【例13-3】预收收入的账项调整

2×22年10月30日，盛通运输公司与B公司签订一份为期一年的劳务合同，从2×22年11月1日起，盛通运输公司负责为B公司运送商品。B公司按合同规定于11月1日向盛通运输公司预付相当于前半年的运输劳务费60 000元，2×23年10月31日，合同期满，B公司支付其余50%的运输劳务费60 000元。盛通运输公司会计分录如下（不考虑增值税）。

（1）2×22年11月1日，收到预付运输费。

借：银行存款          60 000
  贷：预收账款          60 000

（2）2×22年12月31日，确认本年度实现的运输收入。

借：预收账款          20 000
  贷：主营业务收入        20 000

（3）2×23年10月31日，收到余下运输劳务费60 000元。

借：银行存款          60 000
  预收账款          40 000
  贷：主营业务收入       100 000

## 13.2.3　应计费用的账项调整

应计费用是指本期已发生但尚未支付款项的费用，具体是指企业在本期已耗用，或本期已受益的支出，理应归属为本期发生的费用。由于这些费用尚未支付，故在日常的账簿记录中尚未登记入账。按权责发生制的规定，凡属于本期的费用，不管其款项是否支付，都应作为本期费用处理。期末应将那些属于本期费用，而尚未支付的费用调整入账。

期末，将属于本期但尚未支付款项的费用调整入账时，一方面增加本期费用，借记有关费用科目；另一方面增加企业的负债，贷记"其他应付款"等科目。待以后实际支付时，再冲减企业的负债，借记"其他应付款"等科目，贷记"库存现金""银行存款"等科目。

【例13-4】管理费用的账项调整

A公司本月应承担的水电费为2 000元，费用尚未支付，未进行相关账务处理，现调整如下。

借：管理费用　　　　　　　　　　　　　　　　　　　　　　2 000

　　贷：其他应付款　　　　　　　　　　　　　　　　　　　　2 000

【例 13-5】销售费用的账项调整

2×22 年 1 月 4 日，A 公司与广天传媒服务公司签订一项服务合同，由广天传媒服务公司为其进行广告宣传，为期两年，A 公司到期一次性支付全部广告费 12 000 元。

A 公司的会计分录如下。

（1）2×22 年 12 月 31 日，确认本年度应负担的广告费。

借：销售费用　　　　　　　　　　　　　　　　　　　　　　6 000

　　贷：其他应付款　　　　　　　　　　　　　　　　　　　　6 000

（2）服务期满，实际支付全部广告费。

借：销售费用　　　　　　　　　　　　　　　　　　　　　　6 000

　　其他应付款　　　　　　　　　　　　　　　　　　　　　　6 000

　　贷：银行存款　　　　　　　　　　　　　　　　　　　　12 000

## 13.2.4　预付费用的账项调整

预付费用是指本期已付款入账，但应由本期和以后各期分别负担或全部由以后各期负担的费用，通常被称为长期待摊费用。在计算本期费用时，应该将预付费用进行调整。由于预付的各项支出不属于或不完全属于本期费用，就不能直接全部记入本期有关费用科目，而应先记入资产类"长期待摊费用"科目。

在发生预付费用时，应借记"长期待摊费用"等科目，贷记"银行存款"等科目；待效益实际发生时，再按受益情况计算应分摊的金额，借记相关费用科目，贷记"长期待摊费用"等科目。

【例 13-6】长期待摊费用的账项调整

A 公司对办公室进行了装修，共支付 36 000 元，预计使用期三年，第一年期末的会计分录如下。

借：管理费用　　　　　　　　　　　　　　　　　　　　　12 000

　　贷：长期待摊费用　　　　　　　　　　　　　　　　　　12 000

【例 13-7】预付账款的账项调整

南天公司为增设一处零售点签订了一份房屋租赁合同，租约的条款内容是：租期自 2×22 年 11 月 1 日起，为期一年，年租金 60 000 元，分两期支付，每期支付 50%，第一期租金于 2×22 年 11 月 1 日支付。南天公司会计分录如下。

（1）2×22 年 11 月 1 日，支付首期租金时。

借：预付账款——预付房租费       30 000

  贷：银行存款          30 000

（2）2×22年12月31日，结转应由当年分摊的租金。

借：销售费用           10 000

  贷：预付账款——预付房租费      10 000

第14章
# 会计政策变更调整

## 14.1　如何理解会计政策变更

### 14.1.1　会计政策概述

#### （一）会计政策的定义

会计政策是指企业在会计确认、计量和报告中所采用的原则、基础和会计处理方法。其中，原则是指按照企业会计准则规定的、适合企业会计核算的具体会计原则；基础是指为了将会计原则应用于交易或者事项而采用的基础，如计量基础（即计量属性），包括历史成本、重置成本、可变现净值、现值和公允价值等；会计处理方法是指企业在会计核算中按照法律、行政法规或者国家统一的会计制度等规定采用或者选择的、适合本企业的具体会计处理方法。

#### （二）会计政策的主要类型及披露

企业应当披露采用的重要会计政策，不具有重要性的会计政策可以不予披露。判断会计政策是否重要，应当考虑与会计政策相关的项目的性质和金额。企业应当披露的重要会计政策，如表 14-1 所示。

表 14-1　企业应当披露的会计政策

| 会计政策 | 解释 | 举例 |
|---|---|---|
| 发出存货成本的计量 | 是指企业确定发出存货成本所采用的会计处理方法 | 企业发出存货成本的计量是采用先进先出法，还是采用其他计量方法 |
| 长期股权投资的后续计量 | 是指企业取得长期股权投资后的会计处理方法 | 企业对被投资单位的长期股权投资是采用成本法核算，还是采用权益法核算 |
| 投资性房地产的后续计量 | 是指企业在资产负债表日对投资性房地产进行后续计量所采用的计量方法 | 企业对投资性房地产的后续计量是采用成本模式，还是采用公允价值模式 |
| 固定资产的初始计量 | 是指对取得的固定资产初始成本的计量方法 | 企业取得的固定资产初始成本是以购买价款为基础进行计量，还是以购买价款的现值为基础进行计量 |
| 生物资产的初始计量 | 是指对取得的生物资产初始成本的计量方法 | 企业为取得生物资产而产生的借款费用，是予以资本化，还是计入当期损益 |

| 会计政策 | 解释 | 举例 |
|---|---|---|
| 无形资产的确认 | 是指对无形资产项目的支出是否确认为无形资产 | 企业内部研究开发项目开发阶段的支出是确认为无形资产，还是在发生时计入当期损益 |
| 非货币性资产交换的计量 | 是指非货币性资产交换事项中对换入资产成本的计量方法 | 非货币性资产交换是以换出资产的公允价值作为确定换入资产成本的基础，还是以换出资产的账面价值作为确定换入资产成本的基础 |
| 收入的确认 | 是指收入确认所采用的会计原则 | 企业确认收入时要同时满足已将商品所有权上的主要风险和报酬转移给购货方、收入的金额能够可靠地计量、相关经济利益很可能流入企业等条件 |
| 合同收入与费用的确认 | 是指确认建造合同的收入和费用所采用的会计处理方法 | 企业确认建造合同的合同收入和合同费用采用完工百分比法 |
| 借款费用的处理 | 是指借款费用的会计处理方法 | 借款费用是资本化，还是费用化 |
| 合并政策 | 是指编制合并财务报表所采用的原则 | 母公司与子公司的会计年度不一致的处理原则、合并范围的确定原则等 |
| 其他重要会计政策 | | |

## 14.1.2　会计政策变更

### （一）会计政策变更的定义及条件

会计政策变更是指企业对相同的交易或者事项由原来采用的会计政策改用另一会计政策的行为。为保证会计信息的可比性，使财务报表使用者在比较企业一个以上期间的财务报表时，能够正确判断企业的财务状况、经营成果和现金流量的趋势，一般情况下，企业采用的会计政策，在每一会计期间和前后各期应当保持一致，不得随意变更；否则，势必会削弱会计信息的可比性。但是，这并非意味着会计政策一旦确定永远不能变更。根据我国具体会计准则的规定，在下述两种情形下，企业可以变更会计政策。

1. 法律、行政法规或者国家统一的会计制度等要求变更

这种情况是指法律、行政法规以及国家统一的会计制度，要求企业采用新的会计政策，则企业应当按照法律、行政法规以及国家统一的会计制度的规定改变原会计政策，按照新的会计政策执行。例如，《企业会计准则第 1 号——存货》对发出存货实际成本的计价排除了后进先出法，这就要求执行企业会计准则体系的企业按照新规定，将原来以后进先出法核算发出存货成本改为核定的其他发出存货成本计价方法。

### 2. 会计政策变更能够提供更可靠、更相关的会计信息

经济环境、客观情况的改变，使企业原采用的会计政策所提供的会计信息已不能恰当地反映企业的财务状况、经营成果和现金流量等情况。在这种情况下，应改变原有会计政策，按变更后新的会计政策进行会计处理，以便对外提供更可靠、更相关的会计信息。例如，企业一直采用成本模式对投资性房地产进行后续计量，如果企业能够从房地产交易市场上持续地取得同类或类似房地产的市场价格及其他相关信息，从而能够对投资性房地产的公允价值做出合理的估计，那么企业可以将投资性房地产的后续计量方法由成本模式变更为公允价值模式。

### （二）会计政策变更的累积影响

会计政策变更要解决的基本问题就是对同一交易或事项因前后年度采用不同的会计政策而产生的"会计政策变更的累积影响数"如何在账上进行记录，以及如何在财务报表中报告。会计政策变更的累积影响数是指按照变更后的会计政策对以前各期追溯计算的变更年度期初留存收益应有金额与现有金额之间的差额。

会计政策变更的累积影响数，是对变更会计政策所导致的对净损益的累积影响，以及由此导致的对利润分配及未分配利润的累积影响金额，不包括分配的利润或股利。

会计政策变更的累积影响数通常可以通过以下各步骤计算获得。

第一步，根据新的会计政策重新计算受影响的前期交易或事项。

第二步，计算两种会计政策下的差异。

第三步，计算差异的所得税影响金额。

第四步，确定前期中的每一期的税后差异。

第五步，计算会计政策变更的累积影响数。

### （三）会计政策变更的披露

企业应当在附注中披露与会计政策变更有关的下列信息。

（1）会计政策变更的性质、内容和原因，包括：对会计政策变更的简要阐述、变更的日期、变更前采用的会计政策和变更后所采用的新会计政策及会计政策变更的原因。

（2）当期和各个列报前期财务报表中受影响的项目名称和调整金额，包括：采用追溯调整法时，计算出的会计政策变更的累积影响数；当期和各个列报前期财务报表中需要调整的净损益及其影响金额，以及其他需要调整的项目名称和调整金额。

（3）无法进行追溯调整的，说明该事实和原因以及开始应用变更后的会计政策的时点、具体应用情况，包括无法进行追溯调整的事实；确定会计政策变更对列报前期影响数不切实可行的原因；在当期期初确定会计政策变更对以前各期累

积影响数不切实可行的原因；开始应用新会计政策的时点和具体应用情况。

需要注意的是，在以后期间的财务报表中，不需要重复披露在以前期间的附注中已披露的会计政策变更的信息。

# 14.2 如何处理会计政策变更

## 14.2.1 会计政策变更的处理方法

发生会计政策变更时，有两种会计处理方法，即追溯调整法和未来适用法，两种方法适用于不同情形。

### （一）追溯调整法

追溯调整法是指对某项交易或事项变更会计政策，视同该项交易或事项初次发生时即采用变更后的会计政策，并以此对财务报表相关项目进行调整的方法。采用追溯调整法时，对于比较财务报表期间的会计政策变更，应调整各期间净损益各项目和财务报表其他相关项目，视同该政策在比较财务报表期间一直采用。对于比较财务报表可比期间以前的会计政策变更的累积影响数，应调整比较财务报表最早期间的期初留存收益，财务报表其他相关项目的数字也应一并调整。

追溯调整法通常由以下步骤构成。

第一步，计算会计政策变更的累积影响数。

第二步，编制相关项目的调整分录。

第三步，调整列报前期最早期初财务报表相关项目及其金额。

第四步，附注说明。

【例 14-1】追溯调整法处理实例

华能公司成立于 2×21 年 3 月 1 日，其在 2×22 年 12 月 31 日前对坏账采用直接转销法核算，从 2×23 年 1 月 1 日起改按备抵法核算，按应收账款余额的 5% 计提坏账准备。该公司在 2×21 年未发生坏账，2×21 年 12 月 31 日应收账款余额为 400 000 元；2×22 年发生坏账 20 000 元，2×22 年 12 月 31 日应收账款余额为 1 000 000 元。该公司为增值税一般纳税人，适用增值税税率为 13%；所得税核算采用应付税款法，所得税税率为 25%；按净利润的 10% 提取法定盈余公积，按照净利润的 5% 提取任意盈余公积。

1.会计政策变更累积影响数计算

具体计算结果见表 14-2。

表 14-2　会计政策变更累积影响数计算

单位：元

| 时间 | 直接转销法核算管理费用 | 备抵法核算管理费用 | 税前差异 | 所得税影响 | 税后差异 |
|---|---|---|---|---|---|
| 2×21 年 | 0 | 20 000 | −20 000 | 0 | −20 000 |
| 2×22 年 | 20 000 | 50 000 | −30 000 | 0 | −30 000 |
| 合计 | 20 000 | 70 000 | −50 000 | 0 | −50 000 |

2.编制有关项目的调整分录

（1）对 2×21 年有关事项的调整分录。

①调整会计政策变更累积影响数的账务处理如下。

借：利润分配——未分配利润　　　　　　　　　　　20 000

　　贷：坏账准备　　　　　　　　　　　　　　　　　　20 000

②调整利润分配的账务处理如下。

按照净利润的 10% 提取法定盈余公积，按照净利润的 5% 提取任意盈余公积，共计提取盈余公积 3 000 元（20 000×15%）。

借：盈余公积　　　　　　　　　　　　　　　　　　3 000

　　贷：利润分配——未分配利润　　　　　　　　　　　3 000

（2）对 2×22 年有关事项的调整分录。

①调整会计政策变更累积影响数的账务处理如下。

借：利润分配——未分配利润　　　　　　　　　　　30 000

　　贷：坏账准备　　　　　　　　　　　　　　　　　　30 000

②调整利润分配的账务处理如下。

按照净利润的 10% 提取法定盈余公积，按照净利润的 5% 提取任意盈余公积，共计提取盈余公积 4 500 元（30 000×15%）。

借：盈余公积　　　　　　　　　　　　　　　　　　4 500

　　贷：利润分配——未分配利润　　　　　　　　　　　4 500

3.财务报表调整和重述

华能公司在列报 2×23 年财务报表时，应调整 2×23 年资产负债表有关项目的年初余额和利润表有关项目的上年金额。

（1）资产负债表年初余额的调整。

坏账准备调增 50 000 元；未分配利润调减 42 500 元；盈余公积调减 7 500 元。

（2）利润表有关项目的上年金额的调整。

管理费用调增 30 000 元。

### （二）未来适用法

未来适用法是指将变更后的会计政策应用于变更日及以后发生的交易或者事项，或者在会计估计变更当期和未来期间确认会计估计变更影响数的方法。

在未来适用法下，不需要计算会计政策变更产生的累积影响数，也无须重编以前年度的财务报表。企业的会计账簿记录及财务报表上反映的金额，变更之日仍保留原有的金额，不因会计政策变更而改变以前年度的既定结果，并在现有金额的基础上再按新的会计政策进行核算。

### （三）会计政策变更会计处理方法的选择

对于会计政策变更，企业应当根据如下具体情况，分别采用不同的会计处理方法。

（1）法律、行政法规或者国家统一的会计制度等要求变更的情况下，企业应当分别对以下情况进行处理。

①国家发布相关的会计处理规定，则按照国家发布的相关会计处理规定进行处理。

②国家没有发布相关的会计处理规定，则采用追溯调整法进行会计处理。

（2）会计政策变更能够提供更可靠、更相关的会计信息的情况下，企业应当采用追溯调整法进行会计处理，将会计政策变更累积影响数调整列报前期最早期初留存收益，其他相关项目的期初余额和列报前期披露的其他比较数据也应当一并调整。

（3）确定会计政策变更对列报前期影响数不切实可行的，应当从可追溯调整的最早期间期初开始应用变更后的会计政策；在当期期初确定会计政策变更对以前各期累积影响数不切实可行的，应当采用未来适用法处理。

不切实可行是指企业在采取所有合理的方法后，仍然不能获得采用某项规定所必需的相关信息，而导致无法采用该项规定，则该项规定在此时是不切实可行的。

对于以下特定前期，对某项会计政策变更应用追溯调整法，或对某项重要的前期差错更正采用追溯重述法是不切实可行的。

①应用追溯调整法或追溯重述法的累积影响数不能确定。

②应用追溯调整法或追溯重述法要求对管理层在该期当时的意图做出假定。

③应用追溯调整法或追溯重述法要求对有关金额进行重大估计，并且不可能将提供有关交易发生时存在状况的证据（例如，有关金额确认、计量或披露日期存在事实的证据，以及在受变更影响的当期和未来期间确认会计估计变更的影响的证据）和该期间财务报表批准报出时能够取得的信息这两类信息与其他信息客观地加以区分。

在某些情况下，调整一个或者多个前期比较信息以获得与当期会计信息的可比性是不切实可行的。例如,企业因账簿、凭证超过法定保存期限而销毁,或因不可抗力而毁坏、遗失,如火灾、水灾等,或因人为因素,如盗窃、故意毁坏等,可能使当期期初确定会计政策变更对以前各期累积影响数无法计算,即不切实可行。此时,会计政策变更应当采用未来适用法进行处理。

对根据某项交易或者事项确认、披露的财务报表项目应用会计政策时常常需要进行估计。本质上,估计是主观行为,而且可能在资产负债表日后才做出。当追溯调整会计政策变更或者追溯重述前期差错更正时,要做出切实可行的估计更加困难,因为有关交易或者事项已经发生较长一段时间,要获得做出切实可行的估计所需要的相关信息往往比较困难。

当在前期采用一项新会计政策或者更正前期金额时,不论是对管理层在某个前期的意图做出假定,还是估计在前期确认、计量或者披露的金额,都不应当使用"后见之明"。

## 14.2.2 会计政策变更调整举例

【例 14-2】会计政策变更的调账举例(1)

甲公司 2×20 年、2×21 年分别以 4 500 000 元和 1 100 000 元的价格从股票市场购入 A、B 两只以交易为目的的股票(假设不考虑购入股票发生的交易费用),市价一直高于购入成本。甲公司采用成本与市价孰低法对购入股票进行计量。甲公司从 2×22 年起对其以交易为目的购入的股票由成本与市价孰低法改为公允价值计量。甲公司保存的会计资料比较齐备,可以通过会计资料追溯计算。假设所得税税率为 25%,甲公司按净利润的 10% 提取法定盈余公积,按净利润的 5% 提取任意盈余公积。甲公司发行普通股 4 500 万股,未发行任何稀释性潜在普通股。两种方法计量的交易性金融资产账面价值如表 14-3 所示。

表 14-3 两种方法计量的交易性金融资产账面价值

单位:元

| 股票 | 成本与市价孰低法 | 2×20 年末公允价值 | 2×21 年末公允价值 |
|---|---|---|---|
| A 股票 | 4 500 000 | 5 100 000 | 5 100 000 |
| B 股票 | 1 100 000 | | 1 300 000 |

根据上述资料,甲公司的会计处理如下。

1. 计算改变交易性金融资产计量方法后的累积影响数(见表 14-4)

### 表 14-4　改变交易性金融资产计量方法后的累积影响数

单位：元

| 时间 | 公允价值 | 成本与市价孰低法 | 税前差异 | 所得税影响 | 税后差异 |
|---|---|---|---|---|---|
| 2×20 年末 | 5 100 000 | 4 500 000 | 600 000 | 150 000 | 450 000 |
| 2×21 年末 | 1 300 000 | 1 100 000 | 200 000 | 50 000 | 150 000 |
| 合计 | 6 400 000 | 5 600 000 | 800 000 | 200 000 | 600 000 |

甲公司 2×22 年 12 月 31 日的比较财务报表列报前期最早期初为 2×21 年 1 月 1 日。

甲公司在 2×20 年末按公允价值计量的账面价值为 5 100 000 元，按成本与市价孰低法计量的账面价值为 4 500 000 元，两者的所得税影响为 150 000 元，两者差异的税后净影响额为 450 000 元，即为该公司 2×21 年期初由成本与市价孰低法改为公允价值计量的累积影响数。

甲公司在 2×21 年末按公允价值计量的账面价值为 6 400 000 元，按成本与市价孰低法计量的账面价值为 5 600 000 元，两者的所得税影响为 200 000 元，两者差异的税后净影响额为 600 000 元。其中，450 000 元是调整 2×21 年累积影响数，150 000 元是调整 2×21 年当期金额。

甲公司按照公允价值重新计量 2×21 年末 B 股票账面价值，其结果为公允价值变动收益少计了 200 000 元，所得税费用少计了 50 000 元，净利润少计了 150 000 元。

2.编制有关项目的调整分录

（1）对 2×20 年有关事项的调整分录。

①调整会计政策变更累积影响数的会计分录如下。

借：交易性金融资产——公允价值变动　　　　　　　　　　600 000
　　贷：利润分配——未分配利润　　　　　　　　　　　　　450 000
　　　　递延所得税负债　　　　　　　　　　　　　　　　　150 000

②调整利润分配：按照净利润的 10% 提取法定盈余公积，按照净利润的 5% 提取任意盈余公积，共计提取盈余公积 67 500 元（450 000×15%）。

借：利润分配——未分配利润　　　　　　　　　　　　　　67 500
　　贷：盈余公积　　　　　　　　　　　　　　　　　　　　67 500

（2）对 2×21 年有关事项的调整分录。

①调整交易性金融资产的会计分录如下。

借：交易性金融资产——公允价值变动　　　　　　　　　　200 000
　　贷：利润分配——未分配利润　　　　　　　　　　　　　150 000
　　　　递延所得税负债　　　　　　　　　　　　　　　　　50 000

②调整利润分配：按照净利润的 10% 提取法定盈余公积，按照净利润的 5% 提取任意盈余公积，共计提取盈余公积 22 500 元（150 000×15%）。

借：利润分配——未分配利润　　　　　　　　　　　　22 500

　　贷：盈余公积　　　　　　　　　　　　　　　　　　　　22 500

3.财务报表调整和重述

甲公司在列报 2×22 年财务报表时，应调整 2×22 年资产负债表有关项目的年初余额、利润表有关项目的上年金额及所有者权益变动表有关项目的上年金额和本年金额。

①资产负债表项目的调整：调增交易性金融资产年初余额 800 000 元；调增递延所得税负债年初余额 200 000 元；调增盈余公积年初余额 90 000 元；调增未分配利润年初余额 510 000 元。

②利润表项目的调整：调增公允价值变动收益上年金额 200 000 元；调增所得税费用上年金额 50 000 元；调增净利润上年金额 150 000 元；调增基本每股收益上年金额 0.003 3 元。

③所有者权益变动表项目的调整：调增盈余公积上年初金额 67 500 元，未分配利润上年初金额 382 500 元，所有者权益合计上年初金额 450 000 元；调增盈余公积上年金额 22 500 元，未分配利润上年金额 127 500 元，所有者权益合计上年金额 150 000 元。

【例 14-3】会计政策变更的调账举例（2）

甲公司为上市公司，该公司适用的所得税税率为 25%，按照净利润的 10% 和 5% 计提法定盈余公积和任意盈余公积。由于会计法规要求，甲公司从 2×22 年 1 月 1 日起，对其部分会计政策做了如下修改。

（1）自 2×19 年 12 月 23 日开始使用的某项固定资产原按直线法计提折旧，改按双倍余额递减法计提折旧。该资产的原价为 70 000 000 元，预计使用年限 10 年（与税法规定的折旧年限相同，不考虑净残值）。按税法规定，该固定资产按直线法计提的折旧可以在应纳税所得额中扣除。

（2）甲公司自 2×22 年起开始计提长期股权投资减值准备。2×20 年末和 2×21 年末，甲公司对乙公司投资估计可收回金额分别为 50 000 000 元和 60 000 000 元。2×21 年末甲公司对乙公司投资的账面余额为 20 000 000 元，预计 2×21 年末该项投资可收回金额为 15 000 000 元。按照税法规定，长期股权投资计提的减值准备不允许应纳税所得额扣除（在本例中，此项差异假定做永久性差异处理）。

分析如下。

（1）会计政策变更累积影响数计算（分别见表 14-5 和表 14-6）。

表14-5 折旧政策变更的累积影响数计算

单位：元

| 年度 | 直线法 | 双倍余额递减法 | 税前差异 | 所得税影响 | 税后差异 |
|---|---|---|---|---|---|
| 2×20 | 7 000 000 | 14 000 000 | -7 000 000 | -1 750 000 | -5 250 000 |
| 2×21 | 7 000 000 | 11 200 000 | -4 200 000 | -1 050 000 | -3 150 000 |
| 合计 | 14 000 000 | 25 200 000 | -11 200 000 | -2 800 000 | -8 400 000 |

表14-6 成本法变为权益法的累积影响数计算

单位：元

| 年度 | 未计提减值准备 | 计提减值准备 | 税前差异 | 所得税影响 | 税后差异 |
|---|---|---|---|---|---|
| 2×20 | 0 | 0 | 0 | 0 | 0 |
| 2×21 | 0 | 5 000 000 | -5 000 000 | 0 | -5 000 000 |
| 合计 | 0 | 5 000 000 | -5 000 000 | 0 | -5 000 000 |

（2）会计政策变更的调整会计分录。

①折旧政策变更的相关调整会计分录如下。

借：利润分配——未分配利润    8 400 000

    递延所得税资产    2 800 000

    贷：累计折旧    11 200 000

借：盈余公积    （8 400 000×15%）1 260 000

    贷：利润分配——未分配利润    1 260 000

②长期股权投资计提减值准备的相关调整会计分录如下。

借：利润分配——未分配利润    5 000 000

    贷：长期股权投资减值准备——乙公司    5 000 000

借：盈余公积    （5 000 000×15%）750 000

    贷：利润分配——未分配利润    750 000

【例14-4】会计政策变更的调账举例（3）

乙公司原对发出存货采用后进先出法，由于采用新准则，按其规定，公司从2×21年1月1日起改用先进先出法。2×21年1月1日存货的价值为2 500 000元，公司当年购入存货的实际成本为18 000 000元；2×21年12月31日按先进先出法计算确定的存货价值为4 500 000元，当年销售额为25 000 000元。假设该年度其他费用为1 200 000元，所得税税率为25%。2×21年12月31日，按后进先出法计算的存货价值为2 200 000元。

乙公司由于法律环境变化而改变会计政策，假定对其采用未来适用法进行处理，即对存货采用先进先出法从 2×21 年及以后才适用，不需要计算 2×21 年 1 月 1 日以前按先进先出法计算存货应有的余额以及对留存收益的影响金额。

计算确定会计政策变更对当期净利润的影响数，如表 14-7 所示。

**表 14-7 当期净利润的影响数计算**

单位：元

| 项目 | 先进先出法 | 后进先出法 |
|---|---|---|
| 营业收入 | 25 000 000 | 25 000 000 |
| 减：营业成本 | 16 000 000 | 18 300 000 |
| 减：其他费用 | 1 200 000 | 1 200 000 |
| 利润总额 | 7 800 000 | 5 500 000 |
| 减：所得税 | 1 950 000 | 1 375 000 |
| 净利润 | 5 850 000 | 4 125 000 |
| 差额 | 1 725 000 | |

乙公司会计政策变更使当期净利润增加了 1 725 000 元。其中，采用先进先出法的销售成本为：期初存货＋购入存货实际成本－期末存货 =2 500 000+18 000 000－4 500 000=16 000 000（元）；采用后进先出法的销售成本为：期初存货＋购入存货实际成本－期末存货 =2 500 000 +18 000 000－2 200 000 =18 300 000（元）。

# 第 15 章
# 会计估计变更调整

## 15.1 怎样理解会计估计变更

### 15.1.1 会计估计概述

#### （一）会计估计的定义及特点

会计估计是指企业对结果不确定的交易或者事项以最近可利用的信息为基础所做的判断。会计估计具有如下特点。

（1）会计估计的存在是由于经济活动中存在不确定性因素。在会计核算中，企业总是力求保持会计核算的准确性，但有些经济业务本身具有不确定性，例如坏账、固定资产折旧年限、固定资产残余价值、无形资产摊销年限等，因而需要根据经验做出估计。可以说，在进行会计核算和相关信息披露的过程中，会计估计是不可避免的。

（2）进行会计估计时，往往以最近可利用的信息或资料为基础。企业在会计核算中，由于经营活动中内在的不确定性，不得不经常进行估计。一些估计的主要目的是确定资产或负债的账面价值，例如，坏账准备、担保责任引起的负债；另一些估计的主要目的是确定将在某一期间记录的收益或费用的金额，例如，某一期间的折旧、摊销金额。企业通常应根据当时的情况和经验，以一定的信息或资料为基础进行会计估计。但是，随着时间的推移、环境的变化，进行会计估计的基础可能会发生变化，因此，进行会计估计所依据的信息或者资料不得不经常发生变化。由于最新的信息是最接近目标的信息，以其为基础所做的估计最接近实际，所以进行会计估计时，应以最近可利用的信息或资料为基础。

（3）进行会计估计并不会削弱会计确认和计量的可靠性。企业为了定期、及时地提供有用的会计信息，将延续不断的经营活动人为划分为一定的期间，并在权责发生制的基础上对企业的财务状况和经营成果进行定期确认和计量。例如，在会计分期的情况下，许多企业的交易跨越若干会计年度，以至于需要在一定程度上作出决定：某一年度发生的开支，哪些可以合理地预期能够产生其他年度以收益形式表示的利益，从而全部或部分向后递延；哪些可以合理地预期在当期能够得到补偿，从而确认为费用。由于会计分期和货币计量的前提，所以在确认和计量过程中，不得不对许多尚在延续中、其结果尚未确定的交易或事项予以估计入账。

**（二）重要会计估计**

企业应当披露重要的会计估计，不具有重要性的会计估计可以不披露。判断会计估计是否重要，应当考虑与会计估计相关项目的性质和金额。企业应当披露的重要会计估计如下。

（1）存货可变现净值的确定。

（2）采用公允价值模式计量的投资性房地产公允价值的确定。

（3）固定资产的预计使用寿命与净残值，固定资产的折旧方法。

（4）生物资产的预计使用寿命与净残值，各类生产性生物资产的折旧方法。

（5）使用寿命有限的无形资产的预计使用寿命与净残值。

（6）资产组可收回金额按照资产组的公允价值减去处置费用后的净额确定的，确定公允价值减去处置费用后的净额的方法。资产组可收回金额按照资产组预计未来现金流量的现值确定的，预计未来现金流量的确定。

（7）合同完工进度的确定。

（8）权益工具公允价值的确定。

（9）债务人债务重组中转让的非现金资产的公允价值、由债务转成的股份的公允价值和修改其他债务条件后债务的公允价值的确定；债权人债务重组中受让的非现金资产的公允价值、由债权转成的股份的公允价值和修改其他债务条件后债权的公允价值的确定。

（10）预计负债初始计量的最佳估计数的确定。

（11）金融资产公允价值的确定。

（12）承租人对未确认融资费用的分摊，出租人对未实现融资收益的分配。

（13）探明矿区权益、矿井及相关设施的折旧方法，与油气开采活动相关的辅助设备及设施的折旧方法。

（14）非同一控制下企业合并，合并成本的确定。

（15）其他重要会计估计。

## 15.1.2　会计估计变更

**（一）会计估计变更的定义及类型**

会计估计变更是指资产和负债的当前状况及预期经济利益和义务发生了变化，从而对资产或负债的账面价值或者资产的定期消耗金额进行的调整。

由于企业经营活动中内在的不确定因素，所以许多财务报表项目不能准确地计量，只能进行估计，且估计过程涉及以最近可以得到的信息为基础所做的判断。但是，估计毕竟是就现有资料对未来所做的判断，随着时间的推移，如果赖以进行估计的基础发生变化，或者由于取得了新的信息、积累了更多的经验或后来的发展可能不得不对估计进行修正。会计估计变更的依据应当真实、可靠。会计估计变更的情形如下。

（1）赖以进行估计的基础发生了变化。企业进行会计估计，总是依赖于一定的基础。如果其所依赖的基础发生了变化，则会计估计也应相应发生变化。例如，企业的某项无形资产摊销年限原定为 10 年，以后发生的情况表明，该资产的受益年限已不足 10 年，相应调减摊销年限。

（2）取得了新的信息、积累了更多的经验。企业进行会计估计是就现有资料对未来所做的判断，随着时间的推移，企业有可能取得新的信息、积累更多的经验。在这种情况下，企业可能不得不对会计估计进行修订，即发生会计估计变更。例如，企业原根据当时能够得到的信息，对应收账款每年按其余额的 5% 计提坏账准备。现在掌握了新的信息，判定不能收回的应收账款比例已达到 15%，企业改按 15%的比例计提坏账准备。

会计估计变更并不意味着以前期间会计估计是错误的，只是情况发生了变化，或者掌握了新的信息、积累了更多的经验，使得变更会计估计能够更好地反映企业的财务状况和经营成果。如果以前期间的会计估计是错误的，则属于前期差错，按前期差错更正的会计处理办法进行处理。

**（二）会计估计变更的影响**

企业对会计估计变更应当采用未来适用法处理，即在会计估计变更当期及以后期间，采用新的会计估计，不改变以前期间的会计估计，也不调整以前期间的报告结果。会计估计变更的影响如下。

（1）会计估计变更仅影响变更当期，其影响数应当在变更当期予以确认。例如，企业原按应收账款余额的 5% 提取坏账准备，由于企业不能收回应收账款的比例已达到 10%，则企业改按应收账款余额的 10% 提取坏账准备。这类会计估计的变更，只影响变更当期，因此应于变更当期确认。

（2）既影响变更当期又影响未来期间的，其影响数应当在变更当期和未来期间予以确认。例如，企业的某项可计提折旧的固定资产，其有效使用年限或预计净残值的估计发生的变更，常常影响变更当期及资产以后使用年限内各个期间的折旧费用。这类会计估计的变更，应于变更当期及以后各期确认。

会计估计变更的影响数应记入变更当期与前期相同的项目中。为了保证不同期间的财务报表具有可比性，如果以前期间的会计估计变更的影响数计入企业日常经营活动损益，则以后期间也应计入日常经营活动损益；如果以前期间的会计估计变更的影响数记入特殊项目，则以后期间也应记入特殊项目。

（3）企业应当正确划分会计政策变更和会计估计变更，并按不同的方法进行相关会计处理。企业通过判断会计政策变更和会计估计变更划分基础仍然难以对某项变更进行区分的，应当将其作为会计估计变更处理。

### （三）会计估计变更的披露

企业应当在附注中披露与会计估计变更有关的下列信息。

（1）会计估计变更的内容和原因，包括变更的内容、变更日期以及要对会计估计进行变更的原因。

（2）会计估计变更对当期和未来期间的影响数，包括会计估计变更对当期和未来期间损益的影响金额，以及对其他各项目的影响金额。

（3）会计估计变更的影响数不能确定的，应披露这一事实和原因。

## 15.1.3　区分会计估计变更与会计政策变更

企业应当正确划分会计政策变更与会计估计变更，并按照不同的方法进行相关会计处理。企业应当以变更事项的会计确认、计量基础和列报项目是否发生变更作为判断该变更是会计政策变更还是会计估计变更的基础。

### （一）以会计确认是否发生变更作为判断基础

《企业会计准则——基本准则》规定了资产、负债、所有者权益、收入、费用和利润六项会计要素的确认标准。一般地，对会计确认的指定或选择是会计政策，其相应的变更是会计政策变更。会计确认的变更一般会引起列报项目的变更。例如，企业在前期将某项内部研究开发项目开发阶段的支出计入当期损益，而当期按照《企业会计准则第 6 号——无形资产》的规定，该项支出符合无形资产的确认条件，应当确认为无形资产。该事项的会计确认发生变更，即前期将研发费用确认为一项费用，而当期将其确认为一项资产。该事项中会计确认发生了变化，所以该变更是会计政策变更。

### （二）以计量基础是否发生变更作为判断基础

《企业会计准则——基本准则》规定了历史成本、重置成本、可变现净值、现值和公允价值五项会计计量属性。一般地，对计量基础的指定或选择是会计政策，其相应的变更是会计政策变更。例如，企业在前期对购入的价款超过正常信用条件延期支付的固定资产初始计量采用历史成本，而当期按照《企业会计准则第 4 号——固定资产》的规定，该类固定资产的初始成本应以购买价款的现值为基础确定。该事项的计量基础发生了变化，所以该变更是会计政策变更。

### （三）以列报项目是否发生变更作为判断基础

《企业会计准则第 30 号——财务报表列报》规定了财务报表项目应采用的列

报原则。一般地，对列报项目的指定或选择是会计政策，其相应的变更是会计政策变更。例如，某商业企业在前期将商品采购费用列入销售费用，当期根据《企业会计准则第 1 号——存货》的规定，将采购费用列入存货成本。因为列报项目发生了变化，所以该变更是会计政策变更。

根据会计确认、计量基础和列报项目所选择的、为取得与资产负债表项目有关的金额或数值（如预计使用寿命、净残值等）所采用的处理方法，不是会计政策，而是会计估计，其相应的变更是会计估计变更。例如，企业需要对某项资产采用公允价值进行计量，而公允价值的确定需要根据市场情况选择不同的处理方法。相应地，当企业面对的市场情况发生变化时，其采用的确定公允价值的方法变更是会计估计变更，不是会计政策变更。

企业可以采用以下具体方法划分会计政策变更与会计估计变更：分析并判断该事项是否涉及会计确认、计量基础选择或列报项目的变更，当至少涉及上述一项划分基础变更时，该事项是会计政策变更；不涉及上述划分基础变更时，该事项可以判断为会计估计变更。例如，企业在前期将与构建固定资产相关的一般借款利息计入当期损益，当期根据会计准则的规定，将其予以资本化，企业因此将对该事项进行变更。该事项的计量基础未发生变更，即都是以历史成本作为计量基础的；该事项的会计确认发生变更，即前期将借款费用确认为一项费用，而当期将其确认为一项资产；同时，会计确认的变更导致该事项在资产负债表和利润表相关项目的列报也发生变更。该事项涉及会计确认和列报的变更，所以属于会计政策变更。又如，企业原采用双倍余额递减法计提固定资产折旧，根据固定资产使用的实际情况，企业决定改用直线法计提固定资产折旧。该事项前后采用的两种计提折旧的方法都以历史成本作为计量基础，对该事项的会计确认和列报项目也未发生变更，只是固定资产折旧、固定资产净值等相关金额发生了变化。因此，该事项属于会计估计变更。

## 15.2  如何处理会计估计变更

### 15.2.1  会计估计变更的会计处理

企业对会计估计变更应当采用未来适用法处理，即在会计估计变更当期及以后期间，采用新的会计估计，不改变以前期间的会计估计，也不调整以前期间的报告结果。企业会计估计变更的会计处理如下。

（1）会计估计变更仅影响变更当期的，其影响数应当在变更当期予以确认。例如，企业原按应收账款余额的 5% 提取坏账准备，由于企业不能收回应收账款的比例已达 10%，则企业改按应收账款余额的 10% 提取坏账准备。这类会计估计的变更，只影响变更当期。因此，应于变更当期确认。

（2）既影响变更当期又影响未来期间的，其影响数应当在变更当期和未来期间予以确认。例如，企业的某项可计提折旧的固定资产，其有效使用年限或预计净残值的估计发生的变更，常常影响变更当期及资产以后使用年限内各个期间的折旧费用。这类会计估计的变更，应于变更当期及以后各期确认。

会计估计变更的影响数应计入变更当期与前期相同的项目中。为了保证不同期间的财务报表具有可比性，如果以前期间的会计估计变更的影响数计入了企业的日常经营活动损益，则以后期间也应计入日常经营活动损益；如果以前期间的会计估计变更的影响数计入了特殊项目，则以后期间也应计入特殊项目。

（3）企业应当正确划分会计政策变更和会计估计变更，并按不同的方法进行相关会计处理。企业通过判断会计政策变更和会计估计变更划分基础仍然难以对某项变更进行区分的，应当将其作为会计估计变更处理。

## 15.2.2　会计估计变更调整举例

【例 15-1】会计估计变更调整举例

华兴公司于 2×19 年 1 月 1 日购入一台设备，其原始价值为 43 000 元，估计使用年限为 8 年，预计净残值为 3 000 元，按直线法计提折旧。至 2×22 年初由于技术进步等原因，需要对原估计的使用年限和净残值做出修订。修订后的设备使用年限为 6 年，预计净残值为 1 000 元，采用未来适用法进行处理。

按照原估计，每年折旧额为 5 000 元 [（43 000-3 000）÷8]，已计提折旧 3 年，共计 15 000 元，该设备账面净值为 28 000 元，则 2×22 年相关科目的期初余额如表 15-1 所示。

**表 15-1　固定资产期初余额**

单位：元

| 项目 | 期初余额 |
| --- | --- |
| 固定资产 | 43 000 |
| 减：累计折旧 | 15 000 |
| 固定资产净值 | 28 000 |

华兴公司改变估计使用年限和净残值之后，2×22 年起每年计提的折旧费用为 9 000 元 [（28 000-1 000）÷（6-3）]，2×22 年不需要对以前年度已计提的折旧进行调整，只需按重新预计的使用年限和净残值计算确定当年的折旧费用。

编制会计分录如下。

借：管理费用             9 000

  贷：累计折旧            9 000

该会计估计的变更会影响本年度的净利润，使净利润减少了 3 000 元 [（9 000－5 000）×（1－25%）]。

## 16.1　怎样理解资产负债表日后事项

### 16.1.1　资产负债表日后事项的定义

资产负债表日后事项是指资产负债表日至财务报告批准报出日之间发生的有利或不利事项。理解这一定义，需要注意以下方面。

**（一）资产负债表日**

资产负债表日是指会计年度末和会计中期期末。中期是指短于一个完整的会计年度的报告期间，包括半年度、季度和月度。按照《会计法》的规定，我国会计年度采用公历年度，即 1 月 1 日至 12 月 31 日。因此，年度资产负债表日是指每年的 12 月 31 日。中期资产负债表日是指各会计中期期末。例如，提供第一季度财务报告时，资产负债表日是该年度的 3 月 31 日；提供半年度财务报告时，资产负债表日是该年度的 6 月 30 日。

**（二）财务报告批准报出日**

财务报告批准报出日是指董事会或类似机构批准财务报告报出的日期，通常是指对财务报告的内容负有法律责任的单位或个人批准财务报告对外公布的日期。

财务报告的批准者包括所有者、所有者中的多数、董事会或类似的管理单位、部门和个人。根据《中华人民共和国公司法》的规定，董事会有权制订公司的年度财务预算方案、决算方案、利润分配方案和弥补亏损方案。因此，公司制企业的财务报告批准报出日是指董事会批准财务报告报出的日期。对于非公司制企业，财务报告批准报出日是指经理（厂长）会议或类似机构批准财务报告报出的日期。

**（三）有利事项和不利事项**

资产负债表日后事项包括有利事项和不利事项。"有利事项或不利事项"是指资产负债表日后对企业财务状况和经营成果具有一定影响（既包括有利影响，也包括不利影响）的事项。如果某些事项的发生对企业并无任何影响，那么，这些事项既不是有利事项，也不是不利事项，也就不属于这里所说的资产负债表日后事项。

## 16.1.2　资产负债表日后事项涵盖的期间

资产负债表日后事项涵盖的期间是自资产负债表日次日起至财务报告批准报出日止的一段时间。对上市公司而言，这一期间涉及几个日期，包括完成财务报告编制日、注册会计师出具审计报告日、董事会批准财务报告可以对外公布日、实际对外公布日等。具体而言，资产负债表日后事项涵盖的期间如下。

（1）报告期间的下一期间的第一天至董事会或类似机构批准财务报告对外公布的日期。

（2）财务报告批准报出以后、实际报出之前又发生与资产负债表日后事项有关的事项，并由此影响财务报告对外公布日期的，应以董事会或类似机构再次批准财务报告对外公布的日期为截止日期。

【例16-1】资产负债表日后事项涵盖期间的判断

某上市公司2×22年度财务报告于2×23年2月20日编制完成，注册会计师完成年度财务报表审计工作并签署审计报告的日期为2×23年4月17日，董事会批准财务报告对外公布的日期为2×23年4月17日，财务报告实际对外公布的日期为2×23年4月23日，股东大会召开日期为2×23年5月10日。

根据资产负债表日后事项涵盖期间的规定，本例中，该公司2×22年年报资产负债表日后事项涵盖的期间为2×23年1月1日至2×23年4月17日。如果在4月17日至23日之间发生了重大事项，需要调整财务报表相关项目的数字或需要在财务报表附注中披露，经调整或说明后的财务报告再经董事会批准报出的日期为2×23年4月25日，实际报出的日期为2×23年4月30日，则资产负债表日后事项涵盖的期间为2×23年1月1日至2×23年4月25日。

## 16.1.3　资产负债表日后事项的内容

资产负债表日后事项包括资产负债表日后调整事项（以下简称调整事项）和资产负债表日后非调整事项（以下简称非调整事项）。

### （一）调整事项

调整事项是指对资产负债表日已经存在的情况提供了新的或进一步证据的事项。

如果资产负债表日及所属会计期间已经存在某种情况，但当时并不知道其存在或者不能知道确切结果，资产负债表日后发生的事项能够证实该情况的存在或者确切结果，则该事项属于调整事项。如果资产负债表日后事项对资产负债表日的情况提供了进一步的证据，证据表明的情况与原来的估计和判断不完全一致，则需要对原来的会计处理进行调整。

企业发生的调整事项，通常包括下列各项。

（1）资产负债表日后诉讼案件结案，法院判决证实了企业在资产负债表日已经存在现时义务，需要调整原先确认的与该诉讼案件相关的预计负债，或确认一项新负债。

（2）资产负债表日后取得确凿证据，表明某项资产在资产负债表日发生了减值或者需要调整该项资产原先确认的减值金额。

（3）资产负债表日后进一步确定了资产负债表日前购入资产的成本或售出资产的收入。

（4）资产负债表日后发现了财务报表舞弊或差错。

**【例 16-2】**资产负债表日后调整事项

甲公司因产品质量问题被消费者起诉。2×22 年 12 月 31 日法院尚未判决，考虑到消费者胜诉要求甲公司赔偿的可能性较大，甲公司为此确认了 500 万元的预计负债。2×23 年 2 月 20 日，在甲公司 2×22 年度财务报告对外报出之前，法院判决消费者胜诉，要求甲公司支付赔偿款 700 万元。

本例中，甲公司在 2×22 年 12 月 31 日结账时已经知道消费者胜诉的可能性较大，但不能知道法院判决的确切结果，因此，确认了 500 万元的预计负债。2×23 年 2 月 20 日法院判决结果为甲公司预计负债的存在提供了进一步的证据。此时，按照 2×22 年 12 月 31 日存在状况编制的财务报表所提供的信息已不能真实反映甲公司的实际情况，应据此对财务报表相关项目的数字进行调整。

### （二）非调整事项

非调整事项是指表明资产负债表日后发生的情况和事项，其发生不影响资产负债表日企业的财务报表数字，只说明资产负债表日后发生了某些情况。对于财务报告使用者而言，非调整事项说明的情况有的重要，有的不重要。其中，重要的非调整事项虽然不影响资产负债表日的财务报表数字，但可能影响资产负债表日以后的财务状况和经营成果，不加以说明将会影响财务报告使用者做出正确估计和决策。因此，非调整事项需要适当披露。企业发生的非调整事项通常包括：资产负债表日后发生重大诉讼、仲裁、承诺；资产负债表日后资产价格、税收政策、外汇汇率发生重大变化；等等。

### （三）调整事项与非调整事项的区别

资产负债表日后发生的某一事项究竟是调整事项还是非调整事项，取决于该事项表明的情况在资产负债表日或资产负债表日以前是否已经存在。若该情况在资产负债表日或之前已经存在，则属于调整事项；反之，则属于非调整事项。

**【例 16-3】调整事项与非调整事项的判断**

甲公司 2×22 年 10 月向乙公司出售一批原材料，价款为 2 000 万元，根据销售合同，乙公司应在收到原材料后 3 个月内付款。至 2×22 年 12 月 31 日，乙公司尚未付款。假定甲公司在编制 2×22 年度财务报告时有如下两种情况。

（1）2×22 年 12 月 31 日，甲公司根据掌握的资料判断，乙公司有可能破产清算，估计该应收账款将有 20% 无法收回，故按 20% 的比例计提坏账准备；2×23 年 1 月 20 日，甲公司收到通知，乙公司已被宣告破产清算，甲公司估计有 70% 的债权无法收回。

（2）2×22 年 12 月 31 日，乙公司的财务状况良好，甲公司预计应收账款可按时收回；2×23 年 1 月 20 日，乙公司发生重大火灾，导致甲公司 50% 的应收账款无法收回。

2×23 年 3 月 15 日，甲公司的财务报告经批准对外公布。

本例中，情况（1）中导致甲公司应收账款无法收回的事实是乙公司财务状况恶化，该事实在资产负债表日已经存在，乙公司被宣告破产只是证实了资产负债表日乙公司财务状况恶化的情况。因此，乙公司破产导致甲公司应收款项无法收回的事项属于调整事项。情况（2）中导致甲公司应收账款损失的因素是火灾，火灾是不可预计的，应收账款发生损失这一事实在资产负债表日以后才发生。因此，乙公司发生火灾导致甲公司应收款项发生坏账的事项属于非调整事项。

# 16.2 怎样处理资产负债表日后事项

## 16.2.1 资产负债表日后事项的处理方法

在理解资产负债表日后事项的会计处理时，需要明确以下两个问题。

（1）如何确定资产负债表日后某一事项是调整事项，还是非调整事项，是对资产负债表日后事项进行会计处理的关键。调整事项和非调整事项是一个广泛的概念，就事项本身而言，可以有各种各样的性质，只要符合企业会计准则中对这两类事项的判断原则即可。另外，同一性质的事项可能是调整事项，也可能是非调整事项，这取决于该事项表明的情况是在资产负债表日或资产负债表日以前已经存在或发生，还是在资产负债表日后才发生。

（2）企业会计准则以列举的方式说明了资产负债表日后事项中，哪些属于调整事项，哪些属于非调整事项，但并没有列举详尽。实务中，会计人员应按照资产负债表日后事项的判断原则，确定资产负债表日后发生的事项中哪些属于调整事项，哪些属于非调整事项。

## （一）调整事项的处理方法

### 1. 调整事项的处理原则

企业发生的调整事项，应当调整资产负债表日的财务报表。对于年度财务报告而言，由于资产负债表日后事项发生在报告年度的次年，报告年度的有关账目已经结转，特别是损益类科目在结账后已无余额，年度资产负债表日后发生的调整事项，应具体分以下情况进行处理。

（1）涉及损益的事项，通过"以前年度损益调整"科目核算。调整增加以前年度利润或调整减少以前年度亏损的事项，记入"以前年度损益调整"科目的贷方；调整减少以前年度利润或调整增加以前年度亏损的事项，记入"以前年度损益调整"科目的借方。

涉及损益的调整事项，如果发生在该企业资产负债表日所属年度（即报告年度）所得税汇算清缴前，应调整报告年度应纳税所得额、应纳所得税税额；发生在该企业报告年度所得税汇算清缴后的，应调整本年度（即报告年度的次年）应纳所得税税额。

由于以前年度损益调整增加的所得税费用，记入"以前年度损益调整"科目的借方，同时贷记"应交税费——应交所得税"等科目；由于以前年度损益调整减少的所得税费用，记入"以前年度损益调整"科目的贷方，同时借记"应交税费——应交所得税"等科目。

调整完成后，将"以前年度损益调整"科目的贷方或借方余额，转入"利润分配——未分配利润"科目。

（2）涉及利润分配调整的事项，直接在"利润分配——未分配利润"科目核算。

（3）不涉及损益及利润分配的事项，调整相关科目。

（4）通过上述账务处理后，还应同时调整财务报表相关项目的数字，包括：资产负债表日编制的财务报表相关项目的期末数或本年发生数；当期编制的财务报表相关项目的期初数或上年数；经过上述调整后，如果涉及报表附注内容，则还应当做出相应调整。

### 2. 调整事项的具体会计处理方法

（1）资产负债表日后诉讼案件结案，法院判决证实了企业在资产负债表日已经存在现时义务，需要调整原先确认的与该诉讼案件相关的预计负债，或重新确认一项负债。

这一事项是指导致诉讼的事项在资产负债表日已经发生，但因尚不具备确认负债的条件而未确认，资产负债表日后至财务报告批准报出日之间获得了新的或进一步的证据（法院判决结果），表明符合负债确认条件的事项。因此，应在财务报告中确认为一项新负债；或者在资产负债表日虽已确认，但需要根据判决结果调整已确认负债的金额。

（2）资产负债表日后取得确凿证据，表明某项资产在资产负债表日发生了减值或者需要调整该项资产原先确认的减值金额。

是指在资产负债表日，根据当时的资料判断某项资产可能发生了损失或减值，但没有最后确定是否会发生，因而按照当时的最佳估计金额反映在财务报表中。但在资产负债表日至财务报告批准报出日之间，所取得的确凿证据能证明该事实成立，即某项资产已经发生了损失或减值，则应对资产负债表日所做的估计予以修正。

（3）资产负债表日后进一步确定了资产负债表日前购入资产的成本或售出资产的收入。

这类调整事项包括以下两方面的内容。

①若资产负债表日前购入的资产已经按暂估金额等入账，资产负债表日后获得证据，可以进一步确定该资产的成本，则应对已入账的资产成本进行调整。

②企业在资产负债表日已根据收入确认条件确认资产销售收入，但资产负债表日后获得关于资产收入的进一步证据，如发生销售退回等，此时也应调整财务报表相关项目的金额。需要说明的是，资产负债表日后发生的销售退回，既包括报告年度或报告中期销售的商品在资产负债表日后发生的销售退回，也包括以前期间销售的商品在资产负债表日后发生的销售退回。

资产负债表所属期间或以前期间所售商品在资产负债表日后退回的，应作为资产负债表日后调整事项处理。发生于资产负债表日后至财务报告批准报出日之间的销售退回事项，可能发生于企业年度所得税汇算清缴之前，也可能发生于企业年度所得税汇算清缴之后，相应会计处理如下。

a. 涉及报告年度所属期间的销售退回发生于该企业报告年度所得税汇算清缴之前的，应调整报告年度利润表的收入、成本等，并相应调整报告年度的应纳税所得额以及报告年度应交的所得税等。

b. 资产负债表日后事项中涉及报告年度所属期间的销售退回发生于该企业报告年度所得税汇算清缴之后，应调整报告年度财务报表的收入、成本等，但按照税法规定，在此期间的销售退回所涉及的应交所得税，应作为本年的纳税调整事项。

**（二）非调整事项的处理方法**

1. 非调整事项的处理原则

资产负债表日后发生的非调整事项，是表明资产负债表日后发生的情况的事项，与资产负债表日存在状况无关，不应当调整资产负债表日的财务报表。但有的非调整事项对财务报告使用者具有重大影响，如不加以说明，将不利于财务报告使用者做出正确估计和决策。因此，应在附注中进行披露。

**2.非调整事项的具体会计处理方法**

资产负债表日后发生的非调整事项，应当在报表附注中披露每项重要的资产负债表日后非调整事项的性质、内容及其对财务状况和经营成果的影响。无法做出估计的，应当说明原因。

资产负债表日后非调整事项的主要例子如下。

（1）资产负债表日后发生重大诉讼、仲裁和承诺等事项，对企业影响较大，为防止误导投资者及其他财务报告使用者，应当在报表附注中披露。

（2）资产负债表日后发生的资产价格、税收政策和外汇汇率的重大变化，虽然不会影响资产负债表日财务报表相关项目的数据，但对企业资产负债表日后期间的财务状况和经营成果有重大影响，应当在报表附注中予以披露。

（3）资产负债表日后因自然灾害导致资产发生重大损失。

（4）企业发行股票、债券以及向银行或非银行金融机构举借巨额债务都是比较重大的事项，虽然这一事项与企业资产负债表日的存在状况无关，但这一事项的披露能使财务报告使用者了解与此有关的情况及其可能带来的影响。因此，应当在报表附注中进行披露。

（5）企业以资本公积转增资本将会改变企业的资本（或股本）结构，影响较大，应当在报表附注中进行披露。

（6）企业资产负债表日后发生巨额亏损将会对企业报告期以后的财务状况和经营成果产生重大影响，应当在报表附注中及时披露该事项，以便为投资者或其他财务报告使用者做出正确决策提供信息。

（7）企业合并或者处置子公司的行为可以影响股权结构、经营范围等方面，对企业未来的生产经营活动能产生重大影响，应当在报表附注中进行披露。

（8）资产负债表日后，企业制定利润分配方案，拟分配或经审议批准宣告发放现金股利或利润的行为，并不会导致企业在资产负债表日形成现时义务。虽然该事项的发生可导致企业负有支付股利或利润的义务，但支付义务在资产负债表日尚不存在，不应该调整资产负债表日的财务报告。因此，该事项为非调整事项。但为便于财务报告使用者更充分地了解相关信息，企业需要在财务报告中适当披露该信息。

## 16.2.2　资产负债表日后事项调整举例

**【例 16-4】**资产负债表日后事项调整举例（1）

甲公司与乙公司签订一项销售合同，合同中订明甲公司应在 2×22 年 8 月销售给乙公司一批物资。甲公司未能按照合同发货，致使乙公司发生重大经济损失。2×22 年 12 月，乙公司将甲公司告上法庭，要求甲公司赔偿 450 万元。2×22 年 12 月 31 日法院尚未判决，甲公司按或有事项准则对该诉讼事项确认预计负债 300 万元。2×23 年 2 月 10 日，经法院判决甲公司应赔偿乙公司 400 万元，甲、乙两公司均服从判决。判决当日，甲公司向乙公司支付赔偿款 400 万元。甲、乙两公司 2×22 年所得税汇算清缴均在 2×23 年 3 月 20 日完成（假定该项预计负债产生的损失不允许在预计时税前抵扣，只有在损失实际发生时，才允许税前抵扣）。

本例中，2×23 年 2 月 10 日的判决证实了甲、乙两公司在资产负债表日（即 2×22 年 12 月 31 日）分别存在现时赔偿义务和获赔权利。因此，两公司都应将"法院判决"这一事项作为调整事项进行处理。甲公司和乙公司 2×22 年所得税汇算清缴均在 2×23 年 3 月 20 日完成，因此，应根据法院判决结果调整报告年度应纳税所得额和应纳所得税税额。

1. 甲公司的账务处理

（1）2×23 年 2 月 10 日，记录支付的赔款，并调整递延所得税资产。

| | | |
|---|---|---|
| 借：以前年度损益调整 | | 1 000 000 |
| 贷：其他应付款 | | 1 000 000 |
| 借：应交税费——应交所得税 | | 250 000 |
| 贷：以前年度损益调整 | （1 000 000×25%） | 250 000 |
| 借：应交税费——应交所得税 | | 750 000 |
| 贷：以前年度损益调整 | | 750 000 |
| 借：以前年度损益调整 | | 750 000 |
| 贷：递延所得税资产 | | 750 000 |
| 借：预计负债 | | 3 000 000 |
| 贷：其他应付款 | | 3 000 000 |
| 借：其他应付款 | | 4 000 000 |
| 贷：银行存款 | | 4 000 000 |

注：2×22 年末因确认预计负债 300 万元时已确认相应的递延所得税资产，资产负债表日后事项发生后递延所得税资产不复存在，故应冲销相应记录。

（2）将"以前年度损益调整"科目余额转入未分配利润。

| | | |
|---|---|---|
| 借：利润分配——未分配利润 | | 750 000 |
| 贷：以前年度损益调整 | | 750 000 |

（3）因净利润变动，调整盈余公积。

| | | |
|---|---|---|
| 借：盈余公积 | | 75 000 |
| 贷：利润分配——未分配利润 | （750 000×10%） | 75 000 |

（4）调整报告年度财务报表。

①资产负债表项目的年末数调整：调减递延所得税资产 75 万元，调增其他应付款 400 万元，调减应交税费 100 万元，调减预计负债 300 万元，调减盈余公积 7.5 万元，调减未分配利润 67.5 万元。

资产负债表略。

②利润表项目的调整：调增营业外支出 100 万元，调减所得税费用 25 万元，调减净利润 75 万元。

利润表略。

③所有者权益变动表项目的调整：调减净利润 75 万元，提取盈余公积项目中盈余公积一栏调减 7.5 万元，未分配利润一栏调减 67.5 万元。

所有者权益变动表略。

2. 乙公司的账务处理

（1）2×23 年 2 月 10 日，记录收到的赔款，并调整应交所得税。

借：其他应收款　　　　　　　　　　　　　　　　4 000 000

　　贷：以前年度损益调整　　　　　　　　　　　　　　4 000 000

借：以前年度损益调整　　　　　　　　　　　　　1 000 000

　　贷：应交税费——应交所得税　　　　　　　　　　　1 000 000

借：银行存款　　　　　　　　　　　　　　　　　4 000 000

　　贷：其他应收款　　　　　　　　　　　　　　　　　4 000 000

（2）将"以前年度损益调整"科目余额转入未分配利润。

借：以前年度损益调整　　　　　　　　　　　　　3 000 000

　　贷：利润分配——未分配利润　　　　　　　　　　　3 000 000

（3）因净利润增加，补提盈余公积。

借：利润分配——未分配利润　　　　　　　　　　　300 000

　　贷：盈余公积　　　　　　　　　　　　　　　　　　300 000

（4）调整报告年度财务报表相关项目的数字（财务报表略）。

①资产负债表项目的年末数调整：调增其他应收款 400 万元，调增应交税费 100 万元，调增盈余公积 30 万元，调增未分配利润 270 万元。

②利润表项目的调整：调增营业外收入 400 万元，调增所得税费用 100 万元，调增净利润 300 万元。

③所有者权益变动表项目的调整：调增净利润 300 万元，提取盈余公积项目中盈余公积一栏调增 30 万元，未分配利润一栏调增 270 万元。

【例 16-5】资产负债表日后事项调整举例（2）

甲公司 2×22 年 11 月 8 日销售一批商品给乙公司，取得收入 120 万元（不含税，增值税税率13%）。甲公司发出商品后，按照正常情况已确认收入，并结转成本100万元。2×22年12月31日，该笔货款尚未收到，甲公司未对应收账款计提坏账准备。2×23年1月12日，由于产品质量问题，本批货物被退回。甲公司于2×23年2月28日完成2×22年所得税汇算清缴。

本例中，销售退回业务发生在资产负债表日后事项涵盖期间内，属于资产负债表日后调整事项。由于销售退回发生在甲公司报告年度所得税汇算清缴之前，所以，在所得税汇算清缴时，应扣除该部分销售退回所实现的应纳税所得额。

甲公司的账务处理如下。

（1）2×23年1月12日，调整销售收入。

借：以前年度损益调整            1 200 000

  应交税费——应交增值税（销项税额）   156 000

  贷：应收账款             1 356 000

（2）调整销售成本。

借：库存商品              1 000 000

  贷：以前年度损益调整         1 000 000

（3）调整应缴纳的所得税。

借：应交税费——应交所得税        50 000

  贷：以前年度损益调整          50 000

（4）将"以前年度损益调整"科目的余额转入利润分配。

借：利润分配——未分配利润        150 000

  贷：以前年度损益调整         150 000

（5）调整盈余公积。

借：盈余公积              15 000

  贷：利润分配——未分配利润       15 000

# 第 17 章
# 资产业务的会计错弊调整

## 17.1 怎样理解资产业务

### 17.1.1 资产业务概述

资产是指企业过去的交易或事项形成的、由企业拥有或控制的、预期会给企业带来经济利益的资源。

将一项资源确认为资产，需要符合资产的定义，还应同时满足以下两个条件。

（1）与该资源有关的经济利益很可能流入企业，即该资源有较大的可能直接或间接导致现金和现金等价物流入企业。

（2）该资源的成本或者价值能够可靠地计量，即应当能以货币来计量。

### 17.1.2 资产业务常见错弊

企业资产是企业生存发展的根基，资产业务是企业核心业务之一，资产业务常见错弊主要集中在货币资金、应收与预付账款、存货、固定资产、无形资产及其他资产上。

## 17.2 怎样处理资产业务的会计错弊

### 17.2.1 货币资金的会计错弊调整

**（一）库存现金**

**1.对库存现金的检查**

（1）贪污现金具体表现为贪污公款，其具体形式如下。

①收到现金时不开发票或收据。

②现金支票取款没有计入现金账。

③回款收入不入账或被个人贪污。

④开具假发票、假收据，或者通过涂改、撕毁发票或收据的方式贪污。

⑤重复报销或用白条虚报支出。

⑥私人购买物品，作为公款报销。

（2）贪污现金的具体查账方法如下。

①涉及现金收支时，首先应审查有关凭证，检验其真伪，判断其合理性和合法性，对签字模糊、存在涂改或未审核的原始凭证，应和凭证涉及的相关部门核对，如果与实际不符，应查明原因，并检查其是否有贪污公款的行为。

②单位邮购商品时，可与邮购单位相互核对或者直接向汇入单位或相应人员取证。

（3）企业库存现金收入不入账或私设"小金库"的检查，主要针对以下几种行为。

①截留企业各种罚款收入：调查了解被查单位是否存在已有罚款收入但未开具收据的情况；检查被查单位罚款收据编号的连续性。

②隐匿对外投资、联营及下属单位所得：及时查阅被查单位对外投资、联营及下属单位的会计资料等信息，检查是否已按双方协议及时足额地收取投资利润。若有疑点，可向被投资方查证。

③截留各种销售收入和其他收入：核对商品明细账中的有关记录与销售收入明细账，看是否存在一个有销售记录，而另一个却无对应记录的现象，若前者数量大于后者，应进一步查明。

④虚报冒领、虚列支出：核对工资结算单和职工名册，关注是否存在吃空饷的情况；再核对工资结算单和考勤记录情况，重点检查有无虚列津贴、奖金等；还应查证代扣代发款项是否真实，必要时应向员工询证，以查明有无通过工资结算虚报冒领、虚列支出的现象。查阅被查单位与成本、费用支出相关的会计凭证和明细账，查询有无以借代报、以领代报的记录。若存在这种情况，很可能单位已将部分或全部未用款项存入"小金库"。

⑤企业向客户收取的押金、收回的保证金不入账：查阅"其他应收款"明细账，看是否有长期拖欠押金未退还的现象，并且与收取押金方取得联系，查证是否有已退回押金但未入库的现象。

⑥隐匿回扣、佣金或手续费：查阅有关材料的采购记录，分析其在采购过程中的成本，所购物资是否有不适销对路、质次价高的情况；若有，则需进一步调查被查单位有无收取额外的回扣或手续费的情况。

⑦非法侵占出售其他资产：查阅低值易耗品及固定资产等资产的明细记录，特别是针对报废物资残值处理进行详尽检查；若账面并无记录，很可能残值收入已存入"小金库"，随后以此为疑点展开调查。

（4）对以现金支付回扣或好处费的检查。

①支付回扣后，开具红字发票虚构退货：判断是否有支付回扣并虚构退货的

方法，主要是查证销售收入的冲销记录，并核对其他业务收入明细账与银行存款日记账、现金日记账记录，判断是否有支付回扣或好处费来假退货的情况。

②使用"小金库"支付回扣或好处费：若单位存在"小金库"，应进一步展开调查是否有使用"小金库"资金支付回扣或好处费的现象。

③支付回扣后直接计入生产成本或期间费用等：彻底检查单位的生产成本、制造费用、管理费用、销售费用及营业外支出明细账，配合银行存款日记账和现金日记账的记录，检查有无直接列明回扣费或好处费的情况。

（5）对挪用现金的检查。

①经单位领导批准用于个人生活或投资的资金，但挪作他用的，应检查：应收账款和其他应收款明细账的记录，查明有无个人长期拖欠款的现象。若有，则需进一步抽调凭证，进行账证核对，验证是否有挪用资金的情况。必要时，追踪被挪用资金的去向，向相关单位咨询确认。

②出纳人员或其他人员打白条抵充库存现金：盘点库存现金，若有白条抵库的情况或较大金额的盘亏情况，应复查核对有关会计资料，证明挪用公款情况是否属实。

**2. 对库存现金的调账**

（1）对贪污现金的调账。

贪污现金一定要收回，一般来说，还会对相关人员予以罚款，调整分录如下。

借：库存现金　　　　　　　　　　　　　　　（合计金额）
　　贷：营业外收入　　　　　　　　　　　　　　　（罚款）
　　　　错弊科目　　　　　　　　　　　　　　　　（贪污金额）

（2）对存入现金收入不入账及私设"小金库"的调账。

存入现金不入账且私设"小金库"时，需要补入收入，调整分录如下。

借：库存现金　　　　　　　　　　　　　　　（现金收入金额）
　　贷：其他业务收入　　　　　　　　　　　　　（确认收入金额）
　　　　应交税费——应交增值税（销项税额）　　（应交税费金额）

（3）对以现金支付回扣或好处费的调账。

现金支付的回扣或好处费不得在税前列支，调整分录如下。

借：营业外支出　　　　　　　　　　　　　（回扣或好处费金额）
　　贷：期间费用等错弊科目　　　　　　　　（回扣或好处费金额）

（4）对利用备用金挪用现金的调账。

挪用现金一定要收回，一般来说，还会对相关人员予以罚款，调整分录如下。

借：库存现金　　　　　　　　　　　　　　　（合计金额）
　　贷：其他应收款——备用金　　　　　　　　（挪用现金金额）

营业外收入　　　　　　　　　　　　　　　　（罚款金额）

### 3. 库存现金的会计错弊案例分析

【例 17-1】更换发票，贪污现金

1. 疑点

查账人员在 2×22 年 10 月审查某公司现金日记账发现，付 20 号凭证载明"支付钢材款"，金额 1 000 元。查账人员认为，该公司经营大量钢材，怎么会以现金支付 1 000 元，怀疑有贪污现金的行为。

2. 查证

查账人员首先调出付 20 号凭证，其列明由王某从 ×× 单位购入钢材 10 吨，每吨单价 1 000 元，计 10 000 元，货款已付（签发一张 9 000 元转账支票，另付现金 1 000 元），货物已由保管员验收入库。相关会计分录如下。

借：材料采购　　　　　　　　　　　　　　　　10 000
　　贷：银行存款　　　　　　　　　　　　　　　　9 000
　　　　库存现金　　　　　　　　　　　　　　　　1 000

查账人员调查供货单位，供货单位的会计资料反映：2×22 年 10 月确实卖给该公司 10 吨钢材，销货发票号码为 0733，单价为每吨 900 元，计 9 000 元，除了收到一张 9 000 元转账支票外，没有收到其他任何款项。查账人员进一步审查发票发现，记账发票有两张，除 0733 号销货发票外，还有一张 0488 号发票。

可见，采购人员利用一张假发票，偷梁换柱，从购入钢材业务中贪污现金。

3. 调账

追回采购人员贪污的 1 000 元，退回赃款时调账如下。

借：库存现金　　　　　　　　　　　　　　　　1 000
　　贷：材料采购　　　　　　　　　　　　　　　　1 000

【例 17-2】出售账外物资，建立"小金库"

1. 疑点

查账人员对某公司检查时发现，为职工免费发放的福利在财务报表中找不到这类开支，也未找到与这类开支相关的科目。

2. 查证

查账人员找到发放福利的行政科并询问行政负责人，行政负责人解释称"是经行政副经理批准的"。查账人员又找到行政副经理，行政副经理说："这是将公司内的边角料、废旧物资销售后的回收款，没有入财务账，直接交行政科保管以便将来用于职工福利。"

3. 调账

发放福利的 22 600 元不能直接存入"小金库"，要先将销售边角料及废旧物资入账，再分发福利，相关分录如下。

借：库存现金　　　　　　　　　　　　　　　　22 600

　　贷：其他业务收入　　　　　　　　　　　　　20 000

　　　　应交税费——应交增值税（销项税额）　　2 600

发放职工福利的分录如下。

借：应付职工薪酬　　　　　　　　　　　　　　22 600

　　贷：库存现金　　　　　　　　　　　　　　22 600

**【例 17-3】利用备用金挪用公款**

1. 疑点

查账人员对某公司检查时发现，其他应收款明细账中的一项记录的摘要为"拨付备用金"，根据该公司的备用金管理规定及这项业务的发生时间，查账人员怀疑其中有挪用现金的行为。

2. 查证

查账人员查阅 5 月 24 日第 34 号凭证，摘要注明"拨付备用金"字样，金额为 48 000 元，但在后附原始凭证上，借款单位空白，领款人为单位会计。经查实，会计承认是暂借企业 48 000 元使用不久后就会归还，并未拨付任何部门备用金，并且同意退款和接受处罚。

3. 调账

根据相关规定，处罚会计 500 元，计入营业外收入，当收到公司会计的退款和罚款时，编制如下调整分录。

借：库存现金　　　　　　　　　　　　　　　　48 500

　　贷：其他应收款——备用金　　　　　　　　48 000

　　　　营业外收入　　　　　　　　　　　　　500

## （二）银行存款

### 1. 对银行存款的检查

对于银行存款，主要针对以下行为进行检查。

（1）出租出借账户，为外单位转账套现而收取好处费或利用外单位银行账户套取现金，以达到贪污的目的。

为彻底查明此类情况是否确实存在，查账人员需对往来账项与银行存款日记账进行检查，查证是否有不正常的往来业务。如在核对过程中，出现银行对账单有一收一付的账务记录，而银行存款日记账却无此记录的情况，应进一步调查是否有出租出借账户，或利用外单位银行账户套取现金的事实。

（2）开设"黑户"，截留收入，如虚列销货退回转款至"黑户"。

查账人员要检查销售收入明细账，首先看是否存在退货业务。如存在，与对方核对退货详细信息，确认相关金额；若不存在，还需对退货款的入账户头进行检查，查看是否是企业的"黑户"。

（3）违反有关规定预收业务货款或收取其他不合理款项，以贪污货款或存入"小金库"。

对预收款项进行检查，主要是通过检查有关合同或协议，分析其是否合法合理，有无物资保证，是否给客人造成了损失，以及是否采用预收账款来调节本期销售收入，或有无将本期销售收入的款项一直挂在"预收账款"科目，从而使单位达到低估利润，推迟或逃避纳税的目的。

**2. 对银行存款的调账**

（1）出租出借账户。

出租出借账户对企业账目没有影响，但需要对相关人员处以罚款，分录如下。

借：银行存款（或库存现金等）　　　　　　　　　（罚款金额）
　　贷：营业外收入　　　　　　　　　　　　　　　　　（罚款金额）

（2）开设"黑户"，截留收入。

若存在开设"黑户"的情况，需要对相关人员处以罚款，调整分录如下。

借：银行存款　　　　　　　　　　　　　　　　　　（合计数）
　　贷：错弊科目　　　　　　　　　　　　　　　（截留收入金额）
　　　　营业外收入　　　　　　　　　　　　　　　　（罚款金额）

（3）违反有关规定进行预收业务货款或收取其他不合理款项，以贪污货款或存入"小金库"。调整分录如下。

借：其他应收款　　　　（预收业务货款或收取其他不合理款项金额）
　　贷：预收账款等　　　（预收业务货款或收取其他不合理款项金额）
借：银行存款　　　　　　　　　　　　　　　　　　（合计数）
　　贷：其他应收款　　（预收业务货款或收取其他不合理款项金额）
　　　　营业外收入　　　　　　　　　　　　　　　　（罚款金额）

**3. 银行存款的会计错弊案例分析**

【例17-4】出租出借账户

1. 疑点

查账人员在审查某企业2×22年银行存款日记账时，发现8月4日第9号收款凭证的摘要记录为"存入暂存款"，金额为6万元，8月15日、17日和19日分别在第13号、16号和25号凭证摘要中注明"提现"，金额各为2万元。查账人员怀疑该企业有出租账户的行为。

2.查证

查账人员首先调出第 9 号收款凭证，其分录如下。

借：银行存款　　　　　　　　　　　　　　　　　　　60 000
　　贷：其他应付款——×× 单位　　　　　　　　　　　　　60 000

所附的原始凭证仅有一张进账单。第 13 号凭证用途为支付季度奖，第 16 号凭证用途为支付差旅费，第 25 号凭证用途为"备用金"。查账人员依据这一线索查阅现金日记账，发现 8 月 30 日付款凭证第 32 号，摘要为"暂付存款"6 万元，其分录如下。

借：其他应付款——×× 单位　　　　　　　　　　　　　60 000
　　贷：库存现金　　　　　　　　　　　　　　　　　　　60 000

原始凭证为 ×× 单位打出的白条收据。查账人员检查 ×× 单位的账簿记录，尚无 60 000 元的收入。查账人员查阅商品销售明细账，发现 ×× 单位在 8 月 3 日销售一批商品，其价款为 60 000 元，查账人员与购货方取得联系，得知已付款。查账人员与银行取得联系，得知款项已划到被查企业。

经检查，被查企业会计、出纳出租账户给 ×× 单位，应对其分别处以罚款 600 元和 400 元。

3.调账

被查企业出租账户，存入账户收入属于 ×× 单位，其他应付款已抵销，被查企业可不再调账，只需处理罚款收入。

借：库存现金　　　　　　　　　　　　　　　　　　　　1 000
　　贷：营业外收入　　　　　　　　　　　　　　　　　　　1 000

【例 17-5】开设"黑户"，截留收入

1.疑点

查账人员在审查某公司银行存款日记账时发现，2×22 年 6 月 8 日 8 号凭证摘要注明"罚款支出"，金额为 4.8 万元。查账人员认为摘要模糊，怀疑其中有作弊行为。

2.查证

查账人员抽出 8 号凭证，其会计分录如下。

借：营业外支出　　　　　　　　　　　　　　　　　　　48 000
　　贷：银行存款　　　　　　　　　　　　　　　　　　　48 000

所附原始凭证一张，该原始凭证为税务机关转来的罚款通知，其中，税款为 4 万元，罚金为 0.8 万元。查账人员进而审查公司的"应交税费"科目，发现其中账户余额为零，纳税时间符合规定，为什么被罚款？查账人员进一步审查 6 月 5 日的付款凭证，其分录如下。

借：应交税费　　　　　　　　　　　　　　　　　　　　40 000

  贷：银行存款              40 000

  所附单据有转账支票一张、纳税申报表一张。查账人员通过银行查明，该支票的收款人为市百货公司。市百货公司证实支票是用于付货款的。查账人员进一步发现，因为该公司出纳人员不懂业务，会计人员便要求出纳人员开出一张支票，与市百货公司王某合谋，以支票换现金贪污账款，最后通知税务机关主动划走税款和罚金。

3. 调账

  该公司对会计处罚 900 元，并要求会计交还贪污款，公司收到会计退回的全部赃款和罚金时，调整分录如下。

  借：库存现金              40 900

   贷：营业外支出            40 000

    营业外收入            900

## 【例 17-6】预收货款业务

1. 疑点

  查账人员在审查某公司银行存款日记账时发现，2×22 年 9 月 10 日第 23 号凭证摘要注明"支付甲公司借款"，金额为 17 000 元，经检查，本年度甲公司与该公司不存在任何借款业务，那么为什么要汇出这笔款项呢？

2. 查证

  查账人员调出第 23 号凭证，其会计分录如下。

  借：其他应收款——甲公司         17 000

   贷：银行存款            17 000

  所附的原始凭证是该公司 2×22 年 9 月 10 日的借款单据。查账人员与甲公司联系，甲公司否认借款业务但承认 9 月 10 日曾预付该公司采购货款 17 000 元。但该公司销售管理条例中明确规定不允许预收客户款项。

  查账人员调出 9 月 10 日的凭证，其会计分录如下。

  借：银行存款             17 000

   贷：其他应收款——甲公司       17 000

  所附的原始凭证是 2×22 年 9 月 10 日甲公司的还款单据，与实际业务不符，前后矛盾。

  显然，该公司违反有关规定向甲公司收取预收账款 17 000 元，然后做出了虚假的账务处理。

3. 调账

  （1）虽然以上两个分录相互间科目抵销了，对科目并没有调整的必要，但究其业务本质，需从业务出发，对挪用行为进行处理。首先要重新对 9 月 10 日收到的预收账款进行处理，并应当收回相关人员的贪污挪用款。

借：其他应收款——相关贪污人员         17 000

    贷：预收账款——甲公司                 17 000

（2）根据相关规定对销售人员处以 700 元罚金，对会计处以 500 元罚金，对出纳处以 300 元罚金，在收到挪用款和罚金时，做如下会计分录。

借：银行存款                            18 500

    贷：其他应收款——相关贪污人员         17 000

        营业外收入                   1 500

### （三）其他货币资金

#### 1. 对其他货币资金的检查

其他货币资金包括外埠存款、银行汇票存款、银行本票存款、信用证存款和在途货币资金等，对其他货币资金的检查要分门别类地进行。

（1）对外埠存款的检查。主要针对下列行为进行检查。

①外埠存款支出不合理、不合法。主要检查是否存在随意改变外埠存款的用途、使用外埠存款进行非法采购以及采购人员挪用外埠存款的情况。

②非法开设外埠存款账户。主要检查是否存在异地伙同当地单位开设存款账户，将单位存款作为外埠存款汇往该地；是否存在捏造申请书欺瞒银行，在异地开设采购专户，实际却用于非法交易等情况。

（2）对银行汇票存款的检查。主要针对下列行为进行检查。

①非法转让或贪污银行汇票，从中获得非法所得。检查过程中若发现被查企业有以下行为，即构成非法转让或贪污银行汇票，从中获得非法所得：结算业务已办理完仍将汇票余额长期挂账，寻找恰当机会将其贪污；会计部门收到银行汇票后不及时转入银行，而通过虚构业务背书转让给其他单位，从而获得非法所得。

对此，查账人员需重点检查：业务部门与会计部门的货款结算方式；企业销售与货款的收回情况。若发现有已结算但货款尚未入账的情况，应联系付款单位确认是否已付款。

②收受无效的银行汇票，并给企业带来损失。企业如有以下行为，即构成收受无效的银行汇票：银行汇票已过期作废或经涂改；非银行签发的假冒银行汇票；收款人并非本企业的银行汇票。

查账人员对此需仔细核对银行存款和银行对账单，若余额不等，则要调整未达账项；若调整未达账项后余额还不等，则应检查是否收到过期等无效汇票。

③对银行汇票的使用不合理、不合法。具体表现为：开具银行汇票套取现金，贪污汇票存款；超出汇票使用范围使用银行汇票。

具体查账方法如下：查阅银行汇票申请书，检查被查企业与收款方的业务往来；检查购销合同，尤其关注是否按照合同规定的结算方式处理；检查每一笔通过银行汇票结算的采购业务，重点关注结算金额与汇票金额是否一致；检查银行汇票收款单位与发货单位是否一致，发票注明的商品与合同、入库商品是否一致；检查分析相关汇票结算是否及时、合理（首先分析通过银行汇票结算是否合理，再查看"其他货币资金——银行汇票"明细账，检查相关结算是否及时办理，若有长期挂账的情况，应查证有无挪用或侵占行为）。

（3）对银行本票存款的检查。

银行本票存款违规操作的检查方法基本与银行汇票存款相似。银行本票结算只有银行本票结算联，没有解讫通知。采用银行本票结算的余额以现金或支票入账决定了银行本票假账和银行汇票假账的表现形式之差别。

银行本票存款违规操作还有以下两种检查方法。

①详查每笔余额。查阅"其他货币资金——银行本票"明细账，对每笔余额进行检查。若有问题，则应进一步核对其原始凭证，还要同供货方核对信息，查明贪污余额。

②核对结算款项与实际采购金额的一致性，查看有无虚减银行本票存款现象。

（4）对在途货币资金的检查。

在途货币资金作假主要包括收到在途货币资金不转账处理而挪作他用或贪污；虚列在途货币资金，以达到虚增营业收入的目的等。

具体查账方法如下。

①查证在途货币资金的入账及占用时间：查阅"其他货币资金——在途货币资金"明细账，分析其入账时间及占用时间。

②联系付款单位，查证被查企业与付款单位有无业务往来或上下级关系。

③查证银行存款日记账与银行对账单、银行收账记录等：若付款单位已付款，但银行存款日记账与银行对账单均无记录，则应调整账项；若均无误，则应调查在途货币资金的经办人。

④查证付款单位，查阅银行对账单，检查是否存在已收银行存款又转出、已收款却未转账的现象。

**2.对其他货币资金的调账**

（1）外埠存款的错弊主要表现为非法开设外埠存款账户。对此，调整分录如下。

借：银行存款　　　　　　　　（非法开设外埠存款账户余额）

　　贷：其他货币资金——外埠存款　　（非法开设外埠存款账户余额）

（2）银行汇票存款的错弊主要表现为银行汇票的使用不合理、不合法。对此，调整分录如下。

　　借或贷：错弊科目　　　　　　　　　　　　　（不合理金额）

　　　　　贷或借：其他货币资金——银行汇票　　　（不合理金额）

　　（3）银行本票存款的错弊主要表现为银行本票的使用不合理、不合法。对此，调整分录如下。

　　借或贷：错弊科目　　　　　　　　　　　　　（不合理金额）

　　　　　贷或借：其他货币资金——银行本票　　　（不合理金额）

　　（4）在途货币资金的错弊主要表现为在途货币资金的使用不合理、不合法。对此，调整分录如下。

　　借或贷：错弊科目　　　　　　　　　　　　　（不合理金额）

　　　　　贷或借：其他货币资金——在途货币资金　（不合理金额）

### 3．其他货币资金的会计错弊案例分析

**【例 17-7】挑用外埠存款**

1．疑点

查账人员审查某公司"其他货币资金——外埠存款"明细账时，发现该公司 2×22 年 5 月 28 日第 36 号凭证汇出款项 64 万元，至今尚未报销。查账人员经核对此公司的业务往来，发现该公司很少在汇款所在地有业务往来，因此怀疑有挑用资金的行为。

2．查证

查账人员要求该公司提供外埠存款账户资料，发现申请书上的申请理由为"为采购商品需要，在甲地开设临时采购户头"。查账人员要求提供采购户头账单时，该公司以尚未收到为名拒绝提供。随后，查账人员查阅第 36 号凭证，其分录如下。

　　借：其他货币资金——外埠存款　　　　　　　640 000

　　　　贷：银行存款　　　　　　　　　　　　　640 000

所附信汇凭证证明开户银行为 ×× 银行 ×× 支行甲地办事处公司采购部，收款单位为公司采购部。查账人员到相关银行取证，核对银行对账单，发现其存款余额为 67 万元，收款单位和付款单位均是甲地证券公司。

显然，×× 银行 ×× 支行甲地办事处为了吸收存款，同意该公司设立账户并以外埠采购为名，实际上允许该公司自由存取款项。这说明该公司的外埠存款账户实际上是为方便买卖有价证券，通过证券交易赚取收益而开设的，其不反映投资收益，投资收益存入公司的"小金库"中。查账人员指出以上问题后，该公司相关人员对此予以承认。

3．调账

该公司在甲地进行投资没有经过董事会批准，不应设立投出资金科目。该科目该撤销，并将投资获得的相关收益真实地在账面反映，其分录如下。

借：银行存款　　　　　　　　　　　　　　　　670 000

　　贷：投资收益　　　　　　　　　　　　　　　　30 000

　　　　其他货币资金——外埠存款　　　　　　　640 000

**【例 17-8】假作银行汇票**

1. 疑点

查账人员在审查甲公司 2×22 年"其他货币资金——银行汇票"时发现，5 月 16 日签发银行汇票 4 万元（第 12 号凭证），两个月尚未办理手续。查账人员根据银行汇票结算的特点，怀疑甲公司有挪用公款的行为。

2. 查证

查账人员调阅第 12 号凭证，其会计分录如下。

借：其他货币资金——银行汇票　　　　　　　　40 000

　　贷：银行存款　　　　　　　　　　　　　　　40 000

所附原始凭证为李某填写的银行汇票申请书。查账人员询问李某该汇票不办理结算的原因，李某说该汇票交由他人办理，但尚无发票账单。查账人员电函收款单位得知，收款单位尚未取得该汇票。查账人员分析，此种情况有两种可能：一是背书转让了该汇票；二是该汇票作废，尚未办理退款手续。查账人员通过银行查询到该汇票尚未签发，只能是第二种可能。

3. 调账

在原始凭证的基础上，只需对银行汇票金额进行结转，转入银行存款，其调整分录如下。

借：银行存款　　　　　　　　　　　　　　　　40 000

　　贷：其他货币资金——银行汇票　　　　　　　40 000

## 17.2.2　应收与预付账款的会计错弊调整

### （一）应收账款

1. 对应收账款的检查

对应收账款的检查主要集中于对通过该科目虚列收入以及该科目下入账金额不实这两种情况的纠查。主要针对下列行为进行检查。

（1）通过"应收账款"科目虚列收入。

若被查企业出现以下两种行为，即为通过"应收账款"科目虚列收入：一是应收账款的入账时间比较集中，一般年末发生，余额为整数且数额较大；二是将现销业务通过"应收账款"科目核算。对此，查账方法如下。

①详查相关的主营业务收入情况：查阅"主营业务收入"的记账凭证及其相

应的原始凭证，检查要素是否齐全、摘要是否含糊、次年初有无冲转收入的情况。

②确认相关应收账款的真实性：抽查应收账款明细账，向债务人函证，确认所欠货款的真实性，若存在疑点，则应扩大查阅范围或采用详查法查证。

（2）应收账款入账金额不真实。

若被查企业不采用总价法，而按净价法入账以达到推迟纳税的目的，则其应收账款入账金额不实，其具体查账方法如下。

①抽查涉及现金折扣的销售业务。

②核对凭证，检查应收账款明细账，验证入账价值的正确性。

**2. 对应收账款的调账**

（1）通过"应收账款"科目虚列收入。

通过"应收账款"科目虚增收入是企业调节利润的一大手段，针对这一问题，需要冲减虚增的收入，分录如下。

借：主营业务收入 　　　　　　　　　　　　（虚列收入金额）

　　应交税费——应交增值税（销项税额）　　（需缴纳的增值税税额）

　　　贷：应收账款 　　　　　　　　　　　　（捏造的应收账款金额）

（2）应收账款入账金额不真实，调整分录如下。

借或贷：应收账款 　　　　　　　　　　　　（不实金额）

　　　贷或借：错弊科目 　　　　　　　　　　（不实金额）

**3. 应收账款的会计错弊案例分析**

【例 17-9】捏造应收账款，虚列收入

1. 疑点

查账人员对某公司 2×22 年 6 月应收账款记账凭证审核时，发现第 45 号转账凭证的会计分录如下。

借：应收账款 　　　　　　　　　　　　　　226 000

　　贷：主营业务收入 　　　　　　　　　　　200 000

　　　应交税费——应交增值税（销项税额）　　26 000

此转账凭证没有付任何原始凭证。据了解，该公司准备近两年上市，而拟上市公司需连续三年实现盈利才能具备上市条件。但该公司在前 4 个月销售盈利状况都不好，查账人员怀疑其有虚增利润的可能。

2. 查证

查账人员重点调查 1 月、3 月、5 月有关销售的记账凭证，结果发现有关凭证数张，合计销售金额 890 000 元，应收账款金额 1 041 300 元。财务人员承认虚列收入、虚增利润的事实。

3.调账

由于上述错弊是年终结账发现的，所以只需要转回虚增的销售商品款，同时对收入和增值税进行处理。若查账查出错弊发生在资产负债表日后，应将其作为舞弊错账进行日后事项调整，还需调整所得税项目等。本年度清查调账做以下会计处理。

借：主营业务收入　　　　　　　　　　　　　890 000

　　应交税费——应交增值税（销项税额）　　115 700

　　贷：应收账款　　　　　　　　　　　　　　1 005 700

## （二）应收票据

### 1.对应收票据的检查

对于应收票据，主要针对以下行为进行检查。

（1）应收票据长期挂账。若应收票据到期后，企业未收到账款但也未将其转入"应收账款"科目，则查账人员应从以下方面进行查账。

①检查应收票据明细账与应收票据备查簿，查证是否有长期挂账现象。

②必要时查看相关凭证，询问相关当事人、付款人、承兑人，以便查明票款的真实去向，是确实无法收回还是已收回但被贪污挪用。

（2）账目设置不合理，核算不详细、不清楚。复核被查企业相关账簿登记内容、金额等，仔细查阅应收票据备查簿等相关资料，若发现其不设置应收票据明细账或应收票据备查簿，则其账面不合理，核算不详细、不清楚。

（3）应收票据记录内容不真实、不合法。将应收票据与其对应科目的记录和明细账进行核对，必要时检查相关原始凭证和记账凭证，查证账证、证证是否一致。若发现被查企业有以下情况，则表明其应收票据记录内容不真实、不合法：虚构应收票据业务，导致利润虚增，达到粉饰经营业绩的目的；不是应收票据的经济业务都列为应收票据处理；现销商品获得的收入却列为应收票据，等待机会将货款贪污挪用；等等。

### 2.对应收票据的调账

（1）应收票据长期挂账。

①应收票据长期挂账，如果到期未收回，调整分录如下。

借：应收账款　　　　　　　　　　（到期应收票据金额）

　　贷：应收票据　　　　　　　　　　（到期应收票据金额）

②应收票据长期挂账，到期收回后被贪污挪用，调整分录如下。

借：库存现金（或银行存款）　　　　（贪污挪用应收票据金额）

　　贷：应收票据　　　　　　　　　　（贪污挪用应收票据金额）

（2）应收票据记录不真实、不合法。

应收票据记录不真实、不合法，需要对不实金额予以调整，调整分录如下。

借或贷：应收票据　　　　　　　　　　　　（不实金额）

　　贷或借：错弊科目　　　　　　　　　　　（不实金额）

### 3. 应收票据的会计错弊案例分析

【例 17-10】应收票据长期挂账

1. 疑点

查账人员 2×22 年 7 月 6 日在查阅某单位应收票据备查簿时，发现一张面值为 567 000 元的商业承兑汇票，承兑人为甲公司，出票日期是 2×22 年 2 月 3 日，但应收票据备查簿未列明实际收款日期、收款金额。

2. 查证

查账人员查阅了应收票据明细账及有关记账凭证、原始凭证，并与甲公司取得联系，得知甲公司已于 2×22 年 5 月宣布破产进行清算，确实无力支付款项。

3. 调账

此案例问题主要是业务没有及时处理。当有确凿证据证实应收票据不能收回时，应对其进行转销处理，同时核销其坏账准备。调整分录如下。

借：应收账款　　　　　　　　　　　　　　567 000

　　贷：应收票据　　　　　　　　　　　　　567 000

借：坏账准备　　　　　　　　　　　　　　567 000

　　贷：应收账款　　　　　　　　　　　　　567 000

## （三）预付账款

### 1. 对预付账款的检查

对预付账款进行检查，主要查证是否有以下行为。

（1）预付的账款未能收到货物，利用预付账款列支非法支出。

具体而言，从以下两方面查证被查企业是否有此种行为。

①如果被查企业有长期未收到货物的预付账款，查账人员应向供货单位函证相关情况。

②分析预付账款明细账的账龄以及相关的凭证，若账龄过长，则被查企业有可能通过预付账款转移资金或进行其他舞弊。

（2）将企业正常的相关业务收入或营业外收入记入"预付账款"科目，截留各种收入来达到推迟纳税或偷税的目的。

针对此情况，查账人员应检查预付账款明细账，对摘要及对应账户的记录信息进行分析，寻找线索，对有疑点的业务详查其记账凭证和原始凭证等相关资料。

（3）为他人进行非法结算收取回扣，私设"小金库"、利用预付账款业务往来"搭桥"，以此来转移资金以便挪用贪污。

针对此情况，查账人员应检查预付账款相关业务合同的真实性、合法性，查明是否存在以不合理或虚假合同虚列预付账款来串通作弊行为。

**2. 对预付账款的调账**

（1）预付账款长期挂账，账龄过长。

预付账款长期挂账存在转移资金或其他舞弊的可能性，在查证之后需要做出处理，调整分录如下。

借：费用类科目　　　　　　　　　　　　　　　（长期挂账金额）
　　贷：预付账款　　　　　　　　　　　　　　　（长期挂账金额）

（2）将企业正常的相关业务收入或营业外收入记入"预付账款"科目，截留各种收入来达到推迟纳税或偷税的目的。

截留收入需要重新确认，调整分录如下。

借：预付账款　　　　　　　　　　　　　　　　（合计数）
　　贷：收入类科目　　　　　　　　　　　　　　（应计收入金额）
　　　　应交税费——应交增值税（销项税额）　　（应纳增值税金额）

如果该笔收入已非法开支，则应收回这部分款项，同时制作红字凭证抵销预付账款，调整分录如下。

借：预付账款　　　　　　　　　　　　　　　　（应计收入金额）
　　贷：银行存款　　　　　　　　　　　　　　　（应计收入金额）
借：其他应收款　　　　　　　　　　　　　　　（合计数）
　　贷：其他业务收入　　　　　　　　　　　　　（应计收入金额）
　　　　应交税费——应交增值税（销项税额）　　（应纳增值税金额）

收到追回款时，其他应收款减少，应做如下调整分录。

借：银行存款（或库存现金）　　　　　　　　　（应计收入金额）
　　贷：其他应收款　　　　　　　　　　　　　　（应计收入金额）

（3）为他人进行非法结算收取回扣、私设"小金库"、利用预付账款业务往来"搭桥"，以此来转移资金以便挪用贪污。

为他人进行非法结算收取回扣、私设"小金库"、利用预付账款业务往来搭桥等行为都会受到处罚，对此，调整分录如下。

借：银行存款　　　　　　　　　　　　　　　　（合计数）
　　贷：预付账款　　　　　　　　　　　　　（私设"小金库"等金额）
　　　　营业外收入　　　　　　　　　　　　　　（罚款金额）

### 3.预付账款的会计错弊案例分析

【例 17-11】利用"预付账款"截留收入

1.疑点

查账人员查阅某公司预付账款明细账时，发现 2×22 年 4 月 25 日"预付账款"贷方金额为 28 000 元，但借方对应科目不是"材料采购"，而是"银行存款"。调出该凭证，其分录如下。

借：银行存款　　　　　　　　　　　　　　　　　　28 000
　　贷：预付账款——甲公司　　　　　　　　　　　　　　28 000

查账人员进一步查询预付账款明细账，发现该公司在 4 月 25 日之前并未发生预付账款业务，说明不应该有预付账款贷方核算内容，推断这不是预付账款业务。

2.查证

查账人员经与甲公司联系，确认某公司无预付账款业务，因此断定该笔预付账款业务为虚假的。某公司财务管理人员和会计人员承认这是一笔销售废旧物资收入，为减少纳税，会计人员做出如上账务处理。

3.调账

由于截留收入仍挂在"预付账款"科目，而实际并未发生，所以应对"预付账款"科目进行抵销，并确认销售废旧物资的收入，其分录如下。

借：预付账款　　　　　　　　　　　　　　　　　　28 000
　　贷：其他业务收入　　　　　　　　　　　　　　　　28 000

如果该笔收入已非法开支，则应收回这部分款项，同时制作红字凭证抵销预付账款，调整分录如下。

借：预付账款　　　　　　　　　　　　　　　　　　28 000
　　贷：银行存款　　　　　　　　　　　　　　　　　　28 000
借：其他应收款　　　　　　　　　　　　　　　　　28 000
　　贷：其他业务收入　　　　　　　　　　　　　　　　28 000

收到追回款时，其他应收款减少，应做如下调整分录。

借：银行存款（或库存现金）　　　　　　　　　　　28 000
　　贷：其他应收款　　　　　　　　　　　　　　　　　28 000

### （四）其他应收款

1.检查方法

（1）其他应收款的相关业务是否合法。

①查阅其他应收款明细账。

②在了解业务内容后，进一步查阅有关凭证，看是否存在账证不符、账实不符、

无原始凭证或利用虚假原始凭证做账的问题。

（2）其他应收款占用时间、占用额是否恰当合理。

①查阅其他应收款明细账。

②抽查有关凭证、账簿，分析其他应收款的账龄，询问相关人员，判断其他应收款业务内容的真实性，根据疑点查找是否有舞弊现象。

**2. 调账**

其他应收款的错弊主要表现为相关业务不合法及其他应收款占用时间、占用额不恰当、不合理，调整分录如下。

借或贷：其他应收款

   贷或借：错弊科目

**【例 17-12】其他应收款占用时间过长**

1. 疑点

查账人员在查阅某企业其他应收账款明细账时，发现其中有一笔应收张某赔偿款，时间为 4 年前，至今仍未决。

2. 查证

查账人员查阅有关记账凭证和原始凭证并咨询有关知情人，确定张某为仓库保管员，因责任事故给企业造成损失，企业领导决定由张某赔款 2 500 元。但由于种种原因，赔款未能收回。现张某已调出单位且去向不明，因此，这部分赔款已成为事实上的坏账。

3. 调账

当其他应收款出现减值时应该计提减值准备，若发现其他应收款不能收回，可以对该科目进行核销。调整分录如下。

借：管理费用          2 500

  贷：其他应收款         2 500

## 17.2.3 存货的会计错弊调整

### （一）存货取得

**1. 检查方法**

（1）有关存货科目设置是否合理、科学。查账人员首先应检查被查企业的账簿资料，了解相关科目设置，然后对被查企业的存货会计核算与管理的具体要求、实务管理情况、账实核对情况进行调查，最后分析被查企业科目设置的科学性、合理性。

（2）对存货购进过程中发生的溢缺、毁损的会计处理是否合理、正确。查账人员可以检查营业外支出等相关费用的明细账，或查阅有关会计凭证，从中发现可疑之处，待发现问题后应向有关人员询问了解。

（3）外购材料或商品的成本是否正确、真实，从以下几种情况进行分析。

①购货存在折扣时，折扣的相关会计处理前后各期不一致或不正确，影响了商品购进成本的可比性与真实性。查账人员可以检查银行存款日记账摘要及对应账户信息，从中发现线索；若企业采用净额法核算购货折扣，则银行存款的对应科目必然表现为费用支出类科目；必要时可以查证相应的购货合同及会计凭证，判断问题的根本所在。

②将应计入外购材料成本的有关进货费用计入当期损益。查账人员可以从管理费用明细账、银行存款日记账等相关资料的查阅来发现线索，并在疑点下做进一步调查。

③将应计入物资采购成本的有关进货费用或将应计入进口物资成本的国外运保费计入当期费用。此类问题的追查线索关键在于被查企业的银行存款日记账摘要及对应科目的记录，必要时还可以调查有关记账凭证和原始凭证。

④存货购进的增值税处理不正确。针对此问题的查账关键在于"应交税费——应交增值税"明细账及相关凭证，尤其应重点检查增值税专用发票和普通发票，核对账证、证证是否一致。

⑤发生存货退货时，将本应冲销"应交税费——应交增值税（进项税额）"的增值税退回款记入"应付账款""其他业务收入""营业外收入"等科目，以达到少交税的目的。在此种情况下，查账人员应查看库存商品明细账、银行存款日记账摘要及对应科目，必要时应检查相关原始凭证。如果有这类问题，一般会出现"库存商品""应付账款"与"银行存款"对应的情况，或单独出现"应付账款"与"银行存款"对应的情况，但一般无原始凭证。

（4）接受捐赠的存货不入账，形成账外资产或将其出售存入"小金库"。查账人员需要详细核对实物与账簿，询问当事人，发现疑点。对于"小金库"问题，往往会从一些相关问题中发现线索，如企业大量现金，但账内未反映，或有人举报等，发现线索后需进一步查证。

（5）外购材料的入库价格不正确，各会计期间缺乏可比性。此类问题一般发生在采用计划成本核算存货的企业中，企业对计划成本的确认有一定的多变性和随意性，使材料的核算管理有一定难度。若有这类问题，查账人员可以采取抽查的方法，对比某一类或几类材料前后各期的入库价格差异，同时以此为基础向有关人员调查询问。

**2. 调账**

（1）外购材料或商品的成本不正确、不真实，或入库价格不正确，调整分录如下。

借或贷：存货（原材料、材料采购等）　　　　　　　　（错弊金额）

　　　贷或借：错弊科目　　　　　　　　　　　　　　　（错弊金额）

（2）接受捐赠的存货不入账，形成账外资产或将其出售存入"小金库"，调整分录如下。

借：存货（原材料、材料采购等）　　　　　　　　　　（捐赠金额）

　　贷：营业外收入　　　　　　　　　　　　　　　　　（捐赠金额）

**【例 17-13】** 将应计入材料成本的费用计入了当期损益

1. 疑点

查账人员在查阅某工业企业 2×22 年 4 月"管理费用——其他"明细账时，发现 4 月 8 日第 32 号凭证记录中摘要说明含糊不清，决定做进一步调查。

2. 查证

查账人员调阅了 2×22 年 4 月 8 日第 32 号凭证，会计分录如下。

借：管理费用——其他　　　　　　　　　　　　　　　18 530

　　贷：银行存款　　　　　　　　　　　　　　　　　　18 530

经检查该记账凭证所附的原始凭证，查账人员发现原始凭证是两张运费增值税专用发票，其中，铁路运费共计 16 000 元，市内运费为 1 000 元，增值税分别为 1 440 元和 90 元。将运费列为管理费用显然不合理，查账人员查阅银行存款日记账、"材料采购"明细账，并询问当事人，确定该企业将购进原材料过程中发生的应计入原材料成本的运杂费计入了当期损益，2×22 年 4 月 2 日第 28 号凭证反映的购进材料的分录如下。

借：材料采购　　　　　　　　　　　　　　　　　　　52 000

　　应交税费——应交增值税（进项税额）　　　　　　　6 760

　　贷：银行存款　　　　　　　　　　　　　　　　　　58 760

2×22 年 4 月 18 日，材料入库的分录如下。

借：原材料　　　　　　　　　　　　　　　　　　　　52 000

　　贷：材料采购　　　　　　　　　　　　　　　　　　52 000

3. 调账

如果查证时该材料尚未领用，则调整分录如下。

借：材料采购　　　　　　　　　　　　　　　　　　　17 000

　　贷：管理费用　　　　　　　　　　　　　　　　　　17 000

借：应交税费——应交增值税（进项税额）　　　　　　1 700

　　贷：管理费用　　　　　　　　　　　　　　　　　　1 700

借：原材料　　　　　　　　　　　　　　　　　　　　17 000

　　贷：材料采购　　　　　　　　　　　　　　　　　　17 000

如果查证时该材料已被领用，则应将增加的原材料成本结转到生产成本中，应在编制上述调整分录基础上编制如下分录。

借：生产成本　　　　　　　　　　　　　　　　　　　17 000
　　贷：原材料　　　　　　　　　　　　　　　　　　　　　17 000

如果问题查清时，该材料已制成产成品，应相应增加产成品成本，则将上述调整分录改为如下形式。

借：库存商品　　　　　　　　　　　　　　　　　　　17 000
　　贷：原材料　　　　　　　　　　　　　　　　　　　　　17 000

【例 17-14】将应计入采购成本的进货成本计入当期费用

1. 疑点

查账人员在查阅某商品流通企业"库存商品"明细账时，发现 8 月 12 日所购商品的采购成本较前两次进货的成本高得多，决定进一步查询。

2. 查证

查账人员查阅了 8 月 12 日第 34 号记账凭证，会计分录如下。

借：材料采购　　　　　　　　　　　　　　　　　　100 000
　　应交税费——应交增值税（进项税额）　　　　　　 13 000
　　贷：银行存款　　　　　　　　　　　　　　　　　　 113 000
借：销售费用　　　　　　　　　　　　　　　　　　　 16 000
　　贷：银行存款　　　　　　　　　　　　　　　　　　　 16 000

该记账凭证所附的原始凭证是一张增值税专用发票和两张费用发票，增值税专用发票上注明该批商品进价 100 000 元，增值税税率 13%；费用发票上注明运杂费 6 800 元，包装费 5 200 元，装卸费 4 000 元。显然该企业并未将上述进货费用 16 000 元计入商品成本。

3. 调账

如果问题在当年内查证且商品尚未售出，但已入库，则应编制如下调整分录。

借：材料采购　　　　　　　　　　　　　　　　　　　 16 000
　　贷：销售费用　　　　　　　　　　　　　　　　　　　 16 000

如果该商品已售出，则应编制如下调整分录。

借：主营业务成本　　　　　　　　　　　　　　　　　 16 000
　　贷：销售费用　　　　　　　　　　　　　　　　　　　 16 000

## （二）存货发出

1. 检查方法

（1）人为少计或多计发出存货的成本。企业为了隐匿或虚报收益往往会使用各种不正当的手段，少计或多计发出存货的成本是一种常用手段。经实践调查及统计，人为地使得发出存货成本少计或多计的手段有以下几种具体表现形式。

①按计划成本核算材料的企业，故意定高或定低计划成本。

②按实际成本核算材料的企业，不按照规定的程序和计价方法计算产成品及主营业务成本，而故意少转或多转销售成本。

③企业月末虚转成本。

发生上述问题时，"库存商品""原材料""产成品"等科目会表现为总账与明细账不一致、账实不符、各期销售成本波动较大等。查账人员要以此入手，检查被查企业的存货科目，查看账实、账账有无不符现象，对前后各期成本水平进行比较，必要时查看记账凭证和原始凭证，尤其是比较有关部门所存的原始凭证与会计部门原始凭证的一致性，从中发现疑点，询问相关人员，再进一步查证。

（2）发出存货时选用的计价方法不恰当、不合理。会计准则规定企业应当采用先进先出法、加权平均法或者个别计价法确定发出存货的实际成本，取消了后进先出法，而且，企业在选择存货计价方法时要保持一致性，不能随意变动。

查账人员应询问企业有关人员，查看方法选用情况，再调查企业材料等的变动情况，并查阅相关存货明细账贷方记录及其对应科目（如"生产成本""主营业务成本"科目）的信息，判断方法选用的合理性。

（3）存货发生非常损失或改变用途，注销相应存货时故意不结转相应的进项税额，以达到少交增值税的目的。对此，查账人员应查看存货明细账贷方记录及其对应科目，必要时查看原始凭证，重点关注存货损失或改变用途是否对应交增值税进项税额进行调整。

（4）以存货报损为理由，对存货进行销售后存入"小金库"，造成企业财产损失，增加当期费用。针对上述问题，查账人员可以查看存货明细账贷方记录及其对应账款，从中寻找线索，查阅报损原因及领导审批意见，分析是否存在弄虚作假、上下勾结的情况。

**2. 调账**

（1）人为少计或多计发出存货的成本。发出存货成本直接关系到产品成本，必须对少计或多计的金额予以调整，调整分录如下。

借或贷：存货（原材料、材料采购等）　　　（少计或多计的金额）
　　贷或借：错弊科目　　　　　　　　　　　（少计或多计的金额）

（2）发出存货时选用的计价方法不恰当、不合理。将发出存货按合理的计价方法予以重新计量，差额计入或冲减成本，调整分录如下。

借或贷：生产成本等　　　　　　　　　　　（两种方法的差额）
　　贷或借：存货（原材料等）　　　　　　　（两种方法的差额）

（3）存货发生非常损失或改变用途时，注销相应存货时故意不结转相应的进项税额。调整分录如下。

借：营业外支出（或管理费用等）（亏损或改变用途存货的进项税额）

　　贷：应交税费——应交增值税（进项税额转出）（亏损或改变用途存货的进项税额）

【例 17-15】多计存货发出成本

1. 疑点

查账人员在查阅某工业企业 2×22 年 8 月会计资料时，发现该月生产费用水平高于以前各月，材料成本差异率较以前各期低，决定进一步调查。

2. 查证

查账人员调阅了被查企业材料计划成本单价表及"材料采购""原材料"等明细账以及"材料成本差异"科目，发现该企业材料的计划成本高于实际成本，"材料成本差异"科目出现贷方余额。其中，8 月初材料成本差异为节约 241 300 元，本月收入材料的材料成本差异为节约 900 000 元，月初结存材料的计划成本为 6 032 500 元，本月收入材料的计划成本为 18 000 000 元，本月发出材料的计划成本为 17 000 000 元。查账人员复核后发现，该月材料成本差异率应为 -4.749%，发出材料应调减计划成本 807 330 元，但该企业实际采用的成本差异率是 -2.125 3%，调减发出材料计划成本 361 301 元，从而使当月生产成本虚增了 446 029 元。显然，该企业利用"材料成本差异"科目调节生产成本，以达到增加成本、隐匿利润的目的。

3. 调账

在本案例中，企业通过调高"材料成本差异"科目金额，使产品实际账面成本增加了 446 029 元，所以应恢复其真实成本。如果该部分材料所生产的产品尚未完工，则被查企业应编制如下调整分录。

借：材料成本差异　　　　　　　　　　　　　　　446 029

　　贷：生产成本　　　　　　　　　　　　　　　　　　446 029

如果该材料所生产的产品已完工但尚未销售，则被查企业应编制如下调整分录。

借：材料成本差异　　　　　　　　　　　　　　　446 029

　　贷：产成品　　　　　　　　　　　　　　　　　　　446 029

【例 17-16】随意变更计价方法

1. 疑点

查账人员在查阅某工业企业 2×22 年度利润表时，发现该企业 9 月的利润水平明显低于以前各期及上年同期的利润水平。经了解，该企业 9 月产品销售情况与以前各期无明显变化，查账人员怀疑其成本结转存在问题，决定进一步调查。

2.查证

查账人员询问会计主管人员，了解到该企业采用加权平均法计算产成品销售成本，但在查阅"产成品"明细账时，发现9月采用的方法实际上是后进先出法，与以前各期采用的加权平均法不一致；再查阅"生产成本"明细账及"产成本"明细账借方金额，发现产成品单位生产成本呈上涨趋势，特别是在9月生产成本明显增大。查账人员经过进一步调查、核实并询问当事人，确定该企业为了在9月多转成本40万元，采用了与以前各期不同的发出存货计价方法。显然，被查企业违反了可比性会计原则的要求，随意变更计价方法，造成当期销售成本虚增，虚减利润40万元。

3.调账

被查企业应在查清问题当期编制调整分录。假定该企业所得税税率25%，盈余公积提取率10%，应付投资者利润为净收益的50%。由于舞弊现象发生在2×22年，查账在2×23年，除了调整产成品成本外，还需调整所得税相关科目。调整业务中涉及损益类科目的，均通过"以前年度损益调整"科目核算。首先调整产成品成本40万元，再调整所得税费用10万元，最后补提盈余公积和向投资者分配利润。

调整分录如下。

借：产成品　　　　　　　　　　　　　　　　　　400 000
　　贷：以前年度损益调整　　　　　　　　　　　　　　　400 000
借：以前年度损益调整　　　　　　　　　　　　　100 000
　　贷：应交税费——应交所得税　　　　　　　　　　　100 000
借：以前年度损益调整　　　　　　　　　　　　　180 000
　　贷：盈余公积　　　　　　　　　　（300 000×10%）30 000
　　　　应付股利　　　　　　　　　　（300 000×50%）150 000
借：应交税费——应交所得税　　　　　　　　　　100 000
　　贷：银行存款　　　　　　　　　　　　　　　　　　100 000
借：应付股利　　　　　　　　　　　　　　　　　150 000
　　贷：银行存款　　　　　　　　　　　　　　　　　　150 000

## （三）存货存储

1.检查方法

（1）存货账实不符。现代企业制下的永续盘存制规定企业应定期盘点存货，最后得出存货结存数量，以判断账实是否相符。但在会计实际操作中，有些企业不够重视盘点工作，盘点时不细致、不认真，或盘点次数少，造成存货账实不符。

对此问题的查账方法如下。

①检查会计人员是否将所有经济业务登记入账，再核对存货的总账和明细账，

在账账相符的情况下编制存货账存清单。

②组成盘点小组（由查账人员、会计人员、单位主管人员、被查企业存货保管人员组成）对存货进行合理、科学的实地盘点，编制存货实存清单。

③核对以上得到的存货账存清单和实存清单，查证账实是否相符。

④调查了解存货溢缺的具体原因，并就调查结果向相关领导汇报，对溢缺存货进行审批处理。对溢缺存货的处理，是根据原因和审批情况将"待处理财产损溢"科目余额转入相应科目。其中，盘亏、毁损的存货，属于过失人或保险公司赔偿责任的部分，记入"其他应收款"科目，残料价值冲减"待处理财产损溢"科目，差额记入"管理费用"科目；非正常性损失存货，属于保险公司的赔款记入"其他应收款"科目，残料价值冲减"待处理财产损溢"科目，差额记入"营业外支出"科目；盘盈的存货经有关部门批准后冲减管理费用。

（2）存货在存放过程中发生非正常损失，增值税进项税额未转出。企业存货若发生非正常损失，则其购进时的增值税进项税额应转出，即同存货一起结转到"待处理财产损溢"科目，审批后进行处理。在实际操作中，有些企业并未按规定方式处理，增加增值税的抵扣额，少交增值税。

针对上述情况，查账人员应查看存货明细账贷方记录及对方科目的明细账，从中发现线索，进一步检查有关记账凭证和原始凭证，并分析问题原因。

（3）确定存货结存数量的方法选择不当。企业应根据存货的具体特点选择采用永续盘存制还是实地盘存制来确定存货的结存数量。在实际操作中存在以下几个方面的问题。

①本应选择实地盘存制却错误地选择了永续盘存制，使得企业存货核算的工作量大大增加。

②本应选择永续盘存制却错误地选择了实地盘存制，使得正常发出数中包含大量自然损耗、计量误差、管理不善等原因造成的存货短少，不利于存货管理。

③未执行定期盘点制度，未按规定的程序操作，使得存货账实不符。

关于方法选择不当问题，查账人员应先了解被查企业选择的确定存货结存数量的方法，然后检查相关存货明细账的结存栏，在此基础上分析企业存货的具体情况，判断被查企业所采用的方法是否恰当、合理。

（4）未按规定的程序和方法及时处理存货的盘亏和盘盈。企业定期或不定期盘点存货后，若存在账实不符的情况，则应按规定的程序和方法及时调整。在实际操作中存在一些问题，具体如下。

①管理人员责任事故、管理不严造成存货毁损丢失，将本应由责任人员负责赔偿部分计入了管理费用或非正常性损失。

②有些企业营私舞弊、弄虚作假，将企业的存货送给其他企业或个人的部分计入盘亏，列为企业的费用或损失。

③有些企业发现存货溢余后，未将其转入"待处理财产损溢"科目，而将盘盈的存货私分或出售后私分货款，并将货款存入"小金库"。

④有些企业将盘点后的盘亏、盘盈存货长期挂账，造成账实不符。

针对以上情况，查账方法如下。

①调查了解被查企业对存货定期盘点的情况，对盘点结果的处理程序和及时性，对是否存在私分盘盈存货的现象等进行详细分析。

②检查"待处理财产损溢""管理费用""营业外支出"科目的明细账及对应的会计凭证，分析判断被查企业对存货盘亏、盘盈处理的正确性，有无弄虚作假的现象。

**2. 调账**

（1）存货账实不符。按实有存货调账，调整分录如下。

借或贷：存货（原材料等）　　　　　　　（账实差异额）
　　贷或借：错弊科目　　　　　　　　　　（账实差异额）

（2）存货在存放过程中发生非正常损失，增值税进项税额未转出。存货在存放过程中发生非正常损失时，增值税进项税额需要转出。调整分录如下。

借：营业外支出（或管理费用等）　　　　（亏损存货的进项税额）
　　贷：应交税费——应交增值税（进项税额转出）（亏损存货的进项税额）

（3）确定存货结存数量的方法选择不当。存货结存数量的方法选择不当，会导致存货账实不符，应按合理的方法予以调整，调整分录如下。

借或贷：存货（或原材料等）　　　　　　（两种方法差异额）
　　贷或借：错弊科目　　　　　　　　　　（两种方法差异额）

（4）未按规定的程序和方法及时处理存货的盘亏和盘盈。

①若盘盈未记入"待处理财产损溢"科目，调整分录如下。

借：存货（原材料等）　　　　　　　　　（盘盈金额）
　　贷：待处理财产损溢　　　　　　　　　（盘盈金额）

②若盘亏由责任人承担责任，但仍将其记入"管理费用"或"营业外支出"科目，调整分录如下。

借：其他应收款　　　　　　　　（责任人承担责任的部分）
　　贷：管理费用或营业外支出　　　（责任人承担责任的部分）

【例17-17】存货出库不入账，期末作为盘亏入账

1. 疑点

查账人员在查阅某商品流通企业 2×22 年 12 月 "营业外支出" 明细账时，发现盘亏报损 104 000 元，因报损数额较大，查账人员决定进一步查证。

2. 查证

查账人员查阅了 2×22 年 12 月 27 日第 67 号记账凭证，凭证的分录如下。

借：营业外支出             104 000

   贷：库存商品             104 000

该凭证所附原始凭证是一张由领导审批后的存货盘亏报损单，但查账人员认为报损理由不充分。查账人员经过广泛调查取证，确定被查企业 2×22 年 9 月将相关商品以展销会方式售出，收取现金 133 340 元并存入单位的 "小金库"，但未开具销货发票和出库凭证，在年终盘点时将价值 104 000 元的商品记在盘亏损失中，被查企业领导承认是故意所为。显然，被查企业未反映正常的销售收入，一方面抵减了当期利润，未纳相应所得税，另一方面未反映对应的增值税销项税额，少纳增值税；同时，从仓库发出商品时未注销 "库存商品" 科目并结转成本，而是将其作为盘亏损失处理，造成账实不符，虚减收益。

3. 调账

如果该问题在 2×22 年年终结账前查清，首先冲销原分录，然后对实际销售收入进行确认，并结转产品的成本。相关调整分录如下。

借：库存商品             104 000

   贷：营业外支出           104 000

借：银行存款             133 340

   贷：主营业务收入          118 000

     应交税费——应交增值税（销项税额）   15 340

借：主营业务成本           104 000

   贷：库存商品            104 000

如果该问题在 2×22 年年终结账以后查清，假定该企业所得税税率为 25%，盈余公积提取率为净收益的 10%，应付投资者利润为净收益的 50%，由于舞弊发生在 2×22 年，企业 2×22 年少纳税款，除了调整产品销售收入外，还需调整所得税相关科目。调整业务中涉及损益类科目的，均通过 "以前年度损益调整" 科目核算。首先对原来的分录做相反处理，再调整主营业务收入 118 000 元、所得税费用 3 500 元，最后补提盈余公积和分配投资者利润，并对利润分配进行处理。调整分录如下。

借：库存商品             104 000

| | |
|---|---|
| 贷：以前年度损益调整 | 104 000 |
| 借：银行存款 | 133 340 |
| 贷：以前年度损益调整 | 118 000 |
| 应交税费——应交增值税 | 15 340 |
| 借：以前年度损益调整 | 3 500 |
| 贷：应交税费——应交所得税 | 3 500 |
| 借：以前年度损益调整 | 104 000 |
| 贷：库存商品 | 104 000 |

对净利润按 10% 补提盈余公积和按 50% 分配投资者利润，分录如下。

| | |
|---|---|
| 借：以前年度损益调整 | 68 700 |
| 贷：盈余公积 | 11 450 |
| 应付股利 | 57 250 |
| 借：应交税费——应交所得税 | 3 500 |
| 贷：银行存款 | 3 500 |
| 借：应付股利 | 57 250 |
| 贷：银行存款 | 57 250 |

## 17.2.4　固定资产的会计错弊调整

### （一）对固定资产分类、计价的检查

#### 1.固定资产的分类及其会计错弊的检查

固定资产的分类主要关系到固定资产的计提折旧及折旧费用列支科目、金额等，这些将直接影响企业的费用、成本计算和经营成果的确定以及所得税费用的计算，所以固定资产分类很重要。企业对固定资产的分类，一般按经济用途和使用情况来进行。

要了解企业固定资产的分类情况，查账人员必须认真查看企业按固定资产类别设置的固定资产明细账，核对账内所提供的保管使用单位与固定资产的类别，如有不一致的现象，可实地调查保管使用单位及其所持有的固定资产，分析问题的根源。同时，查账人员还应认真查阅账簿中的摘要栏，重点观察企业对融资租赁与经营租赁的处理。

#### 2.固定资产的计价及其会计错弊的检查

（1）入账价值的计量——初始计量。企业的固定资产应按成本进行初始计量。这是指企业购建的固定资产在达到预定可使用状态前所发生的一切合理、必要的支出都是固定资产成本的组成部分，包括直接价款、相关税费、运杂费、包装费和安装费等，也包括间接发生的支出，如应承担的借款利息、外币借款折算差额

以及其他应分摊的间接费用等。有些企业并不按上述规定计量固定资产的价值。

（2）账面价值的计量。企业的固定资产一旦入账，不得随意变更，当固定资产发生减值时再计提减值准备。查账人员可进行以下检查。

①检查低值易耗品与固定资产的明细账，在查看低值易耗品明细账时，要弄清楚每类低值易耗品的数量与总金额，才能准确计算单位价值，以便于进一步判断；在查看固定资产明细账时，应逐项审核固定资产卡片所记录的各项固定资产，了解固定资产用途、使用年限、价值等。

②如果发现问题，应进一步查看记账凭证和原始凭证等反映的信息，了解经济业务本质，做出分析判断。

③必要时还可将各类明细账的余额汇总，与总账余额进行比较，以发现某些问题。

**3. 固定资产分类、计价的会计错弊调账**

（1）固定资产的分类不当。固定资产分类不当时，会影响到折旧，从而影响利润，分为以下两种情况。

①不属于固定资产却分类为固定资产。调整分录如下。

借：错弊科目　　　　　　　　　　　　　　　（资产账面余额）
　　贷：固定资产　　　　　　　　　　　　　　（资产账面价值）
借：累计折旧　　　　　　　　　　　　　（资产已提折旧额）
　　贷：费用类科目　　　　　　　　　　　（资产已提折旧额）

②属于固定资产却分类为其他。调整分录如下。

借：固定资产　　　　　　　　　　　　　　　（资产账面余额）
　　贷：错弊科目　　　　　　　　　　　　　　（资产账面余额）
借：费用类科目　　　　　　　　　　　　　（补提折旧额）
　　贷：累计折旧　　　　　　　　　　　　　（补提折旧额）

（2）固定资产的计价不准确。

固定资产减值准备计提不准确时，需要予以调整。调整分录如下。

借或贷：资产减值损失
　　　　贷或借：固定资产减值准备

**4. 固定资产分类、计价的会计错弊案例分析**

【例 17-18】低值易耗品错列固定资产

1. 疑点

2×22 年 8 月，查账人员在审阅某中外合资企业的"固定资产"总账时，发现该企业 2×22 年 6 月新增固定资产 4 800 元。随后，查账人员又进一步审阅了与该项业务有关的固定资产卡片，发现该项固定资产的品名为"计算机配件——××"。查账人员怀疑该项业务可能是将低值易耗品列为固定资产。

2. 查证

查账人员将记录该项业务的银字第30号付款凭证调出，其会计分录如下。

借：固定资产——计算机配件——××     4 800

    贷：银行存款     4 800

查账人员进一步审阅该记账凭证后附的原始凭证，发现有一张转账支票存根、一张购货发票和一张支出批准证明。购货发票上注明，该企业所购计算机配件共2套，每套单价2 400元，合计4 800元。按照规定，该计算机配件应作为低值易耗品核算，不应作为固定资产核算。查账人员通过进一步调查得知，该项固定资产已在7月计提折旧200元。显然，该项低值易耗品按照规定，可以分4次摊销，即每月摊销1 200元，6月与7月共摊销2 400元。但该企业错将它作为固定资产核算，按照规定只有7月计提了折旧200元。这样便使该企业6月与7月少计费用，多计利润。查账人员与企业领导与财会人员沟通，发现该企业这样做是因为经营情况欠佳，恐不能完成当年利润计划，故有意降低各月费用，虚增利润。

3. 调账

由于此问题于2×22年8月得到查证（结账前），所以被查企业应做如下账务调整。

首先，冲销先前错计折旧费用和管理费用的分录。

借：累计折旧     200

    贷：管理费用——折旧费     200

其次，按正确方式处理业务，将购买的低值易耗品补记入账，增加其账面余额，同时冲销原记入账面的固定资产。

借：低值易耗品——在库     4 800

    贷：固定资产     4 800

领用该项低值易耗品时的会计分录如下。

借：低值易耗品——在用     4 800

    贷：低值易耗品——在库     4 800

按低值易耗品的摊销方式处理，补记6月、7月每月1 200元的摊销额，并将该摊销额计入管理费用。

借：管理费用——低值易耗品摊销     2 400

    贷：低值易耗品——摊销     2 400

## （二）对固定资产增减的检查

### 1.检查方法

（1）对固定资产增加业务的检查。固定资产增加业务的会计错弊主要体现为以下方面。

①固定资产增加业务本身不真实或有不正当行为。对此，查账人员应全面检查、核对固定资产增加业务相关的总账、明细账、记账凭证及原始凭证等资料，并向有关人员询问，分析企业情况，找出线索，查证问题。

②固定资产增加业务的对应科目选择不正确。无论企业选择何种方式增加固定资产，其都应按相关规定处理。在实际操作中，有些企业对应科目选择不正确，造成企业相关会计资料不正确。查账人员可查看设有"对方科目"栏的固定资产明细账，核对固定资产增加业务的记账凭证及原始凭证，必要时可进一步查阅有关会计资料和实地调查，查明问题所在。

（2）对固定资产减少业务的检查。固定资产减少业务的会计错弊主要体现为以下方面。

①固定资产减少业务不真实。有些企业虚构固定资产减少业务，如虚构固定资产毁损、盘亏等，实际上将其私自出售。针对以上问题，查账人员首先应查看固定资产卡片、固定资产登记簿以及固定资产明细账，分析固定资产减少业务的相关会计凭证，发现其中的线索；然后询问有关单位和个人，分析了解有关情况以查明问题。

②固定资产减少业务的对应科目选择不正确。企业固定资产减少时，无论是何原因，都应按准则规定处理。但在实际操作中，有些企业对应科目选择不正确，表现为会计错误或会计舞弊。查账人员应查看相应账簿，按照经济业务所反映的对应科目，分析判断该项业务在会计账簿中的有关科目是否是对应的。若存在疑点，再抽查会计凭证，进行账证、证证核对以查明问题。

### 2.调账

固定资产增减业务如果不合理，企业需要对其进行调整，调整分录如下。

借或贷：固定资产　　　　　　　　　（固定资产增减不合理数）
　　　贷或借：错弊科目　　　　　　　（固定资产增减不合理数）

## （三）对固定资产折旧的检查

### 1.检查方法

固定资产折旧的会计错弊主要集中于以下几个方面，其检查方法如下。

（1）未按规定选用折旧方法。固定资产折旧方法多种多样，如双倍余额递减法、年数总和法、年限平均法等，各有其特性和适用范围。企业必须按照规定，考虑其实际情况和实际需要，结合相应折旧方法的特性进行选择。

对于折旧方法选择错弊，查账人员可以先查看被查企业固定资产卡片、固定资产登记簿、固定资产折旧计算表等会计资料，了解掌握企业选择的具体折旧方法，然后调查了解被查企业的具体情况及固定资产的特点，综合分析以上信息，判断被查企业对各类固定资产所选择的折旧方法是否符合国家有关规定、是否合理科学，并进一步询问了解相关情况，以查明问题。

（2）未按规定确定折旧年限。固定资产折旧年限直接影响企业各期折旧费用的大小，进而影响财务成果。因此，企业应严格按我国财务制度对各类固定资产折旧年限的明确规定以及企业固定资产特征来确定各类固定资产的折旧年限。但在实际操作中，有些企业或选择高于规定年限的上限计提折旧，或选择低于规定年限的下限计提折旧，这些做法都并未按规定的折旧年限来确定折旧时间。

针对此类问题，查账人员除了审阅被查企业的固定资产卡片和固定资产登记簿外，还应查看固定资产折旧计算表及有关会计资料，确定被查企业对某些固定资产所采用的折旧年限，然后将其与财务制度规定的该类固定资产的折旧年限对照分析，检查其是否相符，从而查证被查企业有无按财务制度规定的折旧年限计提折旧的问题。

（3）折旧方法与折旧年限随意变动。固定资产折旧方法与折旧年限一经选择，不能随意变更，确实需要变更时，必须按规定在规定时间内提交变更申请，并向有关主管财务部门上报审批。但现实操作中，不少企业存在随意变动折旧方法与折旧年限的问题：将某些固定资产原已确定的折旧年限由短改长或由长改短；将某些固定资产的折旧方法，从双倍余额递减法或年数总和法变成年限平均法；等等。如发生此类问题，都将影响企业固定资产折旧核算的正确性与真实性，还会影响企业期末财务数据的可比性。

查账人员可以查看被查企业的固定资产卡片、固定资产登记簿和固定资产折旧计算表等会计资料了解情况，还可从"累计折旧"科目各月贷方发生额的变化入手发现可疑之处，再抽查会计凭证，进行账证、证证核对，从而查明问题。

（4）未按规定的范围计提折旧。

《企业会计准则》规定，固定资产的原值、折旧方法、折旧年限、预计净残值一经确定，不得随意更改。企业的固定资产若无增减变化，计提折旧费用额在各期会相对稳定，因此，查账人员应特别关注被查企业的折旧额变化、固定资产增减业务以及引起的折旧额变化。在实际操作中，有些企业不按会计准则所规定的范围来提取折旧，任意扩大或缩小固定资产的计提折旧范围，来调节利润。

对折旧范围问题的检查方法如下。

①查看被查企业的固定资产折旧计算表，核对其中所列计提折旧的固定资产信息与固定资产明细账、固定资产卡片中的信息是否一致。

②了解核实有关固定资产的大修理情况、出租情况、使用情况、需用情况、在建工程的完工情况等相关信息。

③必要时实地考察验证，从而查证被查企业有无任意或错误地扩大或缩小计提固定资产折旧的范围的情况。

（5）固定资产的净残值估计不符合规定。固定资产的净残值是指固定资产使用期满后，残余的价值减除应支付的固定资产清理费用后的价值。固定资产净残值属于固定资产的不转移价值，不应计入成本费用中，待固定资产报废时直接收回。国家对净残值的比率做了明确规定，但在现实操作中，有些企业并未遵守规定。

查账人员应查看固定资产卡片及固定资产折旧计算表等会计资料，检查固定资产折旧率的相关计算方法及计算结果，判断被查企业所预计的净残值率，结合被查企业的具体情况以及财务制度的规定，分析判断被查企业对固定资产净残值的预计的合规性、合理性和真实性。

（6）月折旧额的计算不正确、不真实。

企业应根据固定资产的月折旧率与月初账面固定资产原值分类计算每月折旧额。在现实操作中，有些企业虚增或虚减计提基数，或人为计算错误（有意少计、多计折旧额）等。这些问题都将影响月折旧额的正确性，还会影响计提折旧时的对方科目金额，以及财务指标等的正确性和真实性。

对于这些问题，查账人员应复核固定资产折旧计算表或其他反映固定资产折旧计算过程的原始凭证中的有关计算过程，并将其中反映的有关数字与固定资产卡片或固定资产登记簿中的有关数字进行核对，特别是对发生固定资产增减业务的当月与下月计算的月折旧额要认真核对，从而发现和查清问题。

**2. 调账**

固定资产折旧错误主要表现为折旧金额的不正确，对此，调整分录如下。

借或贷：费用类科目　　　　　　　　（少计提或多计提的折旧额）

　　　贷或借：累计折旧　　　　　　　（少计提或多计提的折旧额）

## 17.2.5　无形资产及其他资产的会计错弊调整

### （一）无形资产

**1. 检查方法**

（1）无形资产计价不合理、不符合规定。查账人员可通过查看企业购入无形资产的发票以及与购入直接相关的税费等，了解无形资产入账情况；检查资产评估部门出具的评估证明，检查企业有无未经法定评估而擅自估计入账的行为；分析企业自行开发的无形资产各项支出的真实性、正确性和合规性；查看无形资产的明细账及相关费用的明细账等，以确定无形资产的计价是否经过法定程序确认，是否取得法定凭证，是否有故意多计或少计无形资产价值的情况。

（2）无形资产的增加处理不真实、不符合规定。查账人员可以查看企业无形资产增加的相关证明文件，检查无形资产的增加是否办理了必要的产权转让手续等。

（3）无形资产摊销的会计处理不正确。查账人员可以先估计无形资产能够确定使用期限，分析企业无形资产估计的使用期限是否正确、合规；再检查会计凭证及相关账簿，查阅企业无形资产的摊销是否转入了恰当的科目。通过以上步骤，查账人员可以分析判断被查企业对无形资产的使用期限估计是否合理，是否随意变动期限，是否随意多摊或少摊无形资产账面余额等。

（4）企业转让、出售无形资产业务的会计处理不正确。查账人员应当查看无形资产的明细账以及出售转让无形资产业务的相关会计资料，向相关当事人询问了解；检查转让、出售无形资产的性质，是转让、出售无形资产所有权还是使用权，其相关会计处理是否正确。通过以上步骤，查账人员可以判断企业是否有如下错弊：转让、出售行为没有得到必要的授权，无形资产的售价确定没有合法依据，对转让、出售无形资产带来损益的会计处理不恰当。

（5）企业以无形资产进行非货币性资产交换时，价值确认不正确。查账人员可以查看非货币性资产交换过程中的有关原始凭证，判断企业无形资产的换出、换入价值是否正确，对补价的会计处理是否有误，以确认企业换入的无形资产的入账价值和补价是否适当。

**2. 调账**

（1）无形资产计价不准确。无形资产因其自身特性在计量方面有一定难度，对此，如果无形资产计价不准确，就需要对其进行调整。调整分录如下。

借或贷：无形资产

贷或借：错弊科目

（2）无形资产处置处理不正确。无形资产处置是非日常生产经营活动，不能确认为"主营业务收入"或"其他业务收入"，同时，需要缴纳增值税。调整分录如下。

借：主营业务收入　　　　　　　　　　　　　　　（处置收益）

贷：营业外收入　　　　　　　　　　　　　　　（应确认收益）

应交税费——应交增值税（销项税额）　　　　　　（应交税金）

**【例 17-19】无形资产摊销**

1. 疑点

2×22 年 7 月，查账人员在审计某公司 2×21 年度会计报表时，发现该公司的管理费用明显高于上年度平均水平。

2. 查证

通过查阅"管理费用"明细账,查账人员发现该公司将尚有 5 年使用期限的商标权的摊余价值 40 万元全部记入了"管理费用"科目。公司管理部门没有拿出全部摊销该无形资产成本的合法证据。会计分录如下。

借:管理费用　　　　　　　　　　　　　　　　　　　400 000

　　贷:无形资产　　　　　　　　　　　　　　　　　　400 000

根据有关规定,企业的无形资产应当自取得当月起在预计使用年限内分期平均摊销,计入损益。显然,只有当无形资产预期不能为企业带来经济利益时,企业才能将该无形资产的账面价值予以转销。在审计过程中,该公司不能拿出全部摊销无形资产成本的合理理由,因此,可以认定其相关会计处理是错误的。

3. 调账

由于在 2×22 年 7 月调查 2×21 年报表,2×21 年少纳了税款,除了调整"无形资产"科目外,还需调整所得税相关科目,调整业务中涉及损益类科目的,均通过"以前年度损益调整"科目核算。

(1) 首先冲销多摊销的 32 万元无形资产。无形资产价值为 40 万元,尚可摊销 5 年,2×21 年应摊销 8 万元,所以冲销多摊销的 32 万元,会计分录如下。

借:无形资产　　　　　　　　　　　　　　　　　　　320 000

　　贷:以前年度损益调整　　　　　　　　　　　　　　320 000

(2) 多计算管理费用 32 万元,导致 2×21 年利润低估,应补交该部分所得税(所得税税率为 25%),然后将"以前年度损益调整"科目余额转入"利润分配"科目,分录如下。

借:以前年度损益调整　　　　　　　　　(320 000×25%) 80 000

　　贷:应交税费——应交所得税　　　　　　　　　　　80 000

借:以前年度损益调整　　　　　　　　　　　　　　　240 000

　　贷:利润分配——未分配利润　　　　　　　　　　　240 000

(3) 最后提取盈余公积和向投资者分配利润。按净利润的 10% 计提盈余公积、50% 分配利润。分录如下。

借:利润分配——未分配利润　　　　　　　　　　　　144 000

　　贷:盈余公积　　　　　　　　　　　(240 000×10%) 24 000

　　　　应付股利　　　　　　　　　　　(240 000×50%) 120 000

【例 17-20】企业转让无形资产

1. 疑点

2×22 年 7 月,查账人员对某公司无形资产项目进行审查后,发现该公司 4 月有一笔向外转让无形资产业务，取得收入 240 000 元，该项无形资产的账面价值为 180 000 元。查账人员在审查该公司其他业务收入和其他业务成本账目时，发现有此业务的记录，但怀疑其账务处理有误。

2.查证

查账人员调出 4 月 16 日凭证，其会计分录如下。

借：银行存款 240 000

　　贷：其他业务收入 240 000

借：其他业务成本 180 000

　　贷：无形资产 180 000

根据会计制度规定，企业出售无形资产，按实际取得的转让收入，借记"银行存款"等科目；按该项无形资产已计提的减值准备，借记"无形资产减值准备"科目；按该项无形资产的账面余额，贷记"无形资产"科目；按应支付的相关税费，贷记"银行存款""应交税费"等科目；按其差额，借记或贷记"资产处置损益"科目。该公司的上述做法，将无形资产出售损益计入了营业收支中，同时销售无形资产业务没有缴纳增值税。

3.调账

出售无形资产的款项通过"资产处置损益"及"应交税费——应交增值税"科目进行核算，出租通过其他业务收支及"应交税费——应交增值税"科目进行核算，业务发生时的正确会计处理如下。

借：银行存款 240 000

　　贷：无形资产 180 000

　　　　应交税费——应交增值税（进项销额）[240 000÷（1+6%）×6%]13 584.9

　　　　资产处置损益 46 415.1

同时，冲销原分录。

借：其他业务收入 240 000

　　贷：银行存款 240 000

借：无形资产 180 000

　　贷：其他业务成本 180 000

## （二）长期待摊费用

1.检查方法

（1）企业在筹建期间发生的开支，没有在开始生产经营的当期一次计入长期待摊费用。查账人员应当查看"长期待摊费用"科目的明细科目，分析该项费用的会计处理是否正确；重点检查在商谈筹办企业时发生的差旅费，投资者以贷款形式投入企业的资本金所发生的利息支出等。

（2）企业大修理支出并用预提、待摊两种方法。查账人员应当仔细检查企业各期处理大修理支出选择的核算方法是否一致，若出现重复列支现象，要及时要求企业冲回多计的支出，调整为正确的损益。例如，企业一方面在大修理支出发生时，将费用等记入"长期待摊费用"科目，再逐年摊入成本；另一方面又预提大修理支出，重复列支大修理支出。这属于会计错弊。

（3）固定资产大修理支出确认不正确、不真实。为了查明企业是否把成本中开支的人工费、材料费及其他成本费用的内容列入大修理支出，造成大修理支出数额不真实、成本数额不正确，查账人员应注意检查大修理支出明细账，分析各项支出的具体内容，查明是否有错列内容的现象。查账人员可对大修理支出明细账、成本费用明细账及固定资产明细账进行核对，查明企业是否存在混淆固定资产更新改造、大修理支出与日常中小修理支出的现象。

（4）租入固定资产改良支出列支不正确。查账人员应查看租入固定资产的合同、发生改良工程的相关记录，查清是否存在将固定资产、无形资产以及在建工程项目核算的支出计入改良支出的情况，还应特别关注改良支出支付者是否为承租人。

**2. 调账**

长期待摊费用的错弊集中在长期待摊费用的计量和科目设置上，调整分录如下。

借或贷：长期待摊费用

　　　　贷或借：费用类错弊科目

**【例 17-21】长期待摊费用记账错误**

1. 疑点

2×22 年 6 月，查账人员对某公司 2×21 年的账务进行审查时发现，该公司的利润与前一年的利润相比大幅度减少。查账人员通过对有关账项进行比较分析，发现其主要原因是长期待摊费用的大量摊销。

2. 查证

查账人员对 2×21 年的"长期待摊费用"科目进行详细审查后，发现 2×21 年 6 月 8 日该公司租入固定资产的改良支出数额异常，其会计分录如下。

借：长期待摊费用　　　　　　　　　　　　　　　　　　　3 000 000

　　贷：在建工程　　　　　　　　　　　　　　　　　　　　　3 000 000

6 月至 12 月，该公司每月的长期待摊费用的摊销分录如下。

借：管理费用　　　　　　　　　　　　　　　　　　　　　200 000

　　贷：长期待摊费用　　　　　　　　　　　　　　　　　　　　200 000

经查证，该项固定资产改良支出实质上是公司新建仓库项目所发生的支出。而根据企业会计制度规定，企业新建仓库应该作为固定资产项目核算，而不应计入租入固定资产的改良支出，即不应记入"长期待摊费用"科目。

3.调账

由于2×22年查账时发现舞弊错账，该公司2×21年少纳税款，除了固定资产及折旧外，还需调整所得税相关科目，调整业务中涉及损益类科目的，均通过"以前年度损益调整"科目核算。因为该公司已从6月到12月摊销长期待摊费用共7个月，所以应该将原计入管理费用的1 400 000元和剩余长期待摊费用1 600 000元转入"固定资产"科目，做如下调整分录。

借：固定资产　　　　　　　　　　　　　　　　　　　3 000 000
　　贷：长期待摊费用　　　　　　　　　　　　　　　　　　1 600 000
　　　　以前年度损益调整　　　　　　　　　　　　　　　　1 400 000

由于固定资产还需折旧，记入"管理费用"等科目，所以应补提2×21年的折旧（每月计提折旧额25 000元），做如下分录。

借：以前年度损益调整　　　　　　　　　　　　　　　　175 000
　　贷：累计折旧　　　　　　　　　　　　　　　　　　　　175 000

所得税税率为25%，还应补交所得税费用。由于2×21年报表已记入费用支出1 400 000元并在本期冲回，本期重新入账175 000元，所以多计支出1 225 000元（1 400 000-175 000），即以前年度损益调整差额，应对该部分补交所得税，会计分录如下。

借：以前年度损益调整　　　　（1 225 000×25%）306 250
　　贷：应交税费——应交所得税　　　　　　　　　　　　306 250

**【例17-22】长期待摊费用摊销错误**

1.疑点

2×22年6月，查账人员审查某公司长期待摊费用项目时，发现该公司为新建公司，筹建期间发生筹建费用40万元，但其摊销额却很小。

2.查证

查账人员调查该公司筹建的资料得知，该公司于2×22年2月开始筹建，4月10日开始营业，筹建期间发生筹建费用40万元，4月摊销了8万元。会计分录如下。

借：管理费用　　　　　　　　　　　　　　　　　　　80 000
　　贷：长期待摊费用　　　　　　　　　　　　　　　　　　80 000

该公司在筹建期发生的费用，应先计入长期待摊费用，之后在开始生产经营的当月，将归集的长期待摊费用一次计入当月的损益。因此，该公司4月只摊销80 000元是不正确的。

3. 调账

应将未转销的长期待摊费用转销，分录如下。

借：管理费用　　　　　　　　　　　　　　　　　　　80 000
　　贷：长期待摊费用　　　　　　　　　　　　　　　　　80 000

# 第 18 章
# 负债业务的会计错弊调整

## 18.1 怎样理解负债业务

### 18.1.1 负债业务概述

负债是指企业过去的交易或事项形成的现时义务，履行该义务预期会导致经济利益流出企业。负债反映了企业债权人的权益，是企业权益的重要组成部分。在数量上，企业某一特定日期的资产总额减去所有者权益总额就等于负债总额。企业的负债按流动性，分为流动负债和非流动负债。

### 18.1.2 负债业务常见错弊

负债是企业的主要融资来源之一，负债业务也是企业核心业务之一，负债业务的错弊点主要集中在短期借款、应付账款、应付票据、应付职工薪酬、应交税费、其他应付款、长期借款、应付债券、长期应付款、预计负债等上。

## 18.2 怎样处理负债业务的会计错弊

### 18.2.1 短期借款的会计错弊调整

#### （一）检查方法

**1.短期借款业务程序和手续不完备、不合规**

被查企业的短期借款的业务程序和手续不完备、不合规，一般表现为：企业所签订的借款合同条款不完备，发生的短期借款业务未经有关机构批准等。此时，主要的查账方法如下。

（1）查看企业的短期借款计划，检查企业是否编制了短期借款计划。

（2）若有相应计划，则分析查看其计划编制的依据是否科学、合理，计划内容全面与否，涉及数据的计算准确性如何。

（3）将计划的有关内容与企业现金流量表、筹资计划书进行核对，详细了解实际情况后查明问题。

**2. 短期借款取得时没有物资保证，或物资保证不充足**

针对此问题，查账人员应查看企业有关财产物资账户，查证该项借款取得是否有物资保证，并分析用作担保的物资是否恰当、合理，同时检查对保证借款物资的金额计算是否正确，是否存在故意多计的现象。

**3. 短期借款未按规定用途使用**

针对此问题，查账人员应查看短期借款有关明细账户内的记录，分析具体借款种类及其金额；同时查阅对应的会计资料，查明企业对取得的短期借款的使用范围，有无超出合同规定的情况。

**4. 短期借款利息处理不合理**

针对此问题，查账人员应检查短期借款有关明细账户中所记载的借款额、还款时间及相应的借款计划与合同，核算企业利息的计算是否有误，查阅利息的支付方法和账务处理是否及时、正确。

**（二）调账**

短期借款容易出错的地方就是计提利息，调整分录如下。

借或贷：财务费用　　　　　　　　　　　　　　　（错提利息金额）

　　贷或借：应付利息　　　　　　　　　　　　　（错提利息金额）

**【例 18-1】多提利息**

1. 疑点

查账人员于 2×23 年 3 月 4 日对某公司的短期借款项目进行审查时，发现有一张 2 月预提借款利息的记账凭证比较可疑。该记账凭证反映的业务内容为"预提某农行借款利息"，共计 20 万元，会计分录如下。

借：财务费用　　　　　　　　　　　　　　　200 000

　　贷：应付利息　　　　　　　　　　　　　　200 000

2. 查证

查账人员通过对该公司短期借款各明细账户的审查，发现该公司 2×23 年 2 月全部短期借款总额为 600 万元，其中从农行取得的短期借款为 400 万元。这样，该公司预提利息的情况表明公司负担的农行短期借款年利率为 60%[（200 000÷4 000 000）×12 × 100%]。这显然和银行利率很不相符。由此判断，该项账务处理是不正确的。

查账人员经过查阅有关借款协议、账簿记录，查明该公司在 2×22 年 12 月向农行某支行借入短期借款 400 万元，年利率 12%，借款期限半年，到期一次还本付息。因此，该公司每月应预提利息费用 40 000 元。

3. 调账

该公司多提了利息费用 16 万元，调整分录如下。

借：应付利息           160 000

  贷：财务费用           160 000

## 18.2.2　应付账款的会计错弊调整

### （一）检查方法

**1. 虚列应付账款数额**

针对企业为实现其不法目的，将不属于应付账款核算范围的开支仍记入"应付账款"科目，虚列金额，待合适时机将其转销或转账的虚列应付账款数额的行为，查账人员应注意：仔细查看应付账款明细账，分析判断企业是否存在虚设明细账的情况，是否将非法支出列入该明细账；查阅"应付账款"科目是否存在异常方向的余额，若检查发现线索，则应进一步抽查会计凭证，核对账证，查明问题。

**2. 应付账款有关科目金额账账不符**

若企业存在"应付账款"总账余额与明细账余额之和不等、"应付账款"账户余额与债权人"应收账款"账户余额不一致等问题，则其应付账款有关科目金额账账不符。此种情形下，查账人员主要审查"应付账款"科目及其有关科目记录，如发现疑点需进一步查证，如函证相关客户等。

**3. 利用应付账款贪污现金折扣**

常见错弊具体表现为：被查企业对规定期内支付的应付账款，先按总价借记"材料采购"科目，贷记"应付账款"科目，即使供货单位有现金折扣的规定，被查企业在优惠付款期内付款后，对现金折扣也不予扣除，仍按发票原价进行会计处理，而将从供货单位取得的退款支票或现金贪污。

主要的查账方法有：检查有关明细账户内记载的采购、付款时间以及有关采购计划和合同，了解供货单位的销售规定，分析采购时间与货款支付时间等，检查被查企业是否存在利用应付账款来贪污现金折扣的现象。

**4. 购货退回不冲减应付账款**

不少企业存在购入货物后又将其退货时，故意不冲减相应货款，利用购货退回或假购进货物而贪污货款的问题。

针对此情况，查账主要集中于查阅退货登记簿的退货记录，并结合"应付账款"科目的贷方余额观察两者数额是否吻合。如果"应付账款"科目出现减少数，则核实企业是否通过"银行存款"或"库存现金"等科目进行核算。

**5. 企业通过"应付账款"科目藏匿销售收入**

企业为了隐匿收入以减少税费，往往会对已实现的销售收入，不贷记有关收入科目，而反映在"应付账款"科目中。查账人员应检查"应付账款"科目及其相关科目的记录，查看相关业务的原始凭证，分析判断问题。

## （二）调账

### 1. 虚列应付账款或应付账款账实不符

企业利用应付账款作假，查证之后予以调整，调整分录如下。

借或贷：应付账款

　　　　贷或借：错弊科目

### 2. 利用应付账款贪污现金折扣

现金折扣金额需要调减应付账款，调整分录如下。

借：应付账款　　　　　　　　　　　　　　　　（现金折扣金额）

　　贷：财务费用　　　　　　　　　　　　　　（现金折扣金额）

### 3. 购货退回不冲减应付账款

购货退回后应及时调减应付账款，调整分录如下。

借：主营业务收入　　　　　　　　　　　　　（退货销售额）

　　应交税费——应交增值税（销项税额）　　（退货销售额税金）

　　贷：应付账款　　　　　　　　　　　　　　　（合计数）

同时，结转成本。

借：库存商品　　　　　　　　　　　　　　　（退货成本）

　　贷：主营业务成本　　　　　　　　　　　　（退货成本）

### 4. 企业通过"应付账款"科目藏匿销售收入

企业收入要及时确认，利用应付账款藏匿收入要做以下调整分录。

借：应付账款

　　贷：主营业务收入

　　　　应交税费——应交增值税（销项税额）

同时，结转成本。

借：主营业务成本

　　贷：库存商品

**【例 18-2】隐瞒应付账款**

#### 1. 疑点

2×23 年 5 月，查账人员在审查某公司当月的应付账款业务时，发现该公司应付账款余额比上一年度同期明显减少。

#### 2. 查证

经过调查该公司与应付账款业务相关的采购业务并询问有关当事人，查账人员得知该公司有 200 万元材料已验收入库，货款尚未支付，但在"应付账款"科目和"原材料"

科目中并没有记录。按照规定，企业在收到所购货物后，应及时将未付的款项记入"应付账款"科目。该公司对该项业务不做应付账款增加的会计处理，就构成了隐瞒企业负债的行为，歪曲了其财务状况。

3. 调账

根据上述情况，查账人员建议该公司做如下调整分录。

（1）虽然是 2×23 年初对 2×22 年进行查账，但此业务并不涉及损益类科目，仅调整相关业务即可，将材料采购的业务入账的分录如下。

借：原材料             2 000 000

   应交税费——应交增值税（进项税额）   260 000

   贷：应付账款           2 260 000

（2）支付货款时做如下会计分录。

借：应付账款            2 260 000

   贷：银行存款           2 260 000

**【例 18-3】虚列应付账款**

1. 疑点

查账人员审查某公司 2×22 年 8 月"应付账款—— A 公司"明细账时发现有一笔记录的摘要含糊不清，且该公司未从 A 公司采购任何货物，查账人员怀疑其为虚列。

2. 查证

查账人员调阅 8 月 23 日第 48 号记账凭证，其会计分录如下。

借：银行存款            226 000

   贷：应付账款—— A 公司       226 000

记账凭证中的附件有一张银行解缴单及销售发票记账联，其中，销售金额为 200 000 元，增值税为 26 000 元。查账人员询问该公司财会人员，其承认将销售收入作为应付账款处理。显然，该公司为隐瞒利润少交税款，将销售收入 226 000 元隐匿在了"应付账款"科目中。

3. 调账

业务中并不涉及应付账款，应将其核销，同时确认销售收入和增值税，结转销售成本，调整分录如下。

借：应付账款—— A 公司        226 000

   贷：主营业务收入         200 000

     应交税费——应交增值税（销项税额）   26 000

## 18.2.3　应付票据的会计错弊调整

### （一）检查方法

**1. 应付票据金额与发票金额不一致**

针对此情况，查账人员应检查应付票据金额与发票金额是否一致，若不一致，应进一步向有关当事人询问了解，查明是否存在错弊情况。

**2. 应付票据长期挂账，期末余额不正确**

针对应付票据的重要项目，查账人员应函证相关单位，核实余额的正确性，并根据回函情况分析编制函证结果汇总表，查证应付票据是否真实；查阅应付票据备查簿，抽查分析重要的原始凭证的真实性，判断会计处理是否正确；向相关当事人询问了解，将以上情况汇总分析，得出结论。

**3. 带息应付票据的利息计算及会计处理不正确**

针对此情况，查账人员应检查带息应付票据的利息计提情况，查清是否足额提取，查看应付票据明细账，查证其会计处理的正确性。

**4. 应付票据发生和偿还记录不完整、不真实**

针对此情况，查账人员应汇总应付票据的明细信息，核算汇总金额是否正确，同时核对应付票据登记簿、报表数、总账数和明细账合计数等几者是否相等。

### （二）调账

应付票据的差错主要集中在应付票据的存在性及金额的准确性上，调整分录如下。

借或贷：应付票据
　　　贷或借：错弊科目

**【例 18-4】** *虚假的应付票据*

1. 疑点

查账人员在审查某公司"应付票据"明细账时，发现 2×23 年 4 月 25 日第 45 号凭证记载"应付购货款"的记录没有有关合同。查账人员对应付票据的真实性产生怀疑。

2. 查证

查账人员调阅第 45 号凭证，其分录如下。

借：银行存款　　　　　　　　　　　　　　　　　　80 000
　　贷：应付票据——甲公司　　　　　　　　　　　　80 000

凭证附件有进账单、借甲公司周转款的收据、被查公司签发并承兑的商业汇票，汇票年利率为 5%。从原始凭证来看，被查公司以签发商业汇票形式掩盖了从甲公司借款的事实。

3.调账

被查公司应将应付票据真实反映为借款项目,虽然都是负债类科目,但借款会对相关财务指标产生影响。调整分录如下。

借:应付票据——甲公司                               80 000

    贷:短期借款——甲公司                             80 000

## 18.2.4 应付职工薪酬的会计错弊调整

### (一)检查方法

**1.应付职工薪酬核算不正确**

此类错弊具体表现为以下几个方面。

(1)不按国家规定的标准发放津贴。

(2)代扣款项的计算不准确。

(3)计时工资的考勤记录不严格,或计件工资的产量、质量记录不严格,使得计件工资计算不正确。

主要查账方法如下。

(1)查看工资结算单、考勤记录、产量及质量记录,以及其他相关会计资料,审查"应付职工薪酬"科目核算的内容是否属于工资总额的范围,考勤记录有无不真实的情况。

(2)将工资结算表中的职工姓名与单位人力资源部门的职工名册进行核对,查证是否存在虚列职工姓名进行贪污的情况;详查工资结算表内的相关内容,复核其计算是否准确。

**2.应付职工薪酬的发放程序不完善、管理不严格,虚构工资名单,套取私利**

此类行为的具体表现如下。

(1)伪造职工签章,冒领工资。

(2)虚构职工名单由出纳保管后,通过虚增的员工人数,多发工资。

(3)职工因已经调出、退休或死亡等而减少后,仍将其列在工资单中,继续发放工资。

(4)发放工资手续不健全,职工领取工资后不签章。

(5)将职工暂时未领的工资计入其他应付款。

在此情况下,查账人员主要审查工资结算表中的实发数与现金日记账中的现金提取数,查证两者是否相符,是否伪造签章;查看工资结算表中的职工签章,分析是否存在签章不全进行冒领的现象。

### (二)调账

应付职工薪酬的错弊主要集中在其核算上,对此,调整分录如下。

借或贷：应付职工薪酬

贷或借：错弊科目

**【例 18-5】应付职工薪酬的发放和核算差错**

1. 疑点

2×22 年 7 月，查账人员对某公司进行财务审查时，发现该公司有在册职工 252 人，雇用临时工 50 人，当月的工资结算单汇总表反映，全公司应发工资总额为 175 090 元，代扣款项 12 030 元，实发工资 163 060 元。查账人员在审查过程中，发现公司的甲车间和乙车间的工资结算单中都有王林和张晓的名字，工资金额均为 1 000 元；了解到 50 名临时工中，有 40 名是参加本公司生产流水线安装的民工。

2. 查证

查账人员通过向该公司人事部门调查，发现王林于 7 月从甲车间调入乙车间，同时张晓由乙车间调入甲车间。由此分析，两人的工资可能系重复计列和发放。经进一步核实，事实确实如此。查账人员查阅有关工资费用分配表及有关费用记录时，发现 40 名参加本公司生产流水线安装的民工的工资 20 800 元计入了当期的生产成本，显然，该公司的工资发放和核算有误，导致当期的生产成本虚增了 22 800 元。

3. 调账

（1）应冲销多计职工薪酬记入的受益对象科目，并收回多发工资，共计 2 000 元，分录如下。

借：应付职工薪酬 2 000
　　贷：生产成本 2 000
借：其他应收款 2 000
　　贷：应付职工薪酬 2 000

（2）生产流水线安装人工成本不应计入生产成本，而应计入在建工程成本，应更正民工工资费用的计列科目。

借：应付职工薪酬 20 800
　　贷：生产成本 20 800
借：在建工程 20 800
　　贷：应付职工薪酬 20 800

或直接将以上科目合并，只做一个分录，将"生产成本"科目相关金额直接转入"在建工程"科目。

借：在建工程 20 800
　　贷：生产成本 20 800

## 18.2.5 应交税费的会计错弊调整

### （一）检查方法

#### 1.应交税费的计税依据不正确

税法规定了各类收入的销售额，企业销售额确定不正确，会使得应纳税额的计算不正确。

查账人员应注意查阅各税种计税依据的相关科目的记录，结合税法规定分析销售额的确定是否正确，对企业计算的应交税费正确性进行验证。

#### 2.应交税费的税率选择不恰当

税法对各类收入规定了税率，企业为达到少交税的目的，不按规定选择恰当的税率，而采用较低的税率进行计算，会使得税额计算不正确，损害国家利益。

具体的查账方法为：查看企业与纳税相关的各种资料，结合税法分析企业经济业务的特点，然后判断企业所用税率是否合理。

#### 3.长期拖欠应交税费

针对此情况，查账人员可通过查阅应交税费明细账，尤其关注期末余额较大的和挂账时间较长的应交税费明细账，分析判断被查企业是否有应交税费的账户期末余额较大、长期挂账的行为，是否给国家税收带来损失。

#### 4.税收减免不符合规定

税法一般对税收减免事项都有明确的规定，有些企业为减少应纳税额，可能通过虚构、欺诈来满足减免税条件，以骗取税收减免。

此时，主要的查账方法有：查看企业与纳税相关的各种原始资料，验证这些资料的可靠性、真实性，判断企业是否具备享有税收减免优惠的资格。

### （二）调账

应交税费的错弊主要集中在其核算上，对此，调整分录如下。

借或贷：费用类科目

　　　　贷或借：应交税费

【例18-6】漏交税款

1.疑点

2×23年4月，查账人员在审查某公司的应交增值税项目时，了解到该公司当年3月购进计算机80台，买价为40万元，增值税进项税额为5.2万元。查账人员在查阅有关科目时，发现固定资产账户中记录的账面原值为0。

2.查证

查账人员审阅"应交税费——应交增值税"明细账时发现购买该项设备的增值税进项税额已在3月抵扣了销项税额，但该固定资产却不存在，查询后发现计算机已作为福利发给优秀员工。根据税法有关规定，企业购置机器设备等所支付的增值税进项税额形成固定资产的购置成本，可以抵扣销项税额，但作为福利发放给员工，并不能抵扣增值税。

3. 调账

增值税进项税额已抵扣，应在下期做进项税额转出，按受益对象将其计入成本或费用类科目。

借：管理费用　　　　　　　　　　　　　　　　　　52 000

　　贷：应交税费——应交增值税（进项税额转出）　　52 000

## 18.2.6　其他应付款的会计错弊调整

### （一）检查方法

#### 1. 其他应付款长期挂账

针对此情况，查账人员应查阅"其他应付款"明细账，查看长期挂账未清理的记录，抽查对应的会计凭证，向有关单位和个人询问了解，查明长期挂账的原因。

#### 2. 将其他项目列入"其他应付款"科目

针对此情况，查账人员应查阅"其他应付款"明细账，检查摘要所述是否清楚或有无没有说明的情况。若发现疑点，则需再抽查会计凭证，进行账证、账账核对，向有关单位和个人询问了解，查明是否有截留商品销售收入的一部分，将其反映在"其他应付款"科目中或者出售废旧物资、材料等款项记入"其他应付款"科目等问题。

### （二）调账

其他应付款的错弊主要集中在科目的错用上，调整分录如下。

借或贷：其他应付款

　　　　贷或借：错弊科目

【例 18-7】利用其他应付款作弊

1. 疑点

查账人员在审查某企业 2×22 年 8 月"其他应付款"明细账时，发现该企业 8 月增多了两个明细科目，但摘要记录含糊不清，怀疑其会计处理有假。

2. 查证

查账人员调出 8 月 15 日第 23 号凭证，会计分录如下。

借：银行存款　　　　　　　　　　　　　　　　135 648.71

　　贷：其他应付款——A 公司　　　　　　　　　135 648.71

所附原始凭证为一张收据。查账人员调出 8 月 28 日第 49 号凭证，其会计分录如下。

借：银行存款　　　　　　　　　　　　　　　　40 913.79

贷：其他应付款——B公司                                  40 913.79

所附原始凭证同样为一张收据。查账人员询问财会科长得知，这两笔账是销售收入，这两笔账的会计处理是领导的意见。可见，该企业利用其他应付款截留收入，并以错账掩饰其作弊行为。

3. 调账

企业应真实反映销售情况，冲销其他应付款，确认收入和增值税。

借：其他应付款——A公司                             135 648.71

          ——B公司                                  40 913.79

    贷：主营业务收入                                156 250

      应交税费——应交增值税（销项税额）         20 312.5

企业没有确认销售收入，导致利润低估，则应补交所得税，税率为25%，做如下调整分录。

借：所得税费用                     （156 250×25%）39 062.5

    贷：应交税费——应交所得税                     39 062.5

## 【例 18-8】其他应付款长期挂账

1. 疑点

查账人员在审查某企业2×22年"其他应付款"科目时，发现有一笔2×20年8月因包装物出租给甲公司而收到的押金6 000元形成的其他应付款长期挂账，怀疑其会计处理有假。

2. 查证

查账人员调出2×20年8月第25号凭证，会计分录如下。

借：银行存款                                 6 000

    贷：其他应付款                             6 000

经询问公司的当事人，查账人员得知这一批包装物已经归还，归还时由于包装物已损坏，便以6 000元押金作为赔偿。某企业的当事人证实了这一点。可见，该企业以遗忘转账为名，截留了收入和少交了税款。

3. 调账

归还出租包装物时，应对其他应付款进行相应处理。按税法规定，包装物押金在到期时未退则做销售处理。包装物押金为含税金额，需换算为不含增值税的销售款。

借：其他应付款                             6 000

    贷：其他业务收入            [6 000÷（1+13%）] 5 309.7

      应交税费——应交增值税（销项税额）           690.3

## 18.2.7　长期借款的会计错弊调整

### （一）检查方法

**1. 没有编制长期借款计划或计划编制不合理，长期借款没有履行必要的审批手续**

针对此情况，查账人员应查看借款合同、了解企业的授权批准程序，审阅借款数额、还款期限、借款利率、借款日期、借款条件，将以上资料与会计记录核对。

**2. 长期借款变更规定用途**

针对此情况，查账人员应调查企业近期的重大支出项目，将工程项目价值的增加额与长期借款的增加额进行核对，分析比较，确定是否存在长期占用借款或挪用借款的情况。

**3. 长期借款利息的计算及会计处理不正确**

针对此情况，查账人员应计算长期借款在各期末的账面价值，结合利率计算利息支出，并与"在建工程""财务费用"的相关记录核对，分析企业是否存在高估或低估利息支出现象。

**4. 长期借款本息的归还不及时**

针对此情况，查账人员应查看年末到期借款是否未偿还，逾期借款是否办理延期申请手续，审核逾期借款的金额、比率和期限，分析企业的偿债能力和资信程度。

### （二）调整

长期借款的错弊主要集中在长期借款利息的计算及会计处理上，利息费用化计入费用，利息资本化就需要计入成本，调整分录如下。

借或贷：应付利息 / 财务费用

　　　　贷或借：在建工程等

**【例 18-9】违规使用长期借款**

1. 疑点

查账人员在审查某企业 2×22 年"长期借款"明细账时发现，6 月该企业从银行借入用于固定资产改扩建的资金 240 万元，年利率 6%；但在"在建工程"科目中没有发现任何的增加数额，怀疑企业未按规定用途使用长期借款。

2. 查证

查账人员逐一审查 6 月的科目，发现企业增加长期股权投资 220 万元。查账人员询问相关当事人，得知企业用从银行借入的长期借款购买了 220 万元的股票。显然，企业未按照借款合同规定的用途使用长期借款，违反了借款合同的规定。

3.调账

（1）违反借款合同的规定，随意变更借款用途，应纠正该行为。假设将股票出售，取得价款240万元，差额记入"投资收益"科目，调整分录如下。

借：银行存款           2 400 000

 贷：长期股权投资        2 200 000

  投资收益         200 000

（2）归还借款及偿还利息（假定借款期限为6个月），并支付2%的罚息计入营业外支出，做如下分录。

借：长期借款           2 472 000

 营业外支出——罚息      48 000

 贷：银行存款         2 520 000

## 18.2.8　应付债券的会计错弊调整

### （一）检查方法

**1.债券发行的会计处理不正确**

针对此情况，查账人员应核对"应付债券"总账和明细账，查阅债券交易的各项原始凭证及记账凭证，并将其与"应付债券"有关科目记录进行核对。

**2.债券利息计提不正确**

针对此情况，查账人员应查阅发行债券的各项原始凭证，了解债券面值、折溢价、实收金额、利率等信息，将"应付债券"科目的记录与债券的每期利息进行比较。

**3.发行债券筹集资金的用途与原定计划不相符**

针对此情况，查账人员应查看企业近期的重大支出项目，将工程项目价值的增加与应付债券的增加进行核对，分析比较，确定是否存在长期占用或挪用债券募集资金的情况。

**4.债券折价、溢价摊销的核算不正确**

针对此情况，查账人员应重新计算债券每期利息、利息调整金额，查阅溢价、折价、债券利息等科目的记录与会计凭证的记录是否一致。

### （二）调账

**1.债券利息计提不正确**

调整分录如下。

借或贷：财务费用       （利息计提的错误额）

  贷或借：应付利息（应付债券——应计利息）（利息计提的错误额）

### 2. 发行债券筹集资金的用途与原定计划不相符

发行债券筹集资金的用途关系到利息的归集方向，利息费用化计入费用，利息资本化就需要计入成本，调整分录如下。

借或贷：应付利息 / 财务费用

贷或借：在建工程等

**【例 18-10】** 应付债券的错误处理

#### 1. 疑点

2×23 年 5 月，查账人员在审查某公司的应付账款业务时，了解到该公司于 2×23 年 1 月以 248 万元的价格发行了面值为 200 万元的 2 年期债券，票面利率为 12%，且应付债券的账面余额为 252 万元，怀疑其溢价摊销有误。

#### 2. 查证

经审阅有关会计凭证和账簿，查账人员发现该公司在每月计提利息费用时，所做的会计分录如下。

借：财务费用　　　　　　　　　　　　　　　　　　20 000

　　贷：应付利息　　　　　　　　　　　　　　　　　　20 000

该公司每月只计算了债券的利息而未对溢价进行摊销。而根据会计制度的规定，企业折价或溢价发行债券，其债券发行价格总额与债券面值总额的差额，应当在债券存续期间摊销。因此，该公司在溢价发行债券的情况下，应在分期计提利息费用时摊销其溢价。

#### 3. 调账

发行债券溢价部分要进行摊销：如果是到期一次还本付息债券，则通过"应付债券——应计利息"科目核算；若是分期付息到期还本债券，则通过"应付利息"科目进行核算。若按正确的处理方式对该公司前三个月计提财务费用，则每月的会计处理如下。

借：财务费用　　　　　　　　　　　　　　　　　　40 000

　　贷：应付债券——债券溢价　　　　　（480 000÷24）20 000

　　　　应付利息　　　　　　　（2 000 000×12%÷12）20 000

## 18.2.9　长期应付款的会计错弊调整

### （一）检查方法

#### 1. 长期应付款协议或合同不合理，或无协议或合同

长期应付款签订的协议或合同不合理，甚至根本无协议或合同，虚列长期应付款。针对此情况，查账人员应当审查长期应付款业务有无相关合同、合同内容的合理性，分析判断长期应付款业务发生的必要性和合理性、是否通过引进设备来骗取外汇。

**2. 名不副实**

针对此情况，查账人员应通过核对"长期应付款"科目的记录和合同规定，审查合同的执行情况，向相关当事人询问查证以确定长期应付款业务在各期的支付款项与合同规定是否相符。

**3. 长期应付款科目设置和核算不合理、不正确**

针对此情况，查账人员应审查原始凭证与记账凭证，按有关账簿记录情况审核科目使用的合理性、账户的设置是否正确。

**4. 期满后继续付款**

针对此情况，查账人员应重点关注"长期应付款"明细账，查看有无出现借方余额或其他反常情况，然后核对原始凭证及相关合同，同时向对方函证长期应付款的真实性，判断是否存在多计或少计负债的情况。

**（二）调账**

长期应付款的错弊主要集中在科目设置和核算上，调整分录如下。

借或贷：长期应付款
　　　　贷或借：错弊科目

**【例 18-11】记入的科目不正确**

**1. 疑点**

2×22 年 8 月，查账人员在对某公司"应付账款"科目进行审计时，发现该科目年初余额大幅度增加。经了解，该公司在 2×21 年 11 月融资租入设备一台，价值 20 万元。查账人员怀疑该公司将长期应付款记入了"应付账款"科目。

**2. 查证**

查账人员调阅 2×21 年 11 月第 46 号凭证，会计分录如下。

借：固定资产　　　　　　　　　　　　　　　　　　200 000
　　贷：应付账款　　　　　　　　　　　　　　　　　　200 000

所附原始凭证为融资租入设备的还款计划表。根据会计制度规定，该公司的除长期借款和应付债券以外的其他各种长期负债，如采用补偿贸易方式引进国外设备价款、应付融资租入固定资产租赁费等应记入"长期应付款"科目。

**3. 调账**

虽然此处查账时间为 2×22 年，错账发生时间为 2×21 年，但由于不涉及损益类科目，所以仅需调整相关科目，应将应付账款转入长期应付款。调整分录如下。

借：应付账款　　　　　　　　　　　　　　　　　　200 000
　　贷：长期应付款　　　　　　　　　　　　　　　　　　200 000

## 18.2.10　预计负债的会计错弊调整

或有事项是指过去的交易或者事项形成的，其结果需由某些未来事项的发生或不发生才能决定的不确定事项。常见的或有事项包括：未决诉讼或未决仲裁、债务担保、产品质量保证（含产品安全保证）、亏损合同、重组义务、承诺、环境污染整治等。或有事项具有以下特征。

（1）该义务是企业承担的现实义务。

（2）履行该义务很可能导致经济利益流出企业。

（3）该义务的金额能够可靠地计量。

### （一）预计负债确认错误

企业应当将符合预计负债确认条件的事项在发生当期确认为预计负债。查账人员可以查看企业的相关经营事项及相关凭证，以判断企业已确认的预计负债是否正确，并确定有无漏记。

### （二）预计负债金额确认错误

企业应当按照预计负债相关的经济利益的流出金额确认预计负债的金额，不能多记金额，也不能少记金额。查账人员可以通过查询预计负债相关的凭证，了解企业预计负债的确认金额是否正确。

### （三）预计负债的列报

企业应当在报表附注中说明预计负债的相关信息。查账人员可以通过检查企业的报表附注和企业的预计负债事项等确认企业的预计负债是否进行了正确列报。

### （四）调账

预计负债的错弊主要集中在科目设置和核算上，调整分录如下。

借或贷：预计负债

　　　　贷或借：错弊科目

【例 18-12】预计负债调整举例（1）

A 公司 2×22 年 5 月以赊购的方式购入 B 公司一批商品，所欠货款为 10 000 000 元。按照合同要求，A 公司应于当年的 8 月 1 日前付清货款，但 A 公司到期未付款。为此，B 公司向当地法院提起诉讼。2×22 年 11 月 10 日，一审判决 A 公司应向 B 公司全额支付货款，并另支付货款延付期间的利息 300 000 元；此外，还应承担诉讼费 30 000 元，三项合计 10 330 000 元。但 A 公司不服，认为 B 公司所提供的商品不符合合同要求，并因此要求 B 公司赔偿 400 000 元。截至 2×22 年 12 月 31 日，该诉讼尚在审理中。

在本案例中，虽然一审已判决，但 A 公司不服并重新提起诉讼，因此不能认为该诉讼事件已经结束。一审判决表明，A 公司因诉讼承担了现时义务，该现时义务的履行很可能导致经济利益流出 A 公司，且该义务的金额能够可靠地计量。根据企业会计准则规定，

A公司在一审判决日应确认一项负债。

2×22年11月10日，A公司应做如下账务处理。

借：管理费用——诉讼费     30 000

营业外支出——罚息支出     300 000

贷：预计负债     330 000

**【例18-13】预计负债调整举例（2）**

宏大公司于2×22年12月31日以每台5 800元的价格销售笔记本电脑60台，并提供为期一年的售后保修服务。根据以往经验，每台笔记本电脑在一年内需要修理的可能性在50%以上，每台笔记本电脑的保修费约为200元。该公司在2×22年编制财务报表时应确认该笔保修费用。

根据资料，宏大公司应做如下账务处理。

借：销售费用——担保修理费     12 000

贷：预计负债     12 000

**【例18-14】预计负债调整举例（3）**

甲公司持有东方公司10%的股份，并为东方公司常年提供最新研制的产品生产技术，东方公司生产产品的90%销售给甲公司。甲公司为东方公司提供担保的某项银行借款50 000 000元于2×22年5月到期。该借款由东方公司2×19年5月从银行借入，甲公司为东方公司此项银行借款的本息提供60%的担保。东方公司借入的款项至到期日应偿付的本息为51 000 000元。由于东方公司无力偿还到期债务，债权银行于7月向法院提起诉讼，要求东方公司及为其担保的甲公司偿还本息，并支付罚息800 000元。至12月31日，法院尚未做出判决，甲公司预计承担此项债务的可能性为50%。2×23年3月5日，法院做出一审判决，甲公司及东方公司败诉，甲公司需要为东方公司偿还借款本息的60%，甲公司和东方公司对该判决不服，于3月15日上诉至二审法院。至财务报告批准报出之前，二审法院尚未做出终审判决，甲公司估计需要替东方公司偿还60%本息的可能性为51%，并且预计替东方公司偿还的借款本息不能收回的可能性为80%。甲公司适用的所得税税率为25%，按照净利润的10%提取法定盈余公积，按净利润的5%提取任意盈余公积。假设税法规定甲公司实际发生的损失可在计算应纳税所得额之前扣除，甲公司的上述交易或事项所发生的差异均为时间性差异。

（1）编制甲公司2×22年度上述交易或事项有关的会计分录。

借：以前年度损益调整    （51 000 000×60%）30 600 000

贷：预计负债     30 600 000

借：递延所得税资产    （30 600 000×25%）7 650 000

贷：以前年度损益调整     7 650 000

借：利润分配——未分配利润　　　　　　　　　　　22 950 000

　　贷：以前年度损益调整　　　　　　　　　　　　　　22 950 000

借：盈余公积——法定盈余公积　　　　　　　　　　2 295 000

　　　　——任意盈余公积　　　　　　　　　　　　1 147 500

　　贷：利润分配——未分配利润　　　　　　　　　　　3 442 500

（2）甲公司对上述预计负债进行披露的内容如下。

本公司为东方公司提供担保的某项银行借款于 2×22 年 5 月到期，该借款由东方公司 2×19 年 5 月从银行借入，本公司为东方公司此项银行借款的本息提供 60% 的担保。东方公司借入的款项至到期日应偿付的本息为 51 000 000 元。债权银行于 7 月向法院提起诉讼，要求东方公司及为其担保的本公司偿还借款本息，并支付罚息 800 000 元。2×23 年 3 月 5 日，法院做出一审判决，本公司需要为东方公司偿还借款本息的 60%，东方公司和本公司对该判决不服，于 3 月 15 日上诉至二审法院。至财务报告批准报出之前，二审法院尚未做出终审判决。

进行上述披露的理由是：在未决诉讼情况下，如果披露全部或部分信息会对公司造成重大不利影响，则无须披露这些信息，但应披露其形成的原因。由于甲公司的该诉讼尚在上诉中，如披露预期会对公司的诉讼造成重大不利影响，可不披露预计产生的财务影响，只需披露其形成的原因。

# 第 19 章
# 所有者权益业务的会计错弊调整

## 19.1 怎样理解所有者权益业务

### 19.1.1 所有者权益科目概述

所有者权益是指企业资产扣除负债后由所有者享有的剩余权益。所有者权益是企业投资人对企业净资产的所有权，它受总资产和总负债变动的影响而发生增减变动。

所有者权益的来源包括所有者投入的资本、直接计入所有者权益的利得和损失、留存收益等。

其中，利得是指由企业非日常活动所形成的、会导致所有者权益增加的、与所有者投入资本无关的经济利益的流入，分为以下两类。

（1）直接计入所有者权益的利得。

（2）直接计入当期利润的利得。

损失是指由企业非日常活动所形成的、会导致所有者权益减少的、与向所有者分配利润无关的经济利益的流出，分为以下两类。

（1）直接计入所有者权益的损失。

（2）直接计入当期利润的损失。

### 19.1.2 所有者权益业务常见错弊

所有者权益包括实收资本（或股本）、资本公积、盈余公积和未分配利润，其主要易错点集中在这几项会计科目中。常见的会计错弊形式包括出资方式、数额及比例的错弊，资本增减变动的错弊，以及利润分配的错弊等。

## 19.2 怎样处理所有者权益业务的会计错弊

### 19.2.1 实收资本的会计错弊调整

#### （一）对实收资本的检查

实收资本是指企业投资者按照企业章程、合同或协议的约定，实际投入企业的资本。对企业实收资本的检查主要包括以下五个方面。

（1）出资的数额和比例、出资缴纳的期限是否合规。针对此情况，查账人员应审查企业的招股说明书、章程、合同等有关文件中投资者出资比例的合规性；查看涉及"实收资本""银行存款""固定资产""无形资产"等科目的相关凭证、验资报告、批件等，核对投资者的出资比例与章程、合同或协议是否一致。

（2）投入资产作价是否合理。针对此情况，查账人员应查看投入资产相关的验资证明、评估报告是否齐备，检查报告提供机构是否具备评估资格，分析评估方法是否恰当、评估结果是否合理、报告金额与入账金额是否相符。若是外币投资，则还应审核其汇率的运用是否合规。

（3）会计账务处理的查账方法是否正确。

（4）详查"实收资本"总账记录，分析判断其明细分类账分类是否正确，各种会计处理是否合规。

（5）资本的增减变动是否合规。针对此情况，查账人员应检查资本金变动的有关凭据，分析其变动的原因，检查变动是否符合相应的条件，相关手续是否履行齐全。

### （二）对实收资本的调账

**1.未按投资比例计算实收资本**

借：实收资本 （投资数额多计入实收资本的部分，从该科目中转出）

　　贷：资本公积 （投资数额中少计入资本公积的部分，转入该科目）

**2.出资方补缴按出资比例未缴足的资本**

借：银行存款 （收到的出资方补缴的投资额）

　　贷：实收资本 （按出资方的出资比例计算补缴的实收资本）

　　　　资本公积（收到出资方补缴的投资额与计入实收资本的金额之差）

**3.股东抽逃资金**

借：实收资本 （没有真实资本投入对应的部分从该科目中冲减掉）

　　贷：其他应收款——某股东（利用该账户隐瞒股东抽逃的金额从该科目中冲减掉）

**4.随意冲减资本金**

企业实收资本减少的原因大体有两种：一是资本过剩；二是企业发生重大亏损而需要减少实收资本。正常情况下，企业不能随意冲减资本金。

借：营业外支出 （经相关部门同意后，对相关损益按规定处理）

　　贷：实收资本 （转回冲减的实收资本）

### （三）实收资本的会计错弊案例分析

**【例19-1】投资数额的计算不正确**

1. 疑点

2×22年8月，查账人员在审查乙公司的"实收资本"科目时，发现有如下一笔账务处理。

借：固定资产　　　　　　　　　　　　　　　　　2 400 000
　　贷：实收资本　　　　　　　　　　　　　　　　　　2 400 000

所附原始凭证为甲公司转移资产的有关文件、发票，乙公司董事会增资决议、注册资本变更登记批准书等。甲公司投入的生产线设备评估确认价值为240万元。一般情况下，企业在增资时，往往不会把投入的实物资产或现金资产全部作为实收资本增资。查账人员怀疑该公司对投资数额的计算不正确。

2. 查证

查账人员在调查后，了解到如下情况：乙公司2×21年12月31日"实收资本"科目贷方余额为700万元，资本公积、盈余公积和未分配利润三项合计500万元。2×21年末，经董事会决定，报主管机关批准，吸纳甲公司作为股东之一，甲公司投资240万元，拟加入后享有乙公司20%的股权，并于2×22年报工商部门登记变更。2×22年8年，乙公司收到甲公司的上述生产线设备。

3. 调账

甲公司投资300万元中应记入"实收资本"科目的数额为175万元。

（1）甲公司投入的240万元资产时，不应全部记入"实收资本"科目，应按合同规定的比例记入"实收资本"科目和"资本公积"科目。应记入"实收资本"科目的数额为140万元（700×20%），多记入100万元（240-140），应将多记入部分转入资本公积中，调整分录如下。

借：实收资本　　　　　　　　　　　　　　　　　1 000 000
　　贷：资本公积　　　　　　　　　　　　　　　　　　1 000 000

（2）乙公司收到甲公司应补足的60万元投资时，应记入"实收资本"科目的数额为35万元（175-140），差额部分计入资本公积，补充分录如下。

借：银行存款　　　　　　　　　　　　　　　　　600 000
　　贷：实收资本　　　　　　　　　　　　　　　　　　350 000
　　　　资本公积　　　　　　　　　　　　　　　　　　250 000

**【例19-2】抽逃资金**

1. 疑点

查账人员在审查某公司当年的"实收资本"科目时，发现如下一笔账务处理。

```
借：银行存款                                        1 000 000
    贷：实收资本                                        1 000 000
```

该公司是当年成立的新公司。该笔 100 万元是投资者第二次投入的资本，时间符合要求，但是，查账人员追查到了该分录的原始凭证，却未找到当时的银行入账单。

2. 查证

查账人员进一步查实了近期的银行对账单，也没有发现该笔投资入账，通过函证也证实该笔投资从未入账。同时，查账人员在检查银行存款日记账时，发现有一笔相同数目的贷方发生额，对应科目是"其他应收款"，追查到记账凭证，其会计科目如下。

```
借：其他应收款——某股东                              1 000 000
    贷：银行存款                                        1 000 000
```

同样这笔分录也没有相应的银行支票或者支票存根凭证。

3. 调账

原本的处理确认了银行存款，本应抵销，但以上两个分录相互抵销，不需要再对该科目进行处理，只需要冲减"实收资本"科目和"其他应收款"科目。

```
借：实收资本                                        1 000 000
    贷：其他应收款——某股东                              1 000 000
```

**【例 19-3】** 随意冲减资本金

1. 疑点

查账人员在对某公司进行审查时，发现 2×22 年 8 月"实收资本"科目有一笔借方发生额为 200 000 元。"实收资本"科目的借方发生额表示的是实收资本的减少，这种情况往往很少发生。企业因业务减少、资本过剩或发生严重亏损短期内无力弥补而必须减少资本时，才会减少实收资本，因此，查账人员怀疑该公司的会计处理有误。

2. 查证

查账人员调阅其 8 月 16 日的相关记账凭证，会计分录如下。

```
借：实收资本                                          200 000
    贷：待处理财产损溢——待处理固定资产损溢                  200 000
```

此会计分录的贷方科目为"待处理财产损溢"，表示这是一笔财产处理的经济业务，几乎不可能与"实收资本"科目发生关系，所以该分录必定存在问题。

查账人员进一步审阅了"待处理财产损溢——待处理固定资产损溢"明细账后，发现存在如下分录。

```
借：累计折旧                                           80 000
    待处理财产损溢——待处理固定资产损溢                    200 000
    贷：固定资产                                          280 000
```

所附原始凭证为固定资产盘存单，金额为 280 000 元。查账人员询问会计人员之后，得到如下解释：该公司盘点时发现盘亏一台设备，该设备为投资者投入资本，总经理认为该设备应为投资者未经过同意取走了，故冲减"实收资本"科目。经询问，该投资者未曾有该类事件发生。

3.调账

以上会计处理中第二个会计分录的处理是正确的，上述错账仅需转回冲减的实收资本。经过上级部门同意，将待处理财产损溢作为事故处理，计入营业外支出，会计分录如下。

借：营业外支出　　　　　　　　　　　　　　　　200 000

　　贷：实收资本　　　　　　　　　　　　　　　　　　200 000

## 19.2.2　资本公积的会计错弊调整

### （一）对资本公积的检查

资本公积是指投资者或者他人投入企业、所有权归属于投资者且投入金额超过法定资本部分的资本。对资本公积的检查主要包括以下三个方面。

**1.资本（股本）溢价处理不正确**

针对此情况，查账人员应查看企业的股票发行章程、办法及中国证监会批准企业发行股票的相关文件资料；若为溢价发行，则应复核股票的面值总额，核对计算结果与账面记录。

**2.资本公积的增加没有合理依据**

针对此情况，查账人员应查看企业的会计报表，若资本公积增加，则应详查其明细账，盘点相关资产，审查相关评估增值证明文件、增值依据等；若无评估材料，则应查清资产的来源；若企业无法提供来源证明，则资本公积增加很可能源于企业的盘盈资产，则应按资产盘盈业务进行处理。

**3.利用对外投资账面价值与评估价值的差额调节资本公积**

针对此情况，查账人员应重点关注"固定资产""长期股权投资""投资收益"等科目及其明细账，审查资产评估报告及投资协议等相关资料，涉及共同内容时进行核对。

### （二）对资本公积的调账

非同一控制下的企业合并形成的对外投资，若初始投资成本小于投资时享有被投资单位可辨认净资产公允价值份额，则需要调整投资成本，并将两者差额计入当期损益（当年计入营业外支出，往年计入未分配利润）。

借：营业外支出（或未分配利润）

　　贷：资本公积　　　　　　　　　　（错误冲减的资本公积应转回）

## （三）资本公积的会计错弊案例分析

### 【例 19-4】错误地处理投资作价

1. 疑点

查账人员在对某企业查账的过程中了解到，该企业以一批钢材折价出资，投入的钢材原进价为 4 000 万元，进项税额为 520 万元，投资作价 4 040 万元，该企业的会计分录如下。

| | |
|---|---|
| 借：长期股权投资 | 40 400 000 |
| 　　资本公积 | 4 800 000 |
| 　　贷：原材料 | 40 000 000 |
| 　　　　应交税费——应交增值税（销项税额） | 5 200 000 |

取得投资时，投资作价低于账面价值的差额是不能随意冲减"资本公积"科目的，因此该笔分录很可能存在问题。

2. 查证

查账人员详细审阅了该企业的投资协议书、钢材评估作价的有关资料后，认为计价以及以前购入钢材的凭证没有问题，但是差额不能随意冲减"资本公积"科目。

3. 调账

非同一控制下企业合并形成的长期股权投资，取得投资时，应比较初始投资成本与投资时享有被投资单位可辨认净资产公允价值份额的大小：若前者大于后者，则不调整投资成本；若前者小于后者，则调整投资成本。另外，还需将两者差额计入当期损益。如果该查账时间为当年，首先应转回冲销的资本公积，并将长期股权投资和原材料的差额 480 万元计入营业外支出，分录如下。

| | |
|---|---|
| 借：营业外支出 | 4 800 000 |
| 　　贷：资本公积 | 4 800 000 |

如在次年查清，除转回冲销的资本公积外，还需调整所得税，涉及损益类科目的，均通过"以前年度损益调整"科目进行核算，做以下分录。

| | |
|---|---|
| 借：以前年度损益调整 | 4 800 000 |
| 　　贷：资本公积 | 4 800 000 |

低估支出，导致利润增加，应冲减所得税，所得税税率为 25%，并将"以前年度损益调整"科目余额转入"利润分配"科目，会计处理如下。

| | | |
|---|---|---|
| 借：应交税费——应交所得税 | | 1 200 000 |
| 　　贷：以前年度损益调整 | （4 800 000×25%） | 1 200 000 |
| 借：利润分配——未分配利润 | | 3 600 000 |
| 　　贷：以前年度损益调整 | | 3 600 000 |

### 19.2.3 盈余公积的会计错弊调整

#### （一）对盈余公积的检查

盈余公积是指企业按照规定从净利润中提取的各种积累资金，按用途不同分为法定盈余公积和任意盈余公积两类。对盈余公积的检查主要包括以下三个方面。

**1. 盈余公积的内容不真实**

针对此情况，查账人员应查看"盈余公积"科目贷方发生额的来源，因为其一般由年终利润分配转入，若是其他转入，则应重点调查并追查原因。

**2. 盈余公积的提取不正确**

针对此情况，查账人员应查看法定盈余公积的提取顺序是否符合规定，有无在税前提取盈余公积、少交税款的情况；查看相关资料，分析企业是否按照规定比例及时提足法定盈余公积，若本年度没有提取，则应核算盈余公积是否达到注册资本 50% 以上，审查盈余公积计算的正确性。

**3. 盈余公积的使用不正确**

针对此情况，查账人员应重点关注"盈余公积"科目的借方发生额，审查转增资本后"盈余公积"科目的贷方余额，将其与注册资本的比例进行核对，查明是否违规；查阅相关资料，调查盈余公积使用的授权批准手续是否齐全，是否取得合法的增资文件和办理了增资手续等。

#### （二）对盈余公积的调账

盈余公积违规转增资本时的调整分录如下。

借：实收资本 （转出违规转入的资本）

贷：盈余公积 （将违规转出的盈余公积转回）

#### （三）盈余公积业务的会计错弊案例分析

【例 19-5】盈余公积违规转增资本

1. 疑点

查账人员在审查某公司的账目时，发现 2×22 年 8 月 5 日该公司的注册资本为 4 000 万元。经批准，该公司将当年账面盈余公积余额 2 400 万元转增资本，使该公司 2×23 年 1 月 1 日的注册资本达到 6 400 万元，而盈余公积余额为零。

2. 查证

查账人员调出相关凭证，其会计分录如下。

借：盈余公积 24 000 000

贷：实收资本 24 000 000

3. 调账

盈余公积转增资本必须具备一定的手续和条件，必须由企业权力机构及政府有关部门进行审批，转增资本或分配股利之后，法定盈余公积不得低于注册资本的 25%。

该企业注册资本为 4 000 万元（6 400-2 400），盈余公积转增资本后，盈余公积的余额至少应为 1 000 万元（4 000×25%），所以应将多转增的金额转回。

借：实收资本　　　　　　　　　　　　　　　　　　10 000 000

　　贷：盈余公积　　　　　　　　　　　　　　　　　　　10 000 000

## 19.2.4　利润分配的会计错弊调整

### （一）对利润分配的检查

利润分配是企业将实现的净利润，按照国家财务制度规定的分配形式和分配顺序，在国家、企业和投资者之间进行的分配。对于利润分配业务的检查，主要包括以下两个方面。

**1. 关于亏损弥补**

（1）对以前年度亏损的弥补不正确。针对此情况，查账人员应查看是否存在以税前利润弥补以前年度亏损的情况，若有，核算亏损发生年度到补亏时间是否超过税前利润补亏期（5 年）。

（2）弥补亏损账务处理不正确。针对此情况，查账人员应查看弥补亏损是否按规定处理。按会计准则规定，利润弥补亏损无须做账务处理，待分配利润时，借贷方直接相抵；如用盈余公积补亏，应借记"盈余公积"科目，贷记"利润分配——盈余公积补亏"科目。

**2. 关于利润分配**

（1）向投资者分配的利润不正确、真实。针对此情况，查账人员应审查当年向投资者分配的利润，检查相应的实收资本明细账，查看有关投资协议，了解有关利润分配的规定，核实利润分配的正确性、真实性。

（2）利润分配顺序不正确。针对此情况，查账人员应查看企业利润分配的会计凭证，按本年转入的利润额，按正确分配顺序逐项计算核对，若发现可疑之处，则需继续审查。

（3）利润分配的标准不合规、比例不正确、计算不准确。针对此情况，查账人员应重新计算有关凭证及账簿所反映的分配业务，验证其合规性。

（4）向投资者分配利润账务处理不正确。针对此情况，查账人员应查阅向投资者分配利润的凭证是否正确，发放现金股利和股票股利的会计处理是否正确。

（5）年终利润分配的账务结转业务不正确。针对此情况，查账人员应查看有关利润分配的年终会计凭证，分析是否将"本年利润"科目转入了"利润分配——未分配利润"科目，以及其余利润分配的明细科目是否全部转入了"利润分配——未分配利润"科目中，判断最终未分配利润或未弥补亏损金额是否正确。

### （二）对利润分配的调账

冲减多计提的盈余公积，其分录如下。

借：盈余公积——法定盈余公积（按比例冲减多计提的法定盈余公积）

　　盈余公积——任意盈余公积（按比例冲减多计提的任意盈余公积）

　　贷：利润分配　　　　　　　　　　　　（转回多冲减的未分配利润）

### （三）利润分配的会计错弊案例分析

**【例 19-6】**利润分配的顺序错误

1. 疑点

查账人员在 2×23 年审查某企业 2×22 年"利润分配"科目时发现，该企业当年接受某公司投资 300 万元，占企业实收资本总额 3 000 万元的 10%，当年该企业实现利润 500 万元，该企业在未交所得税、未提取盈余公积的情况下，即按照 500 万元的 10% 分配给该公司利润。

2. 查证

查账人员调出相关凭证，其会计分录如下。

借：利润分配——应付现金股利或利润　　　　　　　500 000

　　贷：应付股利——某公司　　　　　　　　　　　　　500 000

该企业按照上述利润分配之后的数额来缴纳所得税，盈余公积也按照利润分配之后的数额 4 500 000 元（5 000 000－500 000）来计提。

3. 调账

该企业为了少交所得税及少计提盈余公积，错误地进行了利润分配。

重新计算如下。

企业应交所得税 =5 000 000×25%=1 250 000（元）

企业已交所得税 =4 500 000×25%=1 125 000（元）

应补交所得税 =1 250 000－1 125 000=125 000（元）

应计提法定盈余公积 =（5 000 000－1 250 000）×10%=375 000（元）

已计提法定盈余公积 =4 500 000×10%=450 000（元）

应扣提法定盈余公积 =450 000－375 000=75 000（元）

应计提任意盈余公积 =（5 000 000－1 250 000）×5%=187 500（元）

已计提任意盈余公积 =4 500 000×5%=225 000（元）

应扣提任意盈余公积 =225 000－187 500=37 500（元）

该企业可分配的利润 =5 000 000－1 250 000－375 000－187 500=3 187 500（元）

该企业应扣回的利润分配 =500 000－3 187 500×10%=181 250（元）

因审核的是去年的账务，除了相关业务的调整之外，还要对所得税进行调整，调整中所遇业务涉及损益类科目的，均通过"以前年度损益调整"科目核算，相关会计分录如下。

（1）首先对所得税进行调整，补交应交税费。

借：以前年度损益调整　　　　　　　　　　　　　　　125 000
　　贷：应交税费——应交所得税　　　　　　　　　　　　　125 000

（2）按正确的利润分配顺序扣除所得税费用。

借：利润分配　　　　　　　　　　　　　　　　　　　125 000
　　贷：以前年度损益调整　　　　　　　　　　　　　　　125 000

（3）按正确的利润分配顺序提取法定盈余公积和任意盈余公积，原来处理中多计提的部分应转回，增加未分配利润的账面余额。

借：盈余公积——法定盈余公积　　　　　　　　　　　75 000
　　　　　　　——任意盈余公积　　　　　　　　　　　37 500
　　贷：利润分配　　　　　　　　　　　　　　　　　　112 500

（4）转回多分配给股东的利润，增加未分配利润账面余额。

借：应付股利——某公司　　　　　　　　　　　　　　181 250
　　贷：利润分配——应付现金股利或利润　　　　　　　　181 250

第 20 章
# 损益业务的会计错弊调整

## 20.1 怎样理解损益业务

### 20.1.1 损益科目概述

损益科目是指核算企业取得的收入和发生的成本费用的科目，具体包括以下类别。

（1）收入类科目：主营业务收入、其他业务收入、投资收益、公允价值变动损益等。

（2）费用类科目：主营业务成本、其他业务成本、资产减值损失、税金及附加、销售费用、管理费用、财务费用、所得税费用等。

（3）直接计入当期利润的利得：营业外收入。

（4）直接计入当期利润的损失：营业外支出。

### 20.1.2 损益业务常见错弊

损益类科目的会计错弊主要发生在主营业务收入、其他业务收入、营业外收入以及期间费用和其他支出上。

## 20.2 怎样处理损益业务的会计错弊

### 20.2.1 主营业务收入的会计错弊调整

#### （一）对主营业务收入的检查

主营业务收入是指企业通过主要经营活动所获取的收入，包括销售商品、提供劳务等主营业务获取的收入等。对主营业务收入的检查主要包括以下五个方面。

1. 销售收入入账金额不正确、不真实

针对此情况，查账人员应查看"主营业务收入""应付账款""其他应付款""在建工程""自制半成品""生产成本""原材料""产成品"等明细账的摘要记录，审查相关凭证，以检查金额是否有问题。

**2. 销售发票有误**

针对此情况，查账人员应查看销售发票编号的连续性，空白发票的保管是否妥善；检查发票内容是否填列完整，经办人和收款人的签章是否齐全；查阅作废发票联数是否无误，已开出的发票存根有无涂改迹象；分析销售发票的价格合理性；若是非正式的销售业务，则需查证其审批手续是否齐全。

**3. 销售收入的入账时间不正确**

针对此情况，查账人员应查看"主营业务收入""应收账款""预收账款""库存商品""发出商品"等明细账摘要栏，检查转入的销售收入有无疑点；若存在疑点，则应进一步检查销售合同、托收回单、发运证明等相关凭证，尤其关注期末的销售记录，审查发票是否齐全，有无未计入销售收入的情况发生。

**4. 销售折让、折扣业务处理不正确**

针对此情况，查账人员应审查购销双方签订合同的审批手续是否齐全，销售折扣与折让是否存在虚列现象，是否存在随意变更折扣率、折让率行为；审阅相关费用科目，检查是否将折让、折扣计入费用。

**5. 销售退回业务处理不正确**

针对此情况，查账人员应查看并核对银行存款日记账、"主营业务收入""主营业务成本""产品成本"等明细账及记账凭证、原始凭证，如果银行存款日记账有退货记录，但"库存商品""主营业务成本"明细账等并无抵销记录，则表明销售退回并未入账或存在虚假退回、转移资金的可能；如果"主营业务收入"明细账中有退回记录，而"主营业务成本"明细账无记录，则表明销售退回只冲减了销售收入，企业存在虚减利润、少交所得税的问题。查账人员还应检查期初及期末结账时的退货，预防企业年终虚增销售，次年又假退货，开具红字发票冲回收入等操纵利润。

**（二）对主营业务收入的调账**

（1）货物已发出，销售收入符合确认条件而未确认。调整分录如下。

借：应收账款/银行存款

　　贷：主营业务收入　　　　　　　　　　　　（确认销售收入）

　　　　应交税费——应交增值税（销项税费）

借：主营业务成本　　　　　　　　　　（确认销售成本）

　　贷：发出商品

（2）利用虚假销售退回隐瞒利润，逃避税责。调整分录如下。

借：银行存款

　　贷：主营业务收入　　　　　　　　　　　　（重新确认销售收入）

　　　　应交税费——应交增值税（销项税额）

借：主营业务成本 （重新确认销售成本）

　　贷：库存商品

借：库存商品

　　贷：管理费用 （冲减管理费用）

## （三）主营业务收入的会计错弊案例分析

【例 20-1】虚假退货

1. 疑点

查账人员对某企业进行查账时，发现该企业退货业务较多，于是对其退货业务进行了审查。首先向该企业有关人员了解了该企业退货业务的程序。查账人员在审查 8 月某笔业务时，发现有一笔退货的会计凭证摘要注明"退货"。8 月 23 日销售退货业务的凭证所附原始凭证有被查企业开具的红字销售发票、购货方退回的未使用的被查企业开具的蓝字销售发票，除此之外，没有其他任何附件。按正常处理，还应有仓库保管员签字的退货入库单，查账人员怀疑这是一笔假退货。

2. 查证

查账人员调出 8 月 23 日销售退货业务的凭证，其会计分录如下。

借：主营业务收入 60 000

　　应交税费——应交增值税（销项税额） 7 800

　　贷：应收账款 67 800

借：库存商品 46 000

　　贷：主营业务成本 46 000

查账人员询问仓库保管员，保管员表示确实未收到该笔退货。财务人员承认，该笔业务购货方是个体户，为了少交税，很多业务不入账。因此，该企业与该个体户协商，收回开出的发票，被查企业可据以开红字发票，以应付税务机关。同时，该笔货款在给予个体户一定优惠之后，由个体户以现金方式支付，被查企业收款后存入"小金库"。当询问财务人员为什么库存商品能够账实相符时，财务人员承认，已将该笔虚增的库存商品做盘亏处理。

查账人员调阅 8 月的相关凭证，其会计分录如下。

借：待处理财产损溢 46 000

　　贷：库存商品 46 000

查账人员调阅 9 月的相关凭证，其会计分录如下。

借：管理费用 46 000

　　贷：待处理财产损溢 46 000

3.调账

该企业利用虚假退货和虚报盘亏，减少企业销售收入，加大企业费用，从而使企业少交增值税和所得税。

如果查账时间与业务时间在同一年，只对相关业务进行调整。由于原来的业务对销货、退货进行了会计处理，各科目金额已抵销，所以只需确认销售收入，结转销售成本，处理虚构的盘亏业务，转回计提的管理费用，调整分录如下。

借：银行存款　　　　　　　　　　　　　　　　67 800

　　贷：主营业务收入　　　　　　　　　　　　　　　60 000

　　　　应交税费——应交增值税（销项税额）　　　　7 800

借：主营业务成本　　　　　　　　　　　　　　46 000

　　贷：库存商品　　　　　　　　　　　　　　　　　46 000

借：库存商品　　　　　　　　　　　　　　　　46 000

　　贷：管理费用　　　　　　　　　　　　　　　　　46 000

如在次年发现以上错弊，除了调整以上相关业务外，还需调整企业所得税。调整中遇到的业务涉及损益类科目的，均通过"以前年度损益调整"科目核算。

## 20.2.2　其他业务收入的会计错弊调整

### （一）对其他业务收入的检查

其他业务收入是指企业主营业务以外的所有通过销售商品、提供劳务及让渡资产使用权等日常活动所形成的经济利益的流入，主要包括：材料物资及包装物销售收入，包装物出租、出借时逾期未退回而没收的押金收入，出租固定资产、无形资产的租金收入，对外提供运输等非工业性劳务取得的收入，等等。对其他业务收入的检查主要包括以下两个方面。

1.其他业务收入列示内容、范围不合规

针对此情况，查账人员应查阅其他业务的正常核算范围，查看"其他业务收入"明细账的核算内容，分析其是否符合会计准则规定的其他业务收入的核算范围。

2.其他业务收入的入账时间不正确

针对此情况，查账人员应仔细审核其他业务的原始凭证，检查企业管理原始凭证是否有不合规现象；同时审查其他销售业务的审批手续是否齐备，以确定企业是否有截留、隐瞒、转移其他业务收入的错弊行为。

### （二）对其他业务收入的调账

（1）将应计入营业外收入的业务错误计入其他业务收入。调整分录如下。

借：其他业务收入　　　　　　　　　（冲减误记的其他业务收入）

　　贷：营业外收入　　　　　　　　　　　　（确认营业外收入）

其他业务成本　　　　　　　　　　　（冲减误记的其他业务成本）

（2）隐匿其他业务收入逃避税责。调整分录如下。

借：其他业务成本　　　　　　　　　　　　　　　（确认销售成本）

　　其他应付款

　　其他应收款

　　贷：其他业务收入　　　　　　　　　　　　　　（确认销售收入）

　　　　应交税费——应交增值税（进项税额转出）

## （三）其他业务收入的会计错弊案例分析

【例20-2】其他业务收入列示内容、范围不合规

1.疑点

查账人员对某企业2×22年其他业务收入审查时，发现一笔摘要为"转让非专有技术"的业务。根据规定，无形资产转让不属于其他业务核算的范畴，查账人员怀疑核算有误。

2.查证

查账人员检查有关无形资产转让资料，该无形资产原有价值16万元，摊销期4年，已用2年，已提减值准备8 000元，转让无形资产应交增值税税率为6%。查账人员调出9月相关凭证，其分录如下。

借：银行存款　　　　　　　　　　　　　　　　120 000

　　贷：其他业务收入　　　　　　　　　　　　　　120 000

借：其他业务成本　　　　　　　　　　　　　　　86 792.5

　　贷：无形资产　　　　　　　　　　　　　　　　80 000

　　　　应交税费——应交增值税　　　　　　　　　6 792.5

3.调账

无形资产转让不属于其他业务核算的范畴，而且该无形资产所提减值准备未冲销。该企业错误的账务处理不仅使企业的会计信息不准确，且使收入减少而少交所得税。

正确的处理是应扣除无形资产的减值准备和摊销部分，处置损益应记入"资产处置损益"科目，正确分录如下。

借：银行存款　　　　　　　　　　　　　　　　120 000

　　无形资产减值准备　　　　　　　　　　　　　8 000

　　累计摊销　　　　　　　　　　　　　　　　　80 000

　　贷：无形资产　　　　　　　　　　　　　　　160 000

　　　　应交税费——应交增值税　　[120 000÷（1+6%）×6%] 6 792.5

　　　　资产处置损益　　　　　　　　　　　　　41 207.5

要得到以上分录，则需分别结转其他业务收入、其他业务成本，冲销无形资产减值

准备、累计摊销，差额计入资产处置损益，调整分录如下。

借：无形资产减值准备　　　　　　　　　　　　　　　8 000

　　累计摊销　　　　　　　　　　　　　　　　　　 80 000

　　其他业务收入　　　　　　　　　　　　　　　　120 000

　　贷：无形资产　　　　　　　　　　　　　　　　　　　 80 000

　　　　其他业务成本　　　　　　　　　　　　　　　　86 792.5

　　　　资产处置损益　　　　　　　　　　　　　　　　41 207.5

【例 20-3】截留、隐匿、转移其他业务收入

1. 疑点

查账人员在审查某企业 2×22 年销售发票时，发现销售很多原材料，当进一步审阅"其他业务收入"明细账时，没有查到材料销售的业务。

2. 查证

查账人员审阅了"原材料"明细账、银行存款日记账和"应收账款"明细账及有关凭证，发现 7 月 21 日第 35 号凭证的分录如下。

借：银行存款　　　　　　　　　　　　　　　　　　120 000

　　贷：原材料　　　　　　　　　　　　　　　　　　　　 90 000

　　　　其他应付款　　　　　　　　　　　　　　　　　　 30 000

3. 调账

该企业将售出的原材料销售收入直接冲减成本，并将销售收入与原材料实际成本差额记入"其他应付款"科目，截留了收入，逃避了税款。

如在当年发现该错账，则销售原材料应分别核算其收入和成本，不能相互抵销，并转回错计的其他应付款，将增值税计入其他应收款，做如下分录。

借：其他业务成本　　　　　　　　　　　　　　　　 90 000

　　其他应付款　　　　　　　　　　　　　　　　　　 30 000

　　其他应收款　　　　　　　　　　　　　　　　13 805.31

　　贷：其他业务收入　　　　　　　　　　　　　　　　120 000

　　　　应交税费——应交增值税（进项税额转出）

　　　　　　　　　　　[120 000÷（1+13%）×13%] 13 805.31

如在次年发现该错账，则除做以上会计分录外，还要调整所得税，涉及损益类科目的，均通过"以前年度损益调整"科目核算，还需做如下分录。

借：其他应收款　　　　　[120 000÷（1+13%）] 106 194.69

　　贷：以前年度损益调整　　　　　　　　　　　　　106 194.69

借：以前年度损益调整　　　　　　　　　　　　　　 90 000

  贷：其他业务成本            90 000

  补交所得税，税率为25%，将"以前年度损益调整"科目余额转入"利润分配"科目，做如下分录。

  借：以前年度损益调整   （16 194.69×25%）4 048.67

    贷：应交税费——应交所得税      4 048.67

  借：以前年度损益调整  （16 194.69-4 048.67）12 146.02

    贷：利润分配——未分配利润      12 146.02

  以净利润的10%计提盈余公积，净利润的50%向投资者分配，做如下分录。

  借：利润分配——未分配利润        7 287.61

    贷：盈余公积            1 214.60

      应付股利           6 073.01

## 20.2.3 营业外收入的会计错弊调整

### （一）对营业外收入的检查

  营业外收入是指企业发生的与其生产经营无直接关系的各项收入，包括非货币性交易收益、处置固定资产净收益、罚款净收入、出售无形资产收益等。对营业外收入的检查主要包括以下两个方面。

  1.营业外收入列示内容、范围不合规

  针对此情况，查账人员应审核并分析主营业务收入、其他业务收入和营业外收入的界限，查看相关收入的原始凭证，进一步与记账凭证进行核对。

  2.虚列、多计营业外收入，截留、隐匿营业外收入或入账时间不正确

  针对此情况，查账人员一方面应检查企业的内部控制制度及相关的凭证资料，审核营业外收入的审批手续是否健全；另一方面应查阅企业发生的各项营业外收入入账是否及时，账务处理是否正确，是否存在没有入账的情况。

### （二）对营业外收入的调账

  （1）截留、隐瞒营业外收入。调整分录如下。

  借：应付职工薪酬（或其他用来隐瞒收入的负债类科目，如其他应付款等）

    贷：营业外收入        （确认的被隐匿的收入）

  借：管理费用（当期发生，或其他费用类科目）/以前年度损益调整（以前年度发生）

    贷：应付职工薪酬（或其他用来隐瞒收入的负债类科目，如其他应付款等）

  （2）将应计入营业外收入的业务错误地计入主营业务收入。调整分录如下。

  借：主营业务收入      （冲减误记的主营业务收入）

    贷：营业外收入        （确认营业外收入）

主营业务成本　　　　　　　　　　　（冲减误记的主营业务成本）

## （三）营业外收入的会计错弊案例分析

**【例 20-4】**截留、隐瞒营业外收入

1. 疑点

查账人员审查某企业 2×22 年的"应付职工薪酬"明细账时发现 4 月 21 日第 47 号凭证的摘要为"对某单位违约罚款 40 000 元"，说明该企业将罚款列入了"应付职工薪酬"科目。

2. 查证

查账人员调阅 2×22 年 4 月 21 日第 47 号记账凭证，其会计分录如下。

借：库存现金　　　　　　　　　　　　　　　　　　　40 000
　　贷：应付职工薪酬　　　　　　　　　　　　　　　　　　40 000

查账人员又调阅 2×22 年 5 月 25 日第 52 号记账凭证，其会计分录如下。

借：应付职工薪酬　　　　　　　　　　　　　　　　　　40 000
　　贷：库存现金　　　　　　　　　　　　　　　　　　　40 000

查账人员询问财务人员，财务人员解释上述款项为累计发给职工的劳动节福利费，但其就是罚款收入 40 000 元。

3. 调账

该企业将违约罚款的 40 000 元，列入了"应付职工薪酬"科目，在劳动节前又以福利费名义分给职工。这样不仅减少了当期利润，还偷漏了税款。

上述错账如在当年发现，首先调整第一笔分录。该笔款项是企业的罚款收入，应计入营业外收入。对于第二笔分录不需要调整，因为企业以库存现金发放福利是事实，账务处理正确。调整分录如下。

借：应付职工薪酬　　　　　　　　　　　　　　　　　　40 000
　　贷：营业外收入　　　　　　　　　　　　　　　　　　40 000

上述错账如在次年发现，由于低估收入，利润减少，应补交所得税，调整中涉及损益类科目的，均通过"以前年度损益调整"科目核算，分录调整如下。

借：应付职工薪酬　　　　　　　　　　　　　　　　　　40 000
　　贷：以前年度损益调整　　　　　　　　　　　　　　　40 000

补交所得税，税率为 25%，将"以前年度损益调整"科目余额转入"利润分配"科目，做如下分录。

借：以前年度损益调整　　　　　　　　　　　　　　　　10 000
　　贷：应交税费——应交所得税　　　　　　　　　　　　10 000
借：以前年度损益调整　　　　　　　　　　　　　　　　30 000

     贷：利润分配——未分配利润                          30 000

以净利润的10%计提盈余公积，净利润的50%向投资者分配，做如下分录。

借：利润分配——未分配利润                          18 000

  贷：盈余公积                          （30 000×10%）3 000

    应付股利                          （30 000×50%）15 000

## 20.2.4　期间费用和其他支出的会计错弊调整

### （一）对期间费用和其他支出的检查

期间费用和其他支出主要包括期间费用、销售成本及税费等会抵减利润的项目。若企业有相关错弊，则必须纠正。

**1.混淆生产成本与期间费用及支出的界限**

有些企业由于各种原因，自觉或不自觉地将应计入产品生产成本的生产费用，计入有关期间费用和其他支出，造成企业的产品成本不实、当期利润减少。对上述问题，查账人员可以通过审阅期间费用明细账、其他支出明细账及"生产成本""制造费用"明细账发现线索，必要时调阅有关凭证做进一步查证；也可以通过查阅有关存货明细账贷方记录及摘要发现疑点。

**2.任意提高开支标准，扩大开支范围**

按相关规定，企业招待费的开支、差旅费开支、坏账准备的计提以及职工薪酬等开支均限定了一定范围和标准比例，但实务中往往存在乱计费用的现象。现实操作中，有些企业违反财务制度、会计准则等规定来达到获取利益的目的，任意提高开支标准和扩大开支范围，使得企业费用大大增加，当期利润减少。针对此类问题，查账人员应检查期间费用明细账的有关记录，结合制度规定，采用核对法、抽查法进行审查；还可对比前后各期及同期的以前年度费用水平，分析波动性，总结原因，必要时进一步审查有关凭证和账簿，以查明问题。

**3.虚列有关费用和支出，人为降低利润水平**

针对此情况，查账人员通常可通过比较前后各期费用水平发现疑点；同时应进一步查阅有关的费用明细账，尤其是重点查看原始凭证和记账凭证，确定业务的真实性，防止有些企业虚列费用、支出发生业务，以达到低估当期利润的目的。

**4.将产品、商品出售款私藏于"小金库"或私分商品，将其成本转入费用科目**

为防止有些企业实际上将商品作为福利分给职工或低价出售收取现金后存入企业"小金库"，却将其以报损、捐赠的名义列支费用，查账人员应核实损耗率，查阅原始凭证，向有关当事人询问、了解、查找线索，并进一步查明问题。

5.利用报销费用、开支，采取多种方式进行经济犯罪

为了彻查有些企业是否存在利用核算制度不严格、责任不明这些漏洞来虚报冒领发票、涂改发票等各种形式的贪污舞弊，查账人员应根据群众举报或其他线索，有针对性地查看现金日记账及银行存款日记账、有关费用及支出明细账，关注原始凭证的审核等，必要时可以内查外调，配合有关部门进行检查。

**6.外币业务较多的企业，利用"汇兑损益"科目人为调节利润水平**

按会计准则对外币业务的规定，企业应在相关业务发生时按以当时市场汇率或期初市场汇率折算为记账本位币的金额登记有关科目，同时以外币金额登记对应的外币科目。期末时，将外币科目的外币余额按照期末市场汇率折算，折算金额与原账面记账本位币金额的差额，计入汇兑损益。

但现实中有不少企业对"应收账款"外币科目，期末故意按低于账面汇率的汇率计算余额，产生当期汇兑损失，使当期利润减少。为此，查账人员应重点关注各外币账户明细账的相关内容，将其与中国人民银行公布的市场汇率等进行核对，审查被查企业所用汇率的正确性、真实性，检查其是否存在人为调节汇兑损益，随意调节利润的行为。

**（二）对期间费用和其他支出的调账**

（1）将成本支出错误计入费用支出。调整分录如下。

借：制造费用
　　贷：管理费用——工资/折旧费等　　　（转回多计算的管理费用）
借：生产成本（如果已进入生产环节，还要将制造费用结转到生产成本）
　　贷：制造费用
借：产成品（如果产品已完工入库，还要将生产成本结转到产成品）
　　贷：生产成本

如果在年终结账后发现存在成本支出误计费用支出，导致利润减少的情况，则还需补交所得税，调整中涉及损益类科目的，均通过"以前年度损益调整"科目核算，并将"以前年度损益调整"科目余额转入"利润分配"科目中。

（2）虚列费用支出，降低利润水平。调整分录如下。

借：应付账款/其他应付款等
　　贷：营业外支出等　　　　　　　　　　　　　（转回虚列的支出）

如果在年终结账后发现虚构支出，则还需补交所得税，调整中涉及损益类科目的，均通过"以前年度损益调整"科目核算，并将"以前年度损益调整"科目余额转入"利润分配"科目中。

（3）利用"汇兑损益"科目人为调节利润水平。调整分录如下。

借：银行存款——美元户/欧元户等

贷：财务费用——汇兑损益　　　　　　　（冲减人为多计的汇兑损益）

如果在年终结账后发现虚构费用，还需补交所得税，调整中涉及损益类科目的，均通过"以前年度损益调整"科目核算，并将"以前年度损益调整"科目余额转入"利润分配"科目中。

### （三）期间费用和其他支出的会计错弊案例分析

**【例 20-5】虚列支出**

**1. 疑点**

查账人员在查阅某工业企业 2×22 年 9 月的"营业外支出"明细账时，发现摘要内容含糊不清，月末集中反映营业外支出增加，疑其存在虚列支出问题，决定进一步查询。

**2. 查证**

查账人员调阅 2×22 年 9 月 27 日第 34 号记账凭证，凭证内容如下。

借：营业外支出——技工学校经费　　　　　　　　　160 000

　　贷：应付账款　　　　　　　　　　　　　　　　　　160 000

但该记账凭证无原始凭证，查账人员询问当事人并查阅银行存款日记账得知，本年度的技工学校经费已于上半年拨付，被查企业为了达到减少本年度利润的目的，虚列营业外支出 16 万元。

**3. 调账**

如果上述问题在 2×22 年年终结账前被发现，则应转回多计提的应付账款，只需对以上分录编制红字凭证，调整分录如下。

借：营业外支出——技工学校经费　　　　　　　 160 000

　　贷：应付账款　　　　　　　　　　　　　　　　 160 000

假定所得税率为 25%，按净利润的 10% 提取盈余公积，按净利润的 50% 向投资者分配利润。如果上述问题在年终结账以后被查清，则还需补交所得税，调整中涉及损益类科目的，均通过"以前年度损益调整"科目核算，并将"以前年度损益调整"科目的余额转入"利润分配"科目。调整分录如下。

借：应付账款　　　　　　　　　　　　　　　　　160 000

　　贷：以前年度损益调整　　　　　　　　　　　　　160 000

借：以前年度损益调整　　　　　（160 000×25%）40 000

　　贷：应交税费——应交所得税　　　　　　　　　　40 000

借：以前年度损益调整　　　　　　　　　　　　　120 000

　　贷：利润分配——未分配利润　　　　　　　　　　120 000

补提盈余公积和向投资者分配利润，分别按净利润的 10% 和 50% 计提。

借：利润分配——未分配利润　　　　　　　　　　72 000

|  |  |  |
|---|---|---|
| 贷：盈余公积 | （120 000×10%） | 12 000 |
| 应付股利 | （120 000×50%） | 60 000 |
| 借：应交税费——应交所得税 | | 40 000 |
| 贷：银行存款 | | 40 000 |
| 借：应付股利 | | 60 000 |
| 贷：银行存款 | | 60 000 |

**【例 20-6】** 将属于成本的内容计入费用

1. 疑点

查账人员在查阅某工业企业 2×22 年 5 月"管理费用"明细账时，发现摘要中注明"分配工资 192 000 元"，与上月相比增加了 108 000 元，同时折旧费本月计提 160 000 元，与上月相比有较大增长，决定进一步查证。

2. 查证

查账人员查阅了 2×22 年 5 月 31 日第 21 号、第 22 号记账凭证，凭证内容分别如下。

| | |
|---|---|
| 借：管理费用——工资 | 192 000 |
| 贷：应付职工薪酬 | 192 000 |
| 借：管理费用——折旧费 | 160 000 |
| 贷：累计折旧 | 160 000 |

查账人员经过查阅原始凭证并询问有关会计人员，确认该企业将应记入"制造费用"科目的车间管理人员工资 192 000 元和设备折旧费 160 000 元记入了当期"管理费用"科目。

3. 调账

被查企业混淆了产品成本与期间费用的界限，造成成本不实，利润虚减。如果该问题在 5 月被查清，则需转回多计算的管理费用，计入制造费用，调整分录如下。

| | |
|---|---|
| 借：制造费用 | 352 000 |
| 贷：管理费用——工资 | 192 000 |
| ——折旧费 | 160 000 |

如果上述费用涉及的产品已结转生产成本，除编制上述分录外，还应将以上制造费用结转到生产成本，分录如下。

| | |
|---|---|
| 借：生产成本 | 352 000 |
| 贷：制造费用 | 352 000 |

如果产品已完工入库，需要结转产成品成本。

| | |
|---|---|
| 借：产成品 | 352 000 |
| 贷：生产成本 | 352 000 |

　　如果上述问题在年终结账后发现，虚构费用，导致利润减少，还需补交所得税，调整中涉及损益类科目的，均通过"以前年度损益调整"科目核算，并将"以前年度损益调整"科目余额转入"利润分配"科目中。假设所得税税率为25%，则调整分录如下。

　　借：制造费用　　　　　　　　　　　　　　　352 000
　　　　贷：应交税费——应交所得税　　　　　　　88 000
　　　　　　利润分配——未分配利润　　　　　　　26 400
　　假定按净利润的10%提取盈余公积、50%向投资者分配利润，则相关分录如下。

　　借：利润分配——未分配利润　　　　　　　　　158 400
　　　　贷：盈余公积　　　　　　　　　　　　　　26 400
　　　　　　应付股利　　　　　　　　　　　　　　132 000
　　借：应付股利　　　　　　　　　　　　　　　　132 000
　　　　贷：银行存款　　　　　　　　　　　　　　132 000
　　借：应交税费——应交所得税　　　　　　　　　88 000
　　　　贷：银行存款　　　　　　　　　　　　　　88 000

## 21.1　怎样理解税务稽查相关账务

### 21.1.1　税务稽查相关账务概述

在税务检查中，查出来的大量错漏税问题，多数是账务处理错误造成的，一般都反映在会计核算资料上，并在查补纠正过程中涉及收入、成本、费用、利润和税金的调整问题。如果检查后企业只补回税款，不调整错漏的账项，使错误延续下去，那么随着时间的推移，势必会导致新的错误。因此，查账后的账务调整，实质上是查账工作的继续。

检查出来的问题涉及不同年度时，账务调整采取的方法有所不同。通常情况下选用红字更正法和综合调整法。

红字更正法：在记账以后，如果在当年内发现记账凭证所记的科目或金额有错，则可以采用红字更正法进行更正。所谓红字更正法，即先用红字填制一张与原错误凭证完全相同的记账凭证，据以用红字登记入账，冲销原有的错误记录；同时再用蓝字填制一张正确的记账凭证，注明"订正 × 年 × 月 × 号凭证"，据以登记入账。应用红字更正法是为了正确反映账簿中的发生额和科目对应关系。

综合调整法：又称正误分录比较调整法，结合了冲销调整法和补充调整法的特点。企业的会计差错主要表现为用错会计科目，一方面应使用的科目没有用，另一方面使用了不恰当的会计科目。综合调整法的原理是将前一情况采用蓝字金额补充登记，后一情况采取反向登记予以冲销，然后将两者结合而构成一套调整分录。这种调整方法是税务稽查后调整账务的主要方法之一，在使用过程中要保证账账之间的勾稽关系。

### 21.1.2　税务稽查相关账务常见错弊

税务稽查相关账务的会计错弊常见于企业所得税、增值税和消费税的处理。本章将重点介绍这些业务的易错点。

## 21.2  怎样处理税务稽查相关账务的会计错弊

### 21.2.1  企业所得税的会计错弊调整

#### （一）对企业所得税的调账

如果在企业所得税的税务检查中，发现错账是本年度的业务，则只需要调整相关科目本身，不涉及企业所得税科目的调整；如果错账是以前年度的业务，则需要对"应交税费"科目进行调整，具体情况主要分为以下两种。

（1）企业永久性支出的账务调整（即查获额为期末无余额的科目）。调整分录如下。

借：以前年度损益调整

　　贷：应交税费——应交所得税

（2）查获余额发生在期末。调整分录如下。

借：查获额应记入的会计科目

　　贷：应调整的相关会计科目

借或贷：所得税费用

　　贷或借：应交税费——应交所得税

#### （二）企业所得税的会计错弊案例分析

【例21-1】企业永久性支出账务调整

税务机关经检查发现某企业上年度支付非广告性质赞助费100 000元，列入"管理费用"科目，在所得税纳税申报中未将其做调增应纳所得税处理。调整分录如下。

借：以前年度损益调整　　　　　　　　（100 000×25%）25 000

　　贷：应交税费——应交所得税　　　　　　　　　　　　25 000

借：应交税费——应交所得税　　　　　　　　　　　　　　25 000

　　贷：银行存款　　　　　　　　　　　　　　　　　　　25 000

【例21-2】查获余额发生在期末

税务机关经检查发现，某企业在"营业外支出"科目记录收取账款100 000元。调整分录如下。

借：应收账款　　　　　　　　　　　　　　　　　　　　100 000

　　贷：以前年度损益调整　　　　　　　　　　　　　　　100 000

借：所得税费用　　　　　　　　　　　　　　　　　　　　25 000

　　贷：应交税费——应交所得税　　　　　　　　　　　　25 000

**【例 21-3】** 查获余额发生在期末

税务机关经检查发现,某企业在生产成本中多转原材料成本 200 000 元,经计算其在产品成本中占 20%,在产成品成本中占 30%,在已销产品成本中占 50%。企业应做如下账务调整。

| | | |
|---|---|---|
| 借:原材料 | | 200 000 |
| 贷:生产成本 | | 40 000 |
| 库存商品 | | 60 000 |
| 以前年度损益调整 | | 100 000 |
| 借:所得税费用 | | 25 000 |
| 贷:应交税费——应交所得税 | | 25 000 |

**【例 21-4】** 查获余额发生在上年度

某税务局稽查人员对某企业上年度的纳税情况进行审查,发现该企业上年度将应计入固定资产价值的长期借款利息错计入财务费用,其金额为 100 000 元。假定工程尚未完工。企业应做如下账务调整。

| | | |
|---|---|---|
| 借:在建工程 | | 100 000 |
| 贷:以前年度损益调整 | | 100 000 |
| 借:以前年度损益调整 | | 25 000 |
| 贷:应交税费——应交所得税 | | 25 000 |

## 21.2.2 增值税的会计错弊调整

### （一）对增值税的调账

在税务检查后,查出问题涉及增值税的业务,企业应通过"应交税费——增值税检查调整"专门科目进行调整。本科目借、贷方反映的业务性质简述如下。

(1)借方反映的内容:调增进项税额;调减进项税额转出;调减销项税额;将调增增值税补缴入库。

(2)贷方反映的内容:调增销项税额;调增进项税额转出;调减进项税额。调整分录如下。

借或贷:应交税费——增值税检查调整
贷或借:应调整的相关会计科目

### （二）增值税的会计错弊案例分析

**【例 21-5】** 增值税的会计错弊调账

税务机关检查某企业上年度会计资料,发现该企业将销售原材料取得的收入 18 720 元,用于职工福利,其账务处理如下。

借：银行存款 18 720

　　贷：应付职工薪酬 18 720

上年某月此项业务的账务处理错误，调整分录如下。

借：应付职工薪酬 18 720

　　贷：以前年度损益调整 16 566.37

　　　　应交税费——增值税检查调整 2 153.63

如本年某月此项业务的账务处理错误，账务调整如下。

借：应付职工薪酬 18 720

　　贷：其他业务收入 16 566.37

　　　　应交税费——增值税检查调整 2 153.63

对于补缴税款入库，本年和上年账务处理相同。

借：应交税费——增值税检查调整 2 153.63

　　贷：银行存款 2 153.63

## 21.2.3　消费税的会计错弊调整

### （一）对消费税的调账

经检查，企业应缴纳消费税时，账务处理比较简单，若查出问题应补缴税款，就本年度和以前年度两种情况而选择不同的处理方法。

（1）本年度税务检查的账务处理。

借：税金及附加

　　贷：应交税费——应交消费税

（2）以前年度税务检查的账务处理。

借：以前年度损益调整

　　贷：应交税费——应交消费税

### （二）消费税的会计错弊案例分析

【例21-6】本年度税务检查的账务处理

某汽车厂销售自产小轿车价外收取优质费 40 000 元，会计处理如下。

借：银行存款 40 000

　　贷：营业外收入 40 000

企业未缴纳增值税和消费税。

应补增值税 =40 000÷（1+13%）×13%= 4 601.77（元）

应补消费税 =40 000÷（1+13%）×8%= 2 831.86（元）

按税法规定，在销售汽车时收取的优质费等属于企业的销售收入，同时该收入包含增值税，应对其做以上计算，换算为未含税的金额。会计调整如下。

　　借：营业外收入　　　　　　　　　　　　　　　　　40 000
　　　　贷：主营业务收入　　　　　　　　　　　　　　35 398.23
　　　　　　应交税费——增值税检查调整　　　　　　　　4 601.77
　　借：税金及附加　　　　　　　　　　　　　　　　　2 831.86
　　　　贷：应交税费——应交消费税　　　　　　　　　　2 831.86
　　借：应交税费——应交消费税　　　　　　　　　　　2 831.86
　　　　　　　　　　——增值税检查调整　　　　　　　　4 601.77
　　　　贷：银行存款　　　　　　　　　　　　　　　　　7 433.63

【例 21-7】以前年度税务检查的账务处理

　　某烟厂上年度用甲类卷烟按市场价换回价值 60 000 元包装物，成本价为 40 000 元，会计处理如下。

　　借：包装物　　　　　　　　　　　　　　　　　　　40 000
　　　　贷：库存商品　　　　　　　　　　　　　　　　40 000

该烟厂未缴纳增值税和消费税。

应补增值税 =60 000÷（1+13%）×13%=6 902.65（元）

应补消费税 =60 000÷（1+13%）×50%=26 548.67（元）

　　该交换符合实质性交换，应视作商品销售计算主营业务收入和增值税，此处 60 000 元为甲类卷烟零售价，应对价款进行以上计算，换算为不含税价。调整账务处理如下。

　　借：库存商品　　　　　　　　　　　　　　　　　　20 000
　　　　贷：以前年度损益调整　　　　　　　　　　　　13 097.35
　　　　　　应交税费——增值税检查调整　　　　　　　　6 902.65
　　借：以前年度损益调整　　　　　　　　　　　　　　26 548.67
　　　　贷：应交税费——应交消费税　　　　　　　　　26 548.67
　　借：应交税费——应交消费税　　　　　　　　　　　26 548.67
　　　　　　　　　　——增值税检查调整　　　　　　　　6 902.65
　　　　贷：银行存款　　　　　　　　　　　　　　　　33 451.32